D1695173

Esta publicación es resultado del Proyecto
de Investigación *Andalucía: identidad
lingüística y su proyección social*, financiado
por la Fundación Centro de Estudios
Andaluces en 2008.

Edita:
Fundación Pública Andaluza Centro de Estudios Andaluces,
Consejería de la Presidencia, JUNTA DE ANDALUCÍA.
© De los textos: sus autores
© Fundación Pública Andaluza Centro de Estudios Andaluces
Bailén, 50 - 41001 Sevilla
Tel.: 955 055 210
Fax: 955 055 211
www.centrodeestudiosandaluces.es

Primera edición, mayo de 2009
Primera reimpresión, mayo de 2010

ISBN: 978-84-937855-3-6
Depósito legal: SE-2554-10

La identidad lingüística de Andalucía

La identidad lingüística de Andalucía

COORDINADOR
ANTONIO NARBONA JIMÉNEZ

Rafael Cano Aguilar
Ramón Morillo-Velarde Pérez
Elena Méndez García de Paredes

Epílogo de José Jesús de Bustos Tovar

Centro de Estudios Andaluces
CONSEJERÍA DE LA PRESIDENCIA

Esta publicación es resultado del Proyecto
de Investigación *Andalucía: identidad
lingüística y su proyección social*, financiado
por la Fundación Centro de Estudios
Andaluces en 2008.

Edita:
Fundación Pública Andaluza Centro de Estudios Andaluces,
Consejería de la Presidencia, JUNTA DE ANDALUCÍA.
© De los textos: sus autores
© Fundación Pública AndaluzaCentro de Estudios Andaluces
Bailén, 50 - 41001 Sevilla
Tel.: 955 055 210
Fax: 955 055 211
www.centrodeestudiosandaluces.es

Primera edición, mayo de 2009
Primera reimpresión, mayo de 2010

ISBN: 978-84-937855-3-6
Depósito legal: SE-2554-10

Índice

Presentación 11

Prólogo 15

La identidad lingüística de Andalucía 23
1. La imposible definición de identidad 23
2. Sobre la identidad *lingüística* 27
3. El caso de Andalucía 28
4. Modalidades habladas, no escritas 31
5. Heterogeneidad de las hablas andaluzas 31
6. El *andaluz* y otras variedades del español 41
7. ¿*Normalización* del andaluz? 46
8. Intervencionismo e instrumentalización o manipulación de la identidad 49
9. Conciencia de los hablantes de andaluz de su identidad lingüística 53
10. La identidad lingüística *no conservadora* de Andalucía 57
Bibliografía 60

Lengua e identidad en Andalucía: visión desde la historia 67
1. Introducción 67
2. El andaluz: formación histórica y desarrollo de sus funciones identitarias 76
3. Recapitulación final 124
Textos 127
Bibliografía 127

La identidad fónica de los andaluces 135
1. La dimensión socio-geográfica 135
2. La dimensión socio-demográfica 158
3. La dimensión socio-cognitiva: conciencia lingüística, estigma
y prestigio en la pronunciación andaluza 170
Bibliografía 201

**La proyección social de la identidad lingüística de Andalucía.
Medios de comunicación, enseñanza y política lingüística** 213
1. Identidad personal *vs.* identidad grupal 213
2. Cultura e identidad 217
3. La construcción discursiva de la identidad territorial 218
4. La construcción identitaria regional en Andalucía en el período
preautonómico y su difusión periodística 221

5. El contexto político de los discursos de reivindicación en Andalucía..... 223

6. Los discursos sobre el habla andaluza 227

7. La argumentación en los discursos mediáticos sobre el habla andaluza 232

8. Los tópicos en los discursos de promoción del habla andaluza.............. 238

9. El poder sobre el discurso en el contexto mediático 256

10. La promoción de un modelo de andaluz para los medios audiovisuales... 259

11. La proyección social del andaluz en la enseñanza 281

12. Los libros de texto de Lengua y literatura castellana y el tratamiento del andaluz 292

13. ¿Es necesaria y viable una normalización lingüística en Andalucía?... 299

Bibliografía 306

A modo de epílogo: El problema de las identidades lingüísticas 323

1. El concepto de identidad lingüística y cultural.. 323

2. La coexistencia de lenguas 332

3. El valor identitario de las variedades lingüísticas................................... 337

4. Conclusión.. 342

Apéndice I: Cartografía lingüística de Extremadura 347

Apéndice II: Seseo, ceceo, distinción y tipo sociolingüístico de los andaluces 351

Apéndice III: Municipios de Andalucía con más de 10.000 habitantes 385

Presentación

Presentación

Asegura el catedrático de Lengua Española de la Universidad de Sevilla Antonio Narbona que el andaluz es una de las variedades lingüísticas más estudiadas de todas las que tiene el español y, a pesar de ello, es una de las peor conocidas, incluso por los propios andaluces. Quizá porque ni los estudiosos del andaluz, ni los medios de comunicación, ni las instituciones competentes han sabido proyectar ese conocimiento a la sociedad. A esta circunstancia se ha unido el hecho de que el habla andaluza se haya visto, a menudo, reducida a un estereotipo negativo. Las connotaciones simplistas y estigmatizadoras del andaluz, apoyadas en percepciones tan frívolas como erróneas, han contribuido a dejar en un segundo plano el conocimiento de los elementos que lo singularizan: su gran variedad geográfica, así como sus particularidades léxicas, morfológicas, fonéticas y sintácticas.

A pesar de ello, los andaluces identificamos al andaluz como uno de los elementos primordiales de nuestra identidad como pueblo. Conscientes de la dificultad que supone construir una identidad alejada de los tópicos y prejuicios que históricamente han acompañado a Andalucía, la divulgación de la investigación científica sobre el andaluz puede y debe contribuir a educar una conciencia social que trate de contrarrestar las representaciones mentales que obstaculizan y distorsionan el conocimiento de nuestra identidad lingüística, dentro y fuera de nuestras fronteras.

Entre los objetivos básicos de la Comunidad Autónoma de Andalucía, según establece nuestro Estatuto de Autonomía, se encuentra el de ejercer sus poderes para el afianzamiento de la conciencia de identidad y de la cultura andaluza a través del conocimiento, investigación y difusión del patrimonio histórico, antropológico y lingüístico.

Desde el Centro de Estudios Andaluces, como entidad de carácter científico y cultural adscrita a la Consejería de la Presidencia de la Junta de Andalucía, contribuimos a dar cumplimiento a estos requerimientos en el desempeño de nuestro compromiso con la ciudadanía. Es por todo ello que desde nuestra Fundación damos cobertura y apoyamos institucionalmente la investigación de excelencia que contribuye a un más preciso y detallado conocimiento de Andalucía.

Específicamente para la defensa, promoción, estudio y prestigio de la modalidad lingüística andaluza, según insta nuestro Estatuto de Autonomía, el Centro de Estudios Andaluces publica *La identidad lingüística de Andalucía*, resultado del trabajo de investigación coordinado por Antonio Narbona. Este reputado experto en el estudio de la lengua española y andaluza propone una nueva aproximación a nuestra identidad lingüística desde el rigor científico con objeto de contribuir a la obtención de un conocimiento más definido del andaluz. Un conocimiento que precisa trascender del ámbito académico y ser difundido y compartido por la sociedad como instrumento para derribar las barreras de la desinformación y favorecer la descripción y valoración objetivas de uno de nuestros principales rasgos indentitarios.

Sirva este marco inicial para dedicar unas palabras de reconocimiento al equipo de investigadores que, junto a Antonio Narbona, ha hecho posible este estudio: Rafael Cano, Ramón Morillo y Elena Méndez; autores y colaboradores de numerosas publicaciones relacionadas con la materia. Este trabajo conjunto, al que se suma la aportación final de Jesús de Bustos Tovar, está llamado a convertirse en una obra de referencia para clarificar las ideas y actitudes sobre y hacia la identidad lingüística de Andalucía.

Demetrio Pérez Carretero
Director gerente
Centro de Estudios Andaluces

Prólogo

Prólogo

Antonio Narbona Jiménez

¿Tiene Andalucía una identidad lingüística? Muchos pensarán que la duda ofende. Otra cosa es que se coincida a la hora de precisar en qué consiste.

Suelo pedir a mis alumnos del último año de Filología Hispánica —ya han cursado diversas materias que se ocupan de las variedades del español, y del andaluz en particular— que indiquen (por escrito, con tiempo para reflexionar y sin obligación de firmar) aquellos cinco rasgos que, en su opinión, son más característicos de la forma de hablar de los andaluces. Casi todos señalan, por uno u otro orden, el *seseo* y el *ceceo* (en uno y otro caso no distinguir *cesión* de *sesión*, por ejemplo), la aspiración de la *-s* implosiva (*cahco hihtórico*), el *yeísmo* (no establecer diferencia entre *se cayó* y *se calló*) y alguno más. Bastantes se refieren al hecho de que se «comen» muchos sonidos (no letras) y a la rapidez de la dicción. Por supuesto, no faltan las alusiones a la gracia y al ingenio, así como a su especial capacidad imaginativa y de improvisación, todo lo cual se asocia a menudo a una supuesta riqueza léxica y fraseológica. Muy pocos mencionan algún fenómeno morfológico, como el empleo de *ustedes* como forma única para dirigirse a cualesquiera interlocutores. Y casi nadie se acuerda de la sintaxis.

Un buen conocedor del andaluz, Gregorio Salvador, llevaba a cabo en sus clases de dialectología hispánica, en la Universidad de Granada, una experiencia hasta cierto punto complementaria. Pedía a los alumnos de Dialectología que anotasen en la lista de clase quiénes de sus compañeros eran *seseantes*, *ceceantes* o distinguidores de *s/z*, pronunciaban la *ch* como africada o fricativa, confundían *-l/-r* implosivas, y si eran o no *yeístas*. Casi todos dudaban o se equivocaban hasta cuando se referían a sus más íntimos amigos.

Aunque no es fácil hacer esta clase de experiencias fuera de ese contexto universitario, es más que probable que los resultados no fueran muy distintos.

De su identidad, que parece *reconocerse* de inmediato, los propios hablantes de andaluz (con mayor razón, los que no lo son) tienen, pues, una conciencia difusa y borrosa, y también parcialmente errónea, ya que muchos creen que todos o algunos de los fenómenos señalados son exclusivos o/y generales en Andalucía. ¿Por qué? Como casi siempre, no hay una razón, sino varias, y, también como siempre, todas están estrechamente relacionadas. No puede aducirse que las hablas andaluzas hayan sido poco estudiadas, pues se encuentran entre las más investigadas (y los estudiantes a los que he aludido lo sabían muy bien), sobre todo desde que, a mediados del siglo pasado, Manuel Alvar y sus colaboradores llevaron a cabo la elaboración del *Atlas Lingüístico y Etnográfico de Andalucía*. Al casi millar y medio de publicaciones recogidas por José Mondéjar en la segunda edición (2006) de su *Bibliografía sistemática y cronológica de las hablas andaluzas* habría que añadir algunas que ahí no figuran y muchas que han ido apareciendo en estos últimos años. Hay que pensar, por tanto, que muy poco de ese *conocimiento* se ha proyectado fuera, e incluso dentro, del estricto ámbito académico. De nuevo ¿por qué? La autocrítica debe empezar por los que hemos dedicado tiempo y esfuerzo a averiguar cómo es el andaluz. No hemos sabido, o no hemos podido, trasladarlo a la sociedad, mediante una adecuada labor de difusión y divulgación, única vía para que la clarificación de las ideas y creencias gane la batalla a la imagen en buena medida confusa que se ha ido instalando dentro y fuera de la región.

Pero no basta con entonar el *mea culpa*, máxime cuando no acabamos de entender del todo (en gran parte, sí) a qué se debe esta falta de comunicación y por qué sigue sin restablecerse. Como no se trata de señalar a nadie, pondré como ejemplo un caso que conozco bien. A Rafael Cano y María Dolores González Cantos encargó la Consejería de Educación y Ciencia de la Junta de Andalucía la elaboración de un texto específicamente destinado a los escolares andaluces, fruto de lo cual fue la publicación en el año 2000 de *Las hablas andaluzas*. Tengo entendido que se distribuyó por los centros educativos de la Comunidad Autónoma, pero, si bien ignoro cuál ha sido su utilización real, todo parece indicar que su repercusión en el mundo de la enseñanza ha sido escasa.

Ahora bien, si preocupante es la falta de proyección de lo que se va sabiendo, tanto o más debería inquietar la ausencia de mecanismos de filtro de lo que se dice y escribe. A diferencia de lo que sucede en cualquier otro campo de conocimiento, de los usos lingüísticos todo el mundo se cree con derecho a opinar, pues todos somos *usuarios* y nada nos es tan *usual* como la lengua de la que constantemente nos servimos. Es más, no son pocos los que expresan sus personales juicios (con frecuencia valorativos) de manera categórica, y no es raro oír *aquí hablamos muy bien* (o *muy mal*), *donde mejor se habla es en…*, y frases similares, sin tener claro qué debe entenderse por hablar bien, mal o regular. Como no es nada difícil encontrar ocasión y medios para que lo que se piensa vea la luz de la imprenta, estoy por decir que se publica «demasiado». He aquí un botón de muestra, de los muchos que cualquiera podría aducir. La editorial cordobesa Almuzara parece decidida a proporcionarnos un repertorio entre léxico y fraseológico (con otra información de carácter erudito o enciclopédico) de cada una de las provincias andaluzas. Hasta ahora, se han publicado el *Diccionario del habla malagueña* (2006), de Enrique del Pino, y el *Diccionario del habla sevillana* (2007), de Manuel González Salas. La primera entrada de este último es la letra **a**, que da pie al autor para referirse tanto a su adición en *afoto*, *aluego* o *amoto*, como a su «eliminación» en *bujero* ('agujero'), *jofifa* ('aljofifa'), *vión* ('avión') o *parato* ('aparato'), así como en *¡quién lo iba* [a] *decir!* o en *l'acera de la calle*. La coincidencia entre ambos «diccionarios» a propósito de **ca** es casi total, pues uno y otro aluden a su equivalencia a *casa* (*en **ca** Vicente*) y *cada* (*ca uno es **ca** uno*), pero el de Sevilla añade una insólita acepción más, que en realidad no es una sola: *¿ca* [qué ha] *dicho el niño?*, *es el niño **ca*** [que ha] *vuelto*, y en «plural» *eso es lo **can*** [que han] *encargao ellos*. ¿Cómo tomar esto en serio? La autoridad del rigor científico y del conocimiento fundamentado está siendo dinamitada, si alguna vez la ha habido, y se ve suplantada por el atrevimiento de indocumentados que ignoran lo más elemental sobre las lenguas y sus variedades, y a los que no importa falsear la historia, si es que la conocen, y la situación real de las hablas andaluzas. En algún caso se reconoce abiertamente. En la misma editorial se ha publicado en el año 2007 un *Palabrario andaluz*, cuyo autor, David Hidalgo, confiesa que su procedimiento de búsqueda de expresiones «**no es nada científico**: simplemente localizaba, en un pueblo al azar, a la persona idónea que recopilara las que consideraba veinte o treinta palabras más *propias* de su habla». Eso sí, el trabajo «resultó divertido». Se impone, por tanto, y con urgencia, cribar, filtrar, discernir, de manera que se acierte a separar aquello que está basado en la indagación rigurosa de lo que son simples observaciones curiosas, hechas a menudo por mero divertimento, sin la menor correspondencia con la realidad. Hasta quienes parecen estar relativamente informados (*relativamente*, porque no basta con la abundancia de información, sino que hace falta discriminar la objetiva y rigurosa de las impresiones subjetivas) incurre en afirmaciones prejuiciosas y hasta contradictorias. Así, Francisco Morales, autor de *Claves del Andaluz. Historia de una Controversia*, al ser entrevistado, hace una contradictoria declaración que al periodista sirve de titular: «El castellano del futuro será el andaluz, siempre que se le deje en libertad y se sistematice». No se aclara por quién o qué se encuentra constreñida esa deseada *libertad*, pero, en todo caso, lo estaría de conseguirse esa supuesta, y también anhelada, *sistematización*, algo que, como se verá, nadie debe, ni puede, llevar a cabo.

Otros obstáculos dificultan nuestra pretensión clarificadora. Como se irá viendo, el enmarañamiento a que ha conducido el cúmulo de estereotipos y prejuicios que se han instalado en las conciencias resulta dificilísimo (iba a decir imposible) de desmontar y desarraigar. El acento de la Ministra de Fomento, andaluza, a juicio de una diputada del Partido Popular del Parlament catalán, «parece un chiste», a lo que añade un comentario sobre la dificultad de entender a los andaluces si no se «está avezado en hablar en andaluz». Son dos de los varios estereotipos que se aplican a los andaluces en general: se considera que son *graciosos y* chistosos (se pierde de vista que hay humoristas muy conocidos de Cataluña y de otras regiones), por un lado, y que hablan *mal* el español (cuesta entenderlos), por otro. Como estas creencias se aceptan poco menos que como *inmutables*, resulta muy difícil modificarlas. Sobre todo, porque no se refuerzan únicamente desde fuera de la región andaluza. En cuanto a la *gracia* y *salero*, no hace falta recordar que los mismos que lamentan que al andaluz solo se recurra en los medios audiovisuales para caracterizar a personajes de condición sociocultural baja y para hacer reír, no contribuyen precisamente a que las cosas dejen de ser así. La amplia y veloz capacidad de difusión que proporciona la electrónica ha sido aprovechada, por ejemplo, por un grupo de profesores universitarios y de educación secundaria andaluces para hacer circular un *Granaíno para extranjeros*, descrito como *Un dizionario dercopón*, *obra máxima de la lezicografía locáh, con ehemploh de uzo en zu propio contehto*, en el que, además de los esperables *ojú/ozú*, *malafollá* y *pollas* («el vocablo estrella del granaíno, sobre el que podrían escribirse libros»), hay abundantes «perlas»: *ahelico*, *arbañíh* [sic], *cohelaos*, *eh capah*, *er* (artículo *el*), *ersaidín*, *habe*, *ihoputa*, *la vihen*, *compae*, *notehode*, *poyastá*…. Y por lo que se refiere al mal hablar, diré que quizás no haya una grabación más difundida a través de la red (casi una docena de veces me ha sido remitida por personas muy distintas) que la de un *Diálogo profundo* entre dos hablantes andaluces rústicos, padre e hijo, que discuten acerca del rescate de una *borrega*, con un lacónico «increíble, pero cierto» por todo comentario final. Su comprensión requiere, en este caso sí, que el oyente sea algo más que *avezado* idiomáticamente. Pero esto no es, ni mucho menos, exclusivo de Andalucía. El hecho de que, por ejemplo, determinadas películas colombianas ambientadas en los barrios muy poco favorecidos hayan tenido que pasarse en España con subtítulos no lleva a afirmar que no hay quien entienda a *los* colombianos, que, al contrario, tienen fama de hablar el *mejor* español.

Habrá que poner freno igualmente —y tampoco es fácil— a los abanderados que, en su *afán apasionado* de buscar una *identidad* máximamente diferenciada y excluyente, acaban proporcionando la misma extraña impresión de que lo que hablamos se distancia tanto de otras modalidades del español, que resulta poco menos que milagroso que nos entendamos con los demás hispanohablantes. Nada más lejos de la verdad. Por más que puedan oírse (no solo en Andalucía, insisto) en boca de determinados hablantes de escasa competencia comunicativa actuaciones habladas cuyo descifrado no se logra del todo fuera de su contexto, cualquiera que haya pasado por Andalucía y todo andaluz que haya salido de la región (tanto si se trata de Teruel o Palencia, como de Las Palmas de Gran Canaria, México, Costa Rica,

Buenos Aires...) habrá comprobado que, fuera de esos casos muy marcados local y socialmente, no hay problema alguno de comprensión.

Nada tengo en contra de que ejerzamos la saludable terapia de reírnos de nosotros mismos, siempre que en ello no se emplee excesivo dinero público. Pero no debe ser obstáculo para hablar —y, sobre todo, escribir— *en serio* de las hablas andaluzas y de la identidad lingüística de Andalucía. Es lo que aquí nos proponemos. A las reflexiones de carácter general de Antonio Narbona siguen unas clarividentes observaciones de Rafael Cano sobre la formación y trayectoria histórica de tal identidad. Y, dado que estamos ante unas modalidades del español que se caracterizan básicamente por sus rasgos fonéticos, de ello se ocupa específicamente Ramón Morillo. En la última parte, Elena Méndez examina la proyección social y el eco que en la sociedad tienen las creencias que a través de los medios de comunicación y de la enseñanza se esparcen. Como cierre (también podría servir de marco inicial), «El problema de las identidades lingüísticas», de José Jesús de Bustos Tovar, almeriense desde hace tiempo afincado en Madrid. Incluimos en los apéndices un mapa de los principales municipios andaluces (aquellos de más de 10.000 habitantes), para que el lector ubique en el espacio los pueblos mencionados en el texto.

Esperamos contribuir a la clarificación de las ideas y actitudes, que buena falta hace.

La identidad lingüística de Andalucía

La identidad lingüística de Andalucía

Antonio Narbona Jiménez

1. La imposible definición de identidad

Difícil, por no decir imposible, resulta definir la *identidad*, término usado hoy para referirse a contenidos muy dispares, casi todos de carácter gradual y dinámico, cuya interpretación depende de circunstancias contextuales diversas. Hemos de contentarnos con acercamientos y aproximaciones. El vocablo se emplea para tratar de explicar tanto los comportamientos *personales* como los complejos procesos de conformación y de cambio de las conciencias *colectivas*. En realidad, ambos empleos son indesligables, por lo que no extraña que en la última edición del *DRAE* (2001), a la acepción «conciencia que *una persona* tiene de ser ella misma y *distinta de* las demás» se haya añadido otra que se aplica al «conjunto de rasgos propios de un *individuo* o de una *colectividad* que los caracterizan *frente a* los demás», y que para la próxima edición (23ª) haya sido enmendado el artículo de manera que la segunda precede a la primera. Y es que la propiedad de reconocerse como uno mismo, base de la autonomía y dignidad *individual*, solo es atribuible *socialmente*, y, en la práctica, siempre se halla, en mayor o menor medida, determinada y coartada por *los demás*, de los que dependemos para satisfacer nuestras necesidades, preferencias y apetencias. Son *otros* los que, al fin y al cabo, nos asignan los rasgos *identificativos* o *identificatorios*. Fuera de la sociedad, pues, carece de sentido hablar de identidad personal. Dicho de otro modo, nos *identificamos* en la medida en que nos *identifican*, y se nos identifica en cuanto pertenecientes a uno o varios grupos sociales. En las sociedades que han alcanzado un grado notable de organización, sus miembros, además de disponer de un documento (nacional) *de identidad* (de los *sin papeles* se dice que no son «nadie» hasta que, regularizada su situación, se hacen socialmente identificables), suelen contar con otros que los identifican como miembros (*socios*) de agrupaciones varias, con lo que se trata de encubrir el *individualismo* (término que, en su uso corriente, no en filosofía, ha llegado a expresar *insociabilidad*) para garantizar el cumplimiento de deberes y derechos *comunes*. Pocas voces son más empleadas. Tanto en singular como en plural, puede coordinarse a otros sustantivos de muy variada naturaleza: *Literatura, memoria e identidad* (Congreso Internacional celebrado en la Universidad de Sevilla recientemente), *Educación, Multiculturalismo e Identidad* o *Identidad y Realidad* (títulos de artículos periodísticos), *Maternidad e identidad afroamericanas* (libro de María Hierro Gutiérrez que acaba de aparecer), *Identidades sociales e identidades lingüísticas* (volumen coordinado por J. J. de Bustos Tovar y S. Iglesias), etc. Y no solo como núcleo al que se subordinan adjetivos o complementos especificativos: se habla de identidad *nacional*, *cultural*, *ideológica*, *religiosa*, *lingüística*...; de la identidad *de Andalucía*, o *del pueblo andaluz*, como figura en el título de un Documento al que en seguida nos referiremos[1]; sin ir más lejos, aquí nos vamos a ocupar de la identidad *lingüística de Andalucía*, si bien también podría ser *de los andaluces*, *de los hablantes de andaluz* o simplemente *andaluza*; y en un reciente documento del Vaticano se niega el acceso al sacerdocio a quienes tengan una «identidad *sexual incierta*». También como complemento: *La ética de la identidad* es el título de un interesantísimo libro de Kwame Anthony Appiah, traducido al español en 2007.

Las identidades *colectivas* interesan a etnólogos, antropólogos, historiadores, sociólogos, psicólogos (a la psicología social, en particular), políticos, ideólogos, estudiosos e historiadores de las religiones, etc.; a pensadores, ensayistas, periodistas, etc.; e incluso a quienes simplemente pretenden algún eco o resonancia pública, aunque, claro es, por razones y con fines no coincidentes. La identidad se ha convertido así en concepto máximamente inclusor, cuyos perfiles cada vez resultan más diluidos y desdibujados, y no siempre libre de contradicciones. Si ya es cada vez mayor la resistencia a recurrir a ciertos parámetros, como la etnia o la raza, también se acentúa la inclinación a englobar otros, la lengua entre ellos, en el amplio marco de la *cultura*, noción igualmente abarcadora en exceso y no menos difusa[2]. La misma relación entre identidad *cultural* e identidad lingüística, simultáneamente estable y dinámica, resulta paradójica (Charaudeau 2009). No extraña que las aportaciones incluidas en *La identidad **cultural** de Andalucía*, selección de textos llevada a cabo por Isidoro Moreno para el Centro de Estudios Andaluces (2008), pertenezcan a las mismas áreas de conocimiento que las colaboraciones recogidas en *La identidad*

---

1   *L'identité de la France* es el título de una ambiciosa obra de F. Braudel de la que se han publicado las dos primeras partes (1990). En el título de la tercera, *État, Culture, Société (où sont mises à contribution la politologie, l'étude des cultures, la sociologie)*, no aparece referencia explícita a la lengua.

2   Y que no deja de ensancharse, de ahí que *cultura* sea uno de los términos en redefinición constante en el *Diccionario académico*, el cual no puede seguir el ritmo de una continua expansión, que lo habilita para casi todo: *cultura femenina, del vino, de la droga, del flamenco...*

[sin adjetivo alguno] *del pueblo andaluz*, volumen de la colección *Documentos* que unos años antes (2001) había editado el Defensor del Pueblo Andaluz, y de hecho, algunos autores (como el propio I. Moreno o J. A. Lacomba) figuran en ambas publicaciones. Las dos coinciden igualmente en prestar escasa atención a la *lengua* y en limitar la consideración de la *religión* a sus manifestaciones de carácter festivo[3]. No hace falta recordar que las diferencias entre una y otra en cuanto señas de identidad son patentes. La identidad *lingüística* se vincula a menudo a la *nacional* (o de los *pueblos*). Las religiones, en cambio, que a lo largo de la historia han llegado a considerarse legitimadoras de todo orden político e incluso del «natural» (sometidos los dos al *mandato* divino), han servido también de soporte a identidades colectivas *inter-nacionales*, superadoras de fronteras, como corresponde a su aspiración *universal* de salvar a *toda* la humanidad. Claro que ¿cómo casar esto con la identificación de un pueblo *elegido*? No hay duda de que la capacidad *identificadora* de las distintas creencias religiosas varía históricamente, en función del grado de instalación, arraigo y aceptación social, pues, de otro modo, mal se entenderían los continuos episodios de intolerancia religiosa, incluso de guerras *santas* y *de religión*. De las consecuencias del fundamentalismo e integrismo de alguna fe siguen dando cuenta casi a diario los medios de comunicación. Sin radicalismo, ahí está la polémica no hace mucho suscitada por la pretensión de que en la futura Constitución de Europa haya una referencia explícita a la «raíz cristiana común» como base de la *identidad europea*. Y en España, el vivo debate hoy abierto acerca de cómo habrían de ser, dentro de la convivencia democrática, las relaciones entre religión (especialmente la católica) y sociedad laica era impensable hace pocos años.

Lo cierto es que la *identidad*, que debería descansar en los principios permanentes de libertad, dignidad, solidaridad, justicia y pocos más, ha acabado por convertirse en fácil moneda de cambio para moverse en un amplio terreno en el que ni siquiera es fácil distinguir lo que es fruto del análisis objetivo y racional, de la subjetividad de los sentimientos, y donde la balanza con frecuencia acaba inclinándose a favor de estos últimos, que, como es bien sabido, no son ni estables ni permanentes. Cualquiera puede *sentirse* identificado —y dejar de estarlo— sucesivamente con muchos y diferentes grupos. El político catalán Carod-Rovira acostumbra a decir, casi siempre en español, que no *se siente* español, sin explicitar, claro es, en qué consiste su *sentir*. En cambio, el judío Daniel Barenboim, que ha aceptado recientemente también la nacionalidad palestina para demostrar que los destinos de ambos pueblos están inextricablemente ligados, sostiene que el mayor problema del Estado de Israel es no saber definir una y otra identidad.

---

3   Solo en uno de los textos recogidos en *La identidad **cultural** de Andalucía*, su autor, Antonio Domínguez Ortiz, muy crítico con el uso de tal adjetivo en ese contexto, hace alguna referencia al papel que supuso la *re-cristianización* que acompañó a la denominada *re-conquista* de Andalucía.

Casi todo puede tomarse ya como factor identitario. En una entrevista publicada en el diario «El País», a la pregunta «¿Mantiene las gafas oscuras por las patas de gallo?», una conocida cantante andaluza, *Martirio*, responde: «No. Las mantengo porque *son mi identidad*». Y algo parecido contesta a propósito de las llamativas peinetas con que siempre aparece en los escenarios. En otro diario tomado al azar, el actor John Hurt afirma «Cuando actúo, abandono mi identidad»; y el futbolista F. Cannavaro, al ser interrogado por lo que, tras superar una mala racha, ha cambiado en su club, responde: «Ahora tenemos una identidad». Naturalmente, ni el primero aclara de qué se despoja al representar a un *personaje de ficción* (es de suponer que de su identidad como *persona real*) ni el segundo precisa qué es lo conseguido o recuperado por su equipo, el Real Madrid, aunque, en este caso, no debe de tratarse de nada sustancial, pues, no mucho después, al ser eliminado de una competición por un conjunto claramente inferior, otro jugador se lamentaba de que el club la había perdido nuevamente. En otras páginas hay dos informaciones con algo en común. Se da cuenta, por un lado, de la oposición a que desfilen mujeres en la fiesta del *Alarde*, que anualmente se celebra en Fuenterrabía (Guipúzcoa), y, en otro lugar, se informa de que muchos socios del Círculo del Liceo barcelonés se niegan a romper con la tradición de que ingresen solo varones. En ambos casos se esgrime el mismo argumento (la conveniencia de preservar una *identidad* mantenida durante años) para disimular una actitud claramente conservadora y para justificar algo tan injustificable como el machismo o la misoginia. No se crea que a una identidad más densa y compacta necesariamente corresponde una mayor cohesión social. Ciudades como Lugo o Huesca, a las que prácticamente no llegan personas de fuera, no suelen citarse como modelos de integración, y sí Barcelona, donde más del 65% de sus habitantes, entre primera y segunda generación, proceden del exterior de Cataluña (de hecho, los apellido más frecuentes son los mismos que en Madrid: *Pérez, Martínez, García...*).

Como la identidad colectiva no es algo natural, sino que *se construye*[4], es en la historia (pero no en la recreada, inventada, soñada o imaginada) donde hay que buscar su proceso de formación. Y aunque nunca es sencillo reconocer la totalidad de los factores identitarios, se descubre como constante que la conciencia de tener una identidad común surge de la percepción de verse diferentes de otros (o de la visión de otros como distintos) y se mantiene y refuerza *frente a* o *a costa de* la de otros. Igualmente suele achacarse a otros su merma o pérdida, más o menos traumática. Ciertos experimentos, como el llevado a cabo en el parque Robbers Cave del

---

4   El abuso del término lleva a veces a hablar incluso de su *compra* (y, consiguientemente, *venta*). En la primera página de «El País» del 8-1-2009 aparece el siguiente titular: «Compro nueva identidad». El amplio reportaje al que remite trata del negocio creciente del asesoramiento de imagen, especialmente en el mundo de la empresa y de la política.

Estado de Oklahoma[5], parecen demostrar, en efecto, que el rechazo de los diferentes —cuando no es posible su asimilación— actúa como medida protectora de la identidad propia, es decir, que tiene más peso excluir que incluir, lo cual, como se comprobará, tiene nefastas consecuencias también en el terreno lingüístico. Se entienden los esfuerzos actuales por desbordar las fronteras nacionales y alcanzar, como en el caso de la Unión Europea, una identidad no exclusivista ni excluyente, o, si se prefiere, para conseguir que los ciudadanos vivan múltiples identidades, sin caer en la nada racional lucha identitaria. La empresa no va a resultar fácil, porque los movimientos globalizadores siguen chocando con actitudes contrarias, algo que parece acentuarse hoy, entre otros hechos, por las transformaciones estructurales que están provocando los movimientos migratorios.

Dado que en la configuración y representación de la *identidad* hay necesariamente rasgos estereotipados, no faltan quienes llegan a calificarla de *fatalidad*, e incluso la ven como una especie de *condena* impuesta desde un pasado más o menos lejano, de la que, por razones inexplicables, resulta poco menos que imposible liberarse. Otros la consideran un mito, una mera *ficción*, una farsa que, a fuerza de representarse una y otra vez, llega a resultar creíble.

Pero, en todo caso, el que hasta en la era actual del cosmopolitismo y de la información, en que ha dejado de ser pura imaginación que un ser humano entre en contacto con los miles de millones de sus semejantes (desde luego, no lo es que podamos *sentirnos* ciudadanos del mundo), apenas se haya mitigado —más bien se ha recrudecido— la obsesión por identificarse con grupos o grupúsculos cada vez más pequeños, es razón suficiente para preguntarse por las fuerzas que la impulsan y por las circunstancias que la fomentan y alimentan.

2. Sobre la identidad *lingüística*

La búsqueda constante de la identidad colectiva encuentra en la lengua —el hecho social por antonomasia, no se pierda de vista— uno de los elementos de mayor ca-

---

5 Cfr. Muzafer Sherif, O. J. Harvey, B. Jack White, William R. Hood y Carolyn W. Sherif (1988). Recordémoslo brevemente. En el verano de 1953, un equipo de investigadores organizó dos campamentos de chicos de la misma edad, todos blancos, protestantes y de clase media, en las montañas de Sans Bois de ese parque estatal. El objetivo era estudiar la formación de grupos de inclusión y exclusión, el desarrollo de tensiones y los medios para aliviarlas. Cuando los monitores informaron a uno de los grupos de la existencia del otro en un lugar cercano, empezaron los desafíos deportivos, pero en seguida se desencadenó una enemistad que fue haciéndose cada vez más violenta (derribo de tiendas, captura y quema de banderas, robos...), a la que se hubo de poner freno cuando a oídos de los responsables llegó que los componentes de un grupo hacían acopio de piedras. Interesa hacer notar que solo cuando se iniciaron los enfrentamientos sintieron necesidad de ponerse nombre («Águilas» y «Serpientes» fueron los adoptados), así como de hacerse con tácticas diferenciadoras, entre las que sobresalían las formas de expresarse.

pacidad cohesiva, y en compartir el mismo idioma *materno* (o, como prefieren otros, *matriz* o *matricial*), el más poderoso factor de la configuración de una comunidad históricamente diferenciada. Lo que sucede es que también es el más susceptible de manipulación, pues, como se comprueba en muchos casos, también la historia puede ser tergiversada o falseada. Al vincularse la identidad *lingüística* a la *nacional*, el problema se traslada al concepto de *nación* (o al de *pueblo*), cuyos límites rara vez coinciden con los de un idioma. Pero la relación entre *nación* (en gran medida construcción mental imaginaria) y *lengua*, a pesar de lo que suele defender el *nacionalismo lingüístico* —que ha llegado a calificarse de «ideología destructiva» (Moreno Cabrera 2008)—, rara vez conforma una identidad colectiva homogénea ni esencial o inmutable[6]. Es sugestivo que la lengua se haya considerado única o verdadera *patria*, pero la verdad es que en español (o en francés, inglés, etc.) se expresan comunidades cuyos modos de pensar y de concebir la vida no coinciden; es decir, el mismo instrumento de comunicación sirve a *culturas* distintas. Y no es difícil comprobar también que una misma o parecida visión del mundo se exprese en lenguas distintas, siempre que los tipos de discursos utilizados coincidan o sean muy similares. No es, pues, nada sencillo definir la identidad *lingüística*, puesto que las situaciones varían sin límite. Así, las patentes diferencias entre los vascos que viven a un lado y otro de la frontera no pueden atribuirse a que el euskera no se ha convertido en factor aglutinante, y no solo porque son pocos los que habitualmente lo hablan en el lado francés y tampoco es dominante en la parte española. No hace falta aducir ejemplos de que en un mismo país, y entre quienes se valen de idéntico idioma, pueden variar bastante los rasgos identitarios de unas regiones a otras. Las lenguas, al ser técnicas que se van constituyendo históricamente y que, mientras se hablen, no cesan de evolucionar y transformarse, se plasman en usos *idiomáticos* que presentan divergencias, que se aprovechan para poner de relieve peculiares *identidades lingüísticas* dentro de una misma lengua. Es lo que ocurre en Andalucía.

3. El caso de Andalucía

Andalucía, región del sur de la Península Ibérica con una extensión (no mucho menos de 90.000 kilómetros cuadrados) y una población (más de ocho millones de habitantes) que superan las de algunos países europeos, es, por razones históricas, sociopolíticas y económicas, un marco idóneo para la comprobación de que una lengua no es homogénea y vive *en* sus variedades, ninguna de las cuales debe considerarse lógicamente *superior* a las demás (otra cosa es que no todas gocen de igual

---

6   Muchas son las publicaciones en las que, desde puntos de vista no coincidentes, se plantea esta relación. He aquí algunas de las referidas a la situación española aparecidas en los últimos años: Moreno Cabrera 2002 y 2008, Lodares 2002, Castillo Lluch y Kabatek (eds.) 2006, de Miguel (dir. ed.) 2006, Turell 2007, del Valle (ed.) 2007, Süselbeck y otros (eds.) 2008, Elvira y otros (eds.) 2008, Hernández Sandoica 2009, etc.

prestigio sociocultural). La compleja realidad lingüística andaluza ayuda igualmente a entender adecuadamente, entre otras cosas, el concepto de *norma* (mejor, *normas*), sobre todo por hacer imposible obviar los *usos hablados* de las diversas modalidades estratificacionales y situacionales. No extraña que el andaluz haya sido objeto constante de observación y examen, aunque, como se verá, los resultados de tan ingente esfuerzo han tenido nula o muy escasa proyección fuera del estricto ámbito académico. Parece como si, al igual que para las confesiones religiosas los mayores enemigos no son los ateos o agnósticos, sino los librepensadores, a los defensores de ingenuas ideas mitificadoras y mistificadoras sobre las hablas andaluzas estorbara el conocimiento que de las mismas se tiene. Y es que en ningún otro terreno se da una osadía semejante a la que, emanada del desconocimiento, tiene lugar cuando de los usos idiomáticos se trata. Ante la ignorancia o la indiferencia general, se divulgan y propagan continuamente dislates acerca de las formas de hablar de los andaluces. Pero no se crea que la manipulación y deformación solo afecta a los usos idiomáticos. Desde principios del siglo XIX, Andalucía fue convirtiéndose en uno de los soportes preferidos del movimiento romántico europeo y la singularidad de sus tipos humanos y diversidad paisajística atraían a viajeros y escritores deseosos de emociones nuevas, con lo que se acabó difundiendo una imagen sesgada y más o menos distante de la realidad. Nada es más difícil de desarraigar, hay que insistir en ello, que los estereotipos que se instalan en el imaginario colectivo. Aún hoy, por otro lado, las encuestas continúan reflejando que los andaluces son vistos como indolentes e incluso vagos.

A primera vista, o mejor dicho, con solo prestar oído, da la impresión de que es muy fácil *identificar* lingüísticamente a los andaluces dentro del conjunto de los hispanohablantes. Pero no hay que conformarse con las impresiones. Es cierto que muy poco se consigue cuando se pretende acceder directamente a la conciencia, por ejemplo, pidiendo a los andaluces que, aunque sea a grandes rasgos, traten de determinar qué entienden por hablar (*en*) *andaluz*. Al final de unas de las *Jornadas sobre el habla andaluza* que periódicamente se celebran en la localidad sevillana de Estepa[7], uno de los participantes, en las encuestas que se pasaban con el propósito de subsanar las posibles deficiencias, hizo esta sugerencia: «que en las próximas, algún ponente, aunque sea solo uno, *hable andaluz*». Como no se exigía firmar, no se le pudo preguntar al que la había hecho de qué forma le hubiera gustado que se expresaran quienes habían intervenido, entre los que había un almeriense, dos granadinos, un cordobés, una gaditana y varios sevillanos. Se refería sin duda a la pronunciación, pero ¿a cuántos y cuáles rasgos? Por lo visto, que, además de articular todos algún tipo de *s* no castellana, algunos *sesearan*, varios aspiraran o dejaran de articular un buen número de -*s* implosivas, bastantes realizaran la

---

7   Han sido publicadas las *Actas* de las tres primeras (Narbona (dir.) 2001, 2003 y 2006).

/x/ de *caja* o *coger* de manera suave y relajada, etc., no era, a su parecer, bagaje suficiente para calificar a ninguno de hablante *de andaluz*. Como el interés por las cuestiones idiomáticas, salvo para los estudiosos, suele ser superficial y relativo, y ningún juicio, por descabellado que sea, va a ser objeto de sanción alguna, no cabe sorprenderse de que, sobre todo cuando interviene lo simbólico y emocional, se adopte una actitud acrítica ante los usos lingüísticos. Ni siquiera acaba de imponerse lo que es obvio, a saber, que los andaluces a) son *hablantes* de *español* (no todos lo son de *andaluz*), y b) lo *hablan* con unas formas peculiares, básicamente de pronunciación.

No es preciso detenerse en lo primero. Si acaso, recordar lo que se quiere decir con que no todos los andaluces son hablantes de andaluz. Aunque no es posible precisar qué hablantes deben adscribirse a una variedad dialectal, se ha intentado en varias ocasiones establecer aproximadamente la frontera lingüística del andaluz, que no coincide con la administrativa. La trazada en 1933 por T. Navarro Tomás, A. M. Espinosa y L. Rodríguez Castellano deja fuera una franja septentrional de la región en la que se articula una *s* apicoalveolar similar a la castellana: sierra de Aracena en la provincia de Huelva, comarca cordobesa de Los Pedroches, las sierras de Cazorla y Segura (en la provincia de Jaén), la hoya de Baza (Granada) y la parte de Almería que limita con la región murciana. Pero no todos los que, al sur de esa línea, gozan de la condición de andaluces, se valen habitualmente de alguna modalidad reconocida como andaluza: los no pocos que proceden de otras regiones peninsulares, insulares e hispanoamericanas, los «nuevos» andaluces que llegan con un idioma distinto al español (en los cuatro últimos años del siglo pasado se triplicó el número de inmigrantes, y en algunos municipios la población de origen extranjero supera el 20% de los empadronados), etc. Es algo que convendría no perdieran de vista los partidarios de intervenir en la dicción de los profesionales de los medios audiovisuales, a lo que nos referiremos más adelante. Pensemos, en cambio, en los andaluces que, especialmente desde los inicios de la segunda mitad del siglo XX, hubieron de emigrar a otras regiones de España o al exterior, si bien en algunos (sobre todo, en sus descendientes) se ha producido un proceso de adaptación que varía mucho según residan en una zona peninsular bilingüe o no, en un país de habla hispana o no, etc. De las muy distintas situaciones se trata en *El español hablado en Andalucía* (III. 9), de Antonio Narbona, Rafael Cano y Ramón Morillo (2003).

En cuanto a lo segundo, las peculiaridades del andaluz, sí es obligado hacer algunas precisiones, pues no es corto ni llano el trecho que hay entre el fácil *reconocimiento* de su singularidad y el *conocimiento* de las claves de la presunta *identidad* lingüística de Andalucía.

4. Modalidades habladas, no escritas

En un interesante trabajo titulado «Los andaluces en busca de su identidad», F. Báez de Aguilar (2000) sostiene que no hay argumentos lingüísticos determinantes. Podría ser discutible que no sean decisivos para definir la identidad de *los* andaluces, pero, en todo caso, la especificidad lingüística del andaluz ha de rastrearse en los usos *hablados* y radica casi exclusivamente en la *pronunciación*. Estaríamos, pues, ante una identidad *fonética*, de la que se ocupa extensamente R. Morillo aquí mismo. En efecto, si se prescinde del mundo referencial específico y de las personales cualidades estilísticas que se manifiestan, sobre todo literariamente, en la escritura (cuyo papel especular es indiscutible), nada distingue a los andaluces de los castellanos, uruguayos o peruanos, por lo que ha de quedar al margen de la búsqueda de la identidad. Escribir *en andaluz* no pasa de ser una aberrante iniciativa, que, además, no reportaría ventaja alguna y sí muchos estériles y absurdos quebraderos de cabeza. Además, representar, por ejemplo, *tasa y taza* o *poso* y *pozo* siempre como *tasa* y *poso* (o bien como *taza* y *pozo*) seguiría sin corresponder a la pronunciación de aproximadamente dos tercios de la población andaluza. Y escribir toda *-r* o *-l* implosiva con una de las dos letras impediría distinguir *alma* de *arma* o *tordo* de *toldo*. Fácil es imaginar lo que ocurriría si se pretendieran reflejar las muy diversas realizaciones (o su no pronunciación) de las *-s* implosivas. Y así sucesivamente[8].

5. Heterogeneidad de las hablas andaluzas

Desde que en 1881 publicó Hugo Schuchardt su trabajo sobre los cantes flamencos[9], la hablas andaluzas han sido objeto de atención de numerosos estudiosos, especialmente a partir de la aparición (entre 1960 y 1973) de los seis volúmenes del *Atlas lingüístico y etnográfico de Andalucía* (*ALEA*), de Manuel Alvar y sus colaboradores Antonio Llorente y Gregorio Salvador. Aunque no es comparable a la que trata de la historia de Andalucía, más de mil cuatrocientos títulos contiene la segunda edición de la *Bibliografía sistemática y cronológica de las hablas andaluzas*, de J. Mon-

---

8   Las *Actas* de las reuniones organizadas en Miha-Mixa/Mijas (Málaga) por Huan Porrah Blanko y otr@s han aparecido con el título por cuadruplicado (*hunta d'ehkritoreh en andalú, hunta d'ehqritorê en andalú, xunta d'ëkkritorë en'andalü, húnta d'ëkkritórë en andalú*), sin que se sepa muy bien a qué responde esa extraña repartición de grafías, acentos incluidos. Una pintoresca *Antolohía'e tehto en andalú der Huan Porrah Blanko* tiene como título *¡Ehkardiyea l'armáziga k'ai hugo!* (publicada por Iralka, Donostia, sin fecha), donde se incluyen unas *Normah ortográfika pal andalú. Propuehta'e trabaho/Normâ ortográfica pa l'andalú. Propuehta trabaho*. Según una esperpéntica información de la edición sevillana del diario gratuito «20 minutos» (26-11-2008) la *Zoziedá pal Ehtudio'el Andalú* parece haber tenido su «úrtima zita» en la «lokalidá zebiyana de Marxena» con el «ohetibo de azel-le yegá a nuehtroh paizanoh k'eyoh no ablan malamente er kahteyano, zino k'ablan andalú». Nada hay que comentar.

9   La Fundación Machado publicó en 1990 una edición con la traducción del texto y comentarios de G. Steingress, E. Feenstra y M. Wolf.

déjar, publicada conjuntamente por las Universidades de Granada y Málaga el año 2006. Y no son pocos los trabajos aparecidos con posterioridad a esa fecha. Ahora bien, tan ingente producción bibliográfica —muy desigual, necesitada de criba y, como se ha dicho, casi desconocida fuera del ámbito académico—, ha puesto de manifiesto la extraordinaria heterogeneidad interna del andaluz, la ausencia de usos *comunes* (ya se ha visto que la separación del castellano ha tenido que hacerse por vía negativa, por la no articulación ápico-alveolar de la *s*), lo que es percibido incluso por los propios hablantes, como la siguiente reacción, sin duda exagerada, del primer Director de Canal Sur cuando se le echó en cara que en la Televisión autonómica pocos se expresaran en andaluz: «Que venga Dios y me diga cuáles son las hablas andaluzas, porque ¿qué tiene que ver un cordobés con un granadino o un malagueño?». Si poco es lo que comparten *todos* los andaluces y no está claro qué los separa de otras modalidades del español, no cabe esperar que resulte fácil perfilar la identidad lingüística andaluza. Quizás sea una de las razones por las que, pese a reconocerse que las formas de hablar constituyen una de las primeras señas de identificación de los andaluces, no cuenten mucho a la hora de plantearse las bases de su identidad. Una docena escasa de páginas, y poco relevantes, se dedica a «La lengua de los andaluces» (§ 4.1) en el mencionado Documento *La identidad del pueblo andaluz*, encargado por el Defensor del Pueblo Andaluz a un grupo de autores. Y en la también citada *La identidad cultural de Andalucía* solo se incluyen seis páginas, escogidas por José María Vaz de Soto de su escrito *Defensa del habla andaluza*, de hace más de treinta años, al que nos referiremos después. Antes, recordemos brevemente lo más destacable de las hablas andaluzas. Una descripción más extensa se halla en *El español hablado en Andalucía*, de Antonio Narbona, Rafael Cano y Ramón Morillo (2003).

5.1. *Gramática y prosodia*

A las peculiaridades sintácticas, escasas por lo que hasta ahora sabemos, solo procederá referirse cuando se conozcan mejor las del español coloquial en general. Si apenas se suelen aducir fenómenos morfológicos característicos, es por dos razones, que en ciertos casos se suman:

a) porque dividen a los andaluces. Así, el empleo de *ustedes* como plural único de segunda persona (frecuentemente sin concordancia con el verbo: *¿ustedes se vai[s] a í[r] o se vai[s] a quedá[r]?*) constituye una de las más claras diferencias entre el occidente de la región —pero no se da, ni mucho menos, en todos los hablantes— y el oriente, donde *ustedes* y *vosotros* tienen prácticamente el mismo uso que en el resto de España;

b) porque no gozan de prestigio. El pluscuamperfecto de subjuntivo formado con *ser* como auxiliar (*si yo fu[er}a esta[d]o allí, no fu[er]a pasa[d]o eso*) se oye por casi toda Andalucía —aunque está por estudiar su extensión y alcance estratifica-cional—, pero hay conciencia de su escasa o nula estimación sociocultural.

Tampoco se alude, por otras razones, a la prosodia, pese a que, como puso de re-lieve Rafael Lapesa (1980), las hablas andaluzas se distinguen básicamente de las del norte peninsular por «una serie de caracteres que comprenden la entonación, más variada y ágil; el ritmo, más rápido y vivaz, y la fuerza espiratoria, menor». Las dificultades que entraña internarse en este terreno, en el que también es muy notable la diversidad, no invitan a indagar lo que de singular y destacable presenta el andaluz.

5.2. *Léxico*

No se entiende muy bien por qué, en cambio, constantemente se recurre al léxico y, particularmente, al que deja patente la gran heterogeneidad interna del andaluz, los particularismos de cada comarca e incluso los localismos de cada pueblo. Casi todos los *Vocabularios* de alcance más o menos restringido, muy desiguales, persi-guen registrar aquello que no figura en el *Diccionario* académico y llegan a perder de vista que, como recuerda M. Alvar Ezquerra en el Prólogo del *Tesoro léxico de las ha-blas andaluzas* (2000), «lo general en español es lo más *nuestro* que poseemos». Suele destacarse la supuesta *riqueza* léxica y fraseológica andaluza, en que se reflejaría su especial expresividad, calificada de genio o ingenio, donaire, gracia, salero.... Pero que haya muchas (¿cuántas son *muchas*?) expresiones para designar lo mismo no quiere decir que *todos* las empleen o conozcan. Los que a una determinada ensala-da llaman *pica[d]íllo* no son los que la denominan *pipirrana*. Los diversos nombres de un objeto (*botijo, búcaro, pirulo...*) no son empleados por los mismos hablantes. En general, quienes más se sirven de voces y giros de sabor *local* no son los que disponen de un léxico más abundante y variado. Los cambios producidos, los mo-vimientos migratorios hacia las áreas urbanas, la rápida extensión de los medios de comunicación y, sobre todo, el creciente grado de instrucción resultan decisivos en el aumento del caudal léxico de una parte cada vez más numerosa de la población, justamente la que abandona y acaba por desconocer parcelas del vocabulario apega-do a lo *popular*. Por razones históricas y estructurales bien conocidas, sigue siendo alto el número de andaluces que, si por algo *sobresalen*, es por su escasa competen-cia idiomática y comunicativa, con lo que casa mal la *riqueza* léxica. Aunque toda referencia al léxico disponible (y habría que distinguir entre el activo y el pasivo) ha de hacerse en términos relativos, abrir el citado *Tesoro* por cualquier sitio puede resultar ilustrativo. Así, de las voces que figuran en la primera columna de la página 344 (*entamo, entandar, entande, entanganar, entangarillado, entangarillar, entangarri-llado, entapar, entapizar, entaponada, entaponar, entaramar, entararañado, entarquinal, entasmar, entavía, entedanoche, entejón, entelarañado y entelerido*), es muy probable que muchos no reconozcan más que dos, *entavía* ('todavía') y *entedanoche* ('anteanoche'), variantes que probablemente no tarden en ser desterradas.

La osadía encuentra en el léxico el terreno más propicio para desfigurar la realidad, a sabiendas o por ignorancia. Sin comprobación alguna, se asigna a menudo a Andalucía la *propiedad* (incluso en *exclusiva*) de ciertos vocablos. De poco parece haber servido que ya Antonio Alcalá Venceslada, cuyo pionero *Vocabulario andaluz* (apareció en 1934 y una segunda versión del mismo se publicó en 1950) suele ser recordado únicamente para referirse a sus carencias o deficiencias (sin tener en cuenta la falta de precedentes y escasez de medios con que el autor lo llevó a cabo), tuvo la precaución de aclarar en una *Advertencia* previa que, si bien «las palabras han sido recogidas en Andalucía, no todas, ni mucho menos, son exclusivamente andaluzas», y a continuación agregó que no había pretendido «hacer un vocabulario geográfico, porque sería tarea poco menos que imposible». Más de setenta años después, y pese a que contamos con el *Atlas lingüístico y etnográfico de Andalucía* (*ALEA*) y los estudios de él derivados, así como con el mencionado *Tesoro* coordinado por M. Alvar Ezquerra, poco se ha avanzado en la superación de una y otra limitación.

Seguir la trayectoria de la vida de las palabras requiere, además de tiempo, esfuerzo y dedicación, no poca sabiduría e inteligencia, y, muchas veces, una indagación paciente para la que se necesita la habilidad propia de un buen detective, si no se quiere correr el riesgo de enredarse y errar. No hay sector del vocabulario en que las cosas sean simples. Veamos un botón de muestra. *Chivarse* aparece por primera vez en el *DRAE* en la edición de 1936 como *andaluza* (sin duda, por figurar en el *Vocabulario andaluz* de Alcalá Venceslada) y *de germanía*; se elimina esta última marca en la de 1956, en que figura como voz del *caló*; en el Suplemento de la edición de 1970 se sustituye esto último por *vulgar*, etiqueta que, a su vez, desaparece para *chivato* (no para *chivarse*) en la de 1980; en la última edición (2001), los dos términos están sin adscripción a Andalucía y dejan de considerarse vulgarismos[10]. *Chivarse* ni siquiera está en el *Tesoro*; sí *chivato*, pero no con la acepción de 'soplón'. Como se ve, toda precaución es poca a la hora de atribuir una concreta localización geográfica a una expresión, entre otras razones, porque las palabras y la fraseología no dejan de moverse, casi siempre con mayor rapidez que sus usuarios. Y aunque generalmente la vida de unas y otros no coincide, ni mucho menos, no son pocas las que también *mueren*, esto es, dejan de emplearse, y muchas más las que acaban siendo desconocidas por la mayoría. A nadie extraña que gran parte del caudal recogido a mediados del siglo XX en el *ALEA* sea ignorado hoy incluso en áreas no urbanas. Muchas de las faenas tradicionales del campo simplemente han desaparecido y se han visto sustituidas por técnicas y procedimientos nuevos muy distintos. El *barzón*, el *enjero*, el *cebero*, la *quincana*, el *preciso*... solo se encuentran en mesones, como elementos

---

10   Cfr. M. Ariza «Sobre el léxico andaluz», en Narbona (dir.) 2006, 87-100.

decorativos, o en museos de tradiciones populares. Casi como piezas museísticas se sienten los que han alcanzado cierta edad al ver en ellos objetos como la *pizarra* y el *pizarrín*, con que aprendieron a escribir, o las planchas de carbón. A los jóvenes les cuesta imaginar que arar, sembrar, segar, transportar las mieses, etc., eran labores que, hasta no hace más de medio siglo, hacían los jornaleros en los vastos campos andaluces sin otros medios que el arado romano, la hoz, el trillo y el carro. Y difícilmente se les puede hacer entender a quienes siempre han visto que para tener agua (*corriente*) basta con abrir el grifo, que la vida de muchos pueblos dependía en gran medida del *agua[d]ó[r]*, encargado de distribuir casa por casa la que se extraía de pozos. Algo parecido puede decirse de bastantes de las tareas domésticas, de las costumbres, de los juegos, etc.

En un terreno tan complejo y dinámico, fácil resulta resbalar o remar contra la corriente de la realidad. Muy loable es el esfuerzo de quienes tratan de inventariar lo presuntamente exclusivo o peculiar de tal o cual comarca o localidad, bastante de ello mero testimonio del pasado. Pero toda cautela es poca. En el *Vocabulario del NE andaluz: Sierras de Segura y Cazorla*, de A. F. Idáñez, publicado por la Diputación Provincial de Jaén el año 2001, que contiene cerca de 9.000 entradas (cifra nada despreciable, si se tiene en cuenta que en el *DRAE* hay aproximadamente 80.000), descubrimos en seguida que muchas palabras son o fueron usadas también fuera de tal zona de Jaén e incluso fuera de Andalucía (*regomello* —y *regomelloso*—, por ejemplo, se asigna a Murcia en el *DRAE*, y *andar* o *traer a alguien al retortero* aparecen como *coloquialismos* generales). Andaluces y no andaluces conocen *soga*, *almanaque*, *almuerzo* y muchas de las ahí registradas. Otra cosa es que, por ejemplo, y a pesar de que la voz no deja de emplearse en locuciones diversas y por todas partes hay máquinas *tragaperras*, muchos ignoren ya que la *perra chica* era la moneda que equivalía a cinco céntimos de la «antigua» peseta (y la *perra gorda*, que no figura en ese *Vocabulario*, a diez). De *bandearse* (y de algunas más) se dice, en cambio, que es «común en español», pero en el *DRAE* la voz *bandear* ('atravesar, pasar de parte a parte, taladrar') figura como propia de Andalucía y América.

Al ser el léxico tan variado y mudable —con el paso del tiempo y geográficamente—, es arriesgado hacer *apropiación* indebida de tal o cual vocablo o locución. E inútil es empeñarse en conservar a ultranza lo que parece o se considera propiedad privada. Un colaborador habitual de la edición andaluza de «El País» insiste una y otra vez en que los andaluces *deben* seguir empleando *zarcillos* o *alcancía* (¿por qué no *sarsiyo* y *arcansía*?), y no *pendientes* o *hucha*, porque «así se ha dicho siempre». Por tal regla de tres, no tendríamos que haber dejado de decir CIRCELLU(M), voz latina de la que *zarcillo* procede. Pocos objetos de adorno personal (ya no exclusivamente femenino) han sufrido más cambios de forma, tamaño y ubicación que esos originariamente «circulillos» (o *aretes*). Además, ninguna de las dos palabras es *andaluza*. Figuran, sí, en el *Vocabulario andaluz* de Alcalá Venceslada, pero con unas acepciones (*alcancía* 'partes pudendas de la mujer'; *zarcillo* 'hijo pequeño' o 'señal con que se marca el ganado') que no han podido verse afectadas por el avance de los términos presuntamente «competidores» (*pendientes*, *hucha*). Por lo demás, en una época en que, desde una edad cada vez más temprana, los ahorros han dejado de guardarse en *alcancías* (o *huchas*), no sería raro que ambos pasaran pronto a engrosar el mundo de los cadáveres idiomáticos.

Hay quien se indigna por la «injusta» *marginación* u *olvido* de las palabras *andaluzas* en el *Diccionario* académico. Aunque no es una cuestión de cantidad, no debería perderse de vista que la marca *And*[alucía] o de alguna de sus provincias aparece unas 900 veces, más o menos como la de *Perú*, país con veinte millones de habitantes, y poco menos que la de *Col*[ombia], que ya ha superado la población de España. Para que la queja tuviera alguna justificación, habría que determinar previamente cuántas y cuáles son, conocer su uso real, y, sobre todo, tener en cuenta los criterios de elaboración del *DRAE*, explícitos en sus *Advertencias* preliminares, en especial su aclaración de que «no puede registrar *todo* el léxico del español», sino solo el «*general* de la lengua hablada en España y en los países hispánicos». Más desconcertante aún resulta la «exigencia» de que algunas figuren, además, *como se pronuncian*, pues, aparte de las dificultades insalvables que entrañaría llevar a la práctica tal pretensión, parece desconocerse que se trata (y no puede ser de otro modo) de un texto *escrito*. Alguien ha propuesto que, por ejemplo, *aspidistra* aparezca como *pilistra* (¿por qué no *pilihtra*?), al igual que *malafollá* (¿no es *malafoyá* lo que pronuncian quienes la usan?) y *esaborío* (¿en lugar o además de *desaborido* y *desabrido*?). No es necesario decir a dónde nos llevaría esto. Porque ¿dónde situar el tope y quién ha de fijarlo?, ¿qué resultaría en el caso de que se diera entrada a *todas* las variantes de *todas* las modalidades del español? En diversos Vocabularios comarcales y locales sí se encuentra *esaborío* (algunos han creído que la forma era *saborío*, por oírla frecuentemente en combinaciones como ¡qué-*saborío ere*[s]!, ¡qué-*saborío éh ehte niño*!), y también *malafollá*, *malafoyá*, *malasombra*, *malage*, *malange*, *malaje*, *malageh*, etc., afines semánticamente. Pero ni siquiera el *Tesoro* puede recogerlo todo y, menos, con su localización precisa. Se entiende que aparezca *tamear* ('calcular aproximadamente, sopesar'), por no figurar en el *DRAE*, pero no que *saleazo* ('golpe, porrazo') se considere voz malagueña, pues era y es empleada fuera de esa provincia para referirse a una sorpresa desagradable o decepción. Si se da entrada a *entavía* ('todavía') y otras muchas deformaciones fonéticas, vulgarismos en su mayor parte (*momá* —y *mamaíta*—, *popá*, *ajolá*, etc.), es porque así se hallan recogidas en algún sitio o porque simplemente se oye en boca de ciertos hablantes.

¿Qué criterios podrían valer para considerar *andaluzas* determinadas palabras? Está claro que no cabe pensar únicamente en las que hayan surgido o solo se empleen en Andalucía. Mucho menos, en las que se usen en toda la región. En todos esos casos una indagación rigurosa echa por tierra el *andalucismo* de gran parte de ellas, por lo que el inventario resultante sería muy reducido. Y las diferencias internas son tantas, que, por ejemplo, los datos del *ALEA* y del *Atlas lingüístico de Aragón, Navarra y Rioja*, han llevado a G. Salvador (1987) a poner de manifiesto que más divergencias léxicas hay entre Olivares (Sevilla) y Caniles (Granada) que entre esta última localidad y Manzanera (Teruel). Y hay algo más y más relevante. Para cada término habría que determinar no solo su verdadera extensión geográfica, sino también el grado de aceptación y de estimación en cada zona, tanto entre los que lo usan como entre quienes no se sirven de él, en el caso de que lo conozcan.

En una época como la actual, en que el comportamiento lingüístico (y otros no lingüísticos) de los individuos se ve cada vez más mediatizado por circunstancias que podrían calificarse de revolucionarias, no es arriesgado vaticinar que van a seguir disminuyendo las divergencias. Cada vez son más los vocablos y expresiones que, por caminos distintos, se instalan en todo o gran parte del mundo hispanohablante. Que bastantes vengan de otras lenguas no tiene por qué sorprender. Nunca han dejado de entrar extranjerismos, si bien no en igual número ni con la fuerza expansiva de hoy, sobre todo procedentes del inglés, casi convertido en *lingua franca*. El hecho de que algunos hayan sido acogidos —bien que marcados tipográficamente de modo especial— en la última edición del *DRAE* (que, conviene recordarlo, ha dejado de ser responsabilidad exclusiva de la Real Academia Española y es compartida por todas las Academias hispanoamericanas) revela que en una obra en que se proclama, de entrada, que el *uso* es «árbitro, juez y dueño en cuestiones de lengua», no podían seguir quedando fuera palabras de empleo común y extendido. ¿Cómo no hacer figurar *light* (cada vez se consumen más bebidas y cigarrillos *light*), *casting*, *hall*, *jazz*, *top-less*, *show*, *sexy*, *stock*, *marketing*, *ranking* y tantos otros, que se oyen y leen constantemente? Otra cosa es que la velocidad con que se difunden impida su adaptación gráfica a la pronunciación real. En todo caso, su irrupción y generalización, junto con la mortandad de un buen número de particularismos, contribuye a acentuar la homogeneidad, no solo del andaluz, sino del español en general.

Y a todo ello se suma la creciente incidencia de las nuevas tecnologías en las formas de comunicarse. La radio y la televisión, el extraordinario desarrollo de la telefonía y de las posibilidades de intercambio simultáneo de sonido e imagen, el *chateo*, el correo electrónico, el «*mensajeo*» a través de los móviles..., además de poner en marcha nuevos recursos y procedimientos de intercomunicación, algunos de los cuales hacen borrosa la línea que separa la oralidad de la escritura, están contribuyendo a hacer cada vez menos ajenas a todos voces antes específicas o peculiares de alguna variedad en particular. Los medios de comunicación, que no conocen fronteras, son los más interesados en que la norma de que se valen (especialmente, en el terreno del léxico) se aleje de cuanto se halle geográficamente marcado. Solo así, una telenovela producida en Venezuela o Puerto Rico podrá emitirse sin problemas de recepción en cualquier parte del dominio hispanohablante. Y se aproxima al 100%

el vocabulario común de la prensa que se transmite en español por Internet. Ahora bien, ni la caída en desuso de muchos términos ni el aumento de los compartidos cada vez por más hispanohablantes tienen que provocar, como se verá, la pérdida de peculiaridad identitaria alguna.

La vida y la muerte de las palabras desvelan una parte importantísima de la trayectoria de los individuos y de la historia de los pueblos. Pero no se puede anclar la realidad con la lengua, algo que, por otra parte, no se ve qué beneficios podría reportar. La lengua está al servicio de ese incesante fluir de las personas y de las sociedades, y empeñarse, para configurar o reforzar artificialmente una identidad colectiva, en preservar un uso lingüístico que irremediablemente terminará por caer en desuso, frente a otro que se abre paso, es algo casi siempre condenado al fracaso. Entre otras razones, porque los hablantes no tienen especial interés en ser localmente «identificables». Desde luego, no parece descubrirse en los andaluces una voluntad de construirse su identidad *a costa de* la que tienen como hablantes de español, pues entre una y otra hay una evidente relación de implicación. Permanecer en la limitada o restrictiva acabaría por reducir o impedir que, por encima de las discrepancias, nos entendamos sin problemas con, por ejemplo, los ecuatorianos o costarricenses, algo claramente ventajoso y admirable.

5.3. *Pronunciación*

Se comprende que generalmente se tome la pronunciación como base de la identificación de las *hablas* andaluzas. Como a la identidad *fonética* se dedica el extenso trabajo de Ramón Morillo en este mismo volumen, aquí nos limitaremos a mencionar algunos de sus rasgos característicos, lo que no resulta fácil. Un *decálogo del andaluz culto* formulado por José María Vaz de Soto en una serie de colaboraciones que, con el título *Defensa del habla andaluza*, fueron apareciendo en el diario «ABC» de Sevilla (del 31-12-77 al 27-1-78), y que después serían reunidas en una publicación independiente (1981), ha tenido una notable difusión e, incluso, se ha llegado a proponer en algún libro escolar como «buen punto de partida». En realidad, no se trata de un verdadero *decálogo*, pues, al lado de cinco rasgos «determinantes de la pronunciación andaluza en su superior registro», que califica de «virtudes lingüísticas» (*seseo*, esto es, pronunciar de igual modo *sesión* y *cesión*; *yeísmo*, o sea, indistinción entre *se calló* y *se cayó*; articulación como aspirada de la *-s* implosiva en casos como *por valleh y montañah* o *el cahco hihtórico de Sevilla*; realización suave y faríngea de la *j* de *caha* o *recohemos* y pérdida de ciertas consonantes finales, como en *Madrí* o *libertá*), señala otros cinco «vicios» que «deben evitarse por vulgares» (pronunciaciones como *jambre, arcarde, marío* o *crúo, mushasho* o *coshe* y *cá* [por *cada*] o *doló* [por *dolor*]). Resulta revelador que con los primeros vengan a coincidir los del modelo que, en un trabajo publicado treinta años después, Pedro Carbonero (2007) denomina *estandarizado andaluz*, «la forma de pronunciación más representativa de un *andaluz culto*»[11]. Se combina en esta expresión, de la que uno y otro se sirven, un término, *andaluz*, que tiene un significado de relación objetiva, con otro, *culto*, cuyo claro carácter valorativo (forma parte de una escala gradual, cuyo polo opuesto estaría ocupado por *inculto*, o incluso *vulgar*) no es interpretado siempre de igual modo. No es posible averiguar cuántos son, si los hay, los andaluces que *cumplen* a rajatabla, o en buena medida, tales «mandamientos» y evitan los «defectos», pero ello no bastaría para calificar de *culto* a un hablante andaluz. Como es lógico, a nadie se le ocurre en la práctica «obligar» a *sesear* (esto es, a pronunciar sin distinción alguna *cima* y *sima*; ¿habrían de hacerlo, además, con algún tipo concreto de *s* de las varias andaluzas?) a aquellos andaluces —más numerosos, por cierto— que no lo hacen, o «imponer» la aspiración de las *-s* implosivas. En general ¿se puede persuadir a los hablantes a que modifiquen sus hábitos articulatorios?[12].

De todos modos, antes hay que plantearse si realmente son tales hechos los que marcan la *identidad* de (todos) los hablantes andaluces. Para empezar, no tienen igual potencia identitaria. Muy débil y difusa es la conciencia de la *peculiaridad* de algunos de los más extendidos, como el *yeísmo* o la pronunciación floja y relajada del sonido que se escribe como *j* (o *g* ante *e, i*). Junto al *seseo* (ni mucho menos específico de los andaluces y con muy distintas realizaciones de la *s*), se dan en Andalucía —con distinta extensión y consideración sociocultural— pronunciaciones diferenciadas de *s* y *z* (o *c* ante *e, i*), el *ceceo*, el *heheo* y hasta el *seceo* o el *ceseo*. Soluciones varias (distribuidas de manera desigual según sea final de sílaba o palabra) presenta igualmente la *-s* implosiva: aspiración de diverso tipo, asimilación a la consonante que sigue hasta llegar casi a una geminación (*cacco hittórico*), caída total (sin alteración del timbre de la vocal precedente o, en la parte oriental de la región, con abertura y alargamiento de la misma), etc. Y, en cuanto a los rasgos rechazables, al lado de los que no gozan de prestigio alguno y claramente retroceden (*jambre*), hay

---

11   El autor, que se muestra más tolerante que Vaz de Soto en algún caso (concede, por ejemplo, una valoración *media*, no *baja*, a la pronunciación *arcarde*), reconoce en Andalucía otros cinco *modelos de referencia*: el *estandarizado polimórfico* (el de quienes, por ejemplo, a veces pronuncian la *-s* y otras veces la aspiran), el *hipercorrecto* (en el que ciertos rasgos norteños se combinan con otros andaluces de valoración media o baja), el *estigmatizado* (una «forma de pronunciación que incluye, por ejemplo, aspiración o pérdida de *s* implosiva, pérdida de la *-d-* intervocálica, así como de *-r* y *-l* finales, ceceo, apócopes, etc.»), el *polimórfico no estandarizado* (el de quien, por ejemplo, unas veces distingue *s/z* y otras cecea) y el *estandarizado septentrional* (el del Norte y Centro de la Península, que también se da dentro de los límites de Andalucía). Y termina por admitir que «cada hablante en particular tiene *su* forma de pronunciación, o incluso *varias* formas (que pueden variar según la situación comunicativa en que se encuentren)» (p. 129).

12   En un trabajo posterior, el propio Vaz de Soto (1995) afirma que «no se trata de imponer a nadie unas normas de ortología». Propone, en cambio, a continuación una *supranorma* común (andaluza, canaria e hispanoamericana), caracterizada por cuatro rasgos (*seseo, yeísmo*, aspiración de la *-s* implosiva y pronunciación suave o faríngea de la /x/), que sí «deberíamos usar los andaluces en niveles idiomáticos cultos, incluido el registro público y audiovisual».

otros bastante extendidos, geográfica y verticalmente, cuya (des)estimación varía considerablemente según la zona, cómo se realice y cuál sea la situación comunicativa. Así, la desafricación de la *ch*, si bien no goza de elevada consideración, no resulta rechazable más que cuando se arrastra su pronunciación (*mushshashsho*). A la notable extensión del trueque *l > r* (*arcarde*) no corresponde una gran aceptación. Extraordinariamente abigarrada es la casuística en lo que ha dado en calificarse de *fonofagia*. Los andaluces tienen fama de relajar o «comerse» sonidos (no letras), pero es algo que varía mucho en función de factores muy diversos, incluida la mayor o menor rapidez de la dicción. Muchos dejan de pronunciar sistemáticamente, o casi, la *-d-* intervocálica de los participios en *-ado* —como sucede fuera de Andalucía—, incluso de los convertidos en sustantivos, como *pescao* (es frecuente ver escrita en los rótulos de restaurantes y merenderos malagueños *pescaíto frito*). Pero no son tantos los que lo hacen en los en *-ido* (*venío*, *comío*), que produce casi general rechazo, al igual que, con mayor razón, fuera de esa forma verbal (*que*[d]*á*[r], *marío*, *crúo*, *pué*[de], *có*[do]), aunque en las conversaciones familiares no es raro oír *cá*[da] o *ná*[da] incluso en labios de personas instruidas. Sin ser, ni mucho menos, algo exclusivo de Andalucía, la relajación, asimilación o desaparición de otras consonantes, finales o intervocálicas, y de ciertos sonidos vocálicos (*só*[l], *doló*[r], *mimmo*, *in*[s]*tituto*, *quedá*[r], *pa*[ra], *quié*[res], *tié*[ne], *mi*[r]*á*, *fu*[er]*á*, *mu*[y], etc.) puede dar lugar en los casos extremos a problemas de comprensión (*¡vaya-lá q-á caío ta noshe!* «¡vaya helada que ha caído esta noche!»). Estamos, sin duda, ante el hecho que más llama la atención y más perturba la fonética andaluza, por lo que no extraña que a menudo sea objeto de imitación con el propósito de provocar la hilaridad e incluso ridiculizar a los hablantes rústicos, en los que tal tendencia es más acusada. No se aduce, claro es, como seña de identidad. Parece apreciarse un cierto freno a tales procesos de distensión articulatoria, que habría que cuantificar, en situaciones de menor familiaridad y en función de estratos socioculturales.

De lo dicho sobre la pronunciación de los andaluces, conviene, pues, no perder de vista lo siguiente:

a) No hay rasgo tenido por andaluz que sea compartido por todos ni esté extendido por toda la región.

b) De ninguno puede afirmarse que esté presente sólo en Andalucía.

c) Bastantes de ellos no gozan de gran consideración sociocultural, ni siquiera entre los propios andaluces.

d) Algunos de los más difundidos son, en general, los que menos incidencia tienen en la conciencia de los hablantes como singulares marcas diferenciadoras.

e) Otros reflejan diferencias y divergencias entre los andaluces.

f) La notable relajación y pérdida de sonidos no suele aducirse a la hora de hablar de la identidad lingüística andaluza.

g) Aunque es la confluencia de los rasgos característicos señalados lo destacable en la región andaluza, tal convergencia varía de unas zonas a otras y, sobre todo, socioculturalmente. Es bastante atinada la imagen *poliédrica* del andaluz[13].

Que *los* andaluces no pronuncian, ni hablan, de igual modo nada tiene de particular. Cabe decir algo parecido de los de cualquier otra región. Lo que en Andalucía se advierte, incluso en hablantes de la misma zona geográfica (y hasta en un mismo hablante), es un acentuado polimorfismo (pueden oírse, por ejemplo, *cahco hihtórico, cacco hittórico, casco histórico*, entre otras realizaciones), en función, no solo del nivel de instrucción y de competencia, sino también de la situación comunicativa en que en cada caso participen (y varía mucho de unos hablantes a otros la capacidad de intervenir en tipos distintos de actos de comunicación), hasta el punto de que suele sostenerse que lo característico de la identidad lingüística de las hablas andaluzas es precisamente su diversidad. Tal afirmación, claro es, no satisface ni complace a quienes se afanan en demostrar que está asentada en una homogeneidad *específica*. ¿Se puede alcanzar por la vía indirecta de poner de relieve lo que las *separa* o *distancia* de otras modalidades del español? Veámoslo.

6. El *andaluz* y otras variedades del español

No sorprende el paralelismo entre Canarias y Andalucía que se establece en *Identidad y pluricentrismo lingüístico. Hablantes canarios frente a la estandarización*, de Laura Morgenthaler García, libro aparecido a finales del año 2008. En ambas Comunidades se detecta una notable inseguridad (y cierta conciencia o sentimiento de *inferioridad*) en un número más o menos significativo de hablantes. Pero sí que la autora sostenga que en Canarias se dan las condiciones para comenzar un proceso de planificación y regulación lingüística «como el que *se está llevando a cabo en Andalucía*», proceso que «conducirá a una revaloración de las hablas canarias, con la implantación de un estándar regional que terminará por desplazar al prescriptivo [sic] castellano». Casi por las mismas fechas, la agrupación política *Coalición Canaria*, en su IV Congreso, acordó instaurar el «Día de la Nación Canaria», frente a la nación *española*, que —se afirmaba en el comunicado de prensa— «no existe», como tampoco el *pueblo español*, cuya identidad se ha construido «eliminando el resto de las identidades, entre ellas la canaria, a la que se ha reprimido durante seis siglos». Como se ve, en el primer caso se toma Andalucía como espejo en que los canarios, en una posición más «retrasada», deberían mirarse, aunque la verdad es que en Andalucía no está en marcha, que sepamos, planificación lingüística alguna[14]; en el segundo, en cambio, unos representantes políticos de las Islas Afortunadas

---

13 De todo ello se trata más detenidamente en el trabajo de R. Morillo-Velarde.

14 De ello se hablará más adelante en el trabajo de Elena Méndez.

sobrepasan a los andaluces, pues ni siquiera en el Estatuto de Autonomía, cuyo texto reformado se ha aprobado no hace mucho, se califica a Andalucía de *nación*, sino solo, y de forma indirecta, de *realidad nacional* (en el *Preámbulo*, no en el articulado), o de *nacionalidad*, término que figura en la Constitución. A la formación política canaria no pasa desapercibido el papel de los usos lingüísticos: «Si bien es verdad que no poseemos una lengua propia, como ocurre en otras nacionalidades, nuestra *nación* sí posee una realidad lingüística diferenciada, caracterizada por rasgos fonéticos, gramaticales y léxicos que nos *identifican* como canarios». Naturalmente, no se especifican tales rasgos, lo que sí se hace, en varias ocasiones, en el libro de L. Morgenthaler: *seseo*, aspiración de la -*s* implosiva, pronunciación floja y aspirada del sonido que se representa en la escritura como *j* (o *g* ante *e*, *i*), no uso de *vosotros* (ni de *os*) y ciertas expresiones léxicas (*guagua*, *tupir*, *gofio*, *abanar* y pocas más). Salvo esto último, todo es compartido por las hablas andaluzas, si bien habría que hacer algunas matizaciones acerca de los fenómenos fonéticos y del empleo de *ustedes* como plural único de segunda persona de plural, que no se da en las islas con la falta de concordancia que se oye en hablantes de Andalucía occidental. Pero ¿constituye esa coincidencia la razón por la que, en la búsqueda de lo distintivo de la identidad lingüística andaluza, rara vez se hace referencia a la situación canaria y, habría que agregar, tampoco al extenso mundo hispanohablante de América? No parece que así sea. En primer lugar, porque hasta no hace tanto, poco se sabía de tales modalidades. Es más, el desconocimiento, principalmente de la realidad americana, ha hecho caer en percepciones erróneas incluso a expertos dialectólogos. Así, el académico Gregorio Salvador, granadino, se aventuró en 1963 a hacer una profecía («si todo sigue igual, si no sufren alteración las condiciones actuales —y me refiero a condiciones sociales principalmente: de prestigio, de aceptación, de tolerancia—, a la vuelta de doscientos, de trescientos años, la oleada andaluza habrá alcanzado la costa cantábrica, y la actual pronunciación del castellano será reliquia rastreable por los dialectólogos en algunos escondidos valles de montaña»), de la que no ha dejado de arrepentirse: «solo desde una considerable ignorancia de las hablas de América [...] pude yo haber escrito semejante dislate» (Salvador 1987).

Pero hay otras circunstancias que han pesado tanto o más que tal ignorancia. Una de ellas tiene que ver con algo a lo que se aludió al principio y que puede hacernos comprender por qué, a la hora de señalar lo que separa a los andaluces de (los) *otros* hablantes de español, la atención se fija exclusiva o preferentemente en el llamado español *septentrional* (que engloba gran parte del Centro) peninsular. Las identidades colectivas no emanan, sin más, de diferencias *culturales* previamente existentes. Son estas las que derivan a menudo de situaciones conflictivas o de enfrentamiento, reales o imaginadas. Se entiende que, más que con los canarios y americanos, cuyas formas de hablar se consideran casi *prolongación* del español *meridional* (o *atlántico*), la contraposición se establezca con los cercanos vecinos peninsulares, de los que lingüísticamente se sienten más distanciados. En la práctica, sin embargo, esa especie de «rivalidad» o *antagonismo* lingüístico del que se quiere hacer proceder la tensión conflictiva que genera (o refuerza) la identidad propia, no se hace descansar tanto en diferencias idiomáticas, básicamente fonéticas, como en el *estatus simbólico* que se desea asignar a la modalidad andaluza, con lo que, de paso, quedarían camufladas sus notables diferencias internas. Claro está que para ello es preciso, como también se ha dicho, encapsular la realidad de los usos lingüísticos (donde nunca ha habido real *enfrentamiento*[15]) en el conjunto global de valores *culturales* que se juzgan *patrimoniales*. La vía más sencilla es recurrir a la estrategia —a un tiempo defensiva y ofensiva— que del *victimismo* pasa de inmediato a la *reivindicación*. La propagación y explotación de una imagen de *lo* andaluz, más que d*el* andaluz, *desestimado*, *menospreciado* (o *despreciado*), *marginado*, *discriminado*, *perseguido*, por parte de instituciones *centralistas*, o, en general, por los *castellanos*, los *de Madrid*, *de Valladolid* o *de Burgos* (*loh godoh*, en Canarias), siempre resulta «rentable». Cualquier iniciativa que persiga la *dignificación del andaluz* (y de *lo andaluz*), la superación del *complejo de inferioridad* de los hablantes andaluces, así como la liberación de la *opresión* o *imposición* externa, al sintonizar con el deseo general de quienes ansían pertenecer a un grupo *distinto* a otros, obtiene casi siempre algún rédito, sobre todo si se desliza hacia posiciones que bordean lo excluyente. No hace falta decir que, en la conformación de tal tensión conflictiva, la historia y la situación actual del andaluz resultan con frecuencia desvirtuadas o falseadas. A veces se llega a deformaciones descabelladas. Así arranca el capítulo inicial (dedicado a la época prehistórica) de *Andalucía: pensamiento jurídico y social*, de J. F. Lorca Navarrete y Mª T. Lorca Martín de Villodres (2007): «Constituye una afirmación aceptada que en la Antigüedad constituía Andalucía cierta unidad etnológica claramente diferenciada del resto de la Península Ibérica. En este sentido, Andalucía es el cuerpo hispánico de perfiles más precisos. Para Elías de Tejada el pueblo andaluz es la quinta esencia [sic] psicológica, social e histórica de un tipo humano decantado en exquisita depuración de hondas vetas de riquísimo y finísimo engarzar». En la contraportada de un libro titulado *Sin ánimo de ofender. En defensa de la lengua de Andalucía* (la segunda edición apareció en 2001), fruto de la adaptación por Tomás Gutier de textos de varios autores, puede leerse lo siguiente: «Si desde el poder no se hubiera mantenido durante siglos una constante lucha contra la forma de hablar del pueblo andaluz... ¿estaríamos ahora ante un idioma **diferente al castellano**?». Se trata de una idea nada original. Con estas palabras se abre *El polémico dialecto andaluz* (1986), de José María de Mena (en la solapa se dice de él que es Catedrático de Fonética y miembro de varias Academias): «Andalucía tuvo entre los años 1900 y 1936 una ocasión maravillosa, quizás única, de elevar el lenguaje andaluz a un rango idiomático escrito

---

15   Desde la implantación del *castellano* a partir del siglo XIII, en las tierras meridionales, en un proceso que duró varias centurias y por una población no homogénea, no podemos hablar de pugnas idiomáticas más allá de las tensiones habituales entre vecinos que comparan sus usos respectivos. De ello se ocupa en este mismo volumen Rafael Cano.

de proyección universal. En esos días contábamos con un grupo numeroso de escritores de grandísima valía, que han llegado a tener resonancia internacional, como Federico García Lorca, en Granada; Antonio Machado, en Sevilla; Rafael Alberti, en Cádiz; Juan Ramón Jiménez, en Huelva. Desgraciadamente, hay que reconocerlo, se avergonzaron de su lengua [sic] andaluza y se dedicaron a escribir **en castellano**». Y bastante antes, Blas Infante, el «Padre de la Patria Andaluza», lamentaba incluso que la realidad haya llegado a ser la que es: «El lenguaje andaluz tiene sonidos los cuales [sic] no pueden ser expresados en **letras castellanas**. Al *alifato*, mejor que al español, hay necesidad de acudir para poder encontrar una más exacta representación gráfica de aquellos sonidos. Sus signos representativos hubieron de llevárselos con su alfabeto, dejándonos sin otros equivalentes en el alfabeto español. Tal vez hoy alguien esté ocupado en la tarea de reconstruir un *alfabeto andaluz*». Sobran los comentarios. Y es que buscar claves de *lo andaluz* anteriores al siglo XIII no pasa de ser afán de nostálgicos que, desconocedores de la historia o con ánimo de enmendarle la plana desde su óptica personal, siguen «aferrados» (como suele decir el historiador Manuel González Jiménez) a alguna tesis esencialista de una pretendida Andalucía eterna.

Es sabido que la postergación y el atraso de la región andaluza han sido fundamentalmente de carácter económico, social y cultural, al haber estado secularmente inmersa en lo que ha dado en llamarse *círculo infernal de la miseria*: la pobreza lleva a la falta de educación, esta a la expresión tosca y rudimentaria, consecuencia de lo cual es la marginación y, en definitiva, la permanencia en la pobreza. El *sentimiento* (más que *complejo*) *de inferioridad* de *una parte* de los andaluces no fue inicialmente ni es principalmente *lingüístico*, aunque, claro es, en los usos lingüísticos se refleja la falta de instrucción y de educación vinculada a las penurias económicas. De hecho, lo que se comprueba es que, tanto en el pasado como actualmente, los juicios negativos sobre la forma de hablar de los andaluces no predominan sobre los enaltecedores, que no escasean desde los primeros testimonios conocidos, dentro y fuera de la región. Baste recordar la autosatisfacción del autor de *La lozana andaluza*, quien dice haberla compuesto «en el común hablar de la *polida* Andalucía», o la airada respuesta de Fernando de Herrera a las críticas a sus *Anotaciones* a la obra poética de Garcilaso: «¿Pensáis que es tan estrecha la Andalucía como el condado de Burgos? ¿O que no podemos usar y desusar vocablos en toda la grandeza desta provincia, sin estar atenidos al lenguaje de los condes de Carrión y de los Siete Infantes de Lara?». El murciano Ambrosio de Salazar, que vivió a caballo entre los siglos XVI y XVII, en una obra escrita en forma de diálogo, hace decir a uno de sus personajes que «la lengua [sic] *andaluz*, aunque sea la mesma que la castellana, le *agrada* mucho más, por hallarla *mejor y más delicada*». En el *Espejo general de la Gramática*, publicado en Rouen en 1614, se califica a la lengua de los andaluces de *más fácil, dulce y de mejor pronunciación que la castellana*. Y hoy, hasta un estudioso de tanto rigor como José Mondéjar (2001) —que recoge, sin comentario alguno, el parecer de Manuel

Machado de que «el *mejor* castellano, el más *rico* y *sabroso* castellano del mundo se habla en Andalucía y, sobre todo, en Sevilla, única verdadera capital del Imperio entre todas las españolas»— sostiene que «en Andalucía se habla un tipo de español *jugoso, brillante* y *muy poco hiriente*». Que las valoraciones tanto de un signo como de otro se refieran a veces a los mismos rasgos de pronunciación delata la ausencia de objetividad. La idea de que en Andalucía se *pronuncia mal* el castellano ya fue expresada por Juan Valera a principios del siglo pasado. Y a finales del mismo, volvió a decir algo parecido Gonzalo Torrente Ballester: «Los andaluces son los que mejor hablan el castellano, *con independencia de su pronunciación*». A diferencia de lo que sucede en cualquier otro campo del conocimiento, no solo casi todo el mundo se cree con derecho a opinar y evaluar, a menudo de manera categórica, los usos lingüísticos propios y ajenos, sino que se advierte una inclinación general a suponer ampliamente compartidas las creencias personales y a convertir en actitudes generalizadas las que son meras aspiraciones subjetivas. Como es lógico, también en la disparidad de los juicios se reflejan las muy marcadas desigualdades que siempre ha habido en Andalucía. A la conjunción de causas diversas —por ejemplo, la falta de un sector industrial y empresarial que haya ido absorbiendo el excedente de mano de obra de la agricultura y de la parte del artesanado que ha ido desapareciendo— se debe que la renta *per capita* siga siendo, pese a los indudables avances conseguidos, una de las más bajas de España. Y en el terreno cultural, baste recordar que, pasado el primer cuarto del siglo XX, setenta de cada cien andaluces seguían siendo analfabetos totales[16]. Por ahí ha de buscarse la explicación de la actitud defensiva de lo *propio* frente a lo *ajeno*, alentada desde diversas instancias en Andalucía, no por un rechazo de supuestas imposiciones desde el exterior. De otro modo, mal se entendería que los tenidos por *adversarios* lingüísticos, los peninsulares norteños (de cuyo hablar *fino* se sienten distanciados, a la postre, por pocos rasgos, básicamente la aspiración o caída de la -*s* implosiva) provoquen una extraña mezcla de rechazo y envidia[17], no, claro es, como siempre, en los mismos hablantes. En cambio, a los mexicanos, por ejemplo, no se les descalifica —ni se les envidia— por pronunciar las *s* implosivas o finales con tal claridad que parecen *arrastrarlas*. A quienes sí se rehúsa es a los andaluces *finolis*, esto es, a los que en situaciones cotidianas de comunicación incurren (o así se cree) en deslealtad lingüística.

Es lógico, pues, que la búsqueda de una identidad lingüística esté dejando de tener como referencia única la modalidad castellana del español. Pero antes de seguir,

---

16   Aún hoy, como ha puesto de manifiesto el reciente informe de la Fundación BBVA, nueve de los quince municipios españoles con mayor índice de analfabetismo son andaluces y a la cabeza se sitúa la provincia de Jaén, en algunos de cuyos pueblos se supera ampliamente el 10%.

17   Un colaborador habitual de la edición malagueña del desaparecido «Diario 16» en Málaga, al criticar a un político arribista, escribía: «Luego, como el tío habla fino —quiero decir con todas las *eses*— el personal creyó que era don Manuel Alvar y quedó sobrecogido» (20-7-1994).

conviene aludir a una circunstancia —en este caso, dentro del contexto de España— que en los últimos decenios ha venido también a perturbar el proceso de conformación de una imagen no desfigurada de las hablas andaluzas.

7. ¿*Normalización* del andaluz?

En las regiones españolas en que, además del español, se usa otra lengua, que se califica de *propia* (gallego, catalán —denominado *valenciano* en la Comunidad Valenciana— y vasco o euskera), si bien las situaciones son muy diferentes, no han dejado de producirse tensiones, e incluso conflictos, que han acabado por enturbiar la pacífica cohabitación de los dos idiomas y, a la postre, la convivencia social. Un «Manifiesto por la lengua *común*», firmado por Félix de Azúa, Albert Boadella, Carlos Castilla del Pino, Arcadi Espada, M. Vargas Llosa y F. Savater, entre otros, a mediados del año 2008, suscitó una prolongada e intensa polémica mediática, aún no cerrada, básicamente por defender que todos los ciudadanos que lo deseen tienen derecho «a ser educados en la única lengua común a todo el territorio nacional» y a «ser atendidos institucionalmente en las dos lenguas cooficiales» (lo que afecta a las relaciones de los ciudadanos con las Administraciones públicas, las señalizaciones comerciales e indicaciones urbanas y de tráfico, etc.). Pocos se han mantenido al margen, y en las opiniones expuestas en los medios de comunicación, se esté a favor o en contra, con o sin precisiones y matizaciones, la palabra *identidad* ha sido recurrente.

No cabe establecer, obviamente, paralelismo alguno entre tales Comunidades bilingües y Andalucía, donde no hay más lengua *propia* que el español; una obviedad, como recuerda José Mondéjar: «Nosotros [los andaluces] no tenemos más que una lengua que es la española, dentro de la cual las variedades orales son hechos de superficie de escasa significación y que de ninguna manera ayudan a demostrar quiénes somos y cómo somos, en definitiva, a presentar nuestras reales y profundas señas de identidad». Resulta improcedente, además de no tener repercusión alguna en la práctica, pretender trasladar *miméticamente* al sentir de los andaluces ciertas actitudes que en esas zonas parecen haberse avivado. Ninguno de los problemas que atañen a la libertad de elección e igualdad de oportunidades de una parte de la ciudadanía en ámbitos básicos como la educación y los servicios sociales puede presentarse donde solo se usa la lengua *común* compartida, no solo por los españoles, sino por todos los hispanohablantes.

Es verdad que en la región andaluza no han faltado Manifiestos reivindicadores, como el impulsado por el Partido Andalucista en 1997 bajo el lema «Habla bien, habla andaluz», que arrancaba con estas palabras: «Los andaluces entendemos que las Hablas Andaluzas, cada una en su ámbito geográfico o territorial, acentúan la *identificación* personal con Andalucía, reflejan su *identidad* cultural y fortalecen la *identidad* cultural como Pueblo». Pero se limitaba a dar por sentado que las formas de hablar de los andaluces han sido objeto de *discriminación* y *proscripción*, para poder justificar sus reclamaciones de carácter muy general: «exigimos el cumplimiento del Estatuto de Autonomía de Andalucía en lo que se refiere a la defensa y difusión de los valores lingüísticos del Pueblo Andaluz», «convocamos a los Medios de Comunicación para que animen e incentiven el uso de las Hablas Andaluzas», «nos comprometemos en la defensa y promoción de las Hablas Andaluzas», etc. No muy distinto fue el propósito de la campaña institucional posterior «Habla andaluz siempre», difundida a través de los medios de comunicación. Pero cualquier iniciativa encaminada a *dignificar* y a fortalecer el *prestigio* de una variedad idiomática como la andaluza, que solo podría incidir en la imagen que de ella se tenga (el eco y la repercusión social fueron casi insignificantes en los dos casos citados), no en el uso (de ahí que no pueda servir de motor para poner en marcha *política lingüística* alguna), no puede descansar más que en razones sociopolíticas, no en criterios y argumentos lingüísticos objetivos. Es evidente que no resultan decisivos los de carácter cuantitativo. Tan carente de estimación social como el *ceceo*, que practica un buen número de andaluces en espacios extensos, ha llegado a ser, según se ha dicho, la distinción *y/ll* entre los hablantes de algunos, no todos, de los reducidos enclaves en que pervive; los vecinos de algunas poblaciones del Aljarafe sevillano creen *hablar mal* precisamente por pronunciar *calle* y *pollo* con una clara *ll* lateral. Pero tampoco resultan determinantes los cualitativos. Es cierto que hay relación entre el nivel de estudios e instrucción de los hablantes y su grado de competencia lingüística, pero prueba de que no es sencillo establecer una clara correspondencia es que, a la hora de fijar niveles, ni siquiera se coincide en la delimitación de los extremos (el *bajo* o *popular* y el *alto* o *culto*) ni, mucho menos, hay acuerdo en el número y tipos de los intermedios.

Ningún sentido tiene que esa mirada *mimética* a las regiones bilingües haya llevado a barajar incluso la posibilidad de llevar a cabo un proceso de *normalización* del andaluz. En marzo de 1997 se celebró el Sevilla el **Congreso del Habla Andaluza**, organizado por el Seminario Permanente del Habla Andaluza (*SPHA*). Era objetivo primordial del mismo, junto con la exposición de los avances en la investigación, clarificar las ideas y contribuir a desmontar los tópicos y estereotipos infundados que se han ido propagando fuera y dentro de la región. Para ello, fueron invitados quienes mejor conocían el andaluz, entre otros, Manuel Alvar y Antonio Llorente, ya fallecidos, autor y principal colaborador, respectivamente, del mencionado *Atlas Lingüístico y Etnográfico de Andalucía* (*ALEA*), obra ingente de la que la Consejería de Educación y Ciencia de la Junta de Andalucía publicó una edición facsímil en 1991. Pues bien, quienes cubrieron la información para la edición andaluza del diario *El Mundo*, como ateniéndose a una consigna fijada de antemano, se centraron en algo por completo ajeno a lo que allí se debatió, y así se fue reflejando en los titulares mismos: «El tercer peso pesado de la lengua asistente al Congreso **hunde defini-**

tivamente la teoría [sic] de la **normalización del andaluz**» (7-3-1997); «Los lingüistas **desechan** [sic] la **normalización del andaluz**» (8-3-1997). Naturalmente, con anterioridad habían obtenido arteramente de quien sospechaban lo iba a proporcionar (Gregorio Salvador, ese *tercer peso pesado* de la lengua) el más radical: «Los que intentan **normalizar** el andaluz son imbéciles» (6-3-1997). En realidad, nadie tenía que darse por aludido, pues, que se sepa, no se ha hecho ninguna propuesta concreta en tal sentido. Desde luego, ni uno solo de los participantes en el Congreso trató de tal asunto. Es más, el término *normalización* ni siquiera aparece en las casi 700 páginas de las *Actas*, publicadas ese mismo año (Narbona/Ropero [Eds.] 1997), en que se recogen las 35 Ponencias y Comunicaciones presentadas. Con ello no queremos decir que la realidad del andaluz no pueda ayudar a aclarar tal concepto y otros afines[18].

¿Qué se ha de entender por **normalizar**? Hasta la definición del *DRAE* («regularizar o poner en orden lo que no lo estaba») parece hacer referencia más a la **norma** entendida como *lo que debe (o debería) ser* que a lo que simplemente *es* normal. Si toda propuesta de normalización lingüística persigue —deliberadamente o no— algo imposible, como es corregir —por vía legal y administrativa— el proceso evolutivo natural de las lenguas mediante una planificación de carácter político, la pretensión de **normalizar** el andaluz —una modalidad (o, mejor, un conjunto de modalidades) únicamente *hablada* del español, que, como se ha señalado, ofrece abundantes y notables diferencias internas— tendría que comenzar por resolver ciertas cuestiones: ¿Tiene alguien legitimidad y autoridad para imponer, o proponer, ciertos usos (insistimos, hablados) a aquellos que no los practican? ¿Con qué propósito se promoverían iniciativas que «obligarían» a algunos andaluces (o a todos) a alterar algo (o bastante) de su comportamiento idiomático, sin que vean las ventajas que de ello podrían obtener? La primera ni siquiera se ha planteado. No ha habido, ni puede haberlo, ningún intento serio en tal sentido. La propuesta ya comentada de José María Vaz de Soto, con la que prácticamente viene a coincidir,

---

18   En el *Coloquio internacional in memoriam Manuel Alvar. Variación lingüística y contacto de lenguas en el mundo hispánico*, celebrado en Sevilla, del 19 al 24 de noviembre de 2007, además de Juan Carlos Moreno Cabrera, que habló de «Koneización, criollización y estandarización», en general, hicieron referencia al andaluz Pedro Carbonero («Sobre la normalización lingüística en Andalucía: antecedentes y perspectivas»), Juan Andrés Villena Ponsoda («Divergencia dialectal en español andaluz: sobre la formación de un nuevo estándar del español») y Elena Méndez («Modelos idiomáticos, codificación de usos y prescriptivismo. Interferencias entre las variedades regionales y el estándar: el caso del andaluz»). El concepto de **estandarización** (en el *DRAE*, **estandarizar** remite a **tipificar** «ajustar a un tipo, modelo o **norma**») no es muy distante de **normalización**; en todo caso, cabría decir que esta es condición necesaria, pero no suficiente, para la **estandarización**. No se ha empleado, que yo sepa, **normativización** (**normativizar** «dar validez normativa»), que algunos prefieren al referirse a alguna de las Comunidades Autónomas bilingües (así lo hace Gotzon Aurrekoetxea en una «Aproximación sociolingüística a la lengua vasca», publicada entre las *Conferencias sobre la lengua y cultura del mundo de habla hispana* por el Departamento de Estudios Hispánicos de la Universidad de Estudios Extranjeros de Kyoto, 2006).

según se vio, la de Pedro Carbonero, no persigue *regularizar* la pronunciación, sino que se limita a expresar la conveniencia de que se extiendan *algunos* rasgos y vayan siendo erradicados los de prestigio escaso o nulo. Sobre otros, como, por ejemplo, la peculiar abertura vocálica del andaluz oriental (en una emisión radiofónica, el día de las víctimas de los accidentes de tráfico, un alto responsable, granadino insistió en que *hay qu-erradicÁ de lA carreterA a lO que yo llamo violentO vialE* «hay que erradicar de las carreteras a los que yo llamo violentos viales»), no hay pronunciamiento alguno. La segunda pregunta obliga a hacer algunas consideraciones.

8. Intervencionismo e instrumentalización o manipulación de la identidad

Como se acaba de ver, tampoco poner de relieve y hacer hincapié en lo que separa y distingue a los andaluces de (algunos) *otros* hispanohablantes ayuda a descubrir las claves decisivas de su identidad *lingüística*. Tratar de esquivar la obviedad de que es más, mucho más, lo coincidente con las demás modalidades del español, y particularmente con algunas de ellas, que lo propiamente específico, no deja de ser una burda y fácil *manipulación*, interesada o no, de la realidad. En nuestro caso, además, hacer de un modo de pronunciar *bandera* o *enseña* de identidad tropieza inmediatamente con el inconveniente reiteradamente señalado: toda referencia a cualquier fenómeno concreto diferencia a unos andaluces de otros y no siempre a los andaluces de los que no lo son. Baste recordar la compleja y nada estable repartición (geográfica y sociocultural) de Andalucía en zonas *seseantes*, *ceceantes* y distinguidoras de s/θ, o la no menos fija que se da entre quienes se valen de *ustedes* como plural único de segunda persona (con o sin concordancia con la forma verbal) y aquellos que (como en el resto de la Península) usan *vosotros* para la familiaridad.

El intervencionismo externo sobre los *usos* lingüísticos está, pues, condenado al fracaso en Andalucía. Pero ¿es posible al menos instalar en las conciencias individuales una *imagen* identitaria de la modalidad lingüística y propagarla hasta convertirla en colectiva? Entre los más interesados en lograrlo estarían los responsables políticos, que necesitan en todo momento conectar y sintonizar con los ciudadanos. Pero, por eso mismo, son los que menos riesgo quieren correr, por lo que, conscientes o no de que ninguna peculiaridad cuenta con la aceptación general de los andaluces, procuran no decantarse a favor o en contra de alguna en particular. Claro es que si no se desciende al habla real, no cabe esperar un significativo impacto social en el ámbito simbólico. Ya se ha aludido al poquísimo eco que tuvo el genérico Manifiesto impulsado en 1997 por el Partido Andalucista (agrupación política que, por cierto, sufrió un estrepitoso fracaso en las últimas elecciones regionales). La falta de concreción resulta aún más patente en el texto reformado del Estatuto de Autonomía. Aparte de un Artículo al que en seguida nos referiremos, mención de lo idiomático solo se hace en el Título Preliminar, donde figuran, entre los objetivos básicos de la Comunidad Autónoma, «el afianzamiento de la conciencia de identidad y de la cultura andaluza a través del conocimiento, investigación y difusión del patrimonio histórico, antropológico y *lingüístico*» y «la defensa, promoción, estudio y prestigio [sic] de la modalidad lingüística andaluza en *todas sus variedades*»[19]. No parece que tal ausencia de ánimo *batallador* en los legisladores responda a su voluntad de ser coherentes con esa especie de profesión de fe antilocalista que figura en el *Preámbulo*, donde se declara solemnemente que la «robusta y sólida identidad» de Andalucía se ha construido históricamente «sobre valores universales, nunca excluyentes», sino a que sencillamente no pueden ir más lejos. No haber pasado de esa vaga alusión puede haber contribuido a que en Andalucía no se haya llegado a lo disparatado o grotesco, como ha ocurrido, por ejemplo, en Extremadura —donde, con dinero público, se ha sufragado la publicación de una pintoresca *Primera Gramática Ehtremeña*—; o en Murcia —donde el Director de una *Ajuntaera pa la plática, el esturrie y el escarculle de la llengua* [sic] *murciana* ha publicado una «traducción» del Estatuto de la región con el título *Estatuto d'Utonomía e la Rigión e Murcia*, con una *Prepartía* (es decir, *prólogo*, aunque, eso sí, en español) del propio Presidente de la Asamblea Regional—; o en la región de Cantabria, donde se han convocado manifestaciones como la que, bajo el lema «Santander pola llingua», firmada conjuntamente por la *Plataforma pola llíngua cántabra* y el colectivo *Aición pol cántabru*, tuvo lugar en noviembre de 2001, que era justificada así: «cualesquier momentu es güenu pa escomencipiar a emburriar pola dinificación de la llingua cántabra, d'ensimentar argullu enti la muestra genti, de salir a la luz desigiendu respetu pal quien parla y quitar el miéu a parlar». En la Comunidad Andaluza, salvo casos muy contados, se han intuido las consecuencias que podría acarrear tomar partido por algún hábito articulatorio en particular, por lo que se prefiere dejar cualquier posible actuación en manos de la enseñanza (a la que, sin embargo, no se hace alusión alguna en el texto estatutario) y, sobre todo, de los medios de comunicación[20], a los que se refiere la única mención a los usos idiomáticos que puede encontrarse en el articulado: «los medios de comunicación audiovisuales **públicos** promoverán el reconocimiento y uso de la modalidad lingüística andaluza, en sus diferentes hablas» (Artículo 213). Como es lógico, no han faltado las críticas. Para unos, los menos, se queda corto. En un análisis que, con el título *El Estatuto de la dependencia. Ofensa y humillación de Andalucía*, llevó a cabo *Andalucía Libre*, el artícu-

---

19   Lo mismo se advierte en lo que concierne a los derechos y deberes *culturales*. El Artículo 33 se limita a decir que todos han de disfrutar de los «bienes patrimoniales y artísticos» y tienen obligación de «respetar y preservar el patrimonio cultural». Solo en el Artículo 68 se declara *competencia exclusiva* de la Comunidad Autónoma todo lo relacionado con el «conocimiento, conservación, investigación, formación y difusión del *flamenco*», que se considera «elemento singular del patrimonio cultural andaluz», lo que, como se sabe, suscitó una viva polémica.

20   Se analizan ambos en el trabajo de Elena Méndez.

lo es «otro exponente más de la subordinación andaluza», pues «al no haberse atrevido ni siquiera a usar el verbo *garantizarán* (en lugar de *promoverán*), seguiremos soportando que, siguiendo con su comportamiento colonial, los locutores —andaluces o extranjeros [sic]— de los programas serios de la RTVA y del resto de medios audiovisuales nos taladren impunemente los oídos expresándose en antena siempre en *castellano de Madrid*, mostrando con ello —cada vez que abren la boca— que para el Régimen español lo andaluz es algo intrínsecamente inferior y despreciable». Para otros, los más, va, en cambio, demasiado lejos, además de no estar bien formulado. Antes de que fuera aprobado el texto por las Cortes Generales, la Real Academia Sevillana de Buenas Letras aprobó e hizo llegar a los parlamentarios un escrito razonado en el que se proponía su eliminación, por innecesario, o, en todo caso, esta nueva redacción: «En los medios de comunicación audiovisuales públicos podrán emplearse distintas modalidades del español hablado en Andalucía, siempre que ello no afecte negativamente a la nitidez de la dicción, a la corrección expresiva y elocutiva, a la eficiencia comunicativa y a la máxima proyección de la información, pues solo con tales exigencias contribuirán a fortalecer la cohesión social, solidaridad e igualdad de los andaluces, objetivo básico y prioritario del Estatuto para Andalucía». Por supuesto, acabó aprobándose la redacción inicial sin modificar ni una coma (por cierto, se habrá observado que la única que hay está mal empleada). De un plumazo, y sin proponérselo, el Artículo echa por tierra toda aspiración a **normalizar** el andaluz. Y no solo eso. Va mucho más allá, al *promover* (según el *DRAE*, «adoptar iniciativas para el logro de un objetivo») el *uso* de las *diferentes hablas*[21]. Ahora bien, aparte de no tener en cuenta a los andaluces no hablantes de andaluz, fácil es imaginar las consecuencias que derivarían de llevarse a la práctica semejante proposición. Incluso en la acepción más restringida del plural *hablas*, esto es, entendida la expresión como «formas de pronunciar», no interesa ni conviene a tales medios cumplirla. Porque es justamente en ellos donde *no todo vale* y donde menos se puede permitir que la comunicación falle o fracase[22], algo que siempre está en manos de los destinatarios (la *audiencia*), únicos y verdaderos jueces del comportamiento idiomático de los profesionales de los medios audiovisuales. Provocan estupefacción unas declaraciones del Defensor del Oyente y del Espectador de RTVA aparecidas en «El Periódico de Canal Sur» en diciembre de 2000: «Cada vez soy más partidario de *hablar* al micrófono *de la misma manera* que lo ha-

---

21   El *Estatuto*, no se pierda de vista, es de *obligado* cumplimiento y, según el artículo siguiente (nº 214), corresponde al Parlamento «el control de los medios de comunicación gestionados directamente por la Junta de Andalucía».

22   Algo parecido puede decirse para cualquier otro tipo de comunicación no privada. Contaba no hace mucho un profesor universitario de Literatura española que algunos de los estudiantes del Programa Sócrates-Erasmus, procedentes de diversos países europeos, le decían que no podían seguir sus clases porque «hablaba en andaluz». En realidad, el problema residía en el insuficiente dominio del **español** con que llegan tales alumnos.

ríamos a nuestro amigo Pepe tomando un café en la barra de un bar». Hay que pensar (otra cosa resulta inimaginable) que también quiso decir *pronunciar*, no *hablar*, pero, aun así ¿soportarían los oyentes y telespectadores un registro coloquial o familiar en el que se incurre en no pocas incorrecciones e impropiedades y abundan las imprecisiones léxicas? Ni siquiera permitirían una excesiva relajación articulatoria, que en la conversación cotidiana se tolera siempre que la intercomprensión no peligre. Pretender conseguir un comportamiento idiomático no clasista (en realidad, un falso igualitarismo) supone ignorar que los hablantes sabemos valernos discriminadamente de variedades diversas de uso en función de la situación de comunicación[23]. Nunca permanecemos indiferentes ante una actuación idiomática pública. Ese mismo Defensor añadía a continuación: «Lo peor es que en no pocas ocasiones los andaluces nos reímos de nosotros mismos cuando escuchamos por un altavoz a alguien hablando en andaluz. Me ocurrió recientemente en un tren regional. RENFE ha tenido la brillante idea de indicar en andaluz la llegada a las estaciones de cada trayecto. De manera que antes de llegar, por ejemplo, a Dos Hermanas te dicen por megafonía: *dentro de uno minuto llegaremo a Do Hermana, donde efectuaremo una breve parada.* Suena dulce y hermoso este discursito en un andaluz suave, comprensible y musical. La última vez que escuché este anuncio viajaba frente a dos jóvenes que no vayan a pensar que hablaban de una forma muy distinta a esto, pero que una vez terminado el aviso recalcaron entre carcajadas aquello de *Do Hermana* como si estuviera mal pronunciado». Y terminaba con el socorrido «sin comentarios». Pues una reflexión, al menos, sí debería haberse hecho alguien a quien se había encomendado proteger los derechos de los oyentes: ¿Por qué se carcajeaban esos jóvenes al oír por la megafonía *do hermana* (con *h* aspirada), si así pronunciaban ellos mismos en el coloquio conversacional espontáneo?

No deja de llamar la atención la falta de coherencia y de coordinación entre los que han de velar por el buen decir en la RTVA. No casan con tal parecer las recomendaciones, muy escasas, expresadas en su propio *Libro de Estilo* (2004): «contra lo que se sostiene con excesiva frecuencia y cierta ligereza, el periodista de Canal Sur TV y Canal 2 Andalucía **no puede dirigirse a los espectadores de manera coloquial**». Un *Libro de Estilo*, por cierto, que despacha en un breve y poco comprometedor párrafo lo que concierne al empleo del andaluz: «Las particulares formas de expresión lingüística de los andaluces [...] serán preservadas e impulsadas como elemento integral [sic] del idioma común: el español. Canal Sur TV y Canal Sur Andalucía asumen la responsabilidad de fomentar y practicar un andaluz culto, correcto y formal que sea referencia de buen uso idiomático para los andaluces» (§ 1.4.). Acerca

---

23   De no ser así, habría que acabar dando la razón a la regla de oro de un difundido librito titulado *qrs ablr? Pqño lbro d msj txt*, en el que se destacan las «ventajas» del sistema «barato, rápido, divertido y suficiente» con que muchos jóvenes (y no tan jóvenes) se comunican hoy a través del móvil: «todo lo que se entiende, sirve».

de cómo habría de ser tal *andaluz culto* casi nada se dice: ni siquiera se decanta entre la realización de la -*s* implosiva como tal (*sin más cáscara*) o como aspirada (*sin máh cáhcara*): «las dos cumplen con los requisitos de formalidad y estandarización del lenguaje informativo oral». No se entiende bien, por eso, que en un análisis realizado por L. C. Díaz (2002), a partir de encuestas hechas a periodistas sevillanos que trabajan en Canal Sur Televisión, casi un 60% de ellos respondieran a la pregunta «¿Se ha visto usted obligado en alguna ocasión a cambiar de acento para poder realizar su trabajo?» con un «sí, andaluz por castellano» (frente a un exiguo 16% que dan una contestación de signo contrario: «sí, castellano por andaluz»). Sobre todo, porque a otra, «¿Diría usted que habla con acento andaluz?», el 55% dice que *siempre* y el 45% que *no ante el micrófono*. Lo cierto es que el propio autor de la encuesta (que ocupa un puesto de responsabilidad en la televisión pública andaluza) se apresura a aclarar que no hay política explícita y que la libertad de elección es total. Lo que no explica es qué entiende por *acento andaluz*, aunque de los datos que va aportando se puede deducir que, si se prescinde de la realización aspirada de la -*s* implosiva (*prestigiosa* para el 45%, *correcta* para el 73%, una distinción que tampoco se acaba de entender del todo), del *seseo* (*prestigioso*, en cambio, solo para la cuarta parte de los interrogados, aunque *correcto* casi para el 68%) y de la caída de la -*d*- en la terminación de los participios en -*ado* (con una aceptación muy amplia), los rasgos a que se refiere, o carecen de aceptación y prestigio o de ellos se tiene muy escasa o nula conciencia. Además, el hecho de que, por ejemplo, el *yeísmo* sea *prestigioso* únicamente para el 37% (aunque, eso sí, aceptable para el 57%) obliga a adoptar algunas reservas ante esta clase de sondeos. ¿No será que no están bien formuladas las preguntas o que, en general, plantear directamente cuestiones que obligan a la introspección no conduce a resultados del todo fiables?

De los usos idiomáticos en los medios de comunicación se ocupa detenidamente Elena Méndez en este mismo volumen.

9. Conciencia de los hablantes de andaluz de su identidad lingüística

La identidad lingüística de una comunidad no es fruto de lo que, atinadamente o no, digan o hagan los dirigentes políticos o los responsables y profesionales de los medios de comunicación, por mucho que unos y otros puedan influir. La van conformando todos los miembros de la misma, lo que de sus formas de hablar piensen individual y colectivamente y cómo las valoren. Pero nada hay más difícil que acceder a la conciencia de los hablantes. Ni siquiera ayudan las respuestas a las pocas preguntas que, por su apariencia de objetividad, a veces se han hecho para conseguirlo, como ¿Qué lengua hablas?, ¿Qué modalidad lingüística hablas?, ¿Cómo llamarías a tu forma de hablar?, ¿Se habla bien (o mal) en Andalucía?, y otras similares. Los andaluces, si no se decantan por asociar su habla al nombre de la provincia, comarca o localidad (*sevillano*, *cordobés*, *madroñero* —El Madroño, provincia de Sevilla—, *habla jodeña* —Jódar, provincia de Jaén—, etc.), se reparten, casi mitad por mitad, entre *español* (o, menos, *castellano*) y *andaluz*, y el que en uno y otro caso (sobre todo, en el primero) no sean pocos los que agregan alguna expresión negativa (*mal habla*[d]*o*, *malo*, *fulero*, *basto*…) revela que pedirles directamente que evalúen su comportamiento idiomático proporciona resultados muy dispares según cómo, dónde y a quiénes se planteen las preguntas. De hecho, las discrepancias sobre si se habla *mejor* en Sevilla o en Madrid, en Andalucía o en Castilla, en España o en Colombia, etc. son tantas que no cabe dar por aceptables los datos que se obtienen[24].

Pero que sea tan difícil acceder a la conciencia de los hablantes no justifica que se deje al margen. Defender, como se ha visto, ideas y opiniones no coincidentes, y hasta contrarias y no conciliables (desde la posibilidad de una *normalización* —eso sí, sin precisar cuál ni cómo— del andaluz, hasta propugnar que cada uno haga lo que quiera), lleva a pensar que ninguna de ellas debe de estar bien fundada. Pero, si no por una intervención desde fuera ¿modifican por propia iniciativa los hablantes de algún modo su comportamiento lingüístico ante tantas diferencias internas? Sí, siempre que tomen conciencia de que obtienen alguna ventaja a cambio. En el primer concurso organizado directamente por la Junta de Andalucía para la selección de Catedráticos de Bachillerato, uno de los aspirantes (que obtuvo una plaza, por cierto) pedía perdón al Tribunal antes de cada exposición oral «por no poder evitar —decía— su *natural ceceo*» ¿Acabaría «corrigiéndose»? Quien sí lo hizo fue un Catedrático de Literatura Española de la Universidad hispalense, que, siendo estudiante en la Universidad de Madrid, hubo de soportar la hilaridad que su *ceceo* provocaba en los compañeros cuando Rafael Lapesa le hizo leer en clase el conocido verso de Garcilaso *en el silencio solo se escuchaba el susurro de abejas que sonaba*. Los ejemplos de acomodación o adaptación al entorno pueden multiplicarse con facilidad. Los adolescentes de la localidad sevillana de Bollullos que, al incorporarse al Instituto de Enseñanza Secundaria de Gines, a muy escasa distancia, son objeto de burla por pronunciar el nombre de su pueblo con dos nítidas *ll* laterales, suelen acabar siendo *yeístas*, pues con ello nada tienen que perder (en la zona peruana de Puno, en cambio, a quienes se rechaza es a los *yeístas* no nativos). Las cosas no son muy distintas en otros tipos de conductas. Una de las razones por las que no se tiene gran confianza en los resultados que puedan lograrse con la nueva materia *Educación para la Ciudadanía* introducida en el currículo escolar, que tanta polvareda está levantando, es que los profesores (como los padres) tienen menos influencia en la formación de la personalidad del alumno que los amigos o *colegas*. Aunque no procede del todo la

24   Es más que discutible la manera misma de formular algunas preguntas. Un centenar y medio de caraqueños, de diferente nivel socioeconómico, al ser interrogados acerca del país hispanoamericano del que escogerían un hablante «para enviarlo a Marte en una misión», coincidieron en elegir a un venezolano. Cfr. Narbona 2003.

equiparación, ciertos ajustes en las formas de hablar también se producen y se refuerzan más horizontal que verticalmente. Otra cosa es que, pasada la edad juvenil, el hablante se sacuda, total o parcialmente, algunos de ellos.

Tal amoldamiento al medio —que podría calificarse de *ecológico*— se lleva a cabo porque no deja de actuar una tendencia *niveladora*, no impuesta desde ninguna instancia exterior (¿cuál podría ser?), que va llevando a una relativa convergencia social. Es previsible que tal proceso equilibrador se acentúe y acelere, pero no porque ganen batallas los partidarios de alguna *normalización*, sino gracias a que el desarrollo económico y el progreso social lo van permitiendo, al tiempo que favorecen satisfacer las demás apetencias culturales, empezando por la incorporación a la cultura escrita. Los andaluces, como el resto de los hispanohablantes, no tienen el menor interés en quedarse descolgados del movimiento —por fortuna imparable— que conduce al fortalecimiento de la unidad —las discrepancias, especialmente las léxicas (*móvil/celular*; *ordenador/computadora*; etc.) constituyen un riesgo cada vez menor— y del peso (incluido el económico) del español en el mundo, una de las pocas lenguas que (a notable distancia del inglés, es cierto, pero superadora en ciertos aspectos del chino y el hindi, las otras dos lenguas con más hablantes que la nuestra) puede calificarse de *internacional*. Por tanto, la suerte de las hablas andaluzas no está desligada de la del resto de las modalidades de los varios centenares de millones de hablantes de español. Marchar por otro camino no haría sino obstaculizar y retrasar la liberación de los más desfavorecidos, que permanecerían anclados exclusivamente en un nivel de uso que no sirve más que para las necesidades prácticas e inmediatas, en lugar de facilitar su acceso a muchas otras formas de hablar, y de escribir, cuantas más, mejor. Es de esperar que pronto deje de tener razón José Mondéjar (a quien, por cierto, se le concedió en 1999 el Premio Andalucía de Investigación en temas andaluces) cuando afirma que «el andaluz que contribuiría a afianzar nuestras señas de identidad sería el más pobre y el menos apto para expresar el más mínimo concepto cultural y científico».

Por *nivelación* de ningún modo debe entenderse *igualación* o *uniformidad*. Ni por voluntad propia ni, mucho menos, por imposición externa, los andaluces van a acabar *pronunciando* (ni *hablando*) de una sola y misma manera. Lo más relevante de la convergencia no es que, por ejemplo, aumente, como está sucediendo, el número de *seseantes* y de distinguidores de s/θ[25], o que disminuya, algo no comprobado, la variedad de soluciones que presenta la -s implosiva o final (mantenimiento, aspiración, geminación, desaparición..., que pueden darse en las mismas personas). La reducción de la inseguridad se refleja, sobre todo, en que disponen de un vocabula-

---

25   Una proyección llevada a cabo por Ramón Morillo en este mismo volumen pone de manifiesto que la solución seseante es la que sufre menos variación, y son patentes el retroceso del ceceo y el aumento de la distinción s/θ.

rio cada vez más rico, preciso y apropiado, en la capacidad de cribarlo y servirse del mismo discriminadamente, así como de controlar predicativa y pragmáticamente las construcciones y adecuarlas a las diversas situaciones de comunicación, etc. Simultáneamente, claro es, aumenta el número de los que se despojan (siempre o en determinados casos) de lo muy marcado geográfica o socioculturalmente, sobre todo de aquello que no goza de prestigio entre los andaluces mismos. Logran así una superior eficiencia comunicativa. Ambas fuerzas, la niveladora de las divergencias y la atenuadora de inseguridades, confluyen en la eliminación o disminución del polimorfismo, de las vacilaciones y oscilaciones (incluidas las de pronunciación), en suma, de la inestabilidad en que se manifiesta la escasa competencia lingüística y expresiva de una parte de los usuarios. Dada la predilección tradicional de los dialectólogos por obtener la información de los rústicos y poco instruidos, no es de extrañar que un andaluz actual se sienta distanciado de los usos reflejados, por ejemplo, en los *Textos andaluces en transcripción fonética*, recogidos para la elaboración del *ALEA*, pero editados, con un «vocabulario de apoyo», por M. Alvar y P. García Mouton muchos años después (1995). No van a dejar de oírse en el coloquio marcadamente familiar secuencias como *tó lo día quié salí y yo-htoy mu cansao* («todos los días quiere salir y yo estoy muy cansado») o *¿te quean musho p'arquilá?* («¿te quedan muchos para alquilar?»), en las que la reducción de la cadena fónica puede llegar a alcanzar un tercio o más de la «estándar». Pero no parece arriesgado afirmar que cada vez más hablantes estarán preparados e interesados en «reponer» o «restituir» parcial o totalmente aquello que consideren necesario o conveniente en ciertas situaciones comunicativas. Y no por «imitación» o acercamiento a la modalidad *castellana* del español —aunque es indudable que algunas confluencias se refuerzan—, sino porque la adaptación al entorno y a las circunstancias del intercambio verbal les lleva a preferir soluciones *ejemplares* panhispánicas. La misma discusión sobre la norma (o supranorma) *meridional* o *atlántica* pone de manifiesto que tal *ejemplaridad* no está representada únicamente por el *peninsular norteño* como único centro o eje de referencia. No debe entenderse que el *peso* de este se corresponda con su exigua cantidad de hablantes[26], pero sí que el español es un idioma *pluricéntrico* (o *policéntrico*), con varios focos de irradiación. A las ciudades andaluzas y canarias que se reconozcan como tales, habría que agregar otras, como México o Buenos Aires, y cabría hablar también de la norma que hasta cierto punto aglutina a ciertos países andinos, de la denominada *caribeña*, etc. Es verdad que la gran estabilidad y el relativo equilibrio del idioma español no se comprueban por igual en todos los registros y situaciones, como lo revela el que, por ejemplo,

---

26   Solo uno de cada diez hablantes de español vive en la Península. No solo países como México o Colombia tienen más población que España, sino que también hay un mayor número de hispanohablantes en Estados Unidos, donde constituyen el 13% del total (el porcentaje es muy superior en Nuevo México, California o Texas, si bien muchos de los descendientes no se sienten identificados con la lengua española).

ciertas películas colombianas se hayan tenido que pasar en España con subtítulos o no sean pocas las dificultades de comprensión de algunas argentinas. Pero en la lengua culta y en los registros formales se esfuma una buena parte de lo geográfica, social o estilísticamente marcado, y la *unidad* (que no *uniformidad*) del idioma español no presenta grandes fisuras.

10. La identidad lingüística *no conservadora* de Andalucía

El *décalage* que, como se ha podido comprobar, hay entre los (muy pocos) acérrimos defensores solo de lo andaluz, por un lado, y, por otro, los usuarios ajenos a supuestas opresiones externas (casi todos), en los que el avance de las fuerzas *centrípetas* es patente, tiene un sentido inverso al que pretenden darle los primeros.

Quienes se autoproclaman *abanderados* de las formas de hablar de los andaluces, algunos de los cuales ni siquiera parecen dispuestos a reconocer que el andaluz es el *español hablado en Andalucía* (o *por los andaluces*) y que la identidad lingüística de Andalucía es inclusiva (o incluyente) y jerarquizada, «necesitan» enfrentarlas y oponerlas a alguna otra variedad del español. Su insistencia en mantener a ultranza lo casticista y *tradicional* (aunque muchas veces no se trata de una tradición *real*), los sitúa en una posición *conservadora*, que refuerza el *centrifuguismo* y que, lejos de contribuir a la cohesión social de la comunidad andaluza, la obstaculiza o ralentiza. Es verdad que la predisposición y voluntad de promover indiscriminadamente *todas* las diferentes hablas andaluzas puede percibirse de modo distinto, pero tal *laissez faire* es un mero camuflaje que en la práctica no ayuda precisamente a superar la marcada desigualdad que aún se da en la región, y no solo en el ámbito idiomático[27].

Que la fonética andaluza pueda calificarse de *innovadora*, y hasta de *revolucionaria*, no implica que siempre esté justificada la pretensión de preservar y defender a toda costa todas y cada una de sus variantes —incluidas las carentes de prestigio entre los andaluces mismos—, lo cual, de todos modos, no incide en el comportamiento lingüístico de los hablantes. Son estos los únicos dueños de sus actuaciones idiomáticas y quienes (en la medida en que pueden hacerlo, y no porque atiendan a una —inexistente— instancia externa «superior» que legitime sus opciones) se deciden a introducir modificaciones o adaptaciones con el fin de lograr la máxima eficiencia comunicativa en ciertos casos. Gracias a la generalización y mejora de la enseñanza (obligatoria hasta los 16 años desde 1990) y al creciente contacto con la

---

27 Como, según se ha visto, no tiene efecto alguno sobre el comportamiento lingüístico de los hablantes la actitud contraria, es decir, la de los partidarios decididos de la actuación e intervención, e incluso de la *normalización* del andaluz, carece de sentido calificarla o no de *progresista*. Y no faltan quienes defienden simultáneamente una postura y la contraria.

escritura y con la oralidad formal (la contribución de los medios de comunicación resulta decisiva), no cesa de progresar la competencia expresiva de los andaluces, lo que incide igualmente en la nivelación de las divergencias extremas y, por tanto, en la tendencia hacia las soluciones que refuerzan la solidaridad social. Es, pues, esa disposición y actitud general de los hablantes, consciente o no, la que verdaderamente debería calificarse de *progresista*. Cada vez más andaluces no tienen inconveniente en prescindir de lo que perciben no o poco prestigioso al participar en ciertos intercambios comunicativos, sin tener conciencia de que incurren por ello en *deslealtad* alguna o de que pierden dosis de identidad. No hacen más que «recuperar» usos que no les son *ajenos*[28]. Tampoco se va a ver afectado por ello el estatus simbólico de las hablas andaluzas. Como todo el mundo aspira a salir de cualquier tipo de marginación, nadie renuncia a alcanzar una competencia comunicativa más amplia y eficaz, para lo cual no se desaprovecha nada que contribuya a moderar o poner freno a la dispersión e inseguridad lingüística. La vía más segura es, sin duda, la incorporación a la cultura escrita (en realidad, a la *cultura*, sin más), que potencia la referencia constante de la escritura común a todos los hispanohablantes. Nada tiene esto que ver, entiéndase bien, con ningún tipo de *fetichismo* de la letra, ni con la *acomodación* de la pronunciación a la ortografía, que nunca se produce en la práctica. Las relaciones recíprocas entre oralidad y escritura, hay que insistir en ello, van mucho más allá y están por encima de los hábitos articulatorios. Que el andaluz, modalidad hablada, no deba observarse desde la óptica de esa escritura común, no quiere decir que viva *al margen de* ella. Los textos escritos, al igual que la oralidad formal, no solo han desempeñado siempre un importante papel de contención de la diversidad y han reforzado la imagen homogénea de la lengua, sino que también han contribuido decisivamente a ampliar el margen de maniobra de la capacidad reguladora de la actividad idiomática de que disponen los hablantes. En Andalucía, como es bien sabido, extensas capas de la población se han incorporado tardíamente a la cultura escrita, por lo que muchos se han visto privados del decisivo papel especular de la escritura. Y aunque el salto cualitativo ha sido espectacular en los últimos decenios, falta mucho por hacer, como han reflejado los datos del Informe Pisa (2006), realizado por encargo de la OCDE, referidos a las competencias idiomáticas básicas, que incluso revelan un cierto retroceso respecto a los de 2003. Hay factores que pueden poner en riesgo los indudables avances, pero que no afectan solo ni de modo especial a los andaluces. Así, aunque no cabe hablar de descenso de la lectura (nunca se ha leído tanto), sí puede decirse que crece y se extiende con rapidez un modo de «leer» que puede calificarse de *global*, esto es, no secuencial ni proposicional, sino fragmentario y

---

28   No puede extrañar esto en una región que históricamente no se ha considerado periférica, sino central, en la articulación de España y en la que no han prosperado posiciones conflictivas ni excluyentes.

desarticulado, fomentado y favorecido por la multiplicidad en aumento de los mal llamados *textos* «digitales». No es posible prever si los nuevos modos de interco-municarse abiertos por las nuevas tecnologías influirán —y en qué dirección y medida— en la conciencia de la identidad lingüística de los andaluces. Es de espe-rar que no conduzcan a apartarlos o alejarlos de los verdaderos *textos*, el conducto más importante y seguro de acceso al saber y al conocimiento.

Bibliografía

ALCALÁ VENCESLADA, ANTONIO (1998): *Vocabulario andaluz* (estudio preliminar y edición de I. Ahumada), Universidad de Jaén.

ALVAR, MANUEL; LLORENTE, ANTONIO y SALVADOR, GREGORIO (1992): *Atlas lingüístico y etnográfico de Andalucía* (*ALEA*) (edición facsímil), Sevilla: Consejería de Educación y Ciencia de la Junta de Andalucía.

— (1995): *Textos andaluces en transcripción fonética* (edición de M. Alvar y P. García Mouton), Madrid: Gredos.

ALVAR EZQUERRA, MANUEL (2000): *Tesoro léxico de las hablas andaluzas*, Madrid: Arco/Libros.

APPIAH, KWAME ANTHONY (2007): *La ética de la identidad*, Buenos Aires: Katz.

BÁEZ DE AGUILAR, FRANCISCO (2000): «Los andaluces en busca de su identidad», en F. Báez de Aguilar y G. Bossong (eds.), *Identidades lingüísticas en la España autonómica*, Frankfurt a.M.: Vervuert.

BRAUDEL, FERDINAND (1990): *L'identité de la France*, Paris: Flammarion.

BUSTOS, JOSÉ JESÚS DE e IGLESIAS, SILVIA (eds.) (2009): *Identidades sociales e identidades lingüísticas*, Instituto Universitario Menéndez Pidal/Universidad Complutense.

CANO, GABRIEL; CAZORLA, JOSÉ; CRUCES, CRISTINA y otros (2001): *La identidad del pueblo andaluz*, Sevilla: Defensor del Pueblo Andaluz.

CANO AGUILAR, RAFAEL y GONZÁLEZ CANTOS, Mª DOLORES (2000): *Las hablas andaluzas*, Sevilla: Consejería de Educación y Ciencia de la Junta de Andalucía.

CARBONERO, PEDRO (2007): «Formas de pronunciación en Andalucía: modelos de referencia y evaluación sociolingüística», en P. Carbonero (dir.) y J. Santana (ed.), *Sociolingüística Andaluza 15. Estudios dedicados al profesor M. Ropero*, Universidad de Sevilla, 121-132.

CASTILLO LLUCH, MÓNICA y KABATEK, JOHANNES (eds.) (2006): *Las Lenguas de España. Política lingüística, sociología del lenguaje e ideología desde la Transición hasta la actualidad*, Madrid/Frankfurt a.M.: Iberoamericana/Vervuert.

CHARAUDEAU, PATRICK (2009): «Identidad lingüística, identidad cultural: una relación paradójica», en J. J. Bustos y S. Iglesias (eds.), [(eds.) (2009): *Identidades so-*

ciales e identidades lingüísticas, Instituto Universitario Menéndez Pidal/Universidad Complutense].

DÍAZ SALGADO, LUIS CARLOS (2002): «Creencias y actitudes sobre usos fónicos *innovadores* del andaluz en los periodistas sevillanos de Canal Sur Televisión», *Tonos Digital* (*Revista Electrónica de Estudios Filológicos*), 3.

ELVIRA, JAVIER; FERNÁNDEZ-ORDÓÑEZ, INÉS; GARCÍA GONZÁLEZ, JAVIER y SERRADILLA, ANA (eds.) (2008): *Lenguas, reinos y dialectos en la Edad Media ibérica. La construcción de la identidad* (*Homenaje a Juan Ramón Lodares*), Madrid/Frankfurt a.M.: Iberoamericana/Vervuert.

HERNÁNDEZ SANDOICA, ELENA (2009): «Lengua, historia, nación», en J. J. Bustos y S. Iglesias (eds.), [(eds.) (2009): *Identidades sociales e identidades lingüísticas*, Instituto Universitario Menéndez Pidal/Universidad Complutense].

LAPESA, RAFAEL (1980[8]): *Historia de la lengua española*, Madrid: Gredos.

LODARES, JUAN RAMÓN (2002): *Lengua y Patria. Sobre el nacionalismo lingüístico en España*, Madrid: Taurus.

LORCA NAVARRETE, JOSÉ F. y LORCA MARTÍN DE VILLODRES, Mª. ISABEL (2007): *Andalucía: pensamiento jurídico y social*, Granada.

MENA, JOSÉ Mª DE (1986): *El polémico dialecto andaluz*, Barcelona: Plaza & Janés.

MIGUEL, ELENA DE (dir. edit.) (2006): *Las lenguas españolas: un enfoque filológico*, Madrid: MEC - Instituto Superior de Formación del Profesorado.

MONDÉJAR, JOSÉ (2001): *Dialectología andaluza. Estudios* (edición de P. Carrasco y M. Galeote), Universidad de Málaga.

— (2006): *Bibliografía sistemática y cronológica de las hablas andaluzas*, Universidad de Málaga/Universidad de Granada.

MORENO CABRERA, JUAN CARLOS (2000): *La dignidad e igualdad de las lenguas. Crítica de la discriminación lingüística*, Madrid: Alianza Editorial.

— (2008): *El nacionalismo lingüístico. Una ideología destructiva*, Barcelona: Península.

MORENO NAVARRO, ISIDORO (introd. y selección de textos) (2008): *La identidad cultural de Andalucía. Aproximaciones, mixtificaciones, negacionismo y evidencias*, Sevilla: Centro de Estudios Andaluces.

MORGENTHALER, LAURA (2008): *Identidad y pluricentrismo lingüístico. Hablantes canarios frente a la estandarización*, Madrid/Frankfurt a.M.: Iberoamericana/Vervuert.

NARBONA, ANTONIO (dir.) (2001): *I Jornadas sobre el habla andaluza: Historia, normas, usos*, Ayuntamiento de Estepa (Sevilla).

— (2003): *Sobre la conciencia lingüística de los andaluces*, Sevilla: Fundación Centro de Estudios Andaluces.

— (dir.) (2003) *II Jornadas sobre el habla andaluza: El español hablado en Andalucía*, Ayuntamiento de Estepa (Sevilla).

— (dir.) (2006): *III Jornadas sobre el habla andaluza: Diversidad y homogeneidad del andaluz*, Ayuntamiento de Estepa (Sevilla).

NARBONA, ANTONIO y ROPERO, MIGUEL (eds.) (1997): *El habla andaluza. Actas del Congreso del Habla Andaluza. Sevilla, 4-7 de marzo 1997*, Sevilla: Seminario Permanente del Habla Andaluza.

NARBONA, ANTONIO; CANO, RAFAEL y MORILLO, RAMÓN (2003): *El español hablado en Andalucía*, 2ª ed., Sevilla: Fundación José Manuel Lara.

NAVARRO TOMÁS, TOMÁS; ESPINOSA, AURELIO M. y RODRÍGUEZ CASTELLANO, LUIS (1933): «La frontera del andaluz», *Revista de Filología Española*, XX, 225-277 [reproducido en *Capítulos de geografía lingüística de la Península Ibérica*, Bogotá: Instituto Caro y Cuervo, 1975, 21-80].

SALVADOR, GREGORIO (1987): *Estudios dialectológicos*, Madrid: Paraninfo.

SCHUCHARDT, HUGO (1990): *Los cantes flamencos* (*Die Cantes flamencos, 1981*) (ed., traducción y comentarios de G. Steingress, E. Feenstra y M. Wolf), Sevilla: Fundación Machado.

SHERIF, MUZAFER; HARVEY, O. J.; WHITE, B. JACK; HOOD, WILLIAM R. & SHERIF, CAROLYN W. (1988): *The Robbers Cave experiment: intergroup conflict and cooperation*, Middletown: University Press.

SÜSELBECK, KIRSTEN; MÜHLSCHLEGEL, ULRIKE y MASSON, PETER (eds.) (2008): *Lengua, Nación e Identidad. La regulación del plurilingüismo en España y América Latina*, Frankfurt a.M./Madrid: Vervuert/Iberoamericana.

TURELL, Mª TERESA (ed.) (2007): *El plurilingüismo en España*, Barcelona: Universitat Pompeu Fabra.

VALLE, JOSÉ DEL (2007): *La lengua ¿patria común?: ideas e ideologías del español*, Madrid/Frankfurt a.M.: Iberoamericana/Vervuert.

VAZ DE SOTO, JOSÉ Mª (1981): *Defensa del habla andaluza*, Sevilla: Edisur.

— (1995): *Presente y futuro del habla andaluza*, Universidad de Huelva.

Lengua e identidad en Andalucía

Lengua e identidad en Andalucía: visión desde la historia

Rafael Cano Aguilar

1. Introducción

En los procesos de formación de lo que se ha venido en llamar *identidades colectivas* la dimensión lingüística adquiere una relevancia especial, para algunos incluso decisiva, hasta el punto de poder llegar a constituirse en parámetro fundamental, rasgo definitivo, de la pretendida «identidad». Hay ya una extensa bibliografía sobre esta cuestión, y ahí está el objetivo, aplicado a Andalucía, de los trabajos que acompañan a este.

Ahora bien, en este punto ha venido primando hasta ahora una consideración de la lengua en cuanto integrante de los rasgos de la identidad como un *dato* existente, como algo «dado» sin más, que viene a definir la respectiva identidad al igual que en las estructuras lingüísticas los *rasgos distintivos* configuran los fonemas o los significados de las unidades léxicas. Pocos son quienes hasta ahora se han preguntado por el modo en que en el devenir histórico los hechos lingüísticos se han convertido en marcas de identidad y sobre cómo el proceso histórico en que se van construyendo las lenguas se implica con el proceso histórico de formación de las (supuestas) identidades.

1.1. *Identidad e historia*

Toda constitución de identidad colectiva ha de mirar a la historia. Las identidades individuales son, por un lado, permanentes: el *yo* es «yo» desde que el individuo se recuerda a sí mismo; pero a la vez históricas, pues el *yo* se va conformando a lo largo del proceso vital e integrando diversas identidades, propias, pero surgidas de la interacción con el otro (el *yo* aprendiz, el *yo* trabajador, el *yo* esposo/-a, el *yo* padre/madre...). En los grupos humanos, por el contrario, no está nada claro que las *identidades* sean «idénticas», constantes (al modo en que lo es el *yo* individual) desde un cierto momento inicial: situar el origen en un «desde cuándo» es un eterno problema para todo planteamiento identitario. Pero incluso entre los partidarios «esencialistas» de la identidad, quienes en principio parecen no preguntarse «cómo se generan y desarrollan estos factores» (los que construyen la identidad)[1], la mirada a la historia sirve para establecer los mitos fundacionales, las leyendas originarias y los avatares por los que ha ido transcurriendo el grupo, idéntico siempre a sí mismo, pero constantemente acechado por peligros exteriores, en periódicos procesos de debilitamiento, incluso de aparente desaparición, pero también de resurgir y de reconstrucción[2].

Donde la historia sí adquiere su papel central es en la consideración de las identidades como *construcciones*, es decir, procesos de configuración social a través de las interacciones discursivas sucedidas en el tiempo, vinculadas a las cambiantes situaciones históricas (sociales, económicas, culturales, etc.) y en último término dependientes de ellas; pero igualmente producto de la actuación creadora de determinados subgrupos dentro del grupo que vienen a elaborar los discursos en que se cifra la pretendida identidad de este y que el resto acepta, mejor o peor, para sentirse parte integrante de ese colectivo al que quiere seguir perteneciendo (Zimmermann 2008: 21, 29, donde señala que se trata más bien de procesos de «identificación»). Las identidades, pues, de acuerdo con esta perspectiva, no «son», sino que se «construyen» en el tiempo, en el devenir histórico, y son un proceso con principio y, posiblemente, final, como tantos otros procesos históricos[3]. Llevado al extremo, no obstante, este modo de concebir conduciría a la negación de cualquier fundamento empírico para la constitución de las bases de los agrupamientos sociales; podría no

---

1   Zimmermann 2008: 29.

2   Cfr. Hernández Sandoica 2009: 5, para las «narrativas históricas del origen de la *Gemeinschaft* [«comunidad»]»; Charaudeau 2009: 4, sobre la «vuelta a los orígenes» propia de todo nacionalismo, e identitarismo, «esencialista». En el ámbito que nos ocupa es, claramente, la posición de Blas Infante, en especial en su *Ideal de Andalucía* (1915), tal como reconocen algunos de los más denodados defensores de la «identidad andaluza» (Moreno Navarro 2008 [1985]: 206).

3   La idea de la identidad como *construcción histórica* está claramente presente en varios de los exégetas actuales del pensamiento de Infante a propósito de Andalucía (Aumente, de los Santos, Moreno Navarro, Lacomba...). No obstante, pese al reconocimiento teórico de la identidad como «construcción», sigue manifestándose de forma clara y explícita en muchos de ellos su creencia en una identidad previa, existente, como un dato objetivamente real, que se impone necesariamente, como «cultura del grupo», a todo individuo por el mero hecho de existir en ese grupo (cfr. Moreno Navarro (ed.) 2008: 21, 23-25 (Lacomba), 187-188, 207 (Moreno Navarro), 219 (de los Santos), etc.). El mismo Moreno Navarro, claramente conocedor del proceso histórico de constitución de Andalucía, hace no obstante concesiones a las creencias esencialistas de Infante en una «Andalucía eterna» (2008 [1985]: 203).

haber, pues, ningún correlato objetivo para los sentimientos y conciencias de adscripción a un mismo grupo (aparte de los que el historiador pueda considerar, por ejemplo, datos socioeconómicos, pero que no tendrían por qué ser los pertinentes para los individuos integrantes de los grupos). Que identidades grupales puedan construirse sin base empírica alguna, ciertamente, ha ocurrido y ocurre con profusión en la historia humana, pero también es cierto que las identidades construidas sobre bases absolutamente ficticias, inventadas y puramente imaginadas, suelen acabar deshaciéndose con mayor facilidad que otras, que no tienen tampoco por qué basarse en hechos más sólidos, pero que sí responden mejor a sentimientos, creencias y necesidades más relevantes en el comportamiento individual y grupal de los miembros de las comunidades.

1.2. *Identidad y lengua*

Como se ha dicho antes, la lengua es un factor fundamental para basar los agrupamientos humanos. De tres modos puede darse esta vinculación. La más obvia es aquella en la que la lengua sirve de vehículo para la expresión de la conciencia de identidad grupal. La más profunda sería aquella en que la misma lengua, en su configuración interna y su armazón estructural, viene a revelar los rasgos que se supone constituyen la identidad del grupo: nos hallaríamos aquí ante el concepto humboldtiano de 'forma lingüística interior', por el que la lengua se ve como forma formante del pensamiento colectivo a la vez que emanada de la historia peculiar de ese grupo; es una idea ampliamente debatida para las lenguas históricas[4], pero hasta ahora escasamente utilizada en la consideración de las variantes internas de las lenguas[5]. Finalmente, lo habitual ha venido siendo que las lenguas sean ellas mismas uno de los signos, si no el más importante, que integran la pretendida identidad (tal cosa sí puede ser aplicable, como veremos, tanto a las lenguas históricas como a sus variantes internas).

Dada la extrema diversidad que pueden adquirir las lenguas, estas pueden presentarse como los rasgos distinguidores más claramente perceptibles de todos los que configuran a un grupo social. Como señala S. Barbour (2001: 9), una lengua diferente ayuda a distinguir a un grupo de sus vecinos y una lengua compartida dentro del grupo facilita e intensifica la comunicación y la coherencia internas de ese grupo (véase también Joseph 2004: 106, 123, 170-172). La lengua, pues, construye

---

4   Puede verse un excelente resumen de tal concepto y de su utilización por la Lingüística en Coseriu 1978. Para el español es fundamental el estudio de Lapesa 2000 [1968]: 32-53, con abundantes referencias a Amado Alonso, uno de los lingüistas españoles más afectos a dicha hipótesis.

5   Hay un intento de utilización en Morgenthaler 2008: 73-78, pero los datos y argumentos ahí aducidos son demasiado pobres para justificar una aplicación *in extenso* del concepto en la dirección pretendida por la autora.

la identidad: hacia fuera, de forma negativa, **no** siendo otra; y hacia dentro, de forma positiva, siendo **una**. Ahora bien, que la lengua funcione como rasgo definidor estructural del grupo no significa que sea también un «marcador» simbólico de este, pues los grupos pueden conceder ese valor a otros elementos (la religión, la adhesión a un señor…), o simplemente verse como tales grupos sin plantear explícitamente qué los une internamente y qué los diferencia de otros grupos: tal cosa parece haber ocurrido en diversos ámbitos humanos durante la Edad Media, en especial en los primeros tiempos, pues, por ejemplo, en Castilla la lengua no parece haber actuado en ese sentido hasta los siglos bajomedievales (véanse Sánchez Méndez 2009; Cano en prensa; también García Martín 2008). Para que la lengua funcione como marcador de identidad, tiene que sentirse como objeto individual, claramente aislable y segmentable dentro del amplio conjunto de los modos de expresión humanos. Y eso es lo que falta en muchas épocas y en muchos sectores sociales: la plena conciencia de una lengua como ente verdaderamente distinto y distinguible (es lo que ocurría, por ejemplo, en los países románicos en la Alta Edad Media, donde las hablas «vulgares» eran una especie de masa amorfa opuesta solo al latín de los clérigos, el poder y la escritura).

Pero para que una lengua, vista como «individuo» nítido, sea vehículo de una identidad social, los hablantes que forman ese grupo tienen que poseer una cierta *conciencia (meta)lingüística* acerca de ella. La conciencia lingüística es un factor permanente en el funcionamiento y en el cambio de las lenguas: en la consideración como adecuada o no de tal o cual expresión lingüística en relación con aquello a que se refiere, en la modificación de los modos de expresión en función de la situación (formal o informal, solemne u ordinaria, escrita u oral…), en la adecuación de los modos de hablar a los del interlocutor o a los de los grupos sociales considerados más prestigiosos, en la aceptación o rechazo de innovaciones…; a la conciencia lingüística pertenece igualmente la creencia de que ciertos modos de hablar son «mejores» o «peores» que otros, creencia esta casi siempre sin bases objetivas que la justifiquen, pero presente en toda comunidad lingüística, en todo grupo humano. Sin la conciencia de los hablantes sobre su propia lengua no podríamos explicar cómo esta funciona y se modifica en el tiempo. Dentro de esa conciencia figura también la percepción de las diferencias frente a otras lenguas o de las variantes que se pueden dar dentro de un espacio lingüístico. Ahora bien, si la conciencia actúa en todo hablante, no se explicita por igual en todos ellos. La explicitación y reflexión sistematizada sobre la lengua es una conquista de la cultura: en España no se dio propiamente hasta finales de la Edad Media, hasta que Antonio de Nebrija planteó las cuestiones candentes del castellano (su norma y modelo, su especificidad frente al latín, su aspiración a convertirse en una lengua «clásica»). Tal manifestación de la conciencia suele proceder «de arriba» en la escala sociocultural, tratar de imponerse al resto de la comunidad mediante el adoctrinamiento y la enseñanza e intentar condicionar el funcionamiento de la lengua en cuestión. Pero ello no se produce sin conflictos, bien porque los contenidos de la conciencia no coincidan en unos y otros miembros de la sociedad[6], bien porque tales contenidos no sean aceptados y choquen con la oposición del resto de la comunidad o contradigan sus propias creencias no explícitas[7] o, en fin, porque no logren controlar los movimientos lingüísticos[8]. Puede ocurrir, por último, que la situación lingüística objetiva, el punto de partida, sea especialmente oscuro a la conciencia.

Por ello, puede ocurrir que las lenguas no sean solo la base de los grupos humanos, sino también su objetivo mismo. No es fácil que una lengua delimite abruptamente un grupo, una sociedad, frente a los vecinos: el caso húngaro en Europa no es el más habitual en el mundo. Por lo general, los cambios lingüísticos van generando una variación («dialectal») continua, de forma que la adscripción de unas u otras variedades a tal o cual lengua se hace muchas veces difícil; el criterio de la mutua comprensibilidad, que distinguiría las variantes de una lengua frente a las variantes de otra lengua, no siempre funciona. Pero no solo hallamos esta fluidez cuando partimos de la variación desde un tronco común (los idiomas románicos a partir del latín, según se ha indicado). También cuando lenguas diferentes genéticamente entran en contacto, pueden darse movimientos de convergencia que las aproximen, en la superficie, pero a veces también en las estructuras internas (surgen así lenguas mixtas, *pidgins*...). En suma, la realidad de las lenguas no ofrece siempre esas distinciones nítidas, tajantes, precisas, que las sociedades necesitan para vehicularse en torno a ellas. De ahí que en todo movimiento de creación de una identidad grupal, no digamos de una nación (en el sentido moderno del término, el difundido tras la Revolución Francesa y exportado, con otras connotaciones, más sentimentales que racionales, desde Alemania e Italia en el siglo XIX), haya casi siempre la creación de un patrón lingüístico, de un estándar, para con él aislar y particularizar debidamente a la lengua que se siente como base del grupo. Es sabido que todo movimiento de formación de una nación, toda ideología nacionalista concreta tiende, no solo al monolingüismo del ámbito que define, sino a la unificación, normalización, estandarización, de ese instrumento lingüístico que previamente los ha definido. Se trata, pues, de un proceso de retroalimentación, en dos direcciones: la lengua hace la nación, pero la nación acaba de hacer la lengua[9].

---

6   Así, en las controversias habidas en la España de los Siglos de Oro entre defensores y detractores de la norma toledana, cortesana o literaria.

7   Puede llegar a ocurrir que la misma ubicación del propio hablar en una u otra lengua histórica sea motivo de controversia: piénsese en las contiendas desarrolladas en Valencia sobre la adscripción («catalana» o «valenciana») de uno de los idiomas allí hablados.

8   Piénsese en la desigual suerte que la escolarización en un estándar lingüístico ha tenido, respecto de las hablas locales, en países como Francia o España.

9   Como señala Joseph (2004: 94, 98), las «lenguas nacionales» no son un dato realmente, no constituyen una realidad previa indiscutible, sino que ellas también son construidas como parte de la labor ideológica de la construcción nacional.

Claro que los procesos de estandarización no nacen necesariamente siempre con la intención de servir de basamento a la existencia de un grupo, de constituir un marcador (o «seña») de identidad, o de constituir una nación. La estandarización, la formación de una variedad superior, común a todos los hablantes de un ámbito lingüístico, nace siempre con la constitución de una escritura propia. La escritura pone en marcha mecanismos de expresión innecesarios en la intercomunicación oral; por otro lado, como producto de la alta cultura, se atiene más bien a las variantes propias de los niveles socioculturales elevados de la comunidad. A su vez, la escritura puede servir a fines prácticos: legales, económicos, etc., que necesitan una forma común susceptible de ser entendida en ambientes y por gentes de lo más variado, con objetivos también muy diversos (una orden para formar una milicia, una delimitación de terrenos, los precios de tales o cuales productos). De esa forma surgieron los estándares escritos de las lenguas romances, el castellano entre ellas, a fines de la Alta Edad Media. Esos estándares definieron una variedad central del idioma, respecto de la cual las demás quedaron como «dialectos» (incluso algunas que en principio podían tener personalidad propia: lo que ocurrió con el leonés y el aragonés en relación con el castellano). En estos casos, el desarrollo del sentimiento nacional a partir de esa lengua así configurada fue más suave. Pero en otros casos ese estándar dejó de funcionar, por razones externas (el catalán), o fue solo un estándar literario, que no se impuso en el resto de actuaciones de la vida ordinaria (hubo un dialecto literario alemán, o en Italia el toscano, pero no se llegó a un patrón central del idioma, como había ocurrido en Francia y, en parte, en España). De ahí que uno de los primeros objetivos de esos movimientos de (re)construcción nacional fuera precisamente la elaboración de un estándar lingüístico, válido para cualquier función, unificado por encima de las variedades más o menos diversas entre sí de los hablantes, y de imposición, cuando llega el caso, obligatoria (a través de la escuela, los textos legales y políticos, la literatura)[10].

1.3. *Identidad y variantes intralingüísticas (o dialectos)*

Toda situación de variación lingüística dentro de una comunidad hablante implica necesariamente una actitud determinada, que surge de, y se manifiesta en, una valoración subjetiva, individual o de grupo, respecto de dicha variación. Dado que toda comunidad lingüística es internamente heterogénea, se infiere que emitir valoración sobre los distintos modos de lengua es un fenómeno universal. Dicho de otro modo: cada vez que en una lengua hay diferentes maneras de «decir lo mis-

---

10   En este sentido, incluso una disciplina científica como la Filología puede servir para la fundamentación de un sentimiento identitario a través de la lengua (a la vez que para justificar el estándar elegido): es lo que ocurrió con la germanística durante el s. XIX (Zimmermann 1991a: 42). Todos estos procesos pueden observarse hoy en los sucedáneos, un tanto grotescos, de nacionalismos como el asturiano (la erección de una ficticia *llingua* asturiana) o el aragonés (con la *fabla*).

mo» (distintas palabras que remiten a un mismo objeto o sentido, pronunciaciones diversas que vienen a ser equivalentes, etc.), cada una de esas maneras, aparte de poseer diferentes connotaciones, aflora a la conciencia de los hablantes y recibe un juicio discriminatorio. Las razones para ese juicio y para esa valoración pueden ser arbitrarias, en realidad lo son en la inmensa mayoría de los casos, pero son un hecho que está ahí, y que podrá desaparecer de un determinado punto del idioma, pero reaparecerá, inevitablemente, en otro. En ejemplos concretos: entre los hispanohablantes no hay conciencia de cómo se pronuncia la /p/ ni se emite ningún juicio de valor sobre ella, pues viene a realizarse homogéneamente en todo el mundo hispánico; pero sí se es muy consciente de la articulación fricativa que a la /č/ dan algunos andaluces o caribeños, y sí que se valora (positiva o negativamente: eso es cuestión cambiante y siempre digna de estudio para la Sociolingüística y para la Lingüística histórica). Tampoco se tiene conciencia ninguna especial para una palabra como *mesa* (es lo mismo en todas partes), pero los conceptos de «robar» o «realizar el acto sexual» presentan una amplísima panoplia de términos que los designan, que van desde lo más «bajo» o «soez» a lo más refinado y eufemístico, y que además se diferencian según cada zona, todo lo cual está claramente presente en la conciencia lingüística de los hablantes.

La valoración afecta, pues, en primer lugar a las unidades mismas de la lengua. Pero éstas pueden ser marcadoras de la específica forma de hablar de un subgrupo determinado dentro de la comunidad (una forma regional, un registro, un estilo), por lo que la valoración emitida sobre esas formas concretas teñirá inevitablemente al grupo al que se piensa portador de tales formas; y viceversa: el juicio favorable o desfavorable que un grupo reciba dentro de su sociedad acabará vertiéndose, inevitablemente, sobre su(s) forma(s) de hablar[11]. Igualmente, la valoración puede proyectarse sobre toda una lengua, y ello interferirá también inevitablemente con el juicio que se dedique al país o nación que aparezca como principal portador de esa lengua.

Este mecanismo de valoración es fundamental en el funcionamiento de las lenguas en un momento dado y también en su evolución histórica. De hecho, fueron los historiadores de las lenguas los primeros en explicar el triunfo de un determinado cambio lingüístico (la imposición de una variante sobre la(s) otra(s) concurrente(s)) a partir del «prestigio» irradiado, más que por la forma en sí, por el grupo social, o grupos sociales, que portan, en exclusiva o de modo más destacado, la variante en cuestión. Usualmente, el «prestigio» se asocia a los grupos dirigentes de la sociedad, a las clases elevadas, más bien en su dimensión cultural que en la puramente socioeconómica o incluso polí-

---

11   «Una variedad lingüística puede ser interpretada, por tanto, como un rasgo definidor de la identidad, de ahí que las actitudes hacia los grupos con una identidad determinada sean en parte actitudes hacia las variedades lingüísticas usadas en esos grupos y hacia los usuarios de tales variedades» (Moreno Fernández 1998: 180).

tica (cambios «desde arriba»); pero también puede difundirse «desde abajo», cuando por muy varias razones los grupos superiores y luego el común de la sociedad deciden imitar comportamientos lingüísticos (y de otro tipo) «populares» e incluso «marginales»[12].

Por tanto, en la cuestión de la valoración lingüística están implicados varios factores. En primer lugar, claro, un componente cognoscitivo, la *conciencia (meta)lingüística*, a la que se aludió más arriba: sólo puede juzgarse aquello que se conoce, aunque en lengua el conocimiento sea, por parte de los hablantes, casi siempre imperfecto, parcial (sin que ello haya obstaculizado nunca, ni vaya a hacerlo en el futuro, la emisión del juicio); siguiendo la terminología orteguiana, en lengua topamos más con «creencias» que con «ideas». Hay un componente afectivo, que determina en buena parte la actitud ante determinados usos o modalidades de lengua. A partir de esa actitud, basada en la creencia, se producen los fenómenos de aceptación o rechazo. Esta conciencia puede darse en el interior del grupo en cuestión: en tal caso, creencias y actitudes tienen su correlato en el comportamiento lingüístico, pero unas y otro no tienen por qué ser, en absoluto, espejos que se reflejan (la congruencia o incongruencia entre creencias y actitudes ante el hablar, por un lado, y comportamientos lingüísticos, por otro, es siempre un dato valiosísimo para el lingüista). O puede irradiar desde fuera del grupo. Pero en general, la conciencia de que hay un grupo determinado suele ser previa a la delimitación de los caracteres que los definen[13]; entre estos, los de naturaleza lingüística suelen tener gran importancia, pero ni siempre tienen que darse ni siempre son igualmente decisivos. Todo ello puede cambiar con el tiempo. Es lo que ha pasado con Andalucía, los andaluces y el andaluz.

Así pues, no solo las «lenguas» como unidades históricas bien delimitadas pueden servir de base a las identidades grupales y funcionar como marcadores de estas. También las variedades internas de una lengua pueden desempeñar ese mismo papel. En términos ingenuos, se diría que los «dialectos» actuarían igual que las «lenguas». Sin embargo, desde una perspectiva científica, la oposición «lengua» *vs.* «dialecto» no tiene sentido: los «dialectos» no son «lenguas» de segunda categoría. En realidad, toda lengua se realiza por medio de dialectos, en ellos, bien sean estos geográficos, sociales o de registro. Las lenguas no son sino entes construidos por el imaginario colectivo y, más tarde, por la descripción científica, y que a partir del primero cristalizan en un modelo, o varios, definido fundamentalmente por la escritura. La *lengua española*, el *español*, sin más, no se realiza en ningún sitio ni momento: solo

---

12 La noción de 'prestigio' procede de la Lingüística italiana de la primera mitad del siglo XX (Coseriu 1973 [1958]: 86 y n. 36). Para la visión sociolingüística del cambio lingüístico son fundamentales Weinreich, Labov & Herzog (1968) y Vàrvaro (1972-1973).

13 Los seres humanos comunes suelen operar al revés que los científicos: así, afirman la realidad de un grupo, por ejemplo los «andaluces», antes de determinar si hay rasgos comunes que permiten delimitar ese conjunto X de personas y antes de decidir cuáles son los rasgos que sirven para definir a ese grupo como, por ejemplo, «andaluces».

existen «el *español* de Burgos» o «el de Sevilla» o «el de México», o «el *español* culto» o «el jergal»... (los cuales, ciertamente, tampoco dejan de ser abstracciones). De ahí que haya una continua tensión entre las variantes realmente usadas y el estándar, o los estándares, con que se trata de dar uniformidad al uso lingüístico con objetivos muy diversos (instrucción social, unidad nacional, mejora intelectual, ventajas pragmáticas, etc.). En este sentido, como señala Geeraerts (2008), los estándares pueden ser vistos como instrumentos más generales, neutrales y por tanto capaces de hacer participar a los hablantes de una lengua histórica en un modelo común, que les permita además el ascenso social: es lo que hizo la Revolución Francesa al decretar que los dialectos eran reaccionarios y oscurantistas; prima aquí la idea de la lengua como mecanismo de comunicación. Pero vista como modo de expresión de profundas identidades étnicas, culturales, y como modos de transmisión de una particular visión del mundo, no hay modo de impedir que tales caracteres se vean igualmente en las variantes lingüísticas primarias de los individuos: en este sentido, los estándares serían instrumentos de opresión y negadores de las identidades propias, los cuales procederían de los ámbitos geográficos, sociales, políticos y económicos imbuidos de poder; no favorecerían la igualdad y la promoción sociales, sino la discriminación y la exclusión, pues solo quienes fueran capaces de dominar el estándar y abandonar su identidad primigenia podrían ascender en la escala social. Tal visión de evidente raíz romántica, opuesta a la concepción ilustrada de los estándares como instrumentos de igualdad y liberación, ha rebrotado con fuerza en los últimos tiempos. Una vez que las lenguas han conseguido su objetivo de crear naciones (Alemania, Italia) o de servir de rasgo definidor de «naciones sin Estado» (Cataluña, País Vasco, Flandes), el movimiento centrífugo puesto en marcha en el XIX se reproduce en el interior de las lenguas, no de todas, ciertamente, sino de aquellas que por diversas razones no han logrado establecer estándares fuertes, plenamente aceptados por todos (el caso de Francia sería paradigmático en la elaboración de un estándar «fuerte») o que por su extensión han dado lugar a variantes difícilmente reductibles a un solo modelo: en este sentido, el caso del español sería prototípico, aunque no único. En la época de la globalización, en que las lenguas minoritarias luchan por sobrevivir (tengan medios tan potentes como el catalán o estén en situación precaria como el sardo) y en que las lenguas nacionales luchan contra el dominio absoluto de la «lengua global» (el inglés), las variedades internas de las lenguas luchan también por tener su lugar al sol, de modo que puedan conseguir su propia estandarización y las cuotas de poder vinculadas a tal proceso (enseñanza, utilización pública, incluso escritura propia). Claro que el proceso no tendría por qué parar aquí: los movimientos centrífugos podrían producirse en el interior de las variantes[14] y generar así un proceso poten-

---

14   Como ha ocurrido en las «lenguas minoritarias», de nuevo por razones políticas internas y de identidad: el caso de Valencia frente a Cataluña en el ámbito lingüístico catalán sería un excelente ejemplo.

cialmente infinito de particularizaciones[15]. De hecho, lo que en estas propuestas de reivindicación de las variantes internas frente a las formas canónicas, «correctas», únicas en principio, de cada lengua acaba proponiéndose es la repetición, a menor escala, del proceso de estandarización y homogeneización, solo que aplicado ahora a cada una de las variantes reconocidas como tales (y en general en una forma mucho más rígida y esquemática de cómo ha funcionado la constitución histórica de los estándares «tradicionales», desde una base social, además, mucho más reducida, por lo general situada en el ámbito de filólogos profesionales y políticos «regionacionalistas»). En algunos casos, por razones históricas, se pretende (re)asignarles el estatus de «lengua» (los casos de la *llingua* asturiana o la *fabla* aragonesa); en otros, la reivindicación no cuestiona en principio el rango de variante dentro de una lengua (andaluz, canario[16]), aunque no faltan voces incluso en estos ámbitos que proponen dar el salto cualitativo a la reivindicación de lengua.

2. El andaluz: formación histórica y desarrollo de sus funciones identitarias

En el marco expuesto en los epígrafes anteriores, se pasará a considerar la compleja, y controvertida, cuestión de cómo las variantes lingüísticas desarrolladas en Andalucía a partir de una época aún difícil de precisar se han ido desarrollando, extendiendo en mayor o menor grado a las gentes de la región histórica así denominada y cómo en la historia han sido utilizadas, o no, para caracterizar, y en qué sentido, al grupo humano de «los andaluces». Naturalmente, y como también se señaló más arriba, tal proceso es inseparable (de hecho, se trata de un movimiento de ida y vuelta) de la consideración de los andaluces como grupo humano específico, realizada tanto desde el interior del grupo como desde fuera.

2.1. *La historia lingüística de Andalucía*

2.1.1. En primer lugar, ha de tenerse en cuenta que la voz *Andalucía* no siempre ha designado el mismo referente: su antecedente inmediato (*Al-Andalus*) de etimología

---

15   Como es conocido y como se analiza en otros lugares de esta obra, es lo que con cierta frecuencia viene ocurriendo en Andalucía: muy particularmente, en Jaén, Almería o Granada las reticencias a los modos lingüísticossevillanos, supuestos prototipos del andaluz, están haciéndose notar con fuerza.

16   El caso canario ha recibido un extenso tratamiento, en la línea aquí señalada, en Morgenthaler 2008; para consideraciones teóricas 73-78 y cap. 6, para la situación canaria particular caps. 7 y 9. A los reparos teóricos que podrían hacerse (en especial, acerca de la «visión del mundo» contenida en los dialectos) hay que añadir el de su notable desconocimiento de la realidad lingüística actual de Andalucía.

última dudosa, designaba un espacio físico y humano bien diferente, la Hispania incorporada a la civilización árabe y a sus formas de organización política allí establecidas; sus límites físicos cambiaron con el tiempo (de más a menos), pero su naturaleza islámica y arabizada conoció un movimiento continuamente *in crescendo*: el primitivo bilingüismo árabe-romance y la pluralidad religiosa de los tiempos del Emirato y el Califato, conservados aún, si bien en forma progresivamente decreciente, en las taifas del s. XI, fueron borrados por las invasiones africanas de almorávides (s. XI) y almohades (s. XII), con estos parece que ya de forma definitiva. Los castellanos conquistadores del XIII empezaron a usar el término *Andalucía*, fijando su referente: para ellos ese neologismo, *Andalucía*, se limitó al núcleo de Al-Andalus, el lugar de sus grandes centros históricos (Córdoba, Sevilla), el cual era la parte de la España musulmana que les correspondía reconquistar; ni entre portugueses ni entre aragoneses y catalanes surgió la necesidad de una denominación así (para los últimos bastó la denominación de «Reino de Valencia», lo mismo que antes «Reino de Zaragoza», o entre castellanos «Reino de Toledo», habiendo sido las tres ciudades muy importantes de Al-Andalus). No obstante, durante mucho tiempo *Andalucía* y, sobre todo, *andaluz* mantuvieron una ambigüedad que a muchos ha hecho errar en sus juicios: el nombre aplicado al territorio castellanizado y cristianizado que en el XIII abarcaba el valle del Guadalquivir, y luego, tras 1492, se extendió hasta coincidir casi por entero con la romana *Baetica*, siguió designando alguna que otra vez el variable conjunto de la España musulmana[17] y *andaluz* seguía nombrando alternativamente a los viejos musulmanes (y cristianos o judíos) andalusíes o a los nuevos habitantes de la nueva Andalucía[18]. Fue esa dualidad de sentido de *andaluz*, en especial aplicada al arte y a la literatura, la que hizo a Menéndez Pidal recuperar el viejo arabismo *andalusí* para referirse a todo lo que tuviera que ver con la antigua Al-Andalus, mientras que *andaluz* se restringiría a la *Andalucía* romance, nacida como palabra y como realidad histórica y humana en el s. XIII.

Pero *Andalucía*, antes que un referente político y humano, tenía un referente geográfico que a grandes rasgos se identificaba con las tierras castellanas situadas al sur de Sierra Morena y venía además a coincidir con un referente histórico bien presente en la Edad Media y en los siglos de los Austrias: la *Bética* romana. De ahí

---

17   Así, la *Estoria de España* (o *Primera Crónica General*) de Alfonso X habla del rey godo don Rodrigo como «sennor dell Andaluzia» (recuperando así el sentido árabe de Al-Andalus). Y el mismo valor tiene *Andaluzia* en la *Crónica* de don Juan Manuel (s. XIV) o en otras crónicas bajomedievales.

18   Este último uso no se fija claramente hasta principios del s. XV. Hasta entonces, con alguna excepción, *andaluz*, unido o no a *moro*, se refiere a los antiguos habitantes de Al-Andalus (así, en los relatos cronísticos herederos de la Crónica alfonsí) y apenas parece que se refiera a gentes nacidas en lo que en esos mismos textos se llama *Andalucía* (o *Andaluzia*), ya bajo el dominio de Castilla. Pero también después *andaluz* pudo conservar su valor de referencia a los moros, en este caso granadinos, como atestigua en 1600 Luis de Mármol y Carvajal a propósito de los moriscos huidos al norte de África.

que *Andalucía* y *andaluz* se extendieran hacia el pasado, usurparan las viejas realidades con sus denominaciones y de ahí que la suposición mítica de una continuidad permanente entre todas las civilizaciones desarrolladas o instaladas en el solar meridional se proyectara, desde el XVI muy particularmente hacia la época romana, desde el XIX y XX más atrás, hacia la muy desconocida Tartessos. Así se constituyó el relato mítico de la «Andalucía eterna», superviviente a todos los avatares históricos que en ella habían ocurrido: la continuidad del territorio se extrapoló a la de sus gentes y de ahí a la de un particular modo de ser inmune a las agresiones exteriores y vencedor siempre al fin y al cabo.

Sin embargo, paralelamente a lo anterior, *Andalucía* y *andaluz* no conquistaron su valor actual sino hasta bien entrada la época de los Austrias. Durante la Edad Media *Andalucía* fue la conquistada en el XIII, es decir, el valle del Guadalquivir desde Baeza a Cádiz, con las posteriores adiciones de los siglos XIV y primera mitad del XV (tierras de «la Frontera»: Tarifa, Olvera, Algeciras, Antequera y Archidona, Jimena). Cuando el reino nazarí de Granada se incorpora a la nueva España, durante mucho tiempo osciló entre considerarse como ente aparte de la *Andalucía* medieval, denominándose *Reino de Granada*, y *granadinos* —frente a *andaluces*— sus habitantes (así, desde Francisco Delicado en la *Lozana Andaluza* a Baltasar Gracián en *El Criticón*) o integrarse en la común denominación, tal como hacía ya Nebrija, inmediatamente después de la conquista. Al final, desde el XVIII, esta fue la opción ganadora, pero sin relevancia política hasta la división regional y provincial de comienzos del XIX.

2.1.2. Con la excepción de algún breve apunte léxico (la atribución a «el Andaluzia» del nombre *albur* para el «mújol» hecha en la *General Estoria* de Alfonso X), los primeros indicios de la variación lingüística andaluza son fonéticos: desde el s. XV los textos, a través de «errores» gráficos en el uso de *c* y *ç*, *z*, de *ss* y *s*, y desde el XVI, en concreto desde la década de 1580, a través de las declaraciones explícitas de eruditos (Benito Arias Montano) y gramáticos (el cordobés Benito Sánchez), hallamos el fenómeno conocido en la época como *ceceo* (con variantes *zezeo* y *zeceo*), es decir, la igualación entre los sonidos dentales herederos de las viejas sibilantes castellanas /ŝ/ y /ẑ/ (*plaça*, *cenar/hazer*, *vezino*), y los alveolares /s/ y /z/ (*señor*, *passar/rosa*, *casa*). De esos cuatro fonemas, en lugar de dos, como el castellano centroseptentrional (la /θ/ de *plaza*, *cenar*, *hacer* y *vecino*, la /s/ de *pasar* y *rosa*), en buena parte de Andalucía quedó solo uno, pronunciado de muy distintas maneras, la «ceceosa» o la «seseosa»[19], pero siempre con articulaciones de tipo dental, así pues con una forma

19   El término *seseo*, para una de las modalidades del fenómeno andaluz, solo empieza a utilizarse en el XVIII. La palabra se inventó, sobre el modelo de *ceceo*, a principios del XVII (por el gramático Ximénez Patón), para el seseo catalán y valenciano, de naturaleza fonética muy distinta (igualación en un sonido alveolar).

de /s/ muy distinta a la castellana central, que existe incluso entre los andaluces que separan las pronunciaciones de *plaza* y *pasar*[20]; eso, cuando esta «ese» existe y no ha sido subsumida en una pronunciación ceceante general, más parecida, pero no igual, a la actual /θ/ castellana.

Mucho más tardía (segunda mitad del XVI) es la documentación de otro cambio fonético: la confluencia de la nueva velar (la /x/ de gran parte del español), nacida de las viejas palatales de *páxaro* (/š/) y *muger* (/ž/), con la antigua aspirada procedente de F latina (la de *hambre*, *hierro* o *hablar*). Es cambio que se considera vulgar y solo en el XVII se atribuye explícitamente a andaluces. Otros cambios se documentan en la época citada, pero sin que se atribuyan explícitamente a Andalucía ni su origen ni su uso: la caída de /-d/ (*verdá*, *vení*) y /-d-/ (*soldao*), las igualaciones de /-r/ y /-l/ (*alçobispo*, *leartad*), así como su desaparición en final de palabra (*mujé*, *servidó*), y sobre todo, el de mayor alcance, pero más difícil documentación segura, la aspiración y pérdida de /-s/ final de sílaba y de palabra[21], con varias influencias sobre las consonantes posteriores (los actuales *pekkáo* = 'pescado', *lo zéo* = 'los dedos', *la jayína* = 'las gallinas') y las vocales previas (aberturas o palatalizaciones: *peséte(h)* = 'pesetas'), fenómenos estos en los que carecemos de toda constatación antigua.

La existencia de cambios en otros niveles de la lengua no se plantea ni se documenta. Solo algunos usos léxicos que únicamente se descubren como «andaluces» a partir de su distribución actual (con la posibilidad, siempre abierta, de que tal distribución geográfica haya cambiado en el tiempo). Y la atribución a Andalucía de vocablos específicos, muchos de ellos arábigos (como hacen el carmonense Fernández de Santaella con *almofia* o *arrayán* y el lebrijano Antonio de Nebrija con *a(l)moraduj* o *ajonjolí*), pero no siempre (la *maceta* o la *casapuerta*, que Cervantes sitúa en el habla de Sevilla)[22].

Como resumen de lo anterior, y partiendo de lo que hoy se considera conocimiento asentado en este punto, puede afirmarse que la modalidad lingüística andaluza empezó a manifestarse en la Baja Edad Media, más específicamente en el siglo XV, adquirió la mayoría de sus rasgos a lo largo de los siglos XVI y XVII, época en la que se asentó geográfica y socialmente en las líneas básicas de su distribución actual, y quedó ya plenamente formada, tal como se conoce hoy, en el siglo XVIII (al menos

---

20   Es este, pues, el verdadero rasgo lingüístico, por su extensión abarcadora de prácticamente toda la región, que debería identificar a todos los andaluces (no en vano fue considerado, en 1933, por Navarro Tomás y sus colaboradores como la «frontera del andaluz»).

21   Solo en el XVIII se pone en boca de hablantes andaluces. Hasta entonces solo sirvió para caracterizar el habla de los negros en la comedia del Siglo de Oro.

22   Para exposiciones más detalladas, y recientes, sobre la historia lingüística andaluza véanse Bustos Tovar 1997a y 1997b, Lapesa 1997, Narbona/Cano/Morillo 2003, así como varios de los trabajos incluidos en Mondéjar 2001. Han de usarse con precaución los datos aducidos en Frago 1993.

en la dimensión geográfica; las modificaciones posteriores tienen que ver más bien con su distribución social). Su ámbito específico original parece haber sido lo que en la época se conocía como *Reino de Sevilla* y *costa del Andaluzía* (la que iba del Guadiana al Estrecho); tras la reconquista del reino granadino, se llevó allí por los repobladores cordobeses, sevillanos y gaditanos que se establecieron en esas tierras, si bien el aporte murciano y manchego que pobló el norte y este de este viejo reino instaló en él formas lingüísticas más cercanas a las castellanas (al igual que ocurría en el extremo norte de la Andalucía del XIII, más próxima a las formas extremeñas o manchegas, castellanas, del idioma).

2.2. *La conciencia de la diversidad lingüística andaluza*

La percepción de los hechos lingüísticos no acompaña necesariamente al desarrollo de los hechos mismos. Las condiciones socioculturales, las prácticas tradicionales pueden ocultar la formación de variedades lingüísticas o el desarrollo de cambios profundos, incluso radicales en el idioma. La conciencia del cambio, además, puede manifestarse de modos muy diversos, no necesariamente por medio de la afirmación explícita de los hechos. A este respecto, es paradigmático el caso de la Romania, en la que determinadas prácticas (el ensayo de una «nueva» escritura) precedieron en siglos a la constatación de la brecha entre el punto de partida (la «lengua madre», el latín) y la situación resultante (las «lenguas hijas», los romances) y todo ello tiempo después de que los procesos de cambio lingüístico hubieran producido sus efectos diversificadores, pero bastante antes de que con distintos nombres (*latín* vs. *romance*) se reconociera la ruptura lingüística que se había producido.

En Andalucía el desfase entre hechos y conciencia no fue tan llamativo, pero sí notable. Como hace suponer la experiencia de otros cambios lingüísticos, es de creer que la aparición de los primeros indicios de cambio (en nuestro caso, los «errores» gráficos) fuera retrasada, cuánto tiempo es motivo de especulación, respecto del surgimiento del cambio mismo. Un cambio que consiste en la igualación de fonemas antes opuestos entre sí, cada uno de los cuales con sus propios signos gráficos, cuando llega a manifestarse en la escritura ha recorrido ya un amplio camino en la difusión social de la variante hasta alcanzar a determinados sectores de posición relativamente «alta» en la escala social y cultural: gentes como escribanos y notarios que al menos saben escribir, pero no lo suficientemente bien como para poder esquivar las discordancias entre grafía y realidad fónica. La penetración en la escritura del cambio supone un primer nivel de conciencia, aún muy primaria y posiblemente no asumida todavía con claridad por el autor de la escritura.

Ahora bien, frente a la tardanza en manifestarse la conciencia del hecho lingüístico, la visión de los andaluces y de Andalucía como un grupo especial y una realidad bien delimitada frente a otras que constituían los reinos de Castilla y León en la

Baja Edad Media es temprana, manifestada incluso de forma rotunda, aunque las bases empíricas para tales afirmaciones queden sin precisar o tengan interpretaciones oscuras. Antes, pues, de que se dijera que los andaluces tenían unas formas peculiares de hablar y de que tales formas se explicitaran, estos ya eran vistos desde fuera como una realidad. No se tienen noticias, sin embargo, durante los siglos XIV y XV de que los andaluces mismos hubieran desarrollado todavía esa conciencia «de identidad» y menos aún de en qué rasgos podían pensar para establecer algo así.

2.2.1. Como se ha señalado, hay un claro desfase entre la aparición de los indicios de cambios lingüísticos en Andalucía (mediados del s. XV) y su descripción por eruditos y gramáticos (más de un siglo después, finales del XVI); si tenemos en cuenta, como se acaba de decir, que esos primeros indicios no testimonian el «nacimiento» del cambio sino su difusión en capas sociales más elevadas que aquellas en que pudo generarse, el desfase es aún mayor. No obstante, antes de que se hable de los hechos mismos, ya se señala a los andaluces por su peculiaridad de lenguaje (pero, como también se ha dicho, después de que se les reconozca, por razones no manifiestas, una personalidad propia).

Los indicios son «errores», «faltas» de escritura (no siempre susceptibles de interpretación fonética directa). Así, *çatan* (= Satán), *çedal*, *çenado* (= Senado), en el *Cancionero de Baena* (antes de 1445), *çenzillo*, *deçensiones* (= disensiones) en Pero Guillén de Segovia (h. 1475), *sirios* (= cirios), *fiçieçe* (= hiciese), en documentos de la Catedral sevillana de h. 1490, etc. son evidentes muestras de cómo ya no se distinguían los sonidos sibilantes dentales de los alveolares. Los testimonios se multiplican desde comienzos del XVI. En este siglo es cuando empieza a manifestarse la igualación del nuevo sonido velar (la «jota» castellana actual) con la vieja aspirada procedente de F latina, posiblemente en el sonido aspirado vivo hoy en gran parte de Andalucía: *amoxinar* (principios del XVI), *hentil* (1519). En principio, puede tratarse simplemente de la manifestación sin más del proceso de velarización, común a todo el español. Pero en la segunda mitad de ese siglo los testimonios se concentran en andaluces y parecen anticipar la situación aún viva de idéntico sonido, aspirado, para *hierro* y *muje(r)*: *gazía* (= hacía) (1563) *gaser* (= hacer), *gerera* (= Herrera) (1568), *hoya - joya* (a. 1600). Desde principios del XVII la ubicación del fenómeno entre andaluces o entre ciertos grupos sociales andaluces (los más bajos: bravos y hampones), es habitual. Otros cambios (la confusión de /-r/ y /-l/, la caída de /-d/ y /-d-/) se documentan antes, el primero desde el XV (y aun antes), el segundo a mediados del XVI, pero aún no se muestran como exclusivamente andaluces (así, *Mártil* = Mártir puede darse en Toledo y *vení* o *soldao* parecen más bien vulgarismos sin zona fija). La aspiración y pérdida de /-s/ no puede conocerse más que a través de su omisión en la escritura (otros procedimientos como escribir *pehcado* o *pejcado* tardarán aún siglos en desarrollarse) y eso es errata muy común y antigua, no necesariamente dotada de implicaciones fonéticas; de todos modos, no dejan de ser llamativas escrituras como *mandamo* (1467), «*escriuano* publicos» (1492) y diversas muestras esporádicas en el XVI, no solo, por cierto, entre andaluces sino también en escritos toledanos.

2.2.2. La valoración que se hace de los fenómenos lingüísticos andaluces no comienza sino con los eruditos y gramáticos que dan cuenta por escrito de los hechos y eso, como se ha dicho, empieza a producirse más de un siglo después de los primeros indicios, a finales del s. XVI, en una serie que comenzaría hacia 1580 y continúa durante todo el XVII. En esa valoración puede observarse la misma actitud dual: aceptación, complacencia, alabanza, o bien crítica y descalificación, que se aplicaba ya al grupo humano de los andaluces.

El ejemplo más claro (aparte del único que cuenta con abundante documentación) es el del *ceceo-seseo*. En realidad, pocos son los que parecen aceptarlo. El gramático Gonzalo de Correas (extremeño, catedrático en Salamanca a principios del XVII) mantiene una posición ambivalente: en principio parece considerar al *ceceo*[23] como un rasgo de atractivo femenino: «...la suavidad del zezeo de las damas sevillanas, ke hasta los hombres le imitan por dulze», pero después lo descalifica rotundamente al no verlo sino como un vicio adquirido voluntariamente («No fue natural el zezear en los primeros sino afetazión, i en los suzesores mala kostunbre en ke se krían»), e imitado «por kuriosidad, no sino nezedad» en Extremadura (Fuente del Maestre, Malpartida), lo cual provoca la hilaridad de sus vecinos «porke hablando kieren más parezer henbras o serpientes ke onbres o ke palos». Quizá la serpiente y la mujer evoquen el nefasto «encantamiento» en que acabó el Paraíso, al que se equipararía el que provocan los andaluces (y andaluzas) con su forma de hablar. El único que parece admitirlo es el murciano Ambrosio de Salazar, de quien ya veremos su ferviente amor por lo andaluz; pero de nuevo sólo parece tolerar el femenino: «...porque cecear con gracia se permite a las damas»[24]. También el sevillano Mateo Alemán, el primer gramático (mejor, «ortógrafo») que lo acepta en sí mismo como algo natural e inevitable («me vuelvo al natural como la gata de Venus, i pecado jeneral en los Andaluzes...»), si bien incluye en él, erróneamente, a los castellanos («...de que no se an escapado los Castellanos todos»), además de considerarlo, en un primer momento, como un fenómeno grandemente dañoso para el idioma («...pues

---

23   No olvidemos que esta etiqueta en esa época (y aun después) recogía lo que hoy se entiende como «ceceo» y como «seseo» en Andalucía.

24   Parece aludirse aquí a un tipo de ceceo, conocido por los filólogos como «cecear por gracia», existente en el habla cortesana desde, al menos, finales del siglo XV y sin ninguna connotación regional. Tampoco tenía implicaciones locales el ceceo como defecto orgánico, que además suponía una rotunda articulación interdental para *c* y *s*, aparte de otros muchos modos peculiares de pronunciar (cfr. Alonso 1969 [1951], y Guitarte 1992).

poniendo una letra por otra no solo trueca sonido mas aun se altera el sentido»: es lo que ocurre en la serie de *braza* y *brasa*, *concejo* y *consejo*, *cegar* y *segar*...). En último término, la defensa de Mateo Alemán, por tanto, parece más bien la resignada confesión de quien no puede adoptar el otro modelo fonético, el que distingue la pronunciación propia de esas letras, modelo que parece seguirse sintiendo como «superior».

Pero fuera de ahí todo son críticas. Relevante, no solo por eso, sino también por una cronología, tardía y semejante a una explosión repentina, es la exposición que el «hispalense» Benito Arias Montano[25] hizo del fenómeno: no es producto natural («...no nacido de la naturaleza del aire andaluz, que es puro y saludable...»[26]) sino resultado del descuido y la desidia en la educación («...la negligencia e incuria o del vicio de la gente, y de la indulgencia de las madres...»), lo que se demuestra en que aún «buena parte de los viejos más graves, y [...] no pocos de los jóvenes mejor educados» mantienen la antigua distinción. También Bernardo de Alderete (malagueño, canónigo en Córdoba) achacará el fenómeno «más por descuido i inadvertencia que por vicio de la tierra» (no es, pues, un modo natural de hablar) y Correas dirá más adelante también que el ceceo es vicio y no naturaleza, porque se pierde cuando sus practicantes van a Castilla. Como se ve, las críticas se reparten por igual y con los mismos motivos, entre andaluces y no andaluces. Más muestras: el manchego Bartolomé Ximénez Patón empieza citando el ceceo por frenillo («vicio de naturaleça en algunas personas»), brama contra el afectado («y en otras por afeminarse»), pero parece admitir el que se ha consolidado regionalmente («...en otras por ser recivida en la tierra; y como que naturaleça da la tal pronunciación, aunque corrompida, pasa; como en Sevilla ordinariamente convierten la *S* en *C*...»); el montillano Juan Bautista de Morales encarga a los maestros enmienden a los niños el trueque de *s* y *c*; el sevillano Juan de Robles censura, entre otros, «los barbarismos del mal modo de escribir, como decir *azar* por *asar* y al contrario...»; el jiennense Juan Villar lamenta los daños que produce tal fenómeno[27] y en concreto que con él se «abre puerta a la malicia de los que con tales equivocaciones, después de aver dañado mucho, fácilmente se disculpen diciendo que son ceceosos»[28], para

---

25 Como natural de Fregenal de la Sierra, hoy sería considerado extremeño; pero en su tiempo Fregenal pertenecía al reino de Sevilla, y él mismo se denominó *hispalense* en varias ocasiones.

26 Sigo la traducción de A. Alonso (1969 [1951]: 48-49).

27 Al asociar, como era habitual, a valencianos y sevillanos por el seseo (otros distinguen a los valencianos, que «sesean», de los sevillanos, que «cecean»), afirma que de estos vicios es responsable «...el suelo y naturaleça de estos Reynos, cuyos naturales son más flexibles y blandos que los demás de España y assí teniendo en sus principios este vicio menos de resistencia, a venido a parar en costumbre envejezida, que ya passa por naturaleça».

28 La malicia es la que provoca la confusión entre dos frases como «El cura a casado oy dos grandes siervos de Dios» y «El cura a caçado oy dos grandes ciervos...».

lo cual, como ya habían hecho otros, no hay más remedio («fácil», cree) que apelar a la buena cuenta de los maestros.

Peor imagen tenía otro cambio ya documentado por la época: la pronunciación «aspirada» de la nueva «jota» (es decir, *jabón* como *habón*). Casi unánimemente es considerada marca de bravucones, jaques, matones, maleantes: así lo hacen los andaluces Vicente Espinel o Robles (para quien es señal de «negros bozales y [de] los que vilmente los imitan»), pero no Villar, que lo atribuye al occidente de Andalucía sin más; y coinciden con aquel estigma social Quevedo o el vallisoletano Suárez de Figueroa (quien llega a dar cuenta de la culminación del proceso, la pérdida del sonido: *Erez* por *Jerez*), a más del vizcaíno Juan Luis de Matienzo, quien a propósito de tal pronunciación («tanto herir en el gaznate») se acuerda de los árabes («parece que, por lo menos, en quanto a la pronunciación, no haze falta el arábigo»).

En suma, los rasgos fonéticos andaluces, en su etapa de desarrollo y difusión, chocaban con tales resistencias, dentro y fuera de la región, que el sevillano Juan de Robles les achacaba haber «llegado a tanta infelicidad y a estar tan infamados con las naciones y pueblos de Castilla los sevillanos»[29].

Ahora bien, si la variación fonética parece claramente rechazable, no ocurre lo mismo con la diversidad léxica. Frente a la extrañeza y a la condena que las innovaciones fonéticas provocan (antes, naturalmente de que se generalicen), en especial cuando quedan limitadas a una zona o a un sector de la comunidad, los vocablos propios, las palabras peculiares de un territorio, en el que se han asentado y adquirido carta de naturaleza, se exhiben sin complejo alguno. Recordemos a Nebrija: silenció (parece imposible que no la conociera) la disidencia fonética de su tierra, pero se deleitaba marcando en sus diccionarios las voces *ex Bethica mea*. Del mismo modo, Luque Fajardo dirá en 1603 «en buen romance castellano y andaluz, está recebido que los braseros se llamen copas»[30]; el médico Méndez Nieto, unos años después, describirá una enfermedad a la que «llaman garrotillo en el Andaluzía y es inflamaçión de los músculos o menbranas de la garganta, interiores o esteriores, o de todos ellos juntos» o el marinero Tomé Cano hará gala de su dominio léxico al describir la *tolda*: «es vna media cubierta del árbol a popa, que los viscaynos llaman chimenea para abrigo de la gente; y los andaluzas [sic] alcáçar». Los ejemplos podrían multiplicarse.

2.2.3. Ahora bien, si la valoración de los hechos concretos tardó tanto en aparecer, no ocurrió lo mismo con la valoración sin más detalles del hablar de los andaluces y de estos por su forma de hablar. Casi al mismo tiempo que los primeros indicios

---

29   Como en tantas ocasiones, Sevilla, «cabeza del Andalucía», es metonimia de la región.

30   *Recibido* valía por «aceptado», de «uso normal», «correcto».

ya hay caracterizaciones lingüísticas de los andaluces, sin que se aporten datos que distingan a estos en su expresión, ni se justifiquen las valoraciones. Estas provienen en un primer momento de fuera[31], así las pocas que encontramos en el s. XV. En el XVI los andaluces entrarán también en estas polémicas.

El primer testimonio es muy escueto: el rabino Mosé Arragel de Guadalajara tradujo al castellano en 1425 la Biblia y en ella afirma que en Castilla son conocidos «por las letras o por modos (sylabas) de órganos» (con esta expresión debe de referirse a formas de pronunciación) «leoneses e sevillanos e gallegos», y que estos, aunque quieran ocultarlo empleando «vocablos» comunes, no consiguen pasar inadvertidos. Parece, pues, que a principios del siglo XV el habla de los sevillanos (Sevilla, como «cabeza del Andaluzía», ya se ha dicho que solía ser metonimia de Andalucía) estaba tan diferenciada de la común de Castilla como el idioma gallego; no olvidemos, sin embargo, que, pese a su uso tradicional en la lírica medieval como lengua diferente (incluso por el rey Alfonso X de Castilla), el gallego durante el Siglo de Oro no fue tenido en cuenta como lengua aparte y Juan de Valdés, hacia 1540, señalaba a Galicia como uno de los reinos españoles donde se hablaba el castellano (frente a Portugal, Cataluña, Valencia y las provincias vascas). Por otro lado, ¿a qué leoneses se refiere el rabino y qué diferencia lingüística tiene en su mente cuando los nombra?, ¿acaso a los pastores maragatos y sayagueses de donde brotaría el «sayagués» literario, tan usual un siglo después?; desde luego, los leoneses no tenían ya en aquel tiempo una forma lingüística tan diferenciada como el gallego frente al castellano. En todo caso, respecto a qué era lo que diferenciaba por aquel entonces a los «sevillanos» no se puede hacer otra cosa que especular (el seseo-ceceo es casi el único fenómeno en que piensan algunos lingüistas para justificar este pasaje).

Años más tarde, en 1490, el converso aragonés Gonzalo García de Santa María, en una decidida defensa de la lengua de Castilla y del modo de hablar de la corte como «norma culta», alude a «algunas tan grosseras e ásperas lenguas como es Galizia, Vizcaya, Asturias y Tierra de Campos», señalando que ni estas ni «lo muy andaluz» se tiene por lenguaje esmerado: las primeras, repite, por su carácter «muy gruesso y rudo» y lo otro porque «de muy morisco en muchos vocablos apenas entre los mismos castellanos se entiende»; esas formas, «de muy andaluz, tan cerrado», son rehusadas en el uso común, salvo en aquellos lugares donde tales vocablos se emplean y entienden. Tenemos aquí de nuevo el tópico que, durante tantos siglos, vinculará lo andaluz (en 1490, *andaluz* no incluye aún al reino granadino) y lo arábigo; dicha vinculación se ve de modo desfavorable: lo «muy andaluz» es «cerrado»,

---

31   Es lo más habitual en la Historia que los pueblos se vean como un todo compacto antes desde fuera que desde dentro. No por casualidad palabras como *vasco* o *vascón*, *ibero* o *español* no se formaron en las lenguas habladas por esos pueblos, ni ellos se llamaron en principio con esos nombres, que fueron dados por gentes ajenas (celtas, romanos o franceses).

es decir, no es comprensible para todos, no es común ni admitido y por su carácter excesivamente localista (además de por morisco) no entra en el buen uso. Por otro lado, García de Santa María no parece referirse sino a usos léxicos, que es donde se establecerá habitualmente la vinculación entre andaluz y árabe (en lo fonético, Nebrija, por los mismos años, se refiere al origen árabe de ciertos sonidos, pero del castellano, o español, general). De nuevo, vuelve a ser notable la serie en que se incluye (aunque en este caso más bien se contrapone) lo andaluz: Galicia, Asturias, Vizcaya y Tierra de Campos no parecen representar tanto aquí al gallego, al asturiano, al vasco y ¿al leonés, al castellano viejo...?, como dialectos o lenguas bien conformadas, sino a modos de hablar rústicos (de ahí los calificativos de *grosseras, ásperas, gruesso, rudo*), paralelos al modo *villano y soez* de las gentes incultas de las ciudades. En todo caso, la observación de García de Santa María, relativamente descalificatoria (menos que la dirigida a las otras zonas), no debe de provenir de una observación de primera mano, sino que parece responder a un tópico más o menos asentado ya por entonces.

Este tipo de referencias genéricas al modo de hablar de los andaluces, equivalente a las alabanzas o descalificaciones, también muy genéricas, sin precisar los hechos que motivan los juicios, dirigidas al habla de otros territorios españoles, continuará en los primeros años del siglo XVI. Y ahí ya se esbozan las dos grandes líneas que van a seguir las referencias al modo andaluz de hablar: el autoelogio andaluz y la crítica foránea. Ejemplos ilustres de una y otra actitud son respectivamente Francisco Delicado y Juan de Valdés, si bien parece que, sobre todo en el último, las discrepancias lingüísticas encubren otras discrepancias más hondas, ideológicas y espirituales.

El primero de estos autores, en 1534, en un confuso pasaje, tras rendirse por entero al patrón lingüístico de Toledo («más presto se deve escuchar el hablar de un rudo toledano en su çafio razonar que no al gallego letrado ni al polido cordovés»), se identifica más tarde con los toledanos, pues se declara de «Castilla la baxa», opuesta a la «alta» y los de aquella son «de Toledo acá yuso». Antes de eso, no obstante, ha señalado que los naturales de «la fermosa Andaluzía» son los que más se conforman con el hablar de «Castilla la alta» y los únicos que no son considerados «bárbaros» por estos (algo que sí les ocurre a gallegos, vizcaínos, navarros, aragoneses, portugueses y catalanes); esta conformidad la ve arrancar Delicado de la Reconquista, pues de Toledo abajo se pobló con castellanos, pero el «ayre, que es tan delicado y gentil» hizo decir a los andaluces «palabras agudas» (de hecho, más arriba los andaluces se presentan como «algo más cendrados o polidos y hermoseadores de sus razones»). Se trata, pues, no tanto de reivindicar una forma andaluza diferenciada, cuanto de luchar por que se reconozca a los andaluces como integrantes del buen castellano de la época, hasta el punto de confundirse en algunos momentos con Toledo, norma declarada pero no muy seguida del buen hablar de la época; de presentarse como los más conformes con el habla castellana, e incluso de verse como superiores, por estilo y estética, en su expresión. Ahora bien, en todo este alegato no aparecen datos lingüísticos precisos, salvo algunas menudas diferencias léxicas. Esa reivindicación, que inserta a los andaluces entre los buenos hablantes del castellano, parece la respuesta a la petición de benevolencia que el propio Delicado había hecho años atrás, cuando para justificar el realismo lingüístico de su Lozana Andaluza afirmó ser «andaluz y no letrado», como más abajo dirá «iñorante, y no bachiller» (todo lo cual no es sino falsa modestia, pues el clérigo Delicado era hombre de buena formación intelectual, discípulo además del gran humanista sevillano Antonio de Nebrija).

Relacionadas precisamente con este último están las descalificatorias alusiones de Juan de Valdés al habla andaluza, vinculada siempre a Nebrija, salvo en algún párrafo, donde alude genéricamente a las maneras propias de decir de cada región, y los andaluces aparecen alineados con aragoneses, pero también con las gentes de Tierra de Campos, identificada con Castilla la Vieja y con el mismo reino de Toledo. Las referencias de Valdés a Andalucía, «donde la lengua no stá muy pura», y a que Nebrija «hablava y escrivía como en el Andaluzía, y no como en Castilla», son claramente arbitrarias e infundadas: los pocos datos en que se basa (errores de traducción del latín al castellano, prefijo en- para los verbos, espital en lugar de hospital...) en absoluto pueden considerarse propios o exclusivos de Andalucía y, si es posible que en Andalucía ya no se hablara como en Castilla, no había sin embargo una escritura diferenciada de la de esta. Por otro lado, que Valdés carecía de información veraz sobre los modos lingüísticos andaluces lo muestra con claridad el hecho de que al referirse en una ocasión al seseo («por hazer dizen haser, y por razón rasón, y por rezio resio...») lo atribuye a «vicio particular» de ciertos hablantes, incapaces de la «asperilla pronunciación» de la z, sin acordarse entonces de Nebrija ni de los andaluces para nada. El supuesto andalucismo de Nebrija, que Valdés fue incapaz de ver donde verdaderamente existía, no le sirve a este sino de coartada para justificar los que él creyó, con cierta malicia, graves errores de la obra gramatical y lexicográfica del lebrijano.

En todo caso, tanto el alegato a la defensiva de Delicado como los ataques de Valdés dejan claras dos cosas: en la primera mitad del siglo XVI, los andaluces eran bien conocidos por su forma ya especial de hablar; pero esa forma no era bien vista por muchos eruditos y cortesanos de más allá de Andalucía y ante esa actitud algunos andaluces se ven obligados a exigir su lugar en la lengua común. Esto último es lo que, años más tarde, hará el poeta sevillano Fernando de Herrera. Pero para entonces el habla andaluza ya tendrá reconocidos fenómenos distintivos propiamente lingüísticos y bien precisos. Sin embargo, Herrera en ningún momento alude a ellos[32], solo se esfuerza en defender un lugar para Andalucía en la lengua española

---

32 De hecho, tampoco en él se rastrea ninguno de los andalucismos, especialmente fonéticos, que ya en su tiempo estaban bien asentados, en especial en su patria sevillana.

no inferior al de ninguna otra tierra y en proclamar la lengua literaria, poética, como el supremo modelo del hablar. El alegato de Herrera, contenido en su respuesta a las críticas que un *Prete Jacopín* (en realidad, Don Juan Fernández de Velasco, Conde de Haro y Condestable de Castilla) había lanzado contra sus *Anotaciones* a la poesía de Garcilaso, es a la vez una reivindicación del lugar de Andalucía en la lengua común, reivindicación teñida a veces de desprecio a la vieja Castilla, y una defensa del grupo de poetas de la escuela andaluza o sevillana, tan pujante en la segunda mitad del XVI (defensa que se hace también frente a los poetas castellanos). A esta apasionada defensa de Andalucía responden frases como las siguientes: «... no se puede sufrir que la envidia castellana [...] quiera dar a entender, sabiendo todo lo contrario, que no hay cosa buena en toda la grandeza de España, sino en el Reino de Castilla»; «¿Paréceos que de los puertos acá no hay hombres que sepan hablar, y que toda la elegancia de **nuestra lengua** está en solo los castellanos? [...] ¿Pensáis que es tan estrecha el Andalucía como el condado de Burgos, o que no podremos usar vocablos en toda la grandeza de esta provincia, sin estar atenidos al lenguaje de los condes de Carrión, y los siete infantes de Lara?». Herrera no admite la preeminencia que, basada en el hecho de haber sido su cuna, intenta arrogarse Castilla sobre el idioma común. Pero tampoco admite que la lengua de la Corte sea el modelo: «... la menos buena lengua es la más mezclada, y por esto la cortesana es menos propria, más adulterada como aquella que sufre más alteración por la diversidad de gentes extrañas que concurren en la corte»; el rechazo a que sea la Corte, es decir, la capital política y administrativa del Estado, la que rija también los usos lingüísticos se refuerza con este supuesto en el que nuevamente Castilla (en la que entonces se incluían las tierras vascas) viene a resultar zaherida: «... que saquéis esta vuestra corte de Madrid y la paséis [...] no digo a Andalucía, que tan aborrecidamente despreciáis como si fuera otra Guinea o tierra de la Florida, sino a Bilbao o Bermeo, entre aquella gente bien hablada, y me digáis si será aquella que se hablare entre todos lengua cortesana». Para Herrera, en resumen, la lengua «que se habla entre nosotros y vosotros», la común, es la digna de alabanza; común, pero refinada por el gusto poético y la inteligencia selectiva y creadora. Nada hay, por el contrario, en su escrito que haga pensar en unas supuestas preferencias de nuestro poeta por un habla andaluza diferenciada.

Esta poderosa conciencia de la propia personalidad que Andalucía manifiesta en estos escritores, y que corre pareja con el poderío económico de la Sevilla de entonces, llega a tal punto que incluso escritores no andaluces muestran una especial predilección por los modos andaluces de hablar, aunque ninguno de ellos ejemplifique con hechos concretos qué entendían por «andaluz» frente a «castellano» (salvo, quizá, en lo que se refiere al empleo de tales o cuales vocablos). Así, el castellano Juan de Pineda en la década de 1580 enfrenta andaluces con toledanos y castellanos, y no es precisamente el habla de los primeros la que sale perdiendo. Más radical es el murciano Ambrosio de Salazar, quien declara paladinamente preferir la «lengua andaluza» a la «castellana» (entendiendo *lengua*, claro es, no como «idioma» sino como «modo peculiar de hablar una lengua»), por ser «mejor y más delicada» que la «muy grosera» de Castilla; de esta manera, los extranjeros (Salazar enseñaba español en Francia en la Corte de Luis XIII) deberían preferir los libros impresos en Sevilla y Granada, por ser en estas ciudades la lengua y la impresión más «fáciles, dulces y de mejor pronunciación» que los de otras ciudades del Reino[33].

Frente a ello, y a diferencia de lo que hemos visto ocurría al hacer referencia a fenómenos lingüísticos específicos (como el ceceo o las igualaciones de *h* y *j*), no abundan en la época las descalificaciones globales a un supuesto modo de hablar propio de los andaluces, del tipo de las que se dan en Juan de Valdés. Puede tratarse de la ironía de Quevedo («Los andaluces, de valientes, feos, / cargados de patatas y ceceos»: en aquel tiempo *valiente* era más bien «valentón, matón»); o del sarcasmo hiriente del jesuita aragonés Baltasar Gracián, quien compara el ceceo andaluz, o gitano, con el rechinar de los dientes. En todo caso, no obstante, las condenas se hacen a los sevillanos o andaluces en general, sin diferenciar grupos sociales (solo para la confusión de los sonidos aspirados se apunta a los estratos bajos de la sociedad). Todo ello coincide con lo que se desprende de las defensas de Herrera o Alemán: la disidencia lingüística andaluza no estaba limitada a grupos sociales concretos, ni era una innovación de los sectores incultos de la sociedad (terreno al que muchos dialectos quedaron confinados); era algo que afectaba a todas las escalas sociales y que tenía una solidísima implantación urbana, como demuestran hasta la saciedad las denuncias que fijan en Sevilla el epicentro de las transformaciones.

2.3. *Las miradas sobre los andaluces*

Ya se ha dicho que a los andaluces se les reconocía, en especial desde fuera, antes de que tengamos noticias de que se hubiera desarrollado entre ellos una forma peculiar de su hablar castellano. No obstante, los primeros testimonios explícitos de esa «mirada» sobre los andaluces son pocos en número y presentan problemas de interpretación.

2.3.1. Así, es muy discutible el primer testimonio, tantas veces aducido, de conciencia de «lo andaluz» («commo andaluz / tome senda por carrera», *LBA*, 116). Los editores de este pasaje de Juan Ruiz, transmitido de una forma deturpada y además en un solo manuscrito, no se ponen de acuerdo en cuanto a su sentido. Los más aducen la tópica exageración imaginativa de los andaluces, que les lleva a em-

---

33 Acorde con ello está, como vimos antes, la positiva valoración del ceceo, si bien restringido en principio a las «damas».

bellecer y agrandar la realidad[34], con el lógico descalabro posterior (algo así como Quijotes *avant la lettre*). En este sentido fue Américo Castro, en sus denodados esfuerzos por asentar el mudejarismo del Arcipreste y de España, quien llevó más lejos tal interpretación, vinculando además ese supuesto rasgo de carácter colectivo a los hábitos de sevillanos y sevillanas andalusíes (Castro 1983 [1948]: 391 y n. 52). Nos hallaríamos, pues, ante la primera aparición de lo que, siglos más tarde, vendría a constituir uno de los elementos fundamentales del tópico sobre «lo andaluz». Algún editor, como G. B. Gybbon-Monypenny, duda de que menos de un siglo después de la reconquista de Córdoba y Sevilla ya hubiera una conciencia popular con una imagen tan nítida de los andaluces. Y otros, como F. Sevilla y P. Jauralde, aluden a la posibilidad de que ahí Juan Ruiz esté pensando en los «moros» (ello vendría apoyado por la persistencia en la época de la equivalencia *andaluz* = «moro andalusí»). Finalmente, a esta imagen se añadiría la presentación de los andaluces como lujuriosos, tal como se desprende de la estrofa 1304[35].

Pero un siglo después hay, ya, juicios de valor inequívocos hechos sobre los andaluces, o sobre Andalucía, como conjunto. En el marco de esas caracterizaciones es como se puede entender adecuadamente que la primera actitud externa que se conoce sobre la forma lingüística andaluza, la de García de Santa María, fuera negativa[36]. En la *Crónica de Enrique IV* (1481-1482), el maestre de la orden de Santiago afirma haber sido engañado por los andaluces cada vez que había venido a esta tierra, «lo qual no sabie si era de la natura de la tierra o de la maliçia de las gentes que en ella bivian». La exageración ya no engaña al que la padece: ahora se ha convertido en el manejo artero de la mentira. Claro que ¿a qué andaluces se refiere el maestre?: en el contexto no hay otros que gentes como el duque de Medina Sidonia o el condestable Don Miguel Lucas de Iranzo (señor de Jaén). El pasaje, pues, quizá no tenga que ver sino con el entorno de las luchas nobiliarias de la época: pero la vinculación con la

---

34   Las diferencias entre *senda* y *carrera* aparecen nítidamente expuestas en este pasaje de la *Primera Partida* alfonsí: «q(n)[u]ando vno otorgare a otro que aya senda por su heredad que estonçe aquel aquien es otorgada puede yr apie o caualgando solo o con otros por aquel lugar por la senda que fuere señaladamente de manera que vayan vno ante otro & no enpar. E no pueden por y entrar carretas ni bestias cargadas a mano. E si dixiesse quele otorgaua carrera puede por y traer carretas & todas las otras cosas que desuso diximos» (237v, en *ADMYTE II*).

35   En ella se contraponen la carnalidad sevillana con la mayor virtud toledana, a juicio de Don Carnal: «Dyxo en la jnvernada visite a sseujlla / toda el andaluzja que non fynco y villa / ally toda persona de grado se me omjlla / andando mucho viçioso quanto fue maraujlla // Entrada la quaresma vjnme para toledo / coyde estar viçioso plazentero & ledo / falle grand santidat fizome estar quedo / pocos me rresçebieron njn me fezjeron del dedo».

36   Este autor tradujo en 1499 una *Corónica de Aragón* atribuida a fray Gauberto Fabricio de Vagad, en la que se contraponía la supuesta cobardía de los andaluces en la resistencia a los moros invasores en la batalla del Guadalete, con el valor y defensa mostrado en esos momentos por las gentes de Zaragoza (con la implicación de que si la batalla hubiese sido en Aragón, el dominio musulmán no habría llegado a producirse).

mendacidad andaluza, ¿va a iniciarse aquí como una extensión, por contagio, de los vicios de los nobles?, ¿o existía ya el tópico y por eso se trae aquí a cuento?

De peores consecuencias podía ser la imagen que se desprende de otro texto. Pero en él Andalucía no se encuentra sola, sino que aparece acompañada por toda la mitad Sur de España. En las discusiones sobre la sinceridad de las conversiones de judíos, un anónimo *Tratado del alboraique* (1464-1492) establece una tajante delimitación:

> ca así como en Castilla la Vieja, Burgos, Palencia, Valladolid, Zamora, Salamanca y León apenas hallarán de ellos los conversos naturales ereges ningunos, así en el reyno de Toledo, Murcia, Andalucía y Estremadura apenas hallaredes de ellos christianos fieles, lo qual es notorio en toda España

La acusación de falsos conversos, judaizantes, se asociaba con frecuencia, en el imaginario colectivo, a la de la falsa cristiandad de los moriscos (al fin y al cabo, eran las dos castas enemigas): años más tarde, a Toledo, la ciudad castellana más sospechosa de judaísmo, se la acusará de emplear demasiadas palabras arábigas que «ensucian y ofuscan la polideza y claridad de la lengua castellana».

2.3.2. En el siglo XVI empieza a manifestarse la visión positiva de los andaluces, en bastantes casos obra de ellos mismos. Los antecedentes, no obstante, son algo anteriores. El *Cancionero* castellano de Módena encabeza las composiciones de Juan de Mena con la indicación de su origen («Juan de Mena, cordovés, andaluz...»), a la que a veces se yuxtapone la alabanza de su capacidad lingüística («poeta e fuente de eloqüençia»), por lo que es posible que *andaluz* no sea una mera indicación geográfica, sino una calificación redundante o anticipadora de 'elocuente'. Con la apariencia imperturbable del gramático, Nebrija usa *andaluz* para ejemplificar la acentuación aguda de los nombres en -z o la derivación léxica anómala; pero la siguiente serie traiciona su sentimiento ¿de orgullo?, al seguir el tan extendido hábito de los gramáticos de incluir en sus ejemplos referencias autobiográficas: «Gentiles nombres llaman los gramaticos: aquellos que significan alguna gente, como español, andaluz, sevillano...». El orgullo, oculto en Nebrija (y que aflora también en el deleite con que evoca en sus diccionarios los vocablos «ex Bethica mea»), se hace patente en el sevillano Juan de Padilla, «el Cartujano», quien en 1520 parece aludir a una tópica exuberancia verbal de los andaluces al señalar cómo se reconoce por andaluz a alguien por lo «diserto» de su «loquela».

Esta línea de ensalzamiento de las capacidades elocutivas de los andaluces continúa y se intensifica, con el autor de *La Lozana andaluza*, el marteño Francisco Delicado, quien tras rendir, según vimos, el debido homenaje a la primacía de Toledo en el buen hablar de la época no solo empareja a andaluces y toledanos sino que reivindica una mayor «agudeza» en el léxico de aquellos y un mayor hermoseamiento en su discurso. La reivindicación se hace arrojadiza cuando en la «Apología» de la *Lozana*, ante las posibles críticas a su no «perfeta lengua castellana» afirma que es «andaluz y no letrado» (como, más abajo, ante la eventual acusación de falta de elegancia dirá que es «iñorante y no bachiller»)[37]. De las frecuentes alusiones a andaluces y andaluzas que hay en la *Lozana* pueden inducirse algunas otras caracterizaciones sobre lo andaluz, una más positiva sobre el garbo físico de las andaluzas («Voto a mí, que es andaluza! En el andar y meneo se conoce») y otras más ambiguas sobre su cortesía zalamera («…quien menea la miel, panales o miel come. Lozana ¡Andá, que no en balde sois andaluz, que más ha de tres meses que en mi casa no se comió tal cosa!») o su astucia engañosa («mas es taimada andaluza», dicho por un personaje no andaluz sobre la protagonista).

Evidentemente, que Andalucía atraiga alabanzas no es de extrañar en una época como el siglo XVI. En el tiempo de los descubrimientos, la conquista y colonización del Nuevo Mundo, Andalucía, en especial la incluida en el Reino de Sevilla, se había erigido como el mayor centro de riquezas de la Corona, desplazando hacia el Atlántico la vieja hegemonía del Mediterráneo. A ello se añade una aristocracia que incrementa su poder y un poderoso foco cultural y artístico; solo faltó la atracción del poder político. Se entiende, por tanto, la elevada consideración en que se tiene lo andaluz y que se refleja en la admiración que el italiano Vandalio, personaje de la *Suma de filosofía natural* del sevillano Alonso de Fuentes (1547), siente hacia las complejas ceremonias de la nobleza andaluza y también ante su expresión: «Porque vi, oý tantas y tan estraños modos de pláticas e ysquisitas maneras y forma de palabras…». En la admiración ante el ingenio de las mujeres andaluzas: «Porque creía que las mugeres desta ciudad, por ser andaluzas, eran más abisadas y recatadas que las de Valençia» (*Comedia de Sepúlveda*, 1565). O en la que todavía manifiesta Lope de Vega, al ensalzar la generosidad de los naturales de la región: «…y los andaluzes verdaderamente son amorosos, y gente más liberal y ospitable que los castellanos». Generosidad y liberalidad que también pondera fray Prudencio de Sandoval en su *Historia* de Carlos V (principios del XVII):

> Y puédenlo muy bien hacer los grandes y caballeros andaluces, por ser señores de las tierras más ricas y poderosas de España, y la gente, de su natural, de larga y generosa condición, y amigos, por sus altos corazones de aventajarse a todos,

al igual que su paisano (ambos eran vallisoletanos) Cristóbal Suárez de Figueroa en *El pasajero* (no deja de llamar la atención la comparación con los castellanos, en la que estos salen claramente desfavorecidos):

---

37   En este punto hay una decidida defensa del hablar en su forma heredada natural, la mantenida en el lenguaje femenino: «…conformaba mi hablar al sonido de mis orejas, qu'es la lengua materna y su común hablar entre mujeres».

Son grandemente esparcidos y liberales los andaluces; que parece heredan sus ánimos, cuanto a generosidad, lo fecundo y magnífico de su patria. Aman a los forasteros; y si alguno llega en ocasión de comida, como si el conocimiento fuera de muchos años, le convidan y agasajan con largo corazón. No así en los moradores de ambas Castillas, por la mayor parte, gente encogida, huraña y silvestre.

Es, en fin, el orgullo que muestra Góngora en uno de sus sonetos, al señalar cómo los andaluces se llevan la palma de la elegancia en la cortesanía y de la valentía en los torneos.

Elocuencia y agudeza en el hablar, conducta generosa y desprendida, grandeza en los comportamientos, valentía que se identifica con carácter ardiente, con el «fuego» que dice el ecijano Vélez de Guevara en 1641, son los principales rasgos con que en los siglos XVI y XVII se configura la visión positiva, enaltecedora, de los andaluces. No puede afirmarse si nació dentro de la región o fuera de ella, pero en todo caso parece que se trata de valoraciones compartidas. Y ello llegó a producir una cierta imitación de lo andaluz por parte de otras gentes de España:

> Decía doña Pirene ser recién venida de Sevilla, que a algunas las parece lo andaluz aumento y, siendo de Ribadavia, dicen que son de Sevilla (Baptista Ramiro de Navarra, *Los peligros de Madrid*, 1646).

2.3.3. Pero la mirada negativa no había cesado. Por el peso de la historia, los naturales de ciertas regiones españolas no asimilaron bien el auge de Andalucía y de lo andaluz. Muestra evidente de tal tensión es la ya señalada del conquense Juan de Valdés, quien toma una supuesta «impureza» lingüística andaluza (que nunca concreta) como pretexto para intentar descalificar a Nebrija; descalificación que tiene un trasfondo ideológico y religioso, pero que se disfraza de filología, en lo cual Valdés se dejó llevar por la pasión, cometiendo así notables deslices y equivocaciones. Pero no es el único.

El mismo Lope parece dar *andaluz* como equivalente de 'engañoso' o 'zalamero', cuando uno de los personajes de *La Dragontea* increpa a un soldado español:

> Español desbarbado y atrevido / Que a tan extraño punto me reduces, / De color de bastardo mal nacido / Aunque traigas disculpas andaluces. / Mal color, mala cara, y mal vestido, / El alma baja por cristal trasluces

Los refranes y frases proverbiales que aporta Gonzalo de Correas muestran una manifiesta aprensión hacia lo andaluz (¿hasta qué punto generalizada?[38]):

---

38   Pocos años después el anónimo autor del *Estebanillo González* retoma el refrán, si bien dirigido ahora especialmente a las andaluzas: «y como se dice que «al andaluz, hacerle la cruz», a las andaluzas, para librarse de sus ingenios, les habían de hacer un calvario dellas».

> Al andaluz, muéstrale la kruz; al estremeño, el leño. Al andaluz, hazelle la kruz; al sevillano, kon toda la mano; al kordovés, kon el envés; o kon manos i pies. Al andaluz, hazelle la kruz; al kordovés, hazelle tres. Algunos dizen: *Al sevillano kon toda la mano, al burgalés kon el envés+;

tampoco es muy favorable la siguiente fraseología, si tenemos en cuenta que en la época *encanto* tiene más que ver con 'encantamiento', es decir, con magias y hechicerías, siempre mal vistas: 'Pareze andaluz. Pareze enkanto'. No explica Correas las razones y el sentido que hay detrás de tales expresiones; pero quizá los comprendamos mejor cuando recordamos su descalificación del ceceo (= «seseo») sevillano, en el que comparaba este con el sonido de la serpiente (evocando, quizá, el encantamiento producido por la serpiente del Paraíso).

Claro que la mirada negativa del forastero puede ser interiorizada dentro del grupo. En la primera mitad del XVI el sevillano Lope de Rueda hacía decir a uno de sus personajes:

> ...en hallaros delante algún juez, si os preguntare: Ven acá. ¿De dónde eres?, luego le havéys de responder: Señor, de un lugar de Castilla la Vieja, el primero que os viniere a la boca. Catad no digáys que soys Andaluz, por la vida, que tienen vellaquíssima fama los andaluzes. Porque en dezir andaluz luego lo tienen por ladrón; si de Castilla la Vieja, por hombre sano y sin doblez de malicia.

La contrapartida negativa de las virtudes señaladas más arriba es la que va a servir para caracterizar, ahora para mal, a los andaluces. Su elocuencia será garrulería, su agudeza malicia y traición, cuando no robo, su generosidad carácter manirroto. Los testimonios son abundantes, casi siempre procedentes de fuera, pues los andaluces, como Lope de Rueda, señalarán el tópico para adoptar una actitud defensiva o para contradecirlo. Así, el salmantino Cristóbal de Castillejo, en su *Diálogo entre Adulación y Verdad* (1545), coloca al andaluz en la primera y al vizcaíno en la segunda[39]. En los *Coloquios* de Arce y Otálora (1550) se identifican «andaluz» y «malicia». En los *Diálogos familiares de la Agricultura cristiana* de fray Juan de Pineda (1589) se contraponen una supuesta «bobería» y «llaneza» castellana, a la que se acaba prefiriendo, a la «desenvoltura» andaluza, que acaba identificándose con lo «rufianesco» y «jactancioso» y en último término con la doblez y el engaño (los andaluces son «requemados y redoblados»). De tal manera cuajó esta mirada negativa que en 1562 Alonso Borregán en sus *Peticiones* al Rey para la provisión de cargos en el Nuevo Mundo solicita que no se nombren ni extremeños ni andaluces sino castellanos (que son «buenos cristianos temerosos de Dios», lo que, por contraste, no serían los anteriores). Y ahí radica la aversión que Santa Teresa sintió constantemente por lo

---

39   Más de medio siglo después, el valenciano Mateo Luján de Sayavedra, autor de la *Segunda Parte del Guzmán de Alfarache*, aludirá a la indudable hidalguía de los vizcaínos frente a la mucho más dudosa de los andaluces, lo cual muestra cómo la contraposición se había convertido en un tópico, por ambas partes.

andaluz: en su carta a Roque de Huerta de 1578 admite a cualquiera que se nombre, siempre que no sea de los (carmelitas) calzados ni andaluz; y en 1579, en carta al padre Jerónimo de Gracián, duda sobre la posibilidad de remedio entre los andaluces.

Pero donde la descalificación de lo andaluz se hace de forma más radical es en el aragonés Baltasar Gracián. A mediados del XVII el hundimiento de España es realidad diaria y tangible y Sevilla empieza a no ser ya sino el recuerdo de su grandeza. El austero jesuita no soporta la obsesión por las riquezas materiales, ni el mestizaje racial ni la tópica facundia andaluza, contra los que clama en virulentos ataques que nos dan el sentido de la fraseología de Correas antes citada:

> De Sevilla, no había que tratar, por estar apoderada de ella la vil ganancia, su gran contraria, estómago indigesto de la plata, cuyos moradores ni bien son blancos ni bien negros, donde se habla mucho y se obra poco, achaque de toda Andaluzía. A Granada también la hizo la cruz, y a Córdoba un calvario (*Criticón*).

Para Gracián la facilidad verbal («o andaluz por lo locuaz...») no es señal de inteligencia, sino todo lo contrario:

> ¿Hay necedad más garrafal? —glosó Andrenio—. ¡Que esto pueda dezir un blanco! — Dexadlo, que es andaluz —dixo otro—, ya tiene licencia.... (*ibid.*)

2.3.4. En el siglo XVIII, si bien puede considerarse que las líneas señaladas en la explicitación del conocimiento y valoraciones realizadas sobre lo andaluz, el andaluz y los andaluces continúan las ya vistas en la época anterior, no obstante son dignas de destacar algunas particularidades, que apuntan, por un lado, a un asentamiento de la variedad lingüística y por otro a una aceptación más serena de esta.

Así, en el XVIII empiezan a aparecer en los textos literarios, en especial en los dramáticos, andaluces cuya habla se intenta reflejar en lo escrito. No examinaremos aquí los detalles técnicos de la representación, que por una parte muestra la presencia, implantación y detalles de los procesos fonéticos andaluces, pero que por otra generan un modo tópico de reflejarlos, con notables errores y contradicciones, que llega hasta nuestros días. Pero sí interesa señalar un aspecto: quienes hablan «en andaluz» son, en 1784, los humildes pastores de *La infancia de Jesu-Christo* del cura malagueño Gaspar Fernández y Ávila (a cuyo andaluz de los montes de Málaga se le superpone el tradicional «sayagués» de los rústicos) o los tipos populares de los sainetes de Don Ramón de la Cruz o de Juan Ignacio del Castillo. No sabemos hasta qué punto el pintoresquismo refleja, o deforma, la estratificación sociolingüística de los fenómenos andaluces. Ahora bien, la caracterización lingüística del tipo andaluz puede sobrepasar esa barrera social, como ocurre en *El jardín de Venus* del vasco Samaniego (1797), donde se contraponen sin más un italiano y un andaluz, este identificado por un cambio constante de *s* en *z* (*eze*, *ze*), incluso en posición implosiva (*ezte*, *eztila*), alguna caída de *-d-* en *-ado* (*dezfondacao*) y aspiración de *h-* inicial (*jablado*, *jechuría*), todo lo cual anticipa las tópicas caracterizaciones de andaluces que seguirán, incluso hasta nuestros días.

Por otro lado, llama la atención la «normalidad» con que los textos de la época suelen referirse a los modos lingüísticos de la tierra. Así, en el Prólogo que figura al frente del primer fascículo del primer Diccionario académico (el hoy llamado *Diccionario de Autoridades*, de 1726) se reflexiona sobre cómo construir una ortografía única pues «no hai uniformidád en la pronunciación...» y para ello se proporcionan varios ejemplos, en los que o bien extremeños y andaluces podrían tomarse como «superiores» a los castellanos («los Castellanos jamás usan de la letra *H*, y aunque precisamente la pidan diferentes palabras, en su boca no se oye el mas leve indicio de aspiración: lo que no sucede en Andalucía, y en casi toda la Extremadúra, donde se habla con tan fuerte aspiración, que es dificultoso discernir si pronúncian la *H*, ò la *J*»[40]); o bien la pronunciación andaluza se recoge sin el más leve atisbo de censura: «...lo familiar que es entre los Andaluces el trueque de la *S* por *C*, de que nace el cecéo con que naturalmente hablan»[41]. A finales de siglo, Leandro Fernández de Moratín empleará la misma objetividad al comparar la pronunciación toscana con la andaluza: «La pronunciación de los toscanos es bastante parecida a la de los andaluzes, las ss las combierten en zz, [...], con una aspiración áspera, semejante a las hh de Andalucía». No obstante, que en el ambiente social la censura seguía presente lo muestra de forma indirecta el *Fray Gerundio* del Padre Isla, cuando uno de sus personajes, en medio de una acalorada discusión sobre el foneticismo de la escritura, se debatía así: «si pronunciamos ombre, onra, ijo sin aspiración ni alforjas, ¿a qué ton emos de pegar a estas palabras aquella h arrimadiza [...]? Y, si se debe aspirar con la h siempre que se pone, ¿por qué nos reímos del andaluz cuando pronuncia jijo, jonra, jombre? Una de dos: o él jabla bien o nosotros escribimos mal». Por los mismos años, el tratadista Pedro Murillo, autor de una *Geographía histórica*..., recuerda opiniones del Siglo de Oro cuando habla de que el hacer la *z s* ya no es sólo «vicio» de «mujeres melindrosas» sino también de «hombres con muchas barbas» (vicio en que se igualan, según dice, Murcia, Valencia y Sevilla, además de «casi todos los españoles que nacen en Indias»); es también una preciosa primera muestra de la distinta valoración que se otorga al ceceo (ya en su sentido restringido moderno) al atribuirlo a «gitanos y harrieros de Andalucía» (González-Ollé 1988). Hay que tener en cuenta, además, que en el XVIII se instala la

---

40   Lázaro Carreter (1980: 93) señala los varios andaluces que figuran entre los primeros académicos y tanto él (*ibid*.: 122) como D. Fries (1989: 37) recuerdan la «Disertación Apologética por los Andaluzes en la Guttural pronunciacion de la H. aspirada» del académico Juan Curiel.

41   Incluso cuando en algún caso parece apuntarse la supremacía castellanista, ello no se hace sin reticencia: «Aun entre los mas preciados de verdaderos y legítimos Castellanos tampoco hai igualdád en el modo de pronunciar...».

diferenciación terminológica de *ceceo* frente a *seseo* para las variedades más llamativas del andaluz, interpretadas también desde la fonética castellana: parece que fue el gaditano José Celestino Mutis el primero en denominar *seseo*, en 1766, a la variedad «siseante» andaluza. Se habla, por fin, del yeísmo, cuyas primeras muestras, tímidas y dispersas, remontan a la Edad Media: aunque la historia lingüística no confirme su génesis andaluza, esta se empieza a convertir en tópico desde 1720, en que se atribuye a las gentes de Sevilla y Málaga, y en escritores del siglo, como el fabulista canario Iriarte o el sainetero madrileño Ramón de la Cruz, se utiliza para caracterizar el habla de andaluces (es notable, a este respecto, que el cura Fernández y Ávila no lo recoja para el habla de sus pastores de la serranía de Ronda[42]). Es este último autor quien por primera vez refleja un fenómeno de difícil documentación, la aspiración de *-s* implosiva, si bien lo hace solo con la final de palabra ante otra que empiece por vocal, y con una grafía contradictoria, pues conserva la escritura de *-s* y representa la aspiración al principio de la siguiente palabra («los *j*ojos», «las *j*orejas»); esto último lo hace aunque la palabra anterior no termine en vocal («mal de *j*ojo»).

Ahora bien, frente a la relativa normalización de la variante andaluza dentro del conjunto del español que muestran estas citas, la valoración de conjunto sobre lo andaluz sigue algunas de las líneas tópicas iniciadas en el siglo anterior, pero con una cierta tendencia «hacia abajo». Es notable, así, la reiteración con que se repite un rasgo, que parece una degeneración de la valentía con que, curiosamente, Góngora y Quevedo coincidían al caracterizar a los andaluces[43]: en el XVIII estos son vistos sobre todo como arrogantes. Lo dice uno de los romances recogidos en el *Romancero general* (por tanto, el juicio debía venir de atrás): «Un caballo tan lijero, / Que era en la carrera rayo, / Y en la color era overo, / Andaluz en lo arrogante». José Cadalso, como gaditano, intenta excusar el mote, pero lo acepta como dado, en unos términos que poco tienen que ver con cualquier sentimiento regional de inferioridad: «Los andaluces, nacidos y criados en un país abundante, delicioso y ardiente, tienen fama de ser algo arrogantes; pero si este defecto es verdadero, debe servirles de excusa su clima, siendo tan notorio el influjo de lo físico sobre lo moral. Las ventajas con que naturaleza dotó aquellas provincias hacen que miren con desprecio la pobreza de Galicia, la aspereza de Vizcaya y la sencillez de Castilla...»; a continuación, parece anunciar el tópico de la gracia femenina andaluza, insinuado en testimonios anteriores (recuérdese el «dulce ceceo de las damas sevillanas» de Correas), y que no tardará en manifestarse con fuerza: «La viveza, astucia y atractivo de las andaluzas las hace incomparables. Te aseguro que una de ellas sería

---

42 Quizá haya que recordar aquí que esta serranía, donde nació el mencionado cura, es aún hoy uno de los islotes de distinción entre *ll* y *y*.

43 Pero el tópico de la valentía sigue vivo: «Supongo que treinta soles / cargados de armas de fuego, / si da un andaluz un soplo / se apagan y se caen muertos. / Paca. ¡Gran valor! / Pepe. Sin sembrar nace / allá como aquí los berros» (Ramón de la Cruz, *La niñería*, 1768).

bastante para llenar de confusión el imperio de Marruecos, de modo que todos nos matásemos unos a otros...»; y concluye con una curiosa igualación más allá de la región: «Los murcianos participan del carácter de los andaluces y valencianos...». Esa arrogancia, fuera de la región, era vista naturalmente con recelo muchas veces y pasaba fácilmente a considerarse como hueca fanfarronería, tal como lo dice una anónima *La novia escrupulosa* (1783): «Por lo valientes y guapos los andaluces me encantan; pero hallo que en muchos suele ser todo balandronada»; u otra curiosa, también anónima, *La dama esquiva* (1789), donde se hace un completísimo repaso de caracteres regionales españoles (parece anunciarse el costumbrismo literario): «El andaluz es valiente y en vestir y hablar muy chusco; mas tan fanfarrón y huero, que no cabe en todo el mundo». Claro que no son los andaluces quienes se llevan la palma en asuntos de fanfarronería: «A tal fanfarronada / Soltó el Rey una grande carcajada; / Y es que jamás convino / Hacer del andaluz al vizcaíno» cuenta Samaniego en una de sus fábulas, por esos mismos años. Del mismo modo, la liberalidad y generosidad andaluzas se convierten en ostentación y despilfarro, dando origen así a la voz *andaluzada*, que se carga de connotaciones negativas:

> Veo, por lo que vd. me escribe, que ahí han corrido las grandes andaluzadas de Sevilla: yo no he escrito las que aquí han corrido y corren; porque son tan despropositadas, que me dan vergüenza. (José Nicolás de Azara, *Cartas a Don Manuel de Roda*, 1769)

> este último ha dejado ya que hablar para seis meses, con las grandezas de que ha hecho muestra en solos tres dias. Medallones de oro, de plata; salarios señalados, que no se han oído nunca en Roma; millones vomitados, y la infinidad de bribones de familia, caballos, etc., todo guisado con la salsa andaluza, hacen un conjunto, de que se rien á boca llena estos mismos birbantes que le comen las costillas (*ibid.*)

2.3.5. En el siglo XIX se producirá, por un lado, la deformación creciente, y al final la desaparición, de algunos de los tópicos que en centurias anteriores corrieron sobre los andaluces y, por otro, la aparición y consagración de muchos de los que todavía son moneda corriente en la actualidad. En este sentido, no hay que olvidar a los viajeros europeos, franceses e ingleses en especial, en quienes la admiración por el paisaje y la arquitectura (en especial la heredada de Al-Andalus) contrastaba fuertemente con la descalificación de sus gentes, las de la época, incluso cuando se las veía como algo exótico, más africano u oriental que europeo[44]: esa mirada de los viajeros románticos no solo construyó la imagen de Andalucía fuera de España sino también dentro, donde además vino a consolidar y extender ciertas ideas sobre la

---

44   Claro que esa descalificación podía venir apoyada por lo que ya en aquellos tiempos pensaba de los andaluces el resto de los españoles: Georges Borrow, en 1839, dice que a los andaluces en España se les tiene poca estimación, incluso a los de clases altas, a partir de tres tópicos que serán moneda corriente en el XIX (y aun después): su desmedida presunción, su tendencia a la exageración y su «curioso acento y la incorrecta manera de hablar y pronunciar la lengua castellana» (cfr. el estudio de J. A. Díaz López en A. Egea (coord.) 2006: 85-86).

región ya existentes. No hay que olvidar tampoco que a finales de ese siglo comenzó la investigación científica sobre el habla andaluza, con el trabajo pionero de Hugo Schuchardt (1881) en el que se analiza la fonética regional empleada en las coplas flamencas. Naturalmente, el habla andaluza es mencionada, valorada e incluso analizada en otros ensayos, especialmente en el círculo intelectual vinculado al primer regionalismo, el de los «folcloristas» (aunque sus descripciones puedan calificarse de «precientíficas»). Pero también fuera de ahí se deja notar su presencia.

2.3.5.1. Las referencias a la modalidad lingüística andaluza que se hallan no son en exceso laudatorias. Ni siquiera cuando provienen de un andaluz como el gaditano Antonio Alcalá Galiano, quien al rememorar en 1847-1849 las famosas Cortes de Cádiz zahiere a un diputado «servil», cura de Algeciras, «cuya pronunciacion ceceosa y gutural, áun entre andaluces, daba que reir» (muchas otras cosas del tal cura daban, por cierto, que reír); y en el descalificador retrato de otro adversario político no se olvida de incluir su «expresion feroz y acento bronco y gutural andaluz». La costumbrista Fernán Caballero manifiesta (en *La familia de Alvareda*) que quiere pintar a la gente de campo andaluza en toda su naturalidad y verdad; pero la fonética, limitada a un par de rasgos, no tiene cabida en ese fiel retrato: «El lenguaje, salvo aspirar las h, y suprimir las d, es el de las gentes de campo andaluzas»; y en otro momento (*Clemencia*) llega a sugerir la existencia de un vocabulario paralelo andaluz: «No siéndome posible, sin robar su genuino colorido al diálogo, eludir palabras andaluzas muy expresivas e irremplazables, he puesto al fin de la novela una tabla en que se expresa su significado» (obsérvese que tal inclusión parece algo a lo que se ve forzada la autora, sin que ello la satisfaga demasiado). A veces la descalificación es brutal, como en Bretón de los Herreros:

> ¿...Y en vez de mire usted, con lengua zurda / Sincopando la frase decir miste, / Y afear el idioma de Cervántes / Con carcelarias voces mal sonantes? (*Poesías*, 1828-1870).

En otros casos, aun cuando la modalidad andaluza parezca generar simpatía se indica de una forma que implica cierta extrañeza:

> Su juventud, su independencia, su ardiente liberalismo, y hasta su acento andaluz, le hicieron desde luego muy bien visto entre los refugiados (Antonio Pirala, *Historia de la guerra civil y de los partidos liberal y carlista*, I, 1868).

La modalidad puede vincularse a la tópica «gracia» andaluza, que, como veremos más tarde, surgió en este siglo como rasgo distintivo de lo andaluz: «ligero y gracioso acento andaluz» dice Gertrudis Gómez de Avellaneda en 1842, o «graciosa lengua andaluza» Pérez Galdós en 1883 (elogio este anómalo en el autor canario al referirse a lo andaluz); es una vinculación frecuente en la Pardo Bazán: «es indudable que si se escribiesen las ocurrencias de los andaluces, no resultarían tan graciosas, ni la mitad, de lo que parecen en sus labios; al sonsonete, al ceceíllo y a la prontitud en responder, se debe la mayor parte del salero» (*Insolación*, 1889).

En este siglo también pervive la tópica referencia al «ceceo» como rasgo definidor del habla andaluza («ceceosa a la andaluza», dice Pardo Bazán en 1883, y «...cierta gracia espontánea y cariñosa que, unida a un ligerísimo ceceo, acusaban su procedencia andaluza» en 1891 el P. Coloma, en *Pequeñeces*), aunque ello se refiera a Sevilla y aparezca en la pluma de quien, como natural de la tierra, debía ser consciente de las diferencias internas del dialecto: en 1810 Blanco White habla del «andaluz ceceo», ciertamente referido a un jerezano (donde tal variedad es probable), pero en una forma que parece darlo por consustancial a la región. También Galdós, canario de origen, debía ser consciente de la comunidad entre el seseo sevillano y el canario, pero en él son igualmente reiteradas las referencias al ceceo como prototipo del hablar andaluz: «Ardían en deseos de verse en la sin par Sevilla [...] se encontraron dentro de la romántica y alegre ciudad, en medio de aquel idioma ceceoso...» (*Fortunata y Jacinta*, 1885-1887)[45]; en alguna ocasión, no obstante, emplea el término contrapuesto (*seseo*), aunque en un entorno claramente negativo para el personaje que lo usa: «era una taravilla seseosa que agradaba un rato, y después aburría» (*De Oñate a la Granja*, 1876). En general, *ceceo* suele aparecer en un entorno y caracterizando a unos personajes claramente vistos con aprensión por el novelista, pues oscilan entre la pereza y el matonismo, todo lo cual no es sino una muestra más de su habitual reticencia ante lo andaluz[46]: «su amiga de usted me ha parecido una ezgalichaota; no hallo mejor manera de expresar su ceceo andaluz y la indolencia de sus posturas» (*Los Ayacuchos*, 1900); «el más arrogante, salado y ceceoso de los señoritos andaluces» (*O'Donnell*, 1904); «ceceando como buen majo andaluz» (*La vuelta al mundo en la Numancia*, 1906); «El marcado ceceo andaluz y las patillas negras completaban el cariz temerón y provocativo del viajero» (*España sin Rey*, 1908). Pero el ceceo no solo se asocia a ciertos rasgos, sino que él por sí mismo está dotado de ellos y, así, puede evocar flojedad: «blando ceceo» (*La de los tristes destinos*, 1907), «La una sazonaba su lenguaje con dengues andaluces» (*España sin Rey*, 1908)[47], o puede adquirirse por imitación voluntaria de un tipo humano a medio camino entre el majo y el delincuente:

---

45 Otras: «ceceo andaluz» (*Los Ayacuchos*, 1900); «acento andaluz de blando ceceo» (*La de los tristes destinos*, 1908); «marcado ceceo andaluz» (*España sin Rey*, 1908).

46 Esta reticencia puede deberse a motivos ideológicos: lo andaluz podía evocar en él la vieja política isabelina, al igual que el caciquismo o el dominio de tipos humanos (majos, flamencos) opuestos a lo que en su visión liberal y progresiva debía hacer avanzar a España (en *El Doctor Centeno* (1883) llega a afirmar: «era un andaluz serio (ave rara)»). Algo así ocurrirá, por la misma época, con escritores más jóvenes, los noventayochistas.

47 Opuesto al áspero acento aragonés: «la otra con rudezas baturras» (*ibid.*).

era un andaluz muy crúo, natural… de Candelario. Pero habiendo rodado por Sevilla y Cádiz, algo también por Melilla, adoptó la pronunciación de aquellas tierras, por creerla más en armonía con sus pensamientos audaces, revoltosos y su natural pendenciero. Ceceaba por presunción de guapeza; su andalucismo era más de cuarteles madrileños que de sevillanos bodegones (*De Oñate a la Granja*, 1876).

Tampoco, por cierto, es muy partidario Galdós de un nuevo acento madrileño, que cree nacido, en una parte, del «dejo andaluz, puesto en moda por los soldados»[48].

Pero ni siquiera el muy refinado diplomático egabrense Don Juan Valera parece tener gran aprecio por el habla que había oído en su tierra natal: «hablaba, sin embargo, la lengua castellana con primor y gracia, si bien con acento andaluz muy marcado», dice en 1897 en *Genio y figura*; más adelante, reaparece el desagrado, a la par que nos proporciona una preciosa notación de cronología léxica: «De ellas aprenden a hablar un castellano muy chusco y andaluzado: flamenco, como ahora se dice no sé por qué»[49]. Es verdad que en muchas obras de la época diversos personajes se caracterizan, sin más, por poseer un acento andaluz (son, por ejemplo, sevillanos) o por conservarlo pese a una larga estancia fuera de la región (así, la señora de Benina, en *Misericordia*[50]). Pero a finales de siglo el estereotipo del personaje cuyo origen viene denotado por su habla se muestra en toda su crudeza: en *La Barraca*, de Blasco Ibáñez, la criada Rosario ha de cambiar su nombre por el de Elvira: «Era exigencia del oficio cambiar el nombre, así como hablar con acento andaluz».

En esta presencia del andaluz en la literatura empieza a ser notable algo iniciado ya, aunque tímidamente, en el XVIII: la transcripción más o menos aproximada del hablar andaluz de ciertos personajes. Maestro en este aspecto fue Galdós, quien llega a utilizar la aproximación gráfica andaluza como signo externo de un discurso indirecto libre:

Pero cuando ya creía tener bien trincado lo de Morón, quedose como er gayo der mismo, sin pluma y cacareando, porque el arrastrao D. Juan dio la plaza a un pariente suyo […] Se lo llevó uno que en sus sermones llamaba a los liberales loj alurnoj e Lusifé. Así estaba todo… lo mismo que en tiempo de Calomarde. ¡Y para esto traían de Londón un ministro santiguaor que iba a poné la justisia!…

---

48   No es sólo Andalucía, sin embargo, quien carga con el sambenito de vulgarismo regionalista; la otra parte de ese acento madrileño ha nacido «del dejo aragonés, que se asimilan todos los que quieren darse aires varoniles» (otro tópico este, el de la vinculación de lo aragonés con lo rudo, de amplio recorrido en el imaginario español).

49   En los escritos de Valera puede verse en numerosas ocasiones su postura ambivalente ante el andaluz: en varios lugares muestra su desdén ante los hechos fonéticos andaluces, que para él son simplemente vulgarismos y ruralismos; pero la alabanza tópica a un hablar castellano en Andalucía mejor que el de otras regiones, incluso Castilla, aunque sin especificar rasgo alguno, también aparece reiterada.

50   No parece casual, sin embargo, el origen andaluz en un personaje tan fantasioso y fuera de la realidad.

Gracias que el pobre clérigo andaluz, después de aquer feo que le hiso el Ministro, pudo encontrar alguna protección en su paisano Joaquín Francisco Pacheco... (*De Oñate a la Granja*, 1876).

Por otro lado, aparecen ocasionalmente referencias al habla andaluza diferentes de la tópica del ceceo. Suelen ser de carácter léxico, y se enmarcan en la crítica del creciente «flamenquismo» que aqueja a la corte madrileña:

Se hacía alarde de madrileño, como ahora suele hacerse de barbián, se decía mucho en vez de decir la mar, y á las pesadeces no las llamaban todavía latas, porque todo eso es andaluz puro. (Eusebio Blasco, *Memorias íntimas*, a. 1903)[51].

En alguna ocasión, de forma asombrosa, por tratarse de alguien que, como andaluz, debía conocer la inexistencia de tal uso en Andalucía, se caracteriza al habla regional con un rasgo (aquí, el laísmo) claramente ajeno a ella, quizá simplemente por sentirlo como vulgar:

¿A quién la pego un tiro? —preguntaba entre tanto, en correcto andaluz, el mozo de la Posada... (Pedro Antonio de Alarcón, *La Alpujarra*, 1874).

2.3.5.2. En el XIX la valentía andaluza ha perdido ya cualquier connotación positiva. No sólo es valentonería de matones, sino que además es falsa: «en Andalucía [vi] comadres y matones más hembras aún que las comadres» dice en 1844 el aragonés Braulio Foz en su *Vida de Pedro Saputo*. Dicha consideración es moneda común incluso en América y se ha convertido en estereotipo: el peruano Ricardo Palma, en el último cuarto de siglo, caracteriza a las gentes de Guayaquil (hoy Ecuador) como gentes «valientes en el campo de batalla; pero sus andaluzadas para contar proezas han dañado a su fama de bravos», empleando para ello la voz *andaluzada*, que vimos nacer un siglo antes[52]. Sólo el malagueño Estébanez Calderón, en quien los tópicos costumbristas adquieren su máxima expresión, aludirá positivamente al valor de los andaluces, pero solo para utilizarlo como argumento al negar que estos, por exagerados, puedan ser considerados mentirosos:

...ninguna que sobre la Andalucía presente mayor número de héroes, de hombres valientes, y todos saben que la cualidad más contraria al valor es la mentira (*Escenas andaluzas*, 1847).

Pero si una cualidad desaparece, no una sino dos toman su relevo. Independientes o mezcladas, desde entonces la gracia y la exageración se constituirán en el alma,

---

51   La colonización de formas de vida y de apariencia de Madrid por los andaluces es señalada explícitamente por este mismo autor en otro momento (sin que el cambio parezca ser visto con buenos ojos): «Madrid ha adquirido realmente un tono andaluz que antes no tenía. En tiempo de la reina Isabel, Madrid era aristocrático y ahora es flamenco, y para el que viene de paso es más curioso ahora. Dijérase que Andalucía se impone á toda España» (*ibid.*).

52   Y que puede aplicarse fuera de su ámbito geográfico de origen: «pone su nota característica y vivaz en estas pintorescas andaluzadas de Darío» (José Enrique Rodó, *Rubén Darío*, 1899).

en la realidad fundamental, indiscutible, antonomástica, de los andaluces. Una y otra ya habían aparecido en relación con las gentes de Andalucía, pero es ahora cuando adquieren la categoría de tópicos, al parecer, indestructibles. Ya en 1819 Martín Fernández Navarrete, al biografiar a Cervantes, da por sentadas ambas características (e incluso supone que al escritor se le contagiaron de su trato con la región): «su trato é intimidad con los andaluces, y la agudeza, prontitud y oportunidad de los chistes y ocurrencias que les son propias y naturales...», «dieron mucho que decir y que exagerar á los andaluces, segun su índole y caracter...». El Duque de Rivas, cordobés, asocia constantemente *andaluz* y «chistoso». El costumbrismo y el romanticismo más o menos castizo consolidaron estos atributos: las matronas de casas de huéspedes madrileñas, según Mesonero Romanos, son de muy diversas procedencias, pero a las andaluzas se las conoce «por su gracia parlera, lo aljofifado de los ladrillos, y el tufillo de azúcar y menjuí»; para Fernán Caballero, se trata de rasgos casi de naturaleza: «la soltura, la gracia, la elegancia, que el arte se esfuerza en crear, y que la naturaleza reparte a manos llenas a los andaluces», dice en *La familia de Alvareda*, aunque a veces parece más bien cuestión de mayorías numéricas: «tener, como generalmente los andaluces, talento y gracia» (en *Clemencia*). Era la «gracia» virtud reconocida globalmente al andaluz, con lo que se facilitaba su trato social:

> además es andaluz, y ya se sabe que los de su tierra tienen la circunstancia de caer en gracia; condición harto esencial, y en Madrid más que en otra parte (Mesonero Romanos, *Panorama matritense. Escenas de 1832*, 1832).

No obstante, como señalamos más arriba, fue Estébanez Calderón quien elevó la gracia y la exageración andaluza a su clímax, e incluso, dándolos como fenómenos absolutamente indiscutibles, se preguntó en ocasiones por su origen, ¿oriental?:

> Si damos un salto a nuestra morisca Andalucía, nos encontraremos allí con la desenvoltura oriental, restos de las antiguas zambras casadas acaso con otros bailes venidos de las remotas partes de entrambas Indias,

dice a propósito de los bailes, pero ello podría extenderse a otros aspectos de la forma de ser andaluza, con lo que el tópico se redondea:

> Ya esta cualidad de la imaginación andaluza y de su ostentosa manifestación por la palabra la conoció el famoso orador romano [Cicerón] hablando de los poetas de Córdoba, y la indicó en una de sus más brillantes oraciones. La mezcla con los árabes, de fantasía arrebatada, pintoresca e imaginativa, dio más vuelo a tal facultad, y su permanencia de siete siglos en aquellas provincias las aclimató para siempre el ver por telescopio y el expresarse por pleonasmo[53].

---

53   Tal rasgo, si en la Antigüedad pudo tener su centro en Córdoba, luego se desplazó: «...en la capital artística de España, en la reina del Guadalquivir, en el imperio un tiempo de dos mundos, en la patria del señor Monipodio, en la mágica y sin igual Sevilla. Los sevillanos, pues, son los reyes

Tampoco Valera se libró de emplear el tópico («la natural exageración andaluza», dice en *Pepita Jiménez*; allí mismo refiere «un chiste algo amoroso de estos que con tanta frecuencia suelen permitirse los andaluces»). O el mismo Clarín, tan alejado de la sensibilidad andaluza, al dar por sentada la «gracia andaluza» en Madrid. No deja de ser notable que algunas de las más encendidas alabanzas a las tópicas cualidades andaluzas provengan de alguien como Don Julián Zugasti, feroz represor del bandolerismo de mediados del XIX, que practicó la tristemente célebre «ley de fugas» hasta el paroxismo y que creía ver en esta región una especie de maquinaria infernal diseñada para la extorsión y el saqueo en los que participarían, de un modo u otro, todos los estamentos sociales; a pesar de todo eso, Zugasti (nacido en Coria de Cáceres) se deshace en loas a los «burlones y graciosos andaluces», que están «llenos de ingenio, pasión y gracia, sin necesidad de exageraciones ridículas o chocarrerías indignas, que rechaza la natural altivez de aquel pueblo», y en los que es habitual la «soltura» y el «garbo» al vestir, la «expansión» al hablar; incluso rememora con agrado el hablar de quienes fueron sus víctimas:

> el lenguaje vago, pintoresco y a cada instante aumentado, que podríamos llamar de la guasa diaria de la gente maleante y zumbona de Andalucía, que tomando pie de todos los sucesos de actualidad, inventa infinitos modos de decir chistes, burlas y alusiones de todo género[54] (*El bandolerismo*, 1876-1880);

aunque ciertamente es la mujer andaluza, generalmente bajo la forma de una bailarina (¿bailaora?) popular la principal destinataria de sus elogios y el representante prototípico de las cualidades regionales:

> La alegría, la burla, el donaire, la chunga, el descoco, la ironía y el ingenio picudo, zumbón y por extremo chispeante de agudezas, como sal en el fuego, y como saetas armadas de plumas voladoras y aceradas puntas, constituían la esencia, la base y el rasgo distintivo del carácter original, sorprendente, regocijado, agradable, verdaderamente andaluz, simpático y temible a la vez, de la jovial Pepita, flor, nata, espuma, cifra y compendio de la zandunga de Jerez (*ibid.*),

> ...maravillas, que bajo la figura de mujer, sólo pueden verse y oírse en la espuma de la sal del mundo, que es Andalucía (*ibid.*),

> ...ligera y flexible como un junco, gallarda como una palmera, alegre como unas pascuas, airosa como ella sola, con la sonrisa en los labios, la malicia en los ojos, el placer en el semblante y la sal de Andalucía en todo su cuerpo, comenzó a bailar el vito con imponderable gala, brío y gentileza (*ibid.*).

---

de la inventiva, del múltiplo, del aumentativo y del pleonasmo...» (no deja de haber cierta ironía, si pensamos en el personaje que se va a presentar con tan encendidos ditirambos, el «señor Manolito Gázquez»).

54   Tal modo de hablar, sin embargo, no es más que uno de los tipos de jergas o lenguajes para iniciados tan habituales en la delincuencia.

La «gracia» puede ser referida metafóricamente como «sal»:

> ¿Por qué se usará esta expresión, estar salao, cuando es provincianismo andaluz (y sabido es que Andalucía nos transmitió buena parte de su habla) llamar salada y salerosa y decir que tiene salero, al contrario a la persona que tiene gracia y donaire en el decir, en el andar, etc.? (Fernando Ortiz, *Los negros brujos. Apuntes para un estudio de etnología criminal*, 1906)[55],

o en un uso léxico definido geográficamente como andaluz, como «ángel»:

> Su belleza nada comun, su elegancia, el ángel (como decimos los andaluces) que resplandecía en todos sus movimientos, en todas sus palabras... (Carlos Coello, *Cuentos inverosímiles*, 1872-1878)[56].

La «gracia» aparece como rasgo regional incluso en situaciones donde no sería de esperar. Mesonero Romanos evoca, ya en su vejez, el miserable alojamiento que se le proporcionó en una casucha de Andújar, pero allí no podía faltar la joven que, llena ya de hijos, se queja de no poder «parecer según es», «según se apresuró a decir con la gracia andaluza que escuchaba yo por primera vez». Y no se ve dónde estaba el «gracejo andaluz», según escribe Laureano Figuerola en 1880, en el relato de las desgracias de los arrieros que pierden su trabajo, ellos y sus bestias, al inaugurarse la línea de ferrocarril entre Loja y Granada.

Naturalmente, tanto la gracia como la exageración pueden degenerar. Fernán Caballero no niega, ni mucho menos, que tal degradación esté presente en los andaluces, incluso puede ser propia de ellos: «Todo esto lo dijo sin la jactancia andaluza, tan grotescamente exagerada hoy día» (en *La familia de Alvareda*: pero ¿dónde está lo andaluz, en la jactancia o en su exageración grotesca?); para esta autora «no hay gracia que compense una chocarrería», al condenar la «costumbre andaluza» de poner apodos o sobrenombres a las personas. Ya se vio también cómo a Zugasti desagradaban las «exageraciones ridículas o chocarrerías indignas», que sin embargo consideraba que eran repudiadas por los mismos andaluces («que rechaza la natural altivez de aquel pueblo»). Galdós, tras caracterizar a Sevilla como ceceosa y parecer que cae bajo la seducción de la gracia, pasa a aludir a «los donaires y chuscadas de la gente andaluza» y relata, con la misma ironía soterrada, cómo Juanito Santa Cruz ensalza a

> aquel originalísimo pueblo, artista nato, poeta que parece pintar lo que habla, y que recibió del Cielo el don de una filosofía muy socorrida, que consiste en tomar todas las cosas por el lado humorístico, y así la vida, una vez convertida en broma, se hace más llevadera (*Fortunata y Jacinta*, 1885-1887),

---

55   Téngase en cuenta que la expresión *estar sala(d)o* tiene carácter negativo.

56   Explícitamente reconocerá el origen andaluz para este sentido de *ángel* el nicaragüense Rubén Darío: «¡Tener ángel, Dios mío! Pido exégetas andaluces» (*El canto errante*, 1907).

todo ello para concluir en que el mejor modo de asimilarse a su forma de ser era «introducir en el cuerpo toda la manzanilla que éste pueda contener», algo en lo que Jacinta era incapaz de seguirle. Por último, en el camino de la matización, el granadino Ángel Ganivet (en el *Idearium español*, 1897) considera que estos caracteres tópicos no son propios sino de una de las dos Andalucías en que él considera claramente dividida la región: «idea, a su juicio felicísima, de poner en la región alta andaluza el ser íntimo, grave, de Andalucía, y en la baja el ser exterior, alegre». Pero en otras ocasiones no hay matización posible: Bretón de los Herreros, identificando al parecer la «gracia» (metaforizada como «sal») con la gitanería, muestra su rechazo más radical:

> Y agregue usted la sal de Andalucía... / Mas ya nos la administran tal y tanta / Intrusos sacerdotes de Talía, / Que con su acre sabor nos atraganta. / Fina y con tasa es néctar y ambrosía, / Mas gorda y á quintales ¿quién la aguanta? / Qué! ¿sólo tienen gracia los gitanos / Desde el monte de Calpe á los Marianos? / Qué! ¿sólo allí hay chalanes, y lechuzas / Buñoleras, y chulos, y ladrones, / Con navajas moviendo escaramuzas / Y á Baco menudeando libaciones? / ¿Son estas las costumbres andaluzas / Dignas de dar asunto á los telones? / ¿Se alza en Despeñaperros una valla / Que diga non plus ultra á la canalla? / L. / En ensartar hipérboles absurdas / ¿El donaire andaluz sólo consiste? / ¿Es fuerza revolcarse en las zahurdas / Para tener ingenio y garbo y chiste... (*Poesías*, 1828-1870).

Tampoco en Menéndez y Pelayo ninguna de las dos «virtudes» andaluzas parece verse sino por sus aspectos negativos. La «gracia» se vincula más bien con el chiste fácil y grueso:

> Nadie le negará donaire, aunque no sea gracia ática y de la mejor ley, sino donaire entre frailuno y andaluz, algo chocarrero y no muy culto, desmesurado, sobre todo, hasta rayar en prolijidad y fastidio. Echar a puñados la sal nunca da buena sazón a los manjares (*Historia de los heterodoxos españoles*, 1880-1881).

Y la exageración, lexicalizada otra vez como *andaluzada*, puede llevar al dislate inaceptable en el análisis estético y literario:

> [el abate Marchena] se arroja a decir que la canción A las ruinas de Itálica vale más que todas las odas de Píndaro y de Horacio; tremenda andaluzada, que ni siquiera en un hijo de Utrera, paisano de Rodrigo Caro, puede tolerarse (*ibid.*),

o ser, directamente, actuación conscientemente mentirosa:

> Los veinte años que dice que empleó en preparar su Biblia [...] deben de ser ponderación e hipérbole andaluza, porque su trabajo, en realidad, se concretó a tomar la Biblia de Casiodoro de Reina y reimprimirla, con algunas enmiendas y notas que ni quitan ni ponen mucho (*ibid.*)[57].

---

57   Ya Larra había hecho una asociación manipuladora en una descripción como la siguiente: «un andaluz que mentía por los codos» (*No más mostrador*, 1831).

Alguna vez, aparece otra virtud andaluza, que pese a darse también por sentada, no ha sido referida con la frecuencia de las otras: «así como para pintar un hombre desprendido y generoso no hay más que suponerlo natural de Andalucía, con lo cual nadie duda ya que es maniroto y espléndido...», se dice en una revista de 1884, con lo que la liberalidad y esplendidez andaluzas, tan alabadas en el Siglo de Oro, se han convertido en mero despilfarro sin sentido.

No es habitual, sin embargo, que en estas descalificaciones, globales o matizadas, aparezca la pereza entre los rasgos definidores del andaluz. Alguna vez lo hace, curiosamente por obra de un autor andaluz:

> La ambicion de nuestro héroe, no menor que su entendimiento, encontraba un poderoso obstáculo en la incorregible holgazanería del más desidioso de los andaluces. (Carlos Coello, *Cuentos inverosímiles*, 1872-1878).

Pero puede estar incluida en la mirada, absolutamente negativa, que como culminación de sus reticencias en algún momento dedica Galdós a Andalucía, en un tono que anticipa los dicterios que noventayochistas como Unamuno o Baroja dedicarán a la región:

> Se había pasado la juventud, sin sentirlo, en los ocios corruptores de las villas andaluzas: zambras y jaleos, peladuras de pava, cañas y toros, meriendas y timbas. Cuando empezó a comprender la vanidad de semejante vida, ya era tarde para emprender otros rumbos (*Los Ayacuchos*, 1900).

2.3.5.3. Al hablar de la incorporación del reino moro de Granada a la corona de Castilla, a España en su conjunto, se señaló cómo su inclusión o no en la Andalucía histórica había sido fluctuante durante los siglos XVI y XVII. La división provincial y regional del XIX adoptó definitivamente la opción andaluza para las provincias en que se dividió el viejo reino. Pero, al igual que había ocurrido ocasionalmente en épocas anteriores, surge también alguna voz que trata de diferenciar lo granadino de lo andaluz. Ya se ha señalado a propósito del granadino Ganivet. Y vuelve a ser el caso de otro granadino, Pedro Antonio de Alarcón, al referirse a las mujeres de su tierra, a quienes, aun considerándolas andaluzas, intenta singularizar dentro del conjunto:

> La Granadina no es andaluza de profesión.

> Quiero significar con esto que la Granadina, aunque posee todos los encantos especiales de las andaluzas, su imaginación, su donaire y su belleza no es, ni nunca pretende ser, el consagrado prototipo de la raza bética; no es, ni siquiera entre la gente ordinaria, la jacarandosa macarena pintada en el forro de los calañeses y sobre las cajas de pasas de Málaga;[...] no es, en fin, la mujer andaluza, tal como la tienen metida en la cabeza los extranjeros (Pedro Antonio de Alarcón, *Viajes por España*, a. 1883).

No; la Granadina no hace gala del género andaluz, ni en su pronunciación, ni en sus actitudes, ni en su estilo, ni en sus hábitos. Es en lo que principalmente se diferencia de las hijas del Guadalete, del Guadalquivir y del Guadalmedina […], las cuales, por muy damas que sean […], siempre, siempre… […] abundan en su propio andalucismo, a sabiendas de lo que en el orbe vale y puede esta calidad… —Por el contrario: aunque la Granadina, en su pronunciación, en sus actitudes, en su estilo y en sus hábitos, revele constantemente su idiosincrasia andaluza, es de una manera indeliberada, inconsciente, inadvertida. Creeríase que no se tiene por tal, o que ignora que las andaluzas gozan fama en ambos hemisferios de jocosas por antonomasia (*ibid.*)

No chisporrotea en ella la sangre, como en las andaluzas oficiales de otras comarcas (*ibid.*).

2.3.6. En el siglo XX culminan algunas de las tendencias iniciadas en la valoración sobre el andaluz y lo andaluz, a la vez que aparecen, de forma más o menos limitada en el tiempo, otras nuevas. En este sentido, la visión de Andalucía en el siglo pasado fue mucho más compleja, multiforme y variada que en épocas anteriores. Por ello, y para respetar el ámbito de trabajo de otros colaboradores de esta obra, no se superarán en el análisis que sigue las primeras décadas del siglo.

Para empezar, el XX es el siglo en el que el andaluz se ha convertido en objeto de investigación científica, hasta el punto de haber llegado a ser uno de los ámbitos geográficos y sociales del español más conocidos y estudiados. Es cierto que hubo un notable desfase entre el estudio pionero de Schuchardt, ya citado, y el que inició verdaderamente la dialectología andaluza, la investigación de Tomás Navarro Tomás y sus colaboradores en 1933 sobre la frontera del andaluz (definida sobre el tipo de /s/, distinta de la ápico-alveolar castellana, además de incluir las más pormenorizadas y aún hoy valiosas descripciones articulatorias y geográficas de seseos y ceceos). Y ni siquiera los investigadores lograron desprenderse de ciertos tópicos (aunque ello, por lo general, no afectó a su trabajo). El mismo Menéndez Pidal, al discutir el andalucismo, que él acepta, en la formación del español americano, calibra así la virtualidad del influjo andaluz:

Minoría son hoy los reclutas andaluces, y producen fenómenos de jandalismo[58] en los cuarteles; no cuentan actualmente los andaluces con ningún monopolio como antes y en cuanto convive con ellos poco tiempo un emigrante del Norte vuelve a su tierra hecho un jándalo. La facundia, el acierto verbal, el gracejo, cualidades por las que Sevilla fue en todo tiempo el centro natural de cuantos «bellos decidores» hay en España […] las que hicieron de ella la ciudad más influyente siempre sobre el habla común, produjeron el tipo del andaluzado, en el que entraban hasta los vizcaínos, especie de jandalismo quinientista…» (véase la edición de su *Historia de la lengua española*, 2005, págs. 1063-1064).

---

58   Recuérdese que el *Diccionario* académico define *jándalo* como referido a los andaluces «por su pronunciación gutural» (es de suponer que a partir de la aspiración de una -s anterior en expresiones como «loj andaluce(j)») y señala su origen en una pronunciación burlesca.

Años más tarde de la redacción de esas líneas, en 1962, un excelente conocedor de la fonética andaluza, Antonio Llorente, expresaba así la «explicación más convincente y aceptada», aunque en manera alguna la única, del «exagerado evolucionismo fonético andaluz»: «la pereza articulatoria del hombre andaluz, quizá ocasionada por el clima o la psicología...». Por otro lado, tampoco los resultados de las investigaciones lograron modificar de forma relevante los juicios que, dentro y fuera de Andalucía, se profieren sobre las formas de hablar de la región.

2.3.6.1. Naturalmente, las referencias a la gracia y a la exageración siguen siendo moneda corriente. Las hallamos en Blasco Ibáñez (la «exuberante imaginación andaluza» o la «hipérbole andaluza» se mencionan en *La Barraca*); en Valle-Inclán (el nombre *Carmen* está lleno de «gracia andaluza», dice en la *Sonata de Invierno* y, mucho más tarde, en *La corte de los milagros*, uno de sus personajes está dotado de «gracejo andaluz»), aunque en varias de sus obras, las farsas o la trilogía del *Ruedo Ibérico*, lo andaluz dará a los personajes un aspecto jaque y marchoso, de conservadurismo brutal, como en González Bravo, o agitanado y pícaro, como en toreros o bandidos: nunca será, sin embargo, una visión negativa[59]; en Ramón J. Sender uno de sus personajes es un andaluz «siempre risueño, jactancioso sin vanidad». Y naturalmente se hallan tales referencias en el pensamiento casticista y conservador: Menéndez Pelayo («pueblos de tan viva y luminosa fantasía como el andaluz», dirá en 1907[60]), entre los no andaluces, y Rodríguez Marín («La hipérbole, que es connatural de los andaluces»), entre los naturales de la región. Pero también aparecen incrustadas en textos de gentes claramente implicadas en una ideología progresista y avanzada: en 1933, Hildegart Rodríguez habla de la «exaltación propia del temperamento andaluz», que lleva a un personaje a dejarse llevar «por su imaginación más allá de cuanto en realidad había sucedido».

Frente a tales complacencias, las nuevas ideologías sociales que se van difundiendo por estos años van a introducir matizaciones importantes. Blasco Ibáñez, en *La bodega*, ataca por la base otro tópico, que nuestros textos no han dejado aflorar de forma directa: «indignábase de que tachasen de holgazanes a los braceros andaluces. ¿Por qué habían de trabajar más? ¿Qué aliciente les ofrecía el trabajo?». Algo semejante encontramos en el también valenciano, republicano, socialista y liberal Giménez Valdivieso («Por regla general el obrero más atrasado y el menos laborioso es el andaluz, que es el que come peor y gana menos jornal», si bien estos, y también los míseros castellanos, son considerados mucho más afables y corteses que los rudos de otras regiones); pero nuestro autor va más allá y denuncia el encierro al que

---

59   Y ello pese a que en algún momento consideró que la única solución para el teatro español de su época era fusilar a los hermanos Álvarez Quintero (metafóricamente, claro).

60   Ya se vio antes, no obstante, cómo la hipérbole andaluza podía llevar, según algunos, al engaño y a la mentira.

se ven sometidas las mujeres andaluzas, encierro que les impide manifestar ante todo el mundo su (de nuevo el tópico) forma de ser: «Toda la alegría, toda la viveza que desborda en la mujer andaluza, se encuentra únicamente en el seno del hogar ó en reuniones familiares».

Pero los nuevos aires, que traen consigo un rechazo de la España caduca, pintoresca, frívola, una España en que lo andaluz (el flamenco) o lo considerado andaluz (los toros) se había insertado en la Corte y en todo el país, una España que debía desaparecer con el desastre del 98, esos nuevos aires van a provocar en ocasiones un rechazo absoluto hacia todo lo que tenga que ver con Andalucía. El antiandalucismo virulento surge, como violento rechazo a la antigualla españolista, en gentes de pensamiento en ocasiones tan visceral como los vascos Unamuno o Baroja. No deja de resultar llamativo encontrar en personas de tan compleja inteligencia como ellos ataques en donde, junto al barniz ideológico «noventayochista», late el prejuicio más intransigente. En carta de 1901 a otro bilbaíno liberal, colaborador del semanario socialista *La lucha de clases* (el liberal Unamuno militaba por entonces en el PSOE), hay una rotunda descalificación:

> No puedo tragar a esa gente entre la que usted vive; me parecen huecos, inconsistentes, mafliosos, realmente tontos. El andaluz es en España una especie inferior, por mucho talento que tenga es memo por dentro. En política, en literatura, en arte, en elocuencia, sobre todo, nos tienen perdidos. Yo no sé qué idea le merecerán a usted, que vive entre ellos, pero yo no los resisto;

un año más tarde los considerará «casta incapaz de redención intelectual» y reiterará su desconfianza y aversión:

> No consigo creer en su sensibilidad y desde luego les falta imaginación, que suplen con la facundia. Añada usted que su falta de profundidad mental les condena a falta de profundidad moral. Su afabilidad, su cortesía, su inclinación al aplauso no me gustan; prefiero los hombres duros, recios,

su incredulidad («la mentira esa de la imaginación meridional») de un modo que parece suponer una incompatibilidad incluso física («El clima piadoso y dulce no me gusta; prefiero el cierzo invernal que me obliga a defenderme de él, a comer fuerte, a andar…»). Algún poeta, algún libro, parece que lo van a hacer recapacitar («a mí, que siento recelo contra la poesía española contemporánea y en especial contra la andaluza y que aborrezco las corridas, me ha ganado de tal modo su librito…», escribe en 1910 al poeta sevillano Felipe Cortines y Murube), pero los prejuicios son muy sólidos: en 1924, tronando contra el dictador Primo de Rivera, dirá que «tiene la charlatanería de los andaluces». Baroja, por su parte, admira Andalucía pero no a los andaluces (si es que el marinero Shanti Andía es aquí su portavoz):

> Muchas veces, al asomarme a la muralla, al ver la bahía de Cádiz, inundada de sol, el mar soñoliento, dormido, los pueblos lejanos, con sus casas blancas, la sierra azul de Jerez y Grazalema

recortada en el cielo, al contemplar esta decoración espléndida, me preguntaba: —Y todo esto, ¿para qué? ¿Para vivir como un miserable conejo y recitar unos cuantos chistes estúpidos? Realmente era poca cosa» (*Las inquietudes de Shanti Andía*);

el mismo personaje intenta asimilarse a esa región, «pequeña, pintoresca y complicada», pero ello le causa una profunda repugnancia:

> Quería transformarme en un andaluz flamenco, en un andaluz agitanado. Entrar en una de esas tiendas de montañés a tomar pescado frito y a beber vino blanco, ver cómo patea sobre una mesa una muchachita pálida y expresiva, con ojeras moradas y piel de color de lagarto; tener el gran placer de estar palmoteando una noche entera, mientras un galafate del muelle canta una canción de la maresita muerta y el simenterio; oír a un chatillo, con los tufos sobre las orejas y el calañés hacia la nariz, rasgueando la guitarra; ver a un hombre gordo contoneándose marcando el trasero y moviendo las nalguitas, y hacer coro a la gente que grita: ¡Olé! y ¡Ay tu mare! y ¡Ezo él; ésas eran mis aspiraciones. Hoy no puedo soportar a la gente que juega con las caderas y con el vocablo; me parece que una persona que ve en las palabras no su significado sino su sonido, está muy cerca de ser un idiota.

2.3.6.2. Pese a lo anterior, con el avance del siglo empieza a reaparecer una mirada más favorable hacia lo andaluz. Es la que manifiesta en 1920 el anónimo redactor de una *Geografía de España y Portugal*, al decir que «Los andaluces hablan el andaluz, un dialecto castellano muy suave y armonioso». Pero sobre todo parece ponerse de manifiesto en autores vinculados a la llamada «generación del 27» y a la «Edad de Plata» de la literatura española, en las que tan importante participación tuvieron los andaluces (como la tuvieron en general para toda la literatura española de la anteguerra). La raíz andaluza de autores como Antonio Machado o Juan Ramón Jiménez unida a su inmensa proyección exterior y a su desvinculación de cualquier mirada tópica sobre la región debió ser un factor decisivo para que, al menos en ciertas élites cultas, la visión sobre Andalucía empezara a experimentar un giro sobre la hasta entonces dominante[61]. Excelente representación de esta visión positiva se halla, entre escritores no andaluces, en Bergamín, quien rescata la «gracia» y el «ángel» como loas a la poesía de Cernuda, concibe lo verdaderamente andaluz como lo más claramente opuesto a lo judío, lo morisco o lo gitano (que son lo «antiandaluz») y ve la belleza, la limpieza y la pulcritud como las cualidades por excelencia, en lo físico y en lo anímico, de Andalucía, más particularmente la de Sevilla y Cádiz.

---

61   Años más tarde, ya en el destierro, un integrante de esa generación, Luis Cernuda, manifestaría un hondo amor por su tierra de origen, libre por completo de cualquier imagen repetida, y dirigido tanto a la Sevilla que nunca nombra en *Ocnos* o a la palabra en que vibran hondas pulsiones emotivas: «- ¿Qué palabra es la que más te gusta? - ¿Una palabra? ¿Tan sólo una? ¿Y quién responde a esa pregunta? - ¿La prefieres por su sonido? - Por lo callado de su ritmo, Que deja un eco cuando se ha dicho. - ¿O la prefieres por lo que expresa? - Por todo lo que en ella tiembla, Hiriendo el pecho como saeta. - Ésa palabra dímela tú. - Esa palabra es: andaluz» (*La realidad y el deseo*).

2.4. *Regionalismo, nacionalismo y lengua en Andalucía*

A finales del siglo XIX, pero muy particularmente ya dentro del XX, se produce en Andalucía el salto cualitativo desde la más o menos vaga conciencia propia de una identidad regional, de un modo de ser y actuar particularizado dentro del conjunto español, a la reivindicación del reconocimiento político de dicha identidad, en general dentro de la configuración tradicional del Estado, pero en ocasiones con veleidades de separación (no siempre claramente formuladas, al menos antes de la Guerra Civil de 1936-1939). El camino en la toma de conciencia política, de «regionalista» a «nacionalista», no tuvo siempre una formulación ideológica clara y no siempre utilizó la lengua entre los parámetros constitutivos de la realidad que se reivindicaba.

2.4.1. El desarrollo del andalucismo político: el relato histórico

En la construcción del andalucismo como ideología y como grupo de acción política convergieron, no siempre de modo armónico, dos corrientes básicas: una que podría llamarse «culturalista», nutrida en parte del trabajo de los folkloristas (como Machado y Álvarez), pero deudora también de ensoñaciones románticas, cuya filiación con los viajeros extranjeros de la primera mitad del XIX (Ford, Irving, etc.) es evidente[62]. Otra, más claramente política, desarrolla su conciencia frente a la extrema desigualdad en el reparto de la tierra y en las brutales consecuencias que ello acarrea a la población campesina, en especial, la carente de tierra (miseria, hambre...). La primera se desarrolla en los círculos ilustrados de ciertos ámbitos urbanos (Sevilla puede considerarse su centro más activo); la segunda surge vinculada a los movimientos democráticos radicales y republicanos, exacerbados en las postrimerías de la Revolución de 1868, derrotados en la Restauración de 1876, pero aún vivos y pujantes y en lento resurgir gracias a las contradicciones del sistema canovista. Aquí se analizará la primera corriente, ya que es la única que desarrolla reflexiones sobre la historia y la lengua como bases del ideario andalucista[63].

La visión que de la historia tiene el andalucismo se manifiesta con claridad solo desde la segunda década del siglo XX. Es notable que en la Constitución de Antequera de 1883, brote tardío del republicanismo federal y cantonalista, no haya una sola mención a cuestiones de este tipo para fundar la Andalucía «soberana» y «autónoma» que se propone (todos sus artículos tienen que ver exclusivamente con

---

62   Para la historia de la formación del andalucismo como fuerza política y de su acervo ideológico, véase Lacomba 1988.

63   Ello no obsta para que pueda considerarse que fue el andalucismo de raíz republicana-federal y con preocupaciones socioeconómicas el mejor fundado para la acción política. Su problema fue siempre la falta de base social, dado el estrechísimo segmento que la estructura social de Andalucía podía proporcionar a este movimiento.

lo político, lo social, lo económico, lo jurídico). Esa visión se encuentra dispersa en textos y manifiestos, si bien en todos ellos es evidente la impronta de Blas Infante, dada la coincidencia de contenidos y aun de formas con trabajos de su autoría, lo que hace sospechar que muy probablemente fuera Infante el redactor de muchos de los preámbulos y considerandos de esos textos «colectivos».

En esa visión histórica de Andalucía el primer rasgo que destaca es, paradójicamente, su carácter «ahistórico». En efecto, Andalucía como entidad colectiva, dotada de determinadas características en la personalidad de sus habitantes (la sucesión de estos sin solución alguna de continuidad), parece existir desde los tiempos más lejanos, desde la misma Prehistoria, y su espíritu (el *Volkgeist* romántico) se ha impuesto a todas las civilizaciones contingentes que se han asentado sobre esa realidad permanente o han brotado de ella. Es, en suma, la **Andalucía eterna**[64]. Esa Andalucía eterna que viene justificada porque «la Naturaleza y la historia hicieron de ella una distinción en el territorio hispánico» (identidad *per se*) y porque es así vista desde fuera: «lo mismo en España que en el extranjero, se la señala como un territorio y un pueblo diferente» (identidad apoyada en la visión exterior) (Manifiesto de Córdoba de 1919). Esa continuidad en que Andalucía sigue a través de las distintas civilizaciones queda patente en estas palabras del manifiesto del Centro Andaluz de 1916:

> La Tartesia primitiva, hospitalaria hermana de Grecia, que en la Bética floreciente y culta la ama tanto a través de Roma, que fiel a su hermandad salva en el Andalos (sic) la civilización combatida por la barbarie de la Europa medieval, siendo en la Andalucía de la Europa renaciente, madre de una raza de Ulises vigoroso, exploradores de los misterios del mar y conquistadores del arte y de la ciencia, se ha visto continuada a través del tiempo en nuestra Andalucía, reconociendo su distinta personalidad.

Con este párrafo trabado, aunque de forma deficiente, se quiere mostrar la unidad de aquello de lo que habla, en un encadenamiento voluntarista difícilmente suscribible hoy por los historiadores. Más explícitamente aún aparece formulada dicha idea raíz y recurrente en *El Ideal Andaluz* (1915), donde late con fuerza el romanticismo nacionalista de un siglo atrás:

> El espíritu de un mismo pueblo ha flotado siempre, flota aún, sobre esta tierra hermosa y desventurada que hoy se llama Andalucía. Su sangre ha podido enriquecerse con las frecuentes infusio-

---

64   Nada nueva esta idea, sino propia de todo nacionalismo. Es la misma que llevaba a considerar «españoles» a saguntinos, numantinos y lusitanos; o a Séneca y Lucano. Visión que Américo Castro demolió contundentemente (en *España en su historia*, 1948), pese a lo cual ha logrado sobrevivir en formulaciones, algunas más razonables, otras claramente grotescas. Pero tampoco es exclusivamente hispana esta postura: «Si la nación en cuestión no ha existido como nación durante la historia documentada, entonces el mito (o mejor, el conjunto de mitos) retrocederá hacia la prehistoria, tanto cuanto se necesite para consolidar su pretensión de legitimidad» (Joseph 2004: 115-116).

nes de sangre extraña; pero sus primitivas energías vitales se han erguido siempre dominadoras; no han sido absorbidas, como simples elementos nutritivos, por las energías vitales de una sangre extranjera (p. 62).

Así, Tartesia es reconocida por, y en, la Bética romana, esta a su vez por los godos, y los árabes la hicieron el centro de su dominio en España. Sus fronteras cambiaron, pues Andalucía, ahora, en contradicción con lo dicho en otros lugares, no parece ser una comarca natural, sino

un pueblo representante de un genio particular, cuya continuidad ha sido respetada por los azares o accidentes de la Historia (p. 65).

Esta pervivencia de Andalucía, para la que solo se aducen pinceladas históricas, ha de manifestarse en caracteres psicológicos colectivos, por una parte; por otra, de acuerdo con la mentalidad de la época, se le intenta buscar una base física, racial. Para lo primero, nos hallamos ante una enumeración que prolonga en el tiempo, más allá de lo racionalmente admisible, los tópicos más extendidos sobre el supuesto carácter andaluz: «optimismo», que se traduce en alegría de vivir, fastuosidad (el «rumbo andaluz»), humorismo festivo combinado con un «estoicismo creyente» (?), creencia en la igualdad y dignidad de todos los hombres, manifestada incluso en los tiempos modernos, en que el

burgués, ya industrial, ya labrador, ya latifundista, tratando sin afectación, como de igual a igual con el humilde asalariado[65],

vehemencia exaltada (que se revela incluso en el desdichado episodio sevillano del «Vivan las ca(d)enas» con Fernando VII), repentismo[66]. Por otro lado, la fundamentación prehistórica de la Andalucía eterna no es uno de los mejores hallazgos de Infante, quizá no tanto en relación con lo sabido en su época, pero sí en relación con lo descubierto por los investigadores posteriores: las semejanzas de tipo físico y materiales con el mundo oriental, caucásico, asiático (no hay excesivas precisiones en este punto) le llevan, en lugar de a suponer una procedencia oriental de los primitivos andaluces, a la afirmación, indemostrable e improbable, de un tipo racial autóctono (al que después se superpondrían los iberos, sobre cuyo origen, africano o asiático, no se pronuncia, pero que no serían sino un elemento más añadido al fondo primigenio). Tal suposición se refuerza con sus afirmaciones sobre la existencia de una escritura andaluza, fonográfica, anterior a la fenicia. Todo lo cual le hace aventurar la posibili-

---

65   Muestra de cómo el prejuicio nacionalista puede neutralizar la conciencia de la desigualdad y la injusticia social.

66   No obstante, en ocasiones, el desengaño y frustración de Infante ante la escasa recepción de sus propuestas políticas lo lleva a fustigar cruelmente a las masas, españolas o andaluzas, desde una posición fuertemente elitista, de, en sus palabras, «tiranía o dictadura pedagógica» (así, por ejemplo, en *Andalucía*, año III, núm. 97, julio de 1918).

dad (que vincula al mito platónico de la Atlántida) de que fuera Andalucía la cuna de una hipotética cultura «pelásgica», antecedente de todas las culturas mediterráneas, en especial orientales. Estas fabulaciones se presentan como creencias firmes, pero Infante parece conceder que quizá se trate solo de ensoñaciones («¡Quién sabe...!», «Quizás...» inician un párrafo que continúa otro en el que se afirma sin paliativos que «Andalucía es la patria de una de las civilizaciones originales más antiguas del mundo»). Se ve claramente cómo un mito fundacional quiere ser a la vez relato histórico, pero queda comprobada la evidente debilidad de tal intento.

El segundo rasgo que ha de destacarse es el apego extremo al período **árabe** en la historia de esa Andalucía. Es cierto que la mítica Tartesia (o Turdetania) tiene un lugar de honor en la Andalucía de Infante, pues es la más antigua manifestación «andaluza» de la que puede hablar, si bien para ello no dispone más que de relatos novelescos de historiadores antiguos griegos, a quienes sigue acríticamente. Una Tartesia muy griega (no olvidemos que, en las fabulaciones de Infante, Grecia emana de la cultura andaluza primitiva), que por eso se hizo romana, y como romana, Bética romana productora de «los mejores hombres de ciencia y los emperadores más humanos y filósofos» (según resume el Manifiesto cordobés de 1919), fue firme resistente a la barbarie goda (al parecer, primera manifestación de la barbarie europea contra Andalucía). Pero lo árabe merece una consideración especial: identificando, como tantos otros antes y después, dos mundos tan distintos como Al-Andalus y Andalucía, Infante canta la grandeza y belleza de aquel período en términos que parecen tomados de los viajeros románticos ingleses, alemanes o americanos, deslumbrados a comienzos del XIX por Alhambras, Alcázares y Giraldas. Pero no es la cultura árabe como tal, ni el Islam en su conjunto, lo que fascina a Infante, sino su absorción por el genio permanente de la raza andaluza:

> Poco a poco, el genio andaluz llega a dominar al árabe [...] El genio andaluz particulariza al árabe, substrayéndole a toda relación con la familia musulmana (*Ideal*, 71-72).

Ese árabe moldeado por lo andaluz desarrolla la vida intelectual, en plena libertad de conciencia, conserva el genio griego en medio de la barbarie medieval, evita el fatalismo, fanatismo y oscurantismo del resto del mundo musulmán y construye la sublime, excelsa, tolerancia arábigo-andaluza: muestra de todo ello, el recelo de los andaluces ante «la salvaje grosería de las tribus reclutadas más allá del Atlas», almorávides y almohades. La animadversión histórica que Infante profesa a los «moros» africanos, en claro contraste con su admiración a la fusión árabe-bereber moldeada por lo andaluz[67], aparte de revelar ciertas contradicciones internas de su pensamiento, no deja de chocar también con otras propuestas suyas, políticas y

---

67   La veneración que Infante profesa al mundo arábigo-andaluz se refiere al Califato (y, es de suponer, al Emirato), a los reinos de Taifas y al reino granadino. Almorávides y almohades parecen constituir un paréntesis.

culturales, en que Marruecos aparece como la continuación histórica de Andalucía (por ejemplo, en el proyecto de Estatuto de 1931). La visión edénica, paradisíaca, del Al-Andalus califal queda bien resumida en estas palabras del Manifiesto cordobés de 1919:

> Vuestros padres hicieron de esta triste patria nuestra un vergel delicioso, en donde los más deleitosos frutos estaban de balde; en donde todo el mundo sabía leer y escribir, presidido este vergel por la gloriosa ciudad [...] Córdoba, la ciudad que condensó el espíritu andaluz, acumulándole en ochenta Universidades y Bibliotecas ingentes, como no existen en la España de hoy; prodigándolo generosamente a Europa, cuya civilización vino a iniciar. De aquí salió el espíritu que fundó las Universidades europeas. Aquí la civilización tuvo asilo inexpugnable, acosado por la barbarie medieval.

Hasta tal punto se da esta fascinación que no solo lamenta la persecución y muerte de moriscos y judíos «andaluces» con la Inquisición, sino que él mismo llega a considerarse «hijo<s> de aquel pueblo morisco», no conquistador de Granada sino conquistado con ella (*Fundamentos*, p. 175).

El último elemento en esta visión (seudo-)histórica de Andalucía es el enemigo exterior, el destructor del paraíso, el responsable de la miseria actual. Pese a que *El Ideal Andaluz* está lleno de españolismo, y de un españolismo historicista bastante «tradicional» (véanse los epígrafes «Ideal de España» e «Ideal de las regiones españolas»), y pese a sus reiteradas declaraciones de que el regionalismo andaluz aspira a reconstruir España desde una nueva base, el enemigo, así como en lo moderno es el «centralismo», en lo antiguo fue la conquista cristiana, que trajo consigo el fanatismo religioso y la tiranía política, encarnados en la Inquisición y resueltos en la expulsión o el asesinato de miles de andaluces, judíos y moriscos. Fue, pues, Castilla, la Castilla cristiana, la culpable de la pérdida y destrucción del paraíso. Y, por medio de Castilla, Europa, una Europa a la que Andalucía, es decir, Infante, se resiste furiosamente: Andalucía no es Castilla (*Fundamentos*, p. 146) y no es, ni quiere ser, «ni será nunca Europa» (Andalucía, por boca de Infante, se dirige a una realidad aún más vagorosa: «Hermanos de Afro-Asia» (*Fundamentos*, p. 193)). Europa y, en su nombre, Castilla, con su «concepción político-católica o bárbara», destruyeron una civilización cuyo nivel se tardaría mucho en alcanzar (hasta el siglo XVIII, cree Infante) y cuyos logros, luego conocidos y recuperados, Europa se resiste a admitir como tales. El siguiente párrafo condensa la sublime indignación que provoca en Infante aquel cataclismo histórico de la civilización andaluza:

> ...Castilla, avanzada del ejército europeo que contra nosotros peleó, como solar y como pueblo [...] Su acción fue más depredadora que la de una simple conquista [...] bajo el comando de los Papas, y repugnando como tibia la crueldad del Edecán Castellano —aprovechando un momento de máxima captación de este Edecán (Isabel)— arrojó sobre nosotros representantes (los Austrias), hasta el exterminio de las últimas expresiones de nuestra cultura enemiga de su animalidad desde que Roma bárbara fue germanizada (*Fundamentos*, p. 197).

Claro que esa inquina a los conquistadores castellanos cristianos no le impide a Infante ver resurgir, sin explicar cómo, con nueva esplendidez el genio andaluz y manifestarse en héroes como Gonzalo Fernández de Córdoba, el Gran Capitán, por el que Infante siente extraordinario aprecio y al que considera excelso representante de ese genio de la tierra; en el esplendor de Sevilla, capital desde fines del XV del tráfico español, «dueño entonces del mundo»; en el espléndido florecimiento de las Artes en Andalucía en aquel período; finalmente, en las expediciones colonizadoras a América, en las que Infante ve revivir en Andalucía el mítico navegar de Ulises.

2.4.2. El desarrollo del andalucismo político y el papel de la lengua en Andalucía

En la elaboración de ese relato mítico-histórico, la lengua tiene un papel, cuando lo tiene, secundario. En un primer momento, proclama que «Para existir Andalucía no necesita de lengua propia» (*Ideal*, p. 77), si bien la subsiguiente comparación con Aragón no es la más apropiada; en suma, si hay naciones sin lengua, también puede haber regiones sin ella. En efecto, durante el período fundacional del regionalismo y el nacionalismo andaluz las referencias a la cuestión de la lengua son prácticamente inexistentes, como se comprueba en el estudio de Lacomba. La mayoría de los escritos de Infante tampoco se ocupa de lo lingüístico. Los textos y manifiestos, los proyectos de mancomunidades o estatutos tampoco lo recogen. Parece como si bastara con el problema agrario, real, y con la identidad histórica, mítica. La constatación de la realidad, Andalucía emplea la misma lengua que Castilla, la lengua del Estado, parece imponerse con su peso apabullante.

Pero el prestigio de la lengua en la conformación de las nacionalidades es demasiado fuerte, como mostraba muy de cerca el regionalismo-nacionalismo guía, el catalán. Y algunas referencias se hallan. Pero dispersas, sin conformar un cuerpo de ideas coherente, en ocasiones contradictorias... Todo ello de acuerdo, naturalmente, con el estado de conocimientos en la época de la realidad lingüística andaluza, conocimientos que se limitaban, aparte del contacto directo y de las impresiones más o menos intuitivas, a unas pocas páginas de Hugo Schuchardt, desconocidas por entero en España, y a algunas observaciones de los venerables folkloristas, Machado y Álvarez a la cabeza.

En la misma página del *Ideal* donde se dice que Andalucía no necesita lengua propia[68], en nota a pie de página ya parece retractarse: «Tampoco esto puede afirmarse en absoluto» y se apoya en las autoridades de la época (Cajigas, Menéndez Pelayo, Méndez Bejarano, Montoto) para apuntar a una clara diferenciación lingüística an-

---

68 Expresión esta, la de *lengua propia*, o mejor, la de su carencia, no por repetida menos desdichada, pues no hay nación, región, localidad ni ser humano que no tenga una «lengua propia». Cosa muy distinta es que su lengua propia sea compartida por otras naciones, regiones, localidades o individuos.

daluza frente a Castilla. Ahora bien, las pocas referencias a lo lingüístico hechas por Infante no se mueven en un solo sentido, sino que se sitúan entre dos polos: la reivindicación de una especificidad lingüística andaluza y la mayor antigüedad de Andalucía en la historia del idioma. A ello hay que agregar ocasionales defensas apasionadas del castellano, del español.

Por un lado, citando a Cajigas, quien a su vez se apoya en Menéndez Pelayo, Infante se adhiere a sus palabras sobre la existencia del «dialecto andaluz», término, el de *dialecto*, al parecer novedoso para los andaluces de entonces. Como es natural, el punto de distinción se hallaría en la pronunciación y, dentro de esta, por un lado en el ceceo (en su texto Cajigas era más abarcador: se refería tanto al ceceo como al seseo), cuya raíz no podía ser sino árabe. A partir de aquí, la imaginación de Infante se dispara: con tan poco bagaje, afirma rotundamente que la escritura árabe serviría mejor para representar esos sonidos que los árabes dejaron (no especifica cuáles) y cuyas letras se llevaron. Por otro lado, reproduce, y por tanto parece aceptar, unas arbitrarias afirmaciones de Santiago Montoto, según las cuales en Andalucía se suprimen letras («letras», no sonidos), gracias a lo cual se forman desinencias «de un gran valor estético» (?), dado que el pueblo andaluz «es músico y poeta cual no hay otro en las Españas» y goza «de muy buen oído», cualidades que al adornar al pueblo en su conjunto habrían de adornar a todos y cada uno de los integrantes de ese pueblo. En esta segunda parte, Infante parece volver al redil hispano, pues, apoyándose ahora en Méndez Bejarano, se hace portavoz de otro tópico, este de mejor suerte, incluso entre lingüistas: el de que la pronunciación andaluza fue la triunfante en las naciones americanas, la que engendraría, pues, el español americano[69]. Nuevas referencias a las peculiaridades lingüísticas andaluzas solo vuelven a aparecer en el proyecto de Estatuto de Gobierno Autónomo de Andalucía (1931), donde se lanza una amenaza velada, es de suponer que para no cumplirla: Andalucía no quiere mostrarse superior al resto de España, no desea herir sensibilidades, así que, entre otras cosas, no hará gala de «pruritos idiomáticos o dialectales», cosa que sí podría hacer, solo con «aplicar a la expresión ortográfica las peculiaridades fonéticas del habla meridional». No se vuelve a hablar más de ello.

La segunda dirección apuntada lleva también a Infante al anticastellanismo. En un pasaje de sus *Fundamentos de Andalucía* (págs. 142-143), parece empezar considerando al andaluz como una variante dialectal[70] surgida, «rápidamente», del castellano; pero inmediatamente se corrige, matizando esa posible procedencia con la afirma-

---

69 La edición que manejo habla de «ediciones *norteamericanas*» (*sic*).

70 «Variantes sintácticas, prosódicas y substantivas o de nombres» son las que constituyen ese lenguaje andaluz, sin que el autor se moleste en decir de qué variantes se trata (en la edición que manejo, se desliza un leísmo nada andaluz: «Las variantes [...] del lenguaje andaluz le determinan como un organismo...» (p. 142).

ción de que el romance «se inició en Andalucía», dando tal cosa como hecho seguro, apoyado en los estudios de Julián Ribera. Ahora bien, la exposición es extraordinariamente confusa y no llegamos a saber de qué lenguas está hablando exactamente Infante. En un primer momento, parece pensar en la vinculación directa entre romance mozárabe y habla andaluza, vinculación que luego se ha mostrado errónea, pues ni el mozárabe (o, mejor, «romance andalusí») era exclusivo de lo que es hoy Andalucía, sino de toda Al-Andalus (cosa que podía saber Infante, pues en su tiempo era ya hecho conocido); ni existía ya ese romance mozárabe en el XIII para infiltrarse en el castellano de los reconquistadores (cosa que aún no podía saber). Ahora bien, inmediatamente parece trasladarse a una época y situación muy distintas, cuando afirma que «a los andaluces les prohibieron los conquistadores hablar su lengua hasta en el recinto familiar y emplear su alfabeto», cosa que solo ocurrió desde 1500 con los moriscos granadinos; por tanto, aquí parece referirse a la lengua árabe de los musulmanes sometidos (y no de todos: tales prohibiciones de lengua ni existieron antes ni existieron fuera de Granada). Y en seguida parece volver al romance, y al castellano, cuando señala que el pueblo andaluz conquistado conservó sus «particulares sonidos articulizantes» (?), transformando con ellos el idioma de los conquistadores (el castellano, es de suponer), «adaptando[lo] a sus condiciones diferentes fisiológicas y psíquicas»[71]. Finalmente, se aduce como prueba de la mayor antigüedad del romance en Andalucía el hecho, otra vez, de que haya sido precisamente la prosodia andaluza la principalmente transmitida a las regiones de ultramar (América), apoyándose nuevamente para ello en la autoridad de Méndez Bejarano. No se entiende la relación causal entre ambos fenómenos históricos; pero tampoco se entiende de qué idioma está hablando Infante en ese momento: ¿el romance primitivo precastellano? (mozárabe o andalusí), ¿el castellano transformado por la fonética (¿árabe? ¿mozárabe?) de los conquistados? Ciertamente, un ensayo de este tipo no es el mejor lugar para extremas precisiones filológicas y lingüísticas, pero alguna claridad conceptual, por mínima que fuera, habría sido de desear.

Pero por la misma época en que aparecían referencias de esta índole en sus escritos, pueden encontrarse declaraciones tan españolistas como la que se ve en la revista que servía de portavoz a la ideología andalucista (*Andalucía*, año I, núm. 2, julio de 1916), donde, al aceptar en «El debate regionalista» que catalanes, y vascos, y gallegos..., puedan usar su lengua en cualquier función, no puede sino acentuar el papel superior del idioma común: «...cuando se escucha el castellano se invoca la imagen de España como un todo». Para concluir con una afirmación con la que, ciertamente, los lingüistas de hoy estarían plenamente de acuerdo: «El idioma castellano no es ya solamente de Castilla, es de España...». Hay, sí, un cierto distanciamiento de lo castellano, pero para in-

---

71   Lo de las diferentes condiciones psíquicas aún es discutible. Pero no alcanzamos a ver qué diferencias fisiológicas podría haber entre andalusíes, andaluces, castellanos, moros... ¿O late aquí de nuevo el fantasma de la raza física?

tegrarse en una lengua común, compartida. Nada más lejos, pues, del diferencialismo pretendido en los pasajes más arriba citados. En el mismo número de esa revista, uno de sus redactores ataca virulentamente a la Academia Española «de la Lengua» por haber acogido en su seno al marqués de Villaurrutia, quien disertó sobre el lenguaje taurino y su necesaria aceptación por el *Diccionario*: las aceradas burlas y caricaturas de ese lenguaje taurino, entreverado de gitanismos (que muchos, décadas más tarde, tomarán como emanación de un lenguaje andaluz peculiar), no dejan lugar a dudas sobre la «ortodoxia» lingüística de estos primeros andalucistas[72].

En general, sin embargo, como se ha ido apuntando, las observaciones lingüísticas de Infante no son, ni pretenden serlo, originales. Sus fuentes en este campo son básicamente dos autores, dos eruditos, que se mueven en la órbita andalucista, pero con un tipo de andalucismo «culturalista», regionalista, más ensoñador, más lírico, también más conservador en lo político: Isidro de las Cajigas y Mario Méndez Bejarano. El primero es el responsable de la vinculación establecida por Infante entre las pronunciaciones árabe y andaluza[73]. En efecto, no solo ceceo y seseo emanan de la fonética árabe, que ya en Andalucía se había modificado respecto de su original, sino que también la confusión de B y V y una fantasmagórica mala pronunciación andaluza de la P (por ser este fonema desconocido para el árabe) tienen ese mismo origen. Además, Cajigas, llevado de este delirio arabizante, cree haber oído en tierras granadinas la pronunciación [š], del *xin* árabe, que los moriscos dieron siempre a la /s/ castellana («xi xeñor»: ¿o se referirá al *heheo*?); las «aspiraciones guturales suavísimas» de *Aljama* por *Alhama*, *Muljacén* por *Mulhacén*, son «tales y como las pueda enseñar el mejor preceptor de lengua arábiga en Damasco o Egipto». En fin, «allí» (en Granada) «puede estudiarse aún el verdadero valor de las diferentes letras arábigas», que aún perviven en la situación descrita por Fray Pedro de Alcalá para el árabe granadino en 1500[74]. Pero no solo se trata del árabe: Cajigas incorpora

---

72   Había una razón más de fondo: la oposición de *Andalucía*, como la de tantos regeneracionistas, ilustrados, republicanos… a las corridas de toros, símbolo y causa del embrutecimiento popular y muestra, la más palpable, de la España castiza, señoritil y populachera, que para estos renovadores debía ser inmediatamente abolida (junto con la fiesta).

73   Su trabajo apareció en *Bética* (año II, núms. 16 y 17, 1914), revista también regionalista, pero de orientación más cultural, sin el compromiso político y social tan vivo en Infante y en la otra revista andalucista, *Andalucía*.

74   Alguna otra imaginación arabizante de Cajigas tampoco ha corrido mejor suerte: mucho más tarde de la época que aquí consideramos (en 1950) supuso que el área de la /s/ predorsal andaluza correspondía, sobre todo en el Oeste, con el área de las taifas berberiscas, y que, por tanto, tal rasgo fónico procedía del bereber; apoyaba tal aserto con datos de un supuesto ceceo en personajes del s. XIV granadino. Lapesa, en 1957 (en «Sobre el ceceo y el seseo andaluces», recogido en *Estudios de historia lingüística española*, Madrid: Paraninfo, 1984, 249-266), demostró la nula base de tal hipótesis: ni hay nada parecido en bereber, ni el fenómeno de los personajes granadinos al que se alude tiene nada que ver con ceceos ni «eses» predorsales. Aparte quedarían otros problemas para la sustentación de tal hipótesis: pervivencia de una suficiente población de habla árabe, o bereber, en

también al diferencial andaluz, no podía ser menos en la época, la lengua de los gitanos, a la que trata de rescatar de su infamante caracterización de «vocabulario bajo de germanía», suministradora de ciertas palabras al habla andaluza, a la que dota así de un «carácter típico y propio», «realce y gracia». Esta otra dimensión de la particularidad lingüística andaluza, sin embargo, no halló al parecer eco ninguno en Infante. De todos modos, en Cajigas el diferencialismo lingüístico no se pretende volcado hacia dentro: con ese tópico de la proyección española, universal, de lo andaluz, llega a afirmar que el vocabulario regional de esta tierra ha impregnado a España entera, se ha difundido en los vocabularios propios de otras regiones (Aragón, por ejemplo), cosa que no ha ocurrido con ningún otro, ni con gallegos ni con valencianos (curiosamente, el ejemplo con el que trata de mostrar esa proyección exterior andaluza es la terminología taurina).

El otro inspirador de Infante, el erudito sevillano Mario Méndez Bejarano, es aún menos rupturista y se manifiesta como uno más de los espíritus cantores de la región, de lo local, enaltecedores de sus glorias, reales o supuestas. Su aportación al pensamiento de Infante sobre la lengua consistió básicamente en la afirmación, por la época moneda corriente, del andalucismo, concebido entonces como andalucismo pleno, del español de América. Años más tarde de la cita del *Ideal* y de la conferencia allí citada (de 1909), en 1927, Méndez hizo toda una disertación sobre la «prosodia», es decir la fonética, española, llena de comparaciones entre modos de pronunciación de distintas regiones, con centro en la andaluza. La conferencia no resiste el más mínimo análisis desde la óptica de la Lingüística, la actual pero también la de la época, aunque presenta algunas caracterizaciones sobre lo andaluz que merecen destacarse, por revelar «opiniones comunes», algunas de mayor arraigo que lo que después la ciencia ha ido descubriendo, y por mostrar una jactancia de lo propio que poco tiene que ver con ese «complejo de inferioridad» que habría lastrado históricamente al habla andaluza. Ahora bien, ya desde el comienzo Méndez deja claro lo que también era moneda corriente, y bien sentida y lamentada, por el andalucismo: la división de Andalucía, aquí en occidental y oriental (por la época, la «baja» y la «alta» Andalucía), si bien con situaciones internas contradictorias, pues Málaga por geografía e historia pertenecería a la oriental, pero es occidental por pronunciación; lo contrario ocurre con Córdoba; a ello hay que añadir las proyecciones «exteriores»: de Huelva al Sur de Extremadura, de Granada y Almería a Murcia, de Jaén a la Mancha. Tal división, sin embargo, no vuelve a ser relevante en sus consideraciones, pues solo se hallarán precisiones muy localistas a la hora de ubicar tales o cuales rasgos de lengua.

Las referencias a Andalucía tienden a destacar ciertos aspectos: la supremacía andaluza, por mayor corrección, en hechos tales como el uso de los acentos (no dice

---

la Andalucía occidental tras la conquista (negada hoy por los historiadores), semejanza de la fonética hispanoárabe con la andaluza (negada radicalmente por los lingüistas).

méndigo ni *áhi...*) y la tendencia al esdrújulo (?: no dice *dominó*, sino el puro latino *dómino*); la conservación de la aspiración de *h*, perdida («y es lástima») en Castilla; etc. Por otro, las coincidencias señaladas de Andalucía con zonas castellano-viejas como, entre otras, Santander (en metátesis: *pedricar, naide*, supresión de *-d-* en *-ado*, etc.), pero también con otras variadas (Cataluña, Aragón, etc.), parecen mostrar un cierto prurito por no dejar lo andaluz aislado (¿se debería ello a un acto de defensa ante una implícita, pero latente en el ambiente, acusación de malos usos lingüísticos a la región?). En resumen, Méndez cifra las características de la pronunciación andaluza (una más entre las españolas) en cinco rasgos: 1) euritmia (?): parece referirse a la no reiteración de adverbios en *-mente* o a las consonantes de transición («letras eufónicas») de *cafeses* o *dirse*; 2) «predominio de la vocal sobre la consonante» (en el Norte las vocales se oyen menos, porque las bocas tienden a cerrarse por causa del frío; en el Sur «los meridionales no temen la caricia del viento») y «metátesis que facilitan la pronunciación» (?); 3) cambio de la *z* en *s* o *sh*: en efecto, en varias ocasiones dice que el sonido de la *C*, o el de la *Z* (como va por letras, no por sonidos, repite lo mismo para una y otra), es exótico, ni español ni latino, repugnante a casi todas las lenguas y solo conocida en inglés: Andalucía la sustituye por *s*, «como las demás naciones latinas», o por *sh* inglesa en Córdoba o Antequera (parece indicar así la impresión acústica de la /s/ coronal), si bien señala dos focos de *z*, uno en pueblos limítrofes entre Granada y Sevilla y otro en el Condado de Huelva, cuyas mujeres «emiten una zetita muy dulce y graciosa», sin que ello enturbie el que las ocho provincias dicen «*selo, sosobra* y *mosito*»[75]; 4) «poderosa influencia clásica» y «remembranzas semíticas», de las que si bien hay casos de la primera (*h* aspirada, *mesmo*, etc.), no se encuentra ninguna de las segundas, y 5) «facilidad en la pronunciación, engendradora de legítimas metátesis, y causa de la aspiración de la molesta *s* final», sonido este, el de *-s* final, que resultaba especialmente antipático al sevillano Méndez («No solo entorpece esta letra el lenguaje, sino que obliga a forzar los órganos vocales»)[76]. Pero no solo se trata de particularismos andaluces. Para Méndez Andalucía manifiesta una clara supremacía en la historia del idioma español: es más correcto, pues a ella llegó puro y se corrompió a sus espaldas (esto es, en la misma Castilla), como muestra la absoluta corrección de todos los escritores andaluces, desde Mateo Alemán a los hermanos Quintero, frente a las impropiedades e incorrecciones de incluso los más grandes (Lope, Calderón, Zorrilla,

---

75 Hay, pues, reticencia al ceceo, pero total ignorancia de la distribución geográfica y social de las variantes seseosas y ceceosas.

76 Aunque reconoce que ningún sonido es molesto para sus hablantes («No notarán la molestia los ya acostumbrados a pronunciarlo desde niños...»), sus diatribas contra la -s final llegan al paroxismo: «El juego de boca de una andaluza atrae más que el de la que no lo es, aun cuando ésta posea una boca más bonita cerrada. La violencia en el movimiento desgracia su belleza natural, cosa que no sucedería moviendo los labios con naturalidad. Los que pronuncian con ensañamiento la s final o se la escupen al interlocutor o se les cae por ambas comisuras labiales».

Cervantes); en qué consista esa corrección, es algo, sin embargo, que Méndez no se molesta en aclarar. Se muestra tal supremacía igualmente en la creación de un dialecto poético (Mena, Padilla, Herrera). Y, por fin, en la elevación del castellano a idioma nacional en las Cortes de Sevilla de 1260, noticia esta ciertamente falsa. Muestra, además, Andalucía su superioridad, su «mejor pronunciar», en su carácter dinámico, en facilitar la pronunciación en beneficio de todos[77]. Por todo ello, es la andaluza la pronunciación que se lleva a Canarias y América, pues «Toda América es andaluza y lo que allí llega se convierte en andaluz», extrema visión andalucista de América y del español americano hoy inadmisible: la América hispana es mucho más compleja, si bien el fermento andaluz en sus inicios es indiscutible.

No hay, pues, en este primer regionalismo y nacionalismo una idea clara de la relevancia política e identitaria de la lengua en Andalucía. Se mantiene una tendencia observada ya entre escritores y eruditos andaluces de los Siglos de Oro, la exaltación del castellano, o español, de Andalucía, por sus mejores cualidades estéticas, literarias (cifradas en los grandes autores, medievales y clásicos, de la región). Junto a ello, se intenta situar al habla de Andalucía a la par de otras hablas españolas, destacando bien su corrección bien la comunidad de muchas de sus características[78] con otras regiones. Es evidente que con ello se lucha, explícita o implícitamente, contra las posibles descalificaciones a la modalidad andaluza[79]. La novedad empieza a ser el destacar supuestos rasgos diferenciales, incluidos en el entramado ideológico arabizante como sustento histórico de la afirmación regional, nacional, de Andalucía; la escasa, por no decir nula, veracidad de esta pretendida base histórica de la mitología andaluza debería haber sido suficiente para hacer tambalear y caer tal construcción si no fuera porque los mitos acaban alcanzando una vida independiente del material con que fueron fabricados.

Visión pobre, desenfocada históricamente, carente de otros anclajes en lo real que la intuición, la impresión instantánea, el conocimiento fragmentario de ciertos da-

---

77 Afirma que si nos atuviéramos a un criterio estático, esencial, los mejores serían valencianos y catalanes, que distinguen *b* de *v*, pronuncian *ll* y no omiten letra alguna; pero no es aceptable ningún criterio de autoridad: «Hemos proscrito la autoridad en la ciencia, ¿y la conservaríamos en Prosodia?».

78 Alejandro Guichot (en *Bética*, I, 2, 1913) afirmaba: «...el idioma que hablan los andaluces, exceptuando modismos y locuciones, no es privativo, sino general y de ideal conseguido».

79 De ahí que a veces se critiquen posibles particularismos andaluces porque ayudan a mantener el tópico exterior que degrada la imagen andaluza: es lo que se vio en el rechazo de *Andalucía* a que se admitan en el Diccionario académico taurinismos y gitanismos. O cuando *El Liberal*, diario próximo a los postulados regionalistas, dice (14/05/1914), irritado ante cierto regionalismo superficial: «Nosotros muy regionalistas sí, pero con el regionalismo del ceceo, de la tauromaquia y de los «golpes» de gracia», cifrando en tales elementos no solo los males de la imagen de Andalucía, sino también los obstáculos a que pueda aparecer un verdadero «regionalismo político que pudiera ser una amenaza».

tos... Esta extrema pobreza de la reflexión lingüística en los primeros regionalistas políticos (o nacionalistas) puede entenderse, y aun disculparse, dada la situación de absoluto vacío en el conocimiento científico de la realidad lingüística andaluza en aquellos años. Hasta 1933, como dijimos, año en que Tomás Navarro y sus colaboradores trazan la «frontera del andaluz» sobre la base de los tipos de /s/ y la distribución de la distinción /s/ / /θ/ frente a las confusiones en forma de «seseo» o «ceceo», no puede hablarse de Dialectología andaluza (el viejo trabajo de Hugo Schuchardt, de 1881, era prácticamente desconocido en España y además estaba hecho sobre las transcripciones de coplas flamencas elaboradas por Machado y Álvarez; no era, pues, un trabajo de campo). Esta solo avanzará y se consolidará desde la década de 1940. No tenían, por tanto, Infante y sus compañeros ningún sostén científico en que apoyarse y al que recurrir.

3. Recapitulación final

Como ha podido comprobarse en el relato precedente, la conciencia de que hay una «Andalucía» que constituye una realidad diferenciada se impone, con mayor o menor claridad, ya desde la Edad Media, casi desde su misma constitución histórica en el XIII; y ello ocurre tanto desde dentro como, mucho más intensamente, desde fuera del espacio así denominado. Parece cumplirse la vieja costumbre de que los pueblos sean vistos antes por los extraños que por ellos mismos. Más tarde, son los propios miembros del grupo quienes se apoderan de esa visión y la aceptan sin más, o intentan modificarla en aquellos aspectos que les son menos gratos y que quieren sustituir por otros en los que prime la visión positiva y afirmadora.

La explicitación de tal conciencia explota claramente en los llamados «Siglos de Oro», con fuerza ya en el XVI. Las condiciones históricas eran favorables: la conclusión de la Reconquista había hecho surgir un extenso y poderoso conjunto de «reinos» (Sevilla, Córdoba, Jaén, Granada), que ya no era un mero apéndice de Castilla (su «frontera», tal como se veía en la Baja Edad Media). Por otro lado, la riqueza económica vinculada al descubrimiento y colonización de las Indias, junto con el desarrollo de otros enclaves (Úbeda, Baeza, Granada...), hizo que Andalucía, vista como conjunto, o reducida a Sevilla y las costas occidentales, adquiriera un peso decisivo en la Corona castellana, a medida que otros ámbitos, por razones variadas, iban perdiéndolo (tal como ocurría, por ejemplo, con la ganadería y el comercio de la lana en Castilla[80]). En este sentido se entienden tanto las alabanzas a Andalucía y lo andaluz, de las que se destacan su valentía (heredada de las anteriores guerras fronterizas contra los moros) y su generosidad (vinculada, claramente, a su riqueza pre-

---

80   Pero también la Corona de Aragón pierde fuerza, por el declive del Mediterráneo y su comercio ante los embates, entre otros, de la piratería berberisca y turca.

sente), como los recelos ante una potencia emergente que amenazaba con desplazar los viejos centros de la Corona castellana y española. Paralelo a esa expansión social y económica, que no tuvo correspondencia política, estaba el desarrollo de una variante lingüística diferente, que gracias al inmenso prestigio de Sevilla en la época, también amenazaba con subvertir las tradicionales guías del idioma (las cuales, por otra parte, también estaban en conflicto interno: «toledanismo» frente a «castellano viejo» parecen estar en la base de buena parte de los radicales cambios lingüísticos habidos en la época): por ello, el título que Menéndez Pidal dio en 1962 a uno de sus grandes trabajos sobre la historia del español en la época «clásica» del idioma, «Sevilla frente a Madrid», parece resumir perfectamente esa situación. A partir de ahí pueden entenderse tanto las alabanzas como las críticas a los nuevos modos lingüísticos surgidos en Andalucía. Pero a las élites culturales andaluzas, con excepciones como Herrera o Alemán, les faltó decisión para competir por la dirección de la norma lingüística: el peso de la tradición, tan fuerte en los sectores cultos en relación con la lengua, y el de los grandes creadores literarios decidieron la partida, que, cuando llega a fundarse la Real Academia, a principios del XVIII, con una Andalucía todavía potente, pero sin la grandeza de siglos anteriores, se decantó definitivamente, para la norma del español, por los modos del centro y norte de la Península.

El siglo XIX consagra la conversión de los viejos tópicos sobre Andalucía y lo andaluz en estereotipos que oscilan entre la mirada afable y condescendiente, que consagra la «gracia» como rasgo peculiar andaluz, y la visión negativa y descalificadora, que convierte la valentía en matonismo, la hipérbole en exageración falseadora, y que ve consagrarse en lo andaluz un tipo humano popular en el que convergen todos los males de la Patria. Curiosamente, es el XIX una época en que el Estado fue dirigido por muchos andaluces, desde Álvarez Mendizábal a Cánovas del Castillo, pasando por Narváez, González Bravo o Castelar. Sin embargo, muchos de ellos quedaron vinculados para las mentalidades liberales y progresistas con los golpes de Estado y los gobiernos más reaccionarios de la época isabelina; también el caciquismo de la Restauración tuvo algunos de sus nombres más preclaros entre andaluces, Cánovas o Romero Robledo. Tal vinculación se dio en un siglo en el que Andalucía perdió peso progresivamente en el conjunto económico de la nación y quedó claramente desbancada del importante papel que había desempeñado siglos atrás, sin que tampoco llegara a generar productos culturales de peso nacional. Todo ello, junto con fenómenos de fuerte impacto como el bandolerismo o la expansión del «flamenquismo» incluso en la Corte madrileña, así como el pintoresquismo español con base andaluza desarrollado por tantos viajeros foráneos (franceses e ingleses principalmente), vino a resultar en una imagen en la que lo andaluz representaba a España, pero a una España de la que se quería huir, por ser equivalente de atraso e incluso de barbarie. De ahí la particular inquina con que liberales como Galdós o noventayochistas como Unamuno o Baroja vieron lo andaluz. Es llamativo que esa visión negativa de Andalucía no fuera matizada siquiera por las violentas luchas sociales, en especial en el campo, desatadas en la región entre la segunda mitad del XIX y las primeras décadas del XX (en 1905, Azorín iniciaría sobre esa base otro tópico, otro mito, si bien este basado en una realidad lacerante, aunque no única: la «Andalucía trágica» en lo social, mito vivo incluso más allá de la desaparición de su base real). Naturalmente, esta decadencia no solo afectó a las valoraciones sobre lo andaluz sino también, como se ha podido comprobar, a las hechas sobre el habla regional.

A todo ello el incipiente movimiento regionalista del XIX, y más tarde los iniciales escarceos nacionalistas del XX, con Infante a la cabeza, no supieron oponer una visión ideológica construida sobre sólidos fundamentos racionales. En buena parte, recuperaron tópicos vigentes (la «gracia» o el «rumbo») y a partir de ellos iniciaron el camino hacia el mito histórico, de Tartessos a la Bética romana y a Al-Andalus, pero esa elaboración apenas tuvo repercusión fuera de la región (tampoco tuvo mucha dentro, por lo menos hasta 1936) y en el grado en que fue conocida no sirvió precisamente para mejorar la visión externa sobre Andalucía. Cuando la visión sobre Andalucía volvió a ser positiva, lo hizo sobre todo a impulsos de la literatura y en ello la «generación del 27» tuvo mucho que ver.

En conclusión, el objeto de la identidad aquí perseguida, Andalucía, lleva existiendo como referente de esa construcción conceptual cerca de ocho siglos. Pero su realidad ha sido vista con ojos muy diversos, de acuerdo con las condiciones históricas y vitales en que se movían los que veían y los que eran vistos, los de fuera y los de dentro. En esa visión la lengua, su peculiar situación y naturaleza en Andalucía, ha desempeñado ciertamente un papel, pero no siempre, y no siempre el más importante. Pero cuando lo ha tenido, los juicios que ha generado han ido en paralelo con los que se aplicaban a las gentes y a la región en que esa lengua y sus modos se manifestaban. Claro que, como es habitual con los tópicos y las valoraciones sobre la lengua, muchos de esos juicios y afirmaciones difícilmente podrían sustentarse en un análisis objetivo de los hechos; ciertamente, tampoco lo pretendían, pues en el tópico el discurso repetido es lo único que se concibe como real. Más llamativo aún es el caso cuando en científicos e investigadores se produce una curiosa amalgama entre la observación empírica objetiva y el tópico heredado, lo cual es una muestra más de que no hay ciencia sin ideología. Y los tópicos generados en momentos históricos variados, en situaciones diversas, acabarán sobreviviendo a las épocas en que se formaron y, como se puede comprobar en otros capítulos de este libro, seguirán ejerciendo su fuerte poder de atracción sobre propios y extraños, generando movimientos de reacción que generan nuevos tópicos o que recurren a otros igualmente superados.

Textos

REAL ACADEMIA ESPAÑOLA: Banco de datos (CORDE) [en línea]. *Corpus diacrónico del español*. http://www.rae.es [octubre a diciembre de 2008].

Bibliografía

ALONSO, AMADO (1969 [1951]): *De la pronunciación medieval a la moderna en español* (ed. por Rafael Lapesa), vol. II, Madrid: Gredos.

BÁEZ DE AGUILAR GONZÁLEZ, FRANCISCO (2002): «Con(s)ciencia e identidad lingüística en la nueva Andalucía: Transmisión y transformación de la identidad lingüística en ambientes conflictivos», en A. Martínez González (ed.), *Las hablas andaluzas ante el siglo XXI*, Instituto de Estudios Almerienses, 233-239.

BARBOUR, STEPHEN & CATHIE CARMICHAEL (eds.) (2001): *Language and Nationalism in Europe*, Oxford University Press.

BARBOUR, STEPHEN (2001): «Nationalism, Language, Europe», en Barbour/Carmichael (eds.) [*Language and Nationalism in Europe*, Oxford University Press], 1-17.

BOSSONG, GEORG y FRANCISCO BÁEZ DE AGUILAR GONZÁLEZ (eds.) (2000): *Identidades lingüísticas en la España autonómica*, Frankfurt a.M.: Vervuert, 151-186.

BUSTOS TOVAR, JOSÉ JESÚS (1997a): «La valoración del habla andaluza. Una visión histórica», *Demófilo*, 22, 69-88.

— (1997b): «Sobre el origen y expansión del andaluz», en A. Narbona y M. Ropero (eds.), *El habla andaluza. Actas del Congreso del Habla Andaluza (Sevilla, 4-7 marzo 1997)*, Sevilla: Seminario Permanente del Habla Andaluza, 69-102.

— (2003): «Sobre la supuesta identidad unitarista de la lengua», en F. Moreno Fernández *et al.* (eds.), *Lengua, variación y contexto. Estudios dedicados a Humberto López Morales*, II, Madrid: Arco/Libros, 939-955.

— y SILVIA IGLESIAS RECUERO (eds.) (2009): *Identidades sociales e identidades lingüísticas*, Instituto Universitario Menéndez Pidal/Universidad Complutense.

CAJIGAS, ISIDRO DE LAS (1914): «Apuntaciones para un estudio del regionalismo andaluz», *Bética*, Año II, Núms. 16 y 17.

— (1915): «Apuntaciones sobre los elementos y características del tipo andaluz», *Bética*, Año III, Núm. 40.

CANO, RAFAEL (en prensa): «Cuando las lenguas no eran un problema. El contacto lingüístico en la Castilla medieval», en E. Méndez y Y. Congosto (eds.), *Variación y contacto de lenguas en el mundo hispánico*, Frankfurt a.M./Madrid: Vervuert/Iberoamericana.

CHARAUDEAU, PATRICK (2009): «Identidad lingüística, identidad cultural: una relación paradójica», en Bustos/Iglesias (eds.) [*Identidades sociales e identidades lingüísticas*, Instituto Universitario Menéndez Pidal/Universidad Complutense].

COSERIU, EUGENIO (1973² [1958]): *Sincronía, diacronía, historia. El problema del cambio lingüístico*, Madrid: Gredos.

— (1978): «Semántica, forma interior del lenguaje y estructura profunda», en *Gramática, Semántica, universales*, Madrid: Gredos, 112-127.

EGEA FERNÁNDEZ-MONTESINOS, ALBERTO (coord.) (2006): *Dos siglos de imagen de Andalucía*, Centro de Estudios Andaluces (Consejería de la Presidencia, Junta de Andalucía).

FISHMAN, JOSHUA A. (ed.) (1999): *Handbook of Language and Ethnic Identity*, Oxford University Press.

FRAGO GRACIA, JUAN A. (1993): *Historia de las hablas andaluzas*, Madrid: Arco/Libros.

FRIES, DAGMAR (1989): *«Limpia, fija y da esplendor». La Real Academia Española ante el uso de la lengua (1713-1793)*, Madrid: SGEL.

GARCÍA MARTÍN, JOSÉ Mª (2008): «Relaciones entre los estados peninsulares y significado de las lenguas en la Baja Edad Media», en J. Elvira, I. Fernández-Ordóñez, J. García González, A. Serradilla Castaño (eds.), *Lenguas, reinos y dialectos en la Edad Media ibérica. La construcción de la identidad. Homenaje a Juan Ramón Lodares*, Universidad Autónoma de Madrid, 31-62.

GEERAERTS, DIRK (2008): «The Logic of Language Models: Rationalist and Romantic Ideologies and their Avatars», en Süselbeck *et al.* (eds.) [*Lengua, Nación e Identidad. La regulación del plurilingüismo en España y América Latina*, Frankfurt a.M./Madrid: Vervuert/Iberoamericana], 43-74.

GONZÁLEZ OLLÉ, FERNANDO (1987): «Primeras noticias y valoraciones sobre el andaluz», *Boletín de la Real Academia Española*, LXVII (Cuad. CCXLII), 347-387.

— (1988): «Una temprana denuncia del yeísmo y otras noticias sobre pronunciaciones de *la gente vulgar* en la primera mitad del siglo XVIII», *Anuario de Lingüística Hispánica*, 181-192.

GUITARTE, GUILLERMO L. (1992): «*Cecear* y palabras afines», en M. Ariza, R. Cano, J. Mendoza y A. Narbona (eds.), *Actas del II Congreso Internacional de Historia de la Lengua Española*, I, Madrid: Pabellón de España, 127-164.

HERNÁNDEZ SANDOICA, ELENA (2009): «Lengua, historia, nación», en Bustos/ Iglesias (eds.) [*Identidades sociales e identidades lingüísticas*, Instituto Universitario Menéndez Pidal/Universidad Complutense].

INFANTE, BLAS (1983): *Antología de textos*, Fundación Blas Infante.

— [1915]: *El Ideal Andaluz* (estudios preliminares de E. Tierno Galván y J. A. Lacomba), Túcar Ediciones.

— (1984): *Fundamentos de Andalucía* (ed. y estudio de M. Ruiz Lagos), Fundación Blas Infante.

JOSEPH, JOHN E. (2004): *Language and Identity. National, Ethnic, Religious*, Palgrave MacMillan.

LACOMBA, JUAN A. (1979): *Cuatro textos políticos andaluces (1883-1933)*, Granada.

— (1988): *Regionalismo y autonomía en la Andalucía contemporánea*, Granada: Caja General.

LAPESA, RAFAEL (1997): «Orígenes y expansión del español atlántico», *Demófilo*, 22, 13-27.

— (2000 [1968]): «Evolución sintáctica y forma lingüística interior en español», en *Estudios de morfosintaxis histórica del español* (ed. de R. Cano y Mª T. Echenique), Madrid: Gredos, 32-53.

LÁZARO CARRETER, FERNANDO (1980): «El primer Diccionario de la Academia», en *Estudios de lingüística*, Barcelona: Crítica, 83-148.

MACKEY, WILLIAM F. *et al.* (1994): *¿Un Estado, una lengua? La organización política de la diversidad lingüística* (dirigido por A. Bastardas y E. Boix), Barcelona: Octaedro.

MAR-MOLINERO, CLARA (2001): «The Iberian Peninsule: Conflicting Linguistic Nationalisms», en Barbour/Carmichael (eds.) [*Language and Nationalism in Europe*, Oxford University Press], 83-104.

— (2004): «Spanish as a world language: Language and identity in a global era», *Spanish in Context*, 1, 1, 3-20.

MÉNDEZ BEJARANO, MANUEL (1927): *Conversación familiar acerca de la Prosodia Española en Castilla, Andalucía y Ultramar* (Conferencia explicada el día 10 de marzo de 1927 en la «Unión Ibero-Americana de Madrid»), Alcalá de Henares.

— (1929): *Andalucía y Ultramar: breviario apologético*, Madrid.

MILHOU, ALAIN (ed.) (1989): *Langues et identités dans la Péninsule Ibérique*, Université de Rouen, 1989.

MORENO FERNÁNDEZ, FRANCISCO (1998): *Principios de sociolingüística y sociología del lenguaje*, Barcelona: Ariel.

MORENO NAVARRO, ISIDORO (introd. y selección de textos) (2008): *La identidad cultural de Andalucía. Aproximaciones, mixtificaciones, negacionismo y evidencias*, Centro de Estudios Andaluces.

MORGENTHALER GARCÍA, LAURA (2008): *Identidad y pluricentrismo lingüístico. Hablantes canarios frente a la estandarización*, Frankfurt a.M./Madrid: Vervuert/Iberoamericana.

MONDÉJAR, JOSÉ (2001² [1991]): *Dialectología andaluza. Estudios* (ed. de P. Carrasco y M. Galeote), Universidad de Málaga.

NARBONA, ANTONIO; CANO, RAFAEL y MORILLO, RAMÓN (2003): *El español hablado en Andalucía*, Sevilla: Fundación José Manuel Lara.

NIC CRAITH, MÁIRÉAD (2007): *Language, Power and Identity Politics*, Palgrave Macmillan.

RILEY, PHILIP (2007): *Language, Culture and Identity. An Ethnolinguistic Perspective*, Continuum International Publishing Group Ltd.

SÁNCHEZ MÉNDEZ, JUAN (2009): «Comunidades políticas e identidades lingüísticas en la Edad Media», en Bustos/Iglesias (eds.) [*Identidades sociales e identidades lingüísticas*, Instituto Universitario Menéndez Pidal/Universidad Complutense].

SÜSELBECK, KIRSTEN, ULRIKE MÜHLSCHLEGEL, PETER MASSON (eds.) (2008): *Lengua, Nación e Identidad. La regulación del plurilingüismo en España y América Latina*, Frankfurt a.M./Madrid: Vervuert/Iberoamericana.

VÀRVARO, ALBERTO (1972-1973): «Storia della lingua: passato e prospettive di una categoria controversa», *Romance Philology*, XXVI, 1/3, 16-51/509-531.

WARREN, JANE, HEATHER M. BENBOW (eds.) (2008): *Multilingual Europe: Reflections on Language and Identity*, Cambridge Scholar Publishing.

WEINREICH, URIEL, WILLIAM LABOV & MARVIN I. HERZOG (1968): «Empirical Foundations for a Theory of Linguistic Change», en W. Lehmann & Y. Malkiel (eds.), *Directions for Historical Linguistics*, Austin-London, 97-188.

ZIMMERMANN, KLAUS (1991a): «Lingüística e identidad nacional, algunas reflexiones», *Estudios de Lingüística Aplicada*, 13, 39-50.

— (1991b): «Lengua, habla e identidad cultural», *Estudios de Lingüística Aplicada*, 14, 7-18.

— (2008): «Política lingüística e identidad: una visión constructivista», en Süselbeck *et al.* [*Lengua, Nación e Identidad. La regulación del plurilingüismo en España y América Latina*, Frankfurt a.M./Madrid: Vervuert/Iberoamericana] 21-42.

La identidad fónica de los andaluces

La identidad fónica
de los andaluces

Ramón Morillo-Velarde Pérez

Desde un punto de vista fónico y, en menor medida, morfológico, la identidad lingüística de los andaluces se deja comprender como un continuo de tres dimensiones constitutivas: una dimensión (socio)geográfica, una dimensión (socio)demográfica y una dimensión (socio)cognitiva. El prefijo *socio* que antecede a los nombres de cada una de ellas se refiere a la necesidad radical de observar los fenómenos que las configuran con una óptica cuantitativa, ya que solo tienen interés si son compartidos y definidores de la identidad lingüística de agrupaciones de individuos hablantes más o menos homogéneas.

1. La dimensión socio-geográfica

Al ser Andalucía una entidad de base geohistórica, está claro que la actual configuración geolectal del espacio andaluz (consecuencia directa de las circunstancias históricas que en otra parte se analizan) es la dimensión que fundamenta a las otras dos. Está constituida por dos categorías de hechos lingüísticos contemplados en perspectiva geográfica: las continuidades y las discontinuidades lingüísticas.

Para la determinación de continuidades y discontinuidades lingüísticas, la dialectología viene empleando, desde finales del siglo XIX, el concepto de *isoglosa*. La palabra *isoglosa*, formada sobre el patrón de términos meteorológicos, como *isotermas* (líneas imaginarias que unen los puntos que presentan idénticas temperaturas medias) o *isobaras* (que unen puntos con iguales valores de presión atmosférica), significa etimológicamente 'igualdad de lengua'. De ello se deduce que la isoglosa debiera emplearse para delimitar las continuidades lingüísticas. Y así es, en efecto, hasta el punto de que, para algunos (Coseriu 1981), las lenguas se dejan definir como conjuntos de isoglosas. Pero, en un sentido más estricto, el término isoglosa se emplea también para designar la línea que une los lugares donde se produce el mismo fenómeno lingüístico, a la que se denomina, en ocasiones, *heteroglosa* (Speitel 1969 y Chambers y Trudgill 1994). Así entendida, la isoglosa se comporta de manera irregular, uniéndose a veces a otras para formar haces o separándose de ellas para entrecruzarse de manera inextricable y constituir los llamados *abanicos*. En tales circunstancias, lo que ingenuamente tendemos a considerar como unidad lingüística (lengua, dialecto, modalidad) —y lo es en cierto modo— se manifiesta en realidad como una serie de discontinuidades geográficas.

Tres observaciones —muy breves— nos permitirán utilizar en nuestro recorrido lingüístico por la dimensión geográfica de la identidad fonética andaluza el concepto de isoglosa sin que nadie se llame a engaño. Atañen a su tipología, su posible jerarquía y la inevitable simplificación que su uso entraña.

Está claro que los fenómenos lingüísticos que se reiteran a lo largo de la totalidad de los puntos que constituyen una isoglosa pueden ser tan diversos como diversas son las clases de tales fenómenos. No obstante, la dialectología viene trabajando de manera primordial con cinco tipos básicos: las isoglosas léxicas, que establecen la identidad de denominaciones del mismo concepto en todos sus puntos; de pronunciación, que unen los lugares en que una determinada palabra se pronuncia de la misma manera; fonéticas, basadas en la identidad de realización de un determinado fonema; fonológicas, que unen los lugares en los que el inventario de unidades fónicas aumenta, menoscaba o modifica sus pautas de distribución en el mismo sentido; y morfosintácticas, que determinan la coincidencia de paradigma, flexional o derivativo, o de la forma de construir ciertas oraciones, en sus distintos puntos.

No hay ningún inconveniente teórico para que pudiera hablarse de otras clases de isoglosas, como las de tipo semántico, que se caracterizarían por unir los puntos en los que el mismo ámbito conceptual está conformado por el mismo número de unidades significativas, que se relacionan entre sí de la misma manera; o incluso discursivas o *textuales*, que serían aquellas que establecen la identidad de formas de construcción de textos a lo largo de una determinada línea. No obstante, como la existencia de estos dos últimos tipos requiere demostración (Morillo-Velarde 2002 [2004] y 1989) y en este apartado tratamos básicamente de la identidad de la fonética andaluza, nos ocuparemos casi en exclusiva de este tipo de isoglosas, con ocasionales referencias a otros, cuando sea necesario.

La diversidad de clases de isoglosas suscita enseguida una cuestión de cierta importancia: ¿son todas iguales, al menos para la categorización lingüística del espacio geográfico, o, por el contrario, hay entre ellas alguna clase de jerarquía? Es decir, la distinción entre unidades geolingüísticas del tipo *lengua, dialecto, modalidad, varie-*

dad, *subvariedad*, etc. ¿depende del número de isoglosas implicadas en la diferenciación de cada una de ellas con las vecinas, o de la naturaleza de estas?

A decir verdad, no hay una respuesta única a esta cuestión, de forma que hay quienes opinan que tales diferencias se deben establecer en función del número de isoglosas implicadas, e incluso han desarrollado un tipo de análisis cuantitativo geolingüístico, que se conoce con el nombre genérico de *dialectometría*, para el que se han elaborado y se siguen elaborando técnicas diversas más o menos equivalentes (Guiter 1985). Para otros, por el contrario, estas diferencias han de fundarse en bases de índole cualitativa, en función de la naturaleza de las isoglosas, de manera que tendrían más incidencia a la hora de establecer diferencias geolingüísticas aquellas que presenten mayor repercusión en la capacidad de los hablantes para entenderse mutuamente (Cazacu 1959, Alvar 1982 [1961]) o en su conciencia lingüística (Coseriu 1981).

Por último, es especialmente importante, para interpretar con justeza lo que sigue, no olvidar en ningún momento que cuando delimitamos una isoglosa estamos produciendo una abstracción realizada a partir de análisis de las modalidades lingüísticas de hablantes pertenecientes a grupos sociales homogéneos (generalmente, la dialectología ha venido basándose en el estudio de sujetos de escaso nivel cultural, edad media o avanzada y, la mayor parte de las veces, de extracción rural o semiurbana). Ello quiere decir que, cuando establecemos la isoglosa de cualquier fenómeno lingüístico, lo que implica determinar dónde dicho fenómeno se da y no se da, llegamos a límites «reales», pero que, de ningún modo, pueden entenderse como atribuibles a la totalidad de los hablantes que viven en una población concreta. Esto es así porque la investigación geolingüística tiende con frecuencia (aunque no siempre) a dejar de lado los factores constitutivos de la dimensión social y contextual de la variación lingüística, determinantes del polimorfismo, es decir, de la diversidad lingüística interna que aflora en la observación —incluso superficial— de cualquier comunidad humana por pequeña que sea.

1.1. *Continuidades fonéticas andaluzas*

Si de cualquier punto del espacio lingüístico andaluz aisláramos todos y cada uno de sus rasgos constitutivos y los comparáramos con los del más próximo y estos con los del siguiente y así *ad libitum*, tal comparación arrojaría, por un lado, una serie de hechos semejantes (*isoglosas*) —la mayoría, seguramente— y un número más o menos grande de diferencias (*heteroglosas*), según distintos factores y circunstancias en los que no podemos detenernos aquí. Vamos a llamar de manera puramente convencional *continuidades* a los datos lingüísticos que se repiten en todo el espacio geográfico andaluz o en grandes porciones de él y *discontinuidades* a aquellos rasgos que aíslan a una localidad o pequeños grupos de localidades de las de su entorno más inmediato.

Las *continuidades* nos sirven para situar a lo que llamamos *andaluz* o *hablas andaluzas* en relación con la lengua a la que tales hablas se adscriben —es decir, el español—, así como para trazar en ellas sus divisiones fundamentales. Las *discontinuidades* nos permitirán comprender mejor el complejo tejido de lo que podríamos denominar la interior «fragmentación lingüística de Andalucía».

1.1.1. Las *continuidades* que se encuentran en el dominio lingüístico andaluz son de diverso tipo y clasificables desde presupuestos diferentes. Al margen del conjunto de rasgos que el andaluz comparte con todo el resto del español y que permiten que los andaluces puedan entender y ser entendidos por los otros hispanohablantes [puedan entender a los otros hispanohablantes y ser entendidos por ellos], hay otro, de carácter muy generalizado, que las hablas andaluzas comparten con muchas otras hablas hispánicas, pero no con todas, y que son determinantes de una primera y gran clasificación del español en dos modalidades distintas: el español *septentrional* y el español *meridional*, también llamado *atlántico*.

Esta división, tan fácil en apariencia, determina, sin embargo, dos modalidades del español muy asimétricas. Comparadas en términos demogeográficos, el español septentrional sería hablado por muy pocas personas y ocuparía un espacio francamente reducido en comparación con el español meridional, hablado por casi la mitad de los hispanohablantes peninsulares, más los canarios, más los hablantes del español de América y que, territorialmente, se expande por la vastísima geografía americana, amén de por amplias zonas continentales, peninsulares e insulares de ambos lados del Océano Atlántico.

Desde el punto de vista social, sin embargo, el español septentrional tiene una absoluta preeminencia que se fundamenta en el hecho de que está en la base de la norma estándar que sirve de punto de referencia común a todos los hablantes del español y a la lengua de la escritura, idéntica, asimismo, para todos.

En el contexto del español meridional, el andaluz ocupa una posición singular que ha llevado a algunos a considerarlo erróneamente como un *habla de tránsito* entre el español septentrional y el español de América. El concepto de *habla de tránsito*, acuñado por la dialectología española (Zamora Vicente 1966), se emplea para designar hablas fronterizas entre dos grandes dominios dialectales que tienen como característica participar de rasgos de ambos y carecer de fenómenos propios. Así, Zamora Vicente consideraba hablas de tránsito el extremeño y el murciano, el primero, transición entre el leonés y el andaluz, y el segundo entre este y el aragonés. Podría incluirse también en la categoría de las *hablas de tránsito* al riojano, que actúa de puente entre el castellano, el navarro y el aragonés y, quizás apurando un poco las cosas, al canario, que une el español meridional peninsular con el caribeño y, por su intermedio, con el español de América.

Aunque el andaluz presenta rasgos concomitantes con el español de América -e, incluso, pudo estar en el origen de algunos de los más decisivos, como es el caso del *seseo-* y con el español septentrional, al que en ocasiones se une, diferenciándose de las hablas americanas —así, por ejemplo, la pérdida de la *d* intervocálica, frente a la amplia zona de conservación americana, sobre todo en la llamadas «Tierras Altas», es decir, en las zonas del interior del continente—, no se puede considerar habla de tránsito, porque presenta la suficiente cantidad de elementos propios como para separarse de ambos. Difícilmente, en efecto, un hablante de cualquiera de las modalidades del andaluz se confunde ni con un castellanohablante, ni con un hispanoamericano.

La existencia de esa gran continuidad lingüística que hemos llamado español meridional se basa en la enorme extensión geográfica de cuatro rasgos fónicos que modifican seriamente la pronunciación del español en las áreas en que se producen. Me refiero al *seseo, yeísmo, alteración de las consonantes finales de sílaba (implosivas)* y al debilitamiento y retracción de la *j* castellana *(aspiración)*.

No debe pensarse, sin embargo, que tales rasgos se reparten de manera uniforme por toda la dilatada geografía del español meridional, sino que, como es habitual en la distribución espacial de los fenómenos lingüísticos, cada uno presenta su propia dinámica, y aun habría que decir dinámicas, pues, en algunos casos, más que de rasgos individuales se trata de auténticos complejos de rasgos, difíciles de tratar unificadamente si no es de manera aproximada.

Conviene dejar aparte, de momento, la cuestión del seseo, que, aunque muy extendido en el español extrapeninsular, tiene reducida presencia en el español meridional de la Península fuera de Andalucía, y que, por esa razón, nos prestará mejor servicio en la delimitación de continuidades internas andaluzas.

Los otros tres fenómenos presentan un comportamiento geográfico sumamente irregular. De todos ellos, la confusión de la consonante palatal central fricativa sonora (grafía *y* con valor consonántico, como en *yegua* o *ayer*) y la palatal lateral (grafía *ll*, como en *llave* o *lluvia*), que produce la pérdida de diferenciación, por la forma de pronunciarlas, de palabras como *calló* (del verbo *callar*) y *cayó* (de *caer*) o de *olla*, 'recipiente que se usa para cocer' y *hoya*, 'fosa', esto es, el *yeísmo*, es quizás la más generalizada. Tan común resulta hoy día que su calificación como fenómeno meridional bien podría ser consecuencia de un prejuicio filológico, pues todos los indicios apuntan a que se trata de un cambio generalizado en casi todo el español hablado, sobre todo en las ciudades, de modo que los restos de la distinción se confinan en ámbitos rurales aislados, algunos en el español andaluz, que habrán de servirnos más adelante para determinar ciertas discontinuidades.

Nos quedan, pues, el derrumbamiento del subsistema de las consonantes septentrionales de final de sílaba y la retracción y debilitamiento de la velar fricativa sorda castellana. Son dos fenómenos de desiguales extensión y complejidad, pero puede que relacionados genéticamente.

El primero de ellos es, en realidad, un complicado mundo de variaciones sociodialectales que se engloban bajo la tendencia unitaria hacia un modelo de sílaba terminado en vocal (Catalán 1985), o sílaba *abierta*. Dicha tendencia se manifiesta por la erosión progresiva de los segmentos consonánticos situados a continuación del núcleo vocálico de la sílaba. Esta erosión empieza en el propio castellano, que tiende a que las consonantes que aparecen en la distensión silábica puedan perder alguno de sus caracteres constitutivos, manteniendo su identidad, tal como señala Amado Alonso, que consideraba el fenómeno una «ley fonológica del español» (Alonso 1961 [1945]).

El resultado de esa ley es que, en la distensión silábica, las consonantes (excepto las laterales y vibrantes, que son sonidos acústicamente considerados como consonántico-vocálicos) se diferencian entre sí solo por el punto de articulación, pero pierden virtualidad diferenciadora el carácter continuo o interrupto y el sonoro o sordo. En el caso de las nasales (*m, n* y *ñ*) el punto de articulación —que es lo único que las diferencia— pierde también esa capacidad al final de sílaba, ya que, en dicha posición, la nasal adopta el punto de articulación de la consonante siguiente o se reduce a *n*, si es final de palabra.

En el territorio peninsular, en una zona que comprende, por lo que sabemos, desde el español de Galicia, Zamora y Valladolid hasta el español vulgar de Madrid (Morillo-Velarde 1997a) y La Rioja (Llorente 1947, Alvar 1996), algunas consonantes implosivas empiezan a confundirse también en el punto de su articulación, dando lugar a realizaciones como *ozjeto* por *objeto* o *rezta* por *recta*, que implican que, en la posición a que nos estamos refiriendo y para este tipo de consonantes (orales y centrales, es decir, no laterales, vibrantes, ni nasales: *l, ll, r, rr, m, n,* y *ñ*), la única distinción fonológica que permanecería sería la que opone un segmento consonántico mate (al que habrían quedado reducidas todas ellas, excepto *-s-*) a otro estridente *-s-*, que sería el único del subsistema implosivo castellano que se mantendría incólume, seguramente porque, de todos ellos, es el único patrimonial y el único cuya presencia ofrece un cierto rendimiento funcional por contraste con su ausencia: *pito/pisto, cata/casta, capa/caspa,* etc. (Mondéjar 1991).

Lo relevante es que, en el español meridional, incluso esa oposición ha acabado por desaparecer, pues ambos quedan reducidos a un soplo espiratorio que, por su propia falta de consistencia fónica, tiende a asimilarse al punto de articulación de la consonante siguiente, o incluso a desaparecer, cuando va en posición final ante pausa.

La conversión de las consonantes implosivas, sobre todo la -s, en un soplo espiratorio —esto es, su *aspiración*, como tradicionalmente se la denomina, aunque no sea exactamente eso— fragmenta el español peninsular en dos zonas. La aspirante arrancaría desde el sur de la provincia de Salamanca, se extendería por toda Extremadura y el sur de Castilla-La Mancha y Andalucía, hasta el Mediterráneo, por encima de la región murciana, alcanzando el sur de Alicante (Torreblanca 1975). En el norte, es posible encontrar áreas donde algunas consonantes implosivas, incluida la -s, se aspiran de manera no sistemática. Tal sucede en La Rioja y la comarca de La Montaña, en Cantabria. La aspiración ha penetrado también en el habla popular madrileña, al menos desde el siglo XIX, según el testimonio de Galdós, que recoge Lapesa (1981).

Por el contrario, en Andalucía, lugar donde la aspiración de las consonantes implosivas tiene mayor *amplitud* y *vitalidad*, esto es, se presenta de manera más sistemática y en un mayor número de hablantes (la inmensa mayoría de los andaluces, de hecho), hay también algunos islotes de -s, sobre todo implosiva final, mantenida, de los que nos ocuparemos más adelante.

La erosión de las consonantes finales de sílaba alcanza también a los sonidos continuos consonántico-vocálicos -l y -r, que pierden, asimismo, sus caracteres diferenciadores internos y acaban por confluir en uno solo, que a veces es -l (*calne, tolpe, comel*), a veces -r (*borsa, farta*), o sonidos diferentes de uno y otro (*canne*). El fenómeno se encuentra, en el norte, en las hablas ribereñas del Ebro, de Aragón, Navarra y La Rioja (Alonso y Lida 1945); la Sierra de Gata, entre Cáceres y Salamanca (Fink 1929); Extremadura, Andalucía y Murcia. Este rasgo se atribuye, sin embargo, al andaluz de manera preferente porque es aquí donde la confusión es más constante y alcanza a mayor número de hablantes.

Por último, la retracción y el debilitamiento de la *j* castellana (velar fricativa sorda, en términos articulatorios) es una modificación fonética que aparece al norte de Andalucía —Extremadura— y llega hasta el español de América, pero que no afecta a la totalidad del andaluz, razón por la que conviene hablar de ella más adelante.

En suma, el andaluz presenta continuidades lingüísticas que se prolongan hasta mucho más allá de Andalucía, tanto por el norte como por el sur. Tan es así que, de hecho, no se conoce casi ningún rasgo lingüístico, de los presentes en Andalucía, que no ofrezca alguna continuidad en un sentido o en otro. ¿Dónde radica entonces la personalidad lingüística del andaluz? ¿En qué se diferencia de otras hablas meridionales, como el extremeño, el murciano, el canario o ciertas hablas americanas? Sin duda, en la intensidad y altura social que muchos de estos rasgos alcanzan en él, sin excluir la presencia de factores de naturaleza prosódica y entonativa que contribuyen a dotar de firme personalidad al español que se habla en toda la región.

1.1.2. Las continuidades lingüísticas andaluzas nos permiten, como se apuntaba más arriba, determinar los principales patrones de división del territorio lingüístico andaluz en grandes áreas. En este sentido, debe distinguirse entre continuidades horizontales y verticales, que permiten fragmentar la geografía andaluza en áreas transversales o longitudinales, apoyadas las primeras sobre heteroglosas fonológicas y léxicas y las segundas en heteroglosas léxicas, fonéticas y morfológicas.

1.1.2.1. Continuidades horizontales de base fonológica: distinción, seseo y ceceo

Sin duda, la más importante división transversal de Andalucía es la que viene determinada por la preservación de la distinción castellana entre /s/ y /θ/ (*casa* de *caza*, *siervo* de *ciervo*, *coser* de *cocer*, etc.) y la confusión de ambas en /s/ (*casa, coser* y *siervo*, para los dos términos del par) o en /θ/ (*caza, cocer* y *ciervo*, respectivamente).

Cada uno de estos tres fenómenos ocupa una franja de anchura variable, las cuales se desarrollan de este a oeste y, superponiéndose, a modo de tres estratos, de norte a sur, de modo que a la distinción le corresponde el más septentrional, a la confusión en /s/ (*seseo*) el central y al *ceceo* el más próximo a la costa meridional de Andalucía. Se trata, no obstante, de un delineamiento muy esquemático y, en muchos aspectos, provisional, que conviene matizar bastante.

La extensión geográfica de cada una de estas tres zonas podría delimitarse como sigue, con los datos de *ALEA* (Alvar, Llorente y Salvador 1961-73), complementados con los más antiguos —aunque también más detallados— y no siempre coincidentes, de Navarro Tomás, Lorenzo Rodríguez Castellano y Aurelio Martínez Espinosa (1975 [1933]). La distinción se desarrolla, en general, por las áreas más septentrionales de Andalucía: la Sierra de Aracena y la zona minera de Riotinto y Zalamea la Real, en la provincia de Huelva; por algunos enclaves de la Sierra Morena sevillana; la cuenca del Guadiato y la meseta de los Pedroches, en Córdoba; casi toda la provincia de Jaén, excepto la ribera del Guadalquivir; las Hoyas de Guadix y Baza, en Granada; y casi toda la provincia de Almería (Narbona, Cano y Morillo 2003).

No debe entenderse, sin embargo, que la totalidad de los andaluces comprendidos en las áreas antes mencionadas son uniformemente distinguidores. Además de la esperable diversidad sociolingüística que puede encontrarse en el interior de alguno de los núcleos de población más numerosos, producto del continuo flujo de población actual, hay ciertos enclaves —ya seseantes, ya ceceantes— en estas áreas, que analizaremos al tratar de las discontinuidades lingüísticas en el territorio andaluz.

La confusión seseante viene a ocupar una franja, situada hacia el centro de Andalucía, que comprende el oeste de Huelva, el norte de Sevilla —entre Guadalcanal, El Pedroso y Peñaflor—, casi toda la campiña cordobesa, el norte de Málaga —el área de las sierras de Yeguas y Abdalajís— y la ribera jaenesa del Guadalquivir. Fuera de ese gran núcleo central, hay también algunos enclaves seseantes que se incrustan en el dominio distinguidor y, sobre todo, en el ceceante, de los que hablaremos en su momento.

El ceceo, en fin, se desarrolla en paralelo a la costa meridional andaluza desde el tercio sur de la provincia de Huelva, ocupando la práctica totalidad de Cádiz, todo el sur de Sevilla —con las excepciones que veremos— y Málaga, así como la Vega y las Alpujarras de Granada y Almería, hasta la altura de Roquetas. Fuera de esta zona, hay algunos enclaves ceceantes en áreas de distinción o seseo, de las que también hablaremos más adelante.

1.1.2.2. *Continuidades andaluzas horizontales de base fonética: los tipos de s*

Los estudiosos de la pronunciación andaluza han insistido como rasgo exclusivamente andaluz en el proceso de dentalización que la *s-* prevocálica sufre en la región, olvidándose de que, en realidad, se trata solo de una cuestión de puro predominio de orden cuantitativo. Y es que, desde los primeros trabajos que dan cuenta de la existencia de una cualidad fonética diferencial en ella con respecto a la *s-* castellana (como ocurre en el de Navarro Tomás, de 1933, antes mencionado), no ha dejado de señalarse la aparición de alófonos ya dentales de *s-*, semejantes a los andaluces, al norte de Andalucía. Así, Navarro Tomás, que encuentra en Badajoz dos áreas independientes de seseo —una de origen portugués que discurre de norte a sur por casi todo el occidente de la provincia, desde Alburquerque y La Codosera en el norte, hasta Cheles en el sur, incluyendo la capital, y otra de origen desconocido, que ocupa solo la localidad de Fuente del Maestre (de cuya confusión *zezeosa* se había hecho eco ya el maestro Correas en su *Ortografía kastellana nueva i perfeta*)—, distingue en ella tres tipos de *s*, los mismos que curiosamente se hallarán después repartidos por toda Andalucía:

> Una ápico-alveolar cóncava, de timbre relativamente grave, como la s castellana; otra, coronal, prealveolar o postdental, plana, de fricación más suave y timbre más agudo que la anterior; otra, predorsodental o dentoalveolar convexa, más suave y aguda que las dos anteriores (1975 [1933]: 26-27).

Tales variantes se diferencian tanto por la parte de la lengua con la que se produce la fricación —y, por ende, el lugar del aparato fonador en que se produce—, como, sobre todo, por la posición cóncava, plana o convexa que la lengua adopta durante la misma.

Desde una perspectiva geográfica, Navarro y sus colaboradores sostienen que la *s* pacense pertenece mayoritariamente al primer tipo y es, por tanto, análoga a la castellana, salvo en los lugares seseantes del norte de la provincia (entre Alburquerque y Badajoz), en los que predominaría la variante coronal. La *s* predorsal convexa se encontraría únicamente al sur de la capital, en el enclave hispano-portugués de Olivenza.

Un discípulo de Navarro Tomás, Aurelio M. Espinosa (hijo), encuentra en Cáceres las tres mismas variantes de *s*, con predominio de la de tipo castellano y presencia esporádica de las otras dos en el ángulo sudoeste de la provincia, en Valencia de Alcántara, Cedillo y Herrera de Alcántara, respectivamente (A. M. Espinosa 1935:135).

Habiendo sido realizadas las encuestas del *ALPI* por los dos autores mencionados, junto con Lorenzo Rodríguez Castellano —los tres cofirmantes además del primero de los trabajos citados sobre la frontera del andaluz— está claro que los datos del frustrado *Atlas Lingüístico de la Península Ibérica* no pueden variar en exceso a lo dicho en otros lugares por algunos de sus principales autores, razón por la que no encontramos ningún tipo de discrepancia, ni, de hecho, ninguna información nueva en él (Ariza 1980).

Basándose en los datos ya mencionados, y a pesar de lo apuntado por Pedro Barros sobre el carácter coronal de la *s* de Arroyo de San Serván, en el centro-norte de la provincia de Badajoz, al sur del curso del Guadiana, Ariza (1987) viene a sostener el carácter preponderante de la *s* de tipo castellano en toda Extremadura, pese a ocasionales apariciones de realizaciones de tipo coronal o predorsal.

La opinión de Ariza ha sido, sin embargo, cuestionada por José Antonio González Salgado (1999) en un extenso trabajo sobre *Cartografía lingüística de Extremadura*, que, aunque en gran parte inédito, ha conocido la difusión electrónica de algunos de sus resultados más llamativos (véase Apéndice I). Entre ellos destaca, para el asunto que nos ocupa, la afirmación de que los tipos de *s* no castellanos, es decir, de articulación dental y no alveolar —o, lo que es lo mismo, articulados con la lengua en posición plana, plano-convexa o convexa, y no cóncava— son en Extremadura mucho más frecuentes de lo que se venía suponiendo.

Distingue González Salgado cuatro variantes de *s* en Extremadura: la apical (castellana), que se extiende por el este de la provincia de Cáceres, en puntos dispersos de las dos provincias y en la línea fronteriza entre Badajoz, Ciudad Real y el norte de Córdoba; una variante intermedia de carácter ápico-coronal, con la lengua, por tanto, en posición plano-cóncava, característica de la Alta Extremadura, que se reparte por toda la provincia de Cáceres y el norte de Badajoz; la variedad coronal, muy escasa en Cáceres, pero muy generalizada en la provincia de Badajoz; y, finalmente, la predorsal convexa que se da tan solo en algunos de los enclaves fronterizos con

Portugal, como La Codosera, Cedillo, Olivenza y Cheles, y en el de Fuente del Maestre, ya mencionado más arriba.

De la distribución proporcionada por González Salgado merecen destacarse tres aspectos:

a) La presencia de cuatro tipos distintos, en lugar de los tres que suelen ser habituales (luego veremos que puede hablarse de aún más tipos), refuerza la hipótesis de la naturaleza de continuo fónico, que, a su vez, nos permite explicar las diferencias de opinión existentes en torno a los diferentes tipos de *s* presentes en Extremadura: seguramente casi todos, entre la *s* apical cóncava y, por lo menos, la coronal plana, pueden aparecer en casi cualquier momento y lugar de la Baja Extremadura. Pero volveremos sobre este aspecto al tratar el continuo fonético.

b) Pese a que las variantes dentalizadas de *s* sean más generales en la Baja Extremadura, tampoco son del todo desconocidas en la Alta, y eso hace que sea arriesgado atribuirlas a una hipotética influencia andaluza, pues ningún movimiento de población conocido, ni otro dato histórico de otra naturaleza, autoriza tal suposición.

c) La distribución de los distintos tipos de *s* que dibuja González Salgado permite observar en el sur y este de la provincia de Badajoz, en concreto en el límite con las de Huelva, Sevilla, Córdoba y Ciudad Real, un área bastante homogénea de *s* castellana, alveolar cóncava. La importancia de esta zona radica en que permite comprender más cabalmente el área inmediatamente limítrofe de Andalucía, la comprendida por la onubense Sierra de Aracena, la Sierra Morena sevillana y las comarcas cordobesas del Guadiato y Los Pedroches. Y es que tales zonas han venido siendo consideradas el borde exterior de andaluz occidental sobre la base de que en ellas desaparecía la *s* dental andaluza en beneficio de la alveolar castellana. La perspectiva extremeña nos hace comprender que tanto la vertiente pacense como la andaluza constituyen un islote de *s* alveolar en medio de un mar de *eses* dentales y que, por tanto, el norte de Andalucía no conforma en este aspecto ninguna frontera lingüística que entorpezca el desarrollo del continuo idiomático. Ese carácter de área aislada, y no de frontera, se pone de manifiesto, además, porque las hablas de la parte andaluza comparten con las extremeñas algunos rasgos tonales (la frase enunciativa suele terminar en acusada anticadencia), fónicos (el timbre marcadamente cerrado que, en ocasiones, alcanzan *-e* y, sobre todo, *-o* finales, así como el rehilamiento de la palatal fricativa sonora) y léxicos, con occidentalismos comunes como *llar* 'cadena de la que se cuelga el caldero para ponerlo al fuego', *posío* 'erial, terreno en descanso' y, sobre todo, *nazura* y sus derivados *nazuro* o *nazurón*, arabismo conservado exclusivamente en ella, según mis datos, con que se designa al castellano *requesón* (Alvar Ezquerra 2000 y González Salgado 1999).

Otro dato más —tampoco tenido en consideración hasta el momento presente en relación con la *s-* prevocálica andaluza y que viene a reforzar lo ya dicho— es la existencia, ya conocida para algunas localidades manchegas, como Fuencaliente, en la provincia de Ciudad Real, pero que, gracias a los trabajos de Francisco Moreno y Pilar García Mouton (Moreno 1996 y García Mouton y Moreno 1994), sabemos extensible a todo el sudeste de Toledo y el sur de Ciudad Real y Albacete, de variantes coronales e incluso predorsales de *s-*, que hasta serían predominantes en tales zonas, por encima de la apical cóncava castellana. A tenor de él resultan ya incontestables dos cosas:

1. Que la Andalucía septentrional de *s* cóncava es un islote de fonética castellana, y no «un ribete que orla» la Andalucía confundidora (Llorente 1997).
2. (Y más importante) que, en contra de lo que se ha venido suponiendo (suposición que, además, sustenta buena parte de lo que se piensa sobre el andaluz), la *s* de tipo dental (coronal o predorsal) empieza muy al norte de Andalucía y, por tanto, muy al norte también de la confusión seseosa-ceceosa andaluza, de la que se viene considerando directa responsable (Lapesa 1957). Pero es esa una cuestión que habrá que dejar abierta por ahora. Lo que en este momento nos interesa subrayar es que, desde Extremadura, Castilla-La Mancha y —por qué no— las comarcas meridionales de Alicante y Murcia, la dentalización de la *s* avanza hacia el sur, hasta extenderse por toda Andalucía, salvo en las áreas —marginales desde la perspectiva andaluza— ya apuntadas, y en ella se complica e intensifica hasta presentar la compleja imagen que muestran el ya citado trabajo de Navarro Tomás, Rodríguez Castellano y A. Espinosa y el *Atlas Lingüístico y Etnográfico de Andalucía*.

En este sentido, lo que quizás resulte más llamativo del cotejo de ambos conjuntos de datos, más allá de ocasionales discrepancias y del hecho nada desdeñable de que el primero tenga un carácter exhaustivo o cuasi exhaustivo, y no el segundo, es que los tres tipos de *s* que en aquel se mencionan dan paso a una diversidad de tipos posibles en este, donde se cuentan hasta nueve clases distintas de *s*: la ápico-alveolar cóncava castellana —cuya repartición geográfica hemos esbozado más arriba—, la ápico-coronal plano-cóncava, la coronal plana sorda, la coronal plana sonora o semisonora, la corono-predorsal plano-convexa, la corono-predorsal plano-convexa sonora o semisonora, la predorsal convexa, la predorsal convexa semisonora y la predorsal convexa dentointerdentalizada.

La *s* ápico-coronal plano-cóncava es análoga a la hallada por González Salgado como predominante en la Extremadura Alta, así como en el norte de la Baja, y que en Andalucía suele situarse en las zonas intermedias entre las de *s* ápico-alveolar y las de coronal, como Almonaster, Campofrío, Higueras o Santa Olalla, en el nordeste de Huelva; Real de la Jara y Guadalcanal, en el norte de Sevilla; Conquista, en el nordeste de Córdoba, así como Montoro y Almodóvar del Río, en el valle de Guadalquivir, y Nueva Carteya y Lucena, en la Subbética cordobesa. La provincia de Jaén conoce asimismo un buen puñado de enclaves de predominio de este tipo de *s*, que tienden a concentrarse en una estrecha franja que la recorre casi en su totalidad, desde Isabela, en el norte, hasta Huelma y Valdepeñas de Jaén, en el sur, y que comprende, entre otras localidades, Baños de la Encina, Canena, La Iruela, Peal de Becerro, etc.

También en Granada la *s* ápico-coronal plano-cóncava actúa como bisagra entre la castellana y las otras *eses* dentales, ocupando un cuadrado irregular que tiene como vértices Freila y Caniles, en el norte, y Colmenera y Escúzar, en el sur, en cuyo interior alterna con el tipo coronal plano y el predorsal convexo. En la provincia de Almería, finalmente, solo hay un par de casos distribuidos de manera irregular, en Perulera, en el norte, y Albodoluy, en el sur.

La *s* coronal plana se viene vinculando tradicionalmente con las áreas de seseo (Navarro Tomás, *et al.* 1933). Sin embargo, los datos de González Salgado para Extremadura y Moreno Fernández y García Mouton para Castilla-La Mancha, que ya hemos apuntado, así como una cuidadosa superposición entre los mapas del *ALEA* que registran ambos fenómenos (el 1708, que cartografía los tipo de *s*, y el 1705, que recoge la áreas de *mantenimiento o neutralización de la oposición /s/:/z/*) nos llevan a modificar esa hipótesis de partida.

En efecto, la coincidencia entre el seseo fonológico y la *s* coronal plana se limita casi en exclusiva a la mitad meridional de la provincia de Córdoba y este de la de Sevilla en la franja inmediatamente limítrofe con aquella, así como en algunos puntos del área de seseo de Huelva, como La Puebla de Guzmán. Por otra parte, según los datos del *ALEA*, la *s* coronal coincide con la distinción fonológica de «ese» y «ce» en puntos de Huelva situados inmediatamente al norte de los arriba mencionados, como Cabezas Rubias o Calañas; del suroeste de Córdoba, como Castil de Campos; del norte de Jaén, como Villacarrillo; de la Alpujarra granadina, como Gor y Charches, así como la mayoría de los pueblos distinguidores del centro-sur de Almería: Lúcar, Topares, Vélez-Rubio, Contador, Oria, Gérgal, Paterna de Río y Alcolea, entre otros.

Mucho menos frecuentes son las variantes sonoras o semisonoras de la *s* coronal, de las que apenas aparecen testimonios en Huelva (La Puebla de Guzmán, para donde las leyendas del mapa correspondiente advierten del carácter esporádico y fuertemente dependiente del entorno intervocálico de estas variantes) y en el sudeste de Córdoba (San Sebastián de los Ballesteros y Monturque, en ambos en clara inferioridad respecto a la sorda, aunque no se advierte de influencia del contexto, como en el caso de Huelva).

Las variantes intermedias corono-predorsales plano-convexas sorda y sonora son notablemente más esporádicas. Es posible hallarlas en puntos aislados de Huelva, como Berrocal, en el este de la provincia; de Sevilla, como La Puebla de los Infantes al norte del Guadalquivir, muy próximo al límite con Córdoba; o más al sur, en Casariche, en el treviño —como lo llamó en su día Dámaso Alonso (1956)— de Córdoba, Sevilla y Málaga, conocido como «Andalucía de la E»; o en el oeste de Málaga, en Cañete, al norte de la Serranía de Ronda. Las documentaciones de este tipo de *s* que acabamos de reseñar son, hasta cierto punto, esperables, en la medida en que se sitúan en áreas limítrofes entre la *s* coronal y la predorsal. Sin embargo, las más numerosas y compactas que aparecen en el oriente andaluz suelen situarse en las cercanías, bien del tipo coronal plano, o incluso en la vecindad del ápico-coronal plano-cóncavo, o hasta de apical cóncavo. Tal sucede en Villaharta, localidad, por otra parte distinguidora, del centro-norte de la provincia de Córdoba, que da paso a las áreas castellanizantes de Los Pedroches y la cuenca del Guadiato; o en el centro de Jaén, inmediatamente al sur del Guadalquivir, en Jódar, Larva y Torres, por ejemplo. Solo se salvan de esta, en apariencia, anómala situación las localidades del sur de Almería en que se recogen estos tipos mixtos de *s*: Albodoluy, Ohanes, Benahadux o San José, relativamente cercanos al área de *s* predorsal convexa de Tabernas, Gafarillo, Carboneras, etc. En realidad, la falta de contigüidad geográfica entre los distintos tipos de *s*, o, más precisamente, la extrañeza que ello puede producir en el observador, procede más bien de nuestra expectativa de que se dé una correspondencia precisa entre el continuo geográfico y el continuo fónico, de modo que esperaríamos que las variantes más cóncavas y, por tanto, más apicales de *s* se situaran más hacia el norte, y las más convexas y más predorsales hacia el sur. Se trata, sin embargo, de una concepción que podríamos considerar *discreta* del continuo fónico, ya que, si este es tal, es porque las distintas variantes que lo constituyen entre los dos extremos pueden aparecer de manera indiscriminada en cada sitio, y hasta coexistir, como sucede en algunos lugares, a veces en correlación con el continuo social, pero otras no.

La *s* predorsal convexa se superpone a las áreas seseantes de Sevilla —comprendida, sobre todo, Sevilla ciudad—, Cádiz (que ocupa, básicamente, Cádiz capital) y el norte de Málaga, así como en las de ceceo popular, que suelen dar paso al seseo en los niveles semiculto y culto, o en los lugares de *ceseo*, esto es, de alternancia polimórfica en los mismos hablantes, y, al margen del criterio etimológico, de realizaciones ciceantes o siseantes (Narbona, Cano y Morillo-Velarde 2003).

De la *s* predorsal convexa semisonora apenas se registran ejemplos, y siempre de manera aislada y en compañía de la variante sorda, como ocurre en Los Corrales, en el sudeste de la provincia de Sevilla.

La variante predorsal convexa interdentalizada es, por el contrario, bastante frecuente, sola o, más comúnmente, acompañando a la predorsal pura, en casi todas las áreas de predominio de ceceo en los niveles populares de Sevilla, sur de Huelva, Cádiz, sur de Málaga y zona costera de Granada.

Es importante constatar, sin embargo, que toda esta diversidad alofónica de la *s* en Andalucía es únicamente la manifestación de un continuo fonético entre la *s* no dentalizada y la plenamente dental —dento-interdental, incluso, como acabamos de ver— y, sobre todo, que la conciencia lingüística, andaluza y extraandaluza, tiende a solo contemplar tres *prototipos* entre las numerosas formas de *s* andaluza: la castellana, que se vincula con los lugares de distinción entre las antiguas sibilantes; la coronal, conocida como cordobesa y tenida como propia de las áreas seseantes; y la predorsal, o *sevillana*, característica de la capital de Andalucía y de las manifestaciones seseantes de lugares ceceantes.

Lo peor, con todo, de este lugar común no es la reducción a tres del número de variantes de la *s* —pues, al tratarse, como veremos, de un continuo fonético, cualquier reducción a un número predeterminado de prototipos es convencional y, en este sentido, tanto da tres como cuatro o nueve—. Lo verdaderamente pernicioso es el estereotipo, que insidiosamente se ha ido abriendo camino, de vincular cada uno de estos tres prototipos con cada una de las tres principales manifestaciones andaluzas de reajuste de sibilantes: la distinción, el seseo y el ceceo. Y es que, si bien es cierto que los lugares de *s* ápico-alveolar son sistemáticamente distinguidores, no es menos cierto también que la *s* coronal coexiste con la distinción y el seseo, y la *s* predorsal, con la distinción, el ceseo y el ceceo.

1.1.3. Las continuidades verticales del andaluz

Las continuidades lingüísticas de carácter vertical suelen dividir Andalucía en dos, o a lo sumo tres, áreas bien diferenciadas, a las que se suele denominar «andaluz oriental» y «andaluz occidental» —o, como propuso no hace mucho A. Llorente, de manera no exenta de humor: andaluz-murciano o *bastetano* y andaluz occidental o *turdetano*—. En ocasiones, se habla también de un «andaluz central», constituido básicamente por las cuencas del Genil y del Guadalquivir, en su curso medio, cuya personalidad procede del hecho de que unas veces adopta soluciones orientales y otras, occidentales.

La posible existencia de ese andaluz central obedece a que los fenómenos lingüísticos que separan el oriente del occidente andaluz no siempre presentan el mismo trazado, sino que las distintas isoglosas que determinan su separación tienden a concentrarse en dos *haces* (o conjuntos de isoglosas que tienen el mismo recorrido) diferentes. Según uno de ellos, la frontera del andaluz oriental abarcaría una extensión bastante superior a lo que geográficamente podría entenderse por tal, pues comprendería también la provincia de Córdoba —salvo la zona más occidental de Los Pedroches y la cuenca del Guadiato— y la mitad oriental de la provincia de Málaga.

El segundo de los haces separa las dos Andalucías a la altura del límite administrativo que divide las provincias de Córdoba y Jaén, por el norte, penetra en la de Granada, a la que divide en dos trozos de semejante extensión, quedando del lado occidental la Vega y la Alpujarra, y del lado oriental las Hoyas de Guadix y Baza, para ir a morir al Mediterráneo, en el ángulo suroriental de Almería.

Como se ve, nos quedan dos divisiones de Andalucía bastante desiguales. La razón de tal desigualdad estribaría en el hecho de que la zona nororiental de Los Pedroches, así como la Campiña y la Subbética, en la provincia de Córdoba, la vega del Genil y la Alpujarra en la de Granada y el nordeste de Málaga oscilan entre las soluciones occidentales y las orientales.

El primero de los haces reseñados está constituido por una isoglosa de carácter fonético y de discutido valor fonológico, así como algunas interesantes isoglosas léxicas; el segundo lo conforman bastantes isoglosas fonéticas (ninguna propiamente fonológica), una importante isoglosa morfosintáctica y varias de carácter léxico.

La isoglosa fonético-fonológica del primer haz es la naturaleza *proyectada* (esto es, con modificación de la abertura, posición de los órganos fonatorios e intensidad articulatoria) de las vocales en el oriente en posición final absoluta, consecuencia de la pérdida subsiguiente a su aspiración, de la -s. El supuesto carácter fonológico procede de la creencia de algunos de que, si la proyección de las vocales finales (y, en ocasiones, también de las interiores) ha sustituido a la -s, ha debido heredar las funciones que a esta se le atribuyen: la distinción de singular/plural en los sustantivos que acaban en vocal átona —sin determinantes que les acompañen, si son masculinos; determinados o no, cuando son femeninos—; la diferenciación entre segunda y tercera persona del singular de algunas formas verbales; y entre ciertos pares léxicos (muy pocos y algunos de escaso o ningún uso), del tipo *a* (prep.) o *ha* (3ª persona del sing. del pres. de indicativo de *haber*) y *as* ('naipe' o fig. 'campeón') o *haz*, que se igualarían en la pronunciación. También *e* (conjunción copulativa) o *he* (del verbo haber), frente a *es* (del verbo ser) o *hez*; *o* (conjunción disyuntiva), frente a *os* (pronombre personal) u *hoz*.

No es cuestión de entrar aquí en si es cierto o no el carácter funcional de la proyección, causa de un largo debate que más ruido que nueces ha traído a la dialectología andaluza. Mencionaré solamente, sin entrar a discutirlas, tres razones por las que no me parece fonológica, es decir, distintiva de significados, la diferenciación entre vocales *proyectadas* y *no proyectadas*:

a) Porque la inmensa mayoría de los pares opuestos son de carácter morfológico y no exclusivamente léxico, y es sabido que la lengua arbitra mecanismos de redundancia contextual (Villena 1987) para asegurar las diferencias morfosintácticas (la repetición, por ejemplo, de marcas de pluralidad en segmentos coordinados, etc.).

b) Porque se ha demostrado que las posibles confusiones por igualación de las vocales solo se producirían en un raquítico 3% (López Morales 1984) del total de equívocos posibles, lo que supone una cantidad despreciable en estadística lingüística, razón por la que la creación de un mecanismo de diferenciación que implica un nuevo y complejísimo sistema vocálico supondría la vulneración del principio de la economía lingüística que establece una adecuación entre los medios y los fines.

c) Porque hasta muy tardíamente y, con seguridad, por vía erudita, el fenómeno no ha penetrado en la conciencia lingüística de una parte, escasa, por demás, de los hablantes, tanto andaluces como no andaluces, lo cual parece inusitado en un cambio lingüístico que supone una revolución total del sistema vocálico castellano.

Sea como sea, hay que estar de acuerdo con Antonio Llorente (1997) en que lo importante no es si la proyección vocálica tiene carácter fonológico o no, sino su mera existencia fonética y su capacidad para determinar una —posible— gran división lingüística de Andalucía.

Bastantes son las isoglosas léxicas que muestran una división entre el andaluz oriental y el occidental que se superpone de manera bastante aproximada a la que determina la aparición o no de vocales *proyectadas*. Tal sucede por ejemplo con el par léxico que diferencia el área del oriental *ubio* frente al occidental *yugo* (Alvar, Llorente y Salvador 1961-73: mapa 122; y Navarro Carrasco 1995: 64); *turbio*, en oriente, frente a *borra*, en occidente, para designar las 'heces del aceite' (*ibídem*: 240 y 71); *jilguero* frente a *colorín* (*ibídem*: 406 y 75); la uniforme extensión oriental de la voz *cámara*, con que se significa la planta alta de las casas, frente a *doblado*, *desván*, etc. (*ibídem*: 680 y 71) o *refregar*, frente a *restregar* la ropa. Bien es verdad que no pocos de estos términos son cada vez menos usados y conocidos por la población andaluza, como manifestaciones de usos, objetos o formas de producción ya periclitados.

La otra división longitudinal de Andalucía viene sustentada, como decíamos, por tres isoglosas: la que determina el mantenimiento de la aspiración de la *F-* inicial latina como aspirada en occidente frente a su desaparición en oriente, la articulación aspirada de la velar fricativa sorda castellana en el andaluz occidental frente a su mantenimiento como tal en el oriental y la aspiración de la *-s* implosiva final de palabra, seguida de otra que empieza por vocal o *h* muda (en contextos del tipo *las encinas*, *los hombres*, *las aguas*, etc.), en el andaluz oriental frente a la reaparición de un sonido sibilante (*s* o *z*, según las zonas), característica del andaluz occidental (Narbona, Cano y Morillo 2003).

Las tres isoglosas presentan un trazado muy semejante (no coincidente punto por punto, pero eso no sucede nunca) que quizás se deba a la relación que pueda haber entre los tres fenómenos, en el sentido de que el mantenimiento de la vieja aspirada medieval, en que devino en su momento la *F-* inicial latina, pudo ayudar a retraer la consonante resultante de la neutralización de las diferencias entre las prepalatales sorda y sonora, durante el reajuste de sibilantes, llevándola hasta la faringe, en lugar de mantenerla en el velo del paladar, como en castellano y en andaluz oriental.

De ese modo se reforzó la conciencia de un sonido aspirado y, de ahí, para evitar confluencias no deseables, la repugnancia a aspirar la *-s* implosiva que queda como prevocálica a consecuencia de su contexto (en *los hombres*, etc.). En el andaluz oriental, al no pervivir ningún sonido aspirado al principio de la sílaba, las prepalatales medievales detuvieron su evolución como en castellano (y dieron *j*) y la *-s* implosiva antevocálica por fonética sintáctica siguió el curso evolutivo esperable en el español meridional, aspirándose como todas las demás (Morillo-Velarde 1985).

1.2. *Algunas discontinuidades lingüísticas andaluzas*

Hacer referencia a todas las discontinuidades lingüísticas que pueden encontrarse en el interior de las hablas andaluzas excedería, sin duda, el ámbito de este trabajo. Por este motivo parece preferible quedarnos solo con algunas de las más relevantes, que son aquellas de naturaleza fonético-fonológica, ya que afectan a grupos enteros de palabras, en lugar de las léxicas, que atañen a datos aislados y en las que las discontinuidades son, por supuesto, muy numerosas en toda la región.

1.2.1. En el ámbito de las discontinuidades fonológicas es preciso hacer referencia, en primer lugar, a la pervivencia, en el interior de Andalucía, de un puñado de enclaves que mantienen la distinción entre las palatales lateral y central o, dicho de otro modo, que no se han visto afectados por el yeísmo. En realidad, decir que no se han visto afectados por el yeísmo es una exageración, puesto que, en toda ella, no es posible encontrar ni un solo punto en el que todos los hablantes (o al menos una gran parte de ellos) lo desconozcan. La conservación se refiere, en términos generales, a ciertos sectores de la población. Normalmente se da entre la población femenina de los núcleos afectados, con una, hasta cierto punto, extraña constancia.

Restos más o menos sistemáticos de la distinción perviven en casi todas las provincias andaluzas: en las sierras de Aracena y el Andévalo, al norte de Huelva, la encontramos en lugares como Encinasola, Cabezas Rubio, Calañas, etc.

Sevilla la conoce tanto al norte como al sur de Guadalquivir: El Madroño, Olivares, Salteras y Bollullos de la Mitación, por un lado; El Viso del Alcor o Paradas, por el otro.

En Cádiz y Málaga la distinción permanece en la zona común de la Serranía de Ronda, en las vertientes que corresponden a cada una de las provincias, como Benaocaz, en Cádiz, o Gaucín y Jurique, en Málaga.

Córdoba, Jaén y Granada son las tres provincias andaluzas en las que la distinción entre las dos palatales presenta una incidencia menor: la primera solo la conoce propiamente en Villanueva del Rey, enclave situado al norte del Guadalquivir, en la cuenca del Guadiato. Con carácter esporádico, se encuentran algunos restos lexicalizados de palatal lateral —lo que implica que ya no hay valor fonológico— en Villanueva del Duque y Dos Torres, ambas en la meseta de Los Pedroches. En Jaén hay, asimismo, algún caso aislado, situado hacia el sudeste, como Santiago del Espada, y lo mismo sucede en Granada, donde se encuentran en el extremo más septentrional, como La Puebla de Don Fadrique.

Finalmente, Almería es la provincia oriental en que goza la distinción de más nutrida presencia, que tiende a radicarse hacia el norte, en el área de Vélez-Rubio, Topares, etc., alcanzando por el sur hasta Pulpí y, con carácter menos sistemático, a la cuenca del Almanzora (Narbona, Cano y Morillo 2003).

1.2.2. Contra la imagen estereotipada que hace de la *fonofagia*, esto es, de la tendencia a «comerse» sonidos, un rasgo extensivo a la totalidad de las hablas andaluzas, cabe oponer la realidad de que el mantenimiento de algunas consonantes finales, como es el caso de *-s*, se da en muchos más lugares de Andalucía de los que, en general, se cree.

La *-s* final permanece en áreas marginales de Andalucía: en las sierras de Huelva (Encinasola, Aroche), Córdoba (Cuenca, Valsequillo, Villanueva del Duque), Jaén (Aldeaquemada, Canena, Villacarrillo, Santiago de la Espada) o en el norte de Granada (La Puebla de Don Fadrique, Galera, Vertientes y Tarifa, aldeas de Cúllar-Baza) (Salvador 1951-52) y, de manera dispersa, por toda la provincia de Almería (Topares, Contador, Oria), en la cuenca del Almanzora (Vera), sierra de los Filabres (Gérgal) o el cabo de Gata (San José).

Como en el caso de la distinción entre las palatales, la conservación no es general y sistemática en ninguno de los puntos mencionados, con la excepción de Aldeaquemada. En los otros lugares, o se conserva sistemáticamente solo en el habla femenina, como en Encinasola, Aroche, la Puebla de Don Fadrique, Vertientes y Tarifa; en la de los ancianos de ambos sexos, como en Galera; en las mujeres mayores, como en Villacarrillo, Santiago de la Espada, Topares, Contador y Oria; o de manera no sistemática en hombres y mujeres mayores, como en Villanueva del Duque.

1.2.3. También las continuidades horizontales presentan enclaves en los que el tejido de dicha continuidad se fragmenta. Así, las áreas distinguidoras se ven interrumpidas, bien es verdad que de manera muy ocasional, por la presencia de núcleos seseantes o ceceantes. Del primer caso encontramos ejemplos en el área de Berrocal, en el este de Huelva, a caballo entre la zona norte distinguidora y la sur, ceceante, y rodeado por el área distinguidora más occidental de la provincia de Sevilla; el de Torre del Campo, muy cerca de Jaén capital, y el de Carboneras, en la costa almeriense, más arriba del Cabo de Gata. Del segundo tenemos también algunos casos, casi todos en el andaluz oriental. Así, la provincia de Jaén presenta en Pegalajar un correlato oriental ceceante del seseante de Torre del Campo, ya que ambos se encuentran a distancia y latitudes no excesivamente diferentes de la capital de la provincia, aunque cada uno a un lado.

En la provincia de Granada los enclaves ceceantes son más importantes desde el punto de vista demogeográfico. Se encuentran en la ciudad de Guadix y en la de Baza, a las que acompaña la localidad de Zújar, bastante próxima a ellas. Es decir, los principales núcleos urbanos de las dos comarcas distinguidoras de la provincia de Granada son, paradójicamente, ceceantes.

Por su parte, la distinción penetra tanto en áreas de seseo como en las de ceceo, aunque es preciso distinguir dos clases de ellas: la patrimonial, que solo se encuentra en el sudeste de Córdoba, en una zona todavía mal delimitada que comprendería desde Castil de Campos hasta Fuente-Tójar y, en menor medida, Almedinilla; y la culta, que puede encontrarse en casi todos los núcleos urbanos andaluces importantes, bien por influjo sólo del español estándar (Sevilla, Cádiz y Málaga), o por el influjo combinado del español culto y la emigración desde zonas rurales distinguidoras de los alrededores, como es el caso de Huelva, Almería, Córdoba (Morillo-Velarde 1997b) y Granada (Moya y García Wiedemann 1995).

La presencia de seseo en áreas ceceantes es un fenómeno bastante frecuente, en el que puede, asimismo, apreciarse una dimensión geográfica y una dimensión sociolingüística. Desde el punto de vista geográfico, hay seseo vernacular en áreas ceceantes en las ciudades de Sevilla y Almería. Desde el punto de vista sociolingüístico, el seseo convive, como ya hemos señalado antes, por todas partes con el ceceo, como modelo lingüístico menos estigmatizado, por lo que es fácil que los hablantes ceceantes que se ven incapaces de distinguir recurran a él en las formas de hablar en que ejercen mayor grado de autocontrol.

Islotes ceceantes en áreas de seseo se encuentran también, aunque en menor medida, como es el caso de Jauja y Badolatosa, en el suroeste de Córdoba y este de Sevilla, respectivamente. No estoy seguro de si el ceceo de Montalbán y Montemayor podría considerarse también así o como prolongación del sevillano —como una especie de asta de toro que se hunde en la campiña cordobesa, tal como se aparece en el mapa con el que Lapesa (1981) sintetiza los datos de Navarro Tomás—. Del mismo modo, el seseo de esta zona parece una prolongación natural del de la campiña de Córdoba, de manera semejante a como, por el este, el seseo cordobés penetra en la provincia de Jaén remontando el curso del Guadalquivir, o, algo más al sur, por Santiago de Calatrava; o el ceceo granadino alcanza hasta Alcalá la Real y Castillo de Lucubín, al sur de la provincia.

1.2.4. La fragmentación vertical de Andalucía ofrece también discontinuidades en el interior de cada una de las áreas resultantes, más perceptibles en el léxico, pero que tampoco faltan del todo en la fonética. Así, las vocales proyectadas aparecen, en la provincia de Málaga, ocupando toda la franja oriental, desaparecen en el centro y vuelven a reaparecer en algunos enclaves occidentales, como Yunquera, Igualeja y Jubrique.

Con todo, la discontinuidad más importante que, en el terreno del vocalismo, podemos encontrar en Andalucía es la palatalización de la -a final de los segmentos castellanos -as, -al y -ar, constitutiva de la «Andalucía de la E». No voy a insistir en ella. Únicamente cabe recordar que lo que Dámaso Alonso denominó con esa expresión (Alonso, 1956) es el producto de la confluencia de dos fenómenos diferentes: la palatalización nominal, consecuencia de la «proyección» de la -a final de los plurales femeninos, y el cierre de las terminaciones en -al y -ar, igualados primero en -al, con -l de articulación cacuminal, a consecuencia de lo cual se produce la palatalización de la a (Alvar 1958-59, Varela 2002, Morillo-Velarde 2006).

Por este motivo, conviene no olvidar que se podría hablar de dos «Andalucías de la E», la primera, la tradicional, que ya delimitó Dámaso Alonso, y una segunda, en la que la palatalización alcanza solo a los segmentos nominales terminados en -as, que se localiza en el centro y oriente andaluz. De acuerdo con los datos del mapa 1697 del *ALEA*, el punto más occidental en el que se puede encontrar es San Sebastián de los Ballesteros, desde donde se prolonga hacia el sudeste, hasta Montalbán y Lucena. Hay algunos casos en el norte de Jaén, en Sabiote, y en el sur, en Pozo Alcón; en puntos dispersos de toda la provincia de Granada, desde el extremo norte (Huéscar), en el centro (Pedro Martínez), en la Vega (Chimeneas) y en la costa (Lújar, Gualchos). De todas formas, el núcleo más coherente se encuentra en el almeriense Campo de Níjar: en Níjar, Albodoluy, Tabernas y Gafarillos.

Por otra parte, en algunas palabras cuya etimología presenta F- inicial latina, esta se pronuncia como *j* —que es a lo que equivale en oriente la aspiración occidental—, en el sudeste de Almería, desde Vera y Tabernas, hasta Carboneras. Es decir, los restos de la *F-* inicial latina perviven en el extremo más alejado del área de su conservación andaluza.

1.2.5. Por último, hay que mencionar brevemente dos fenómenos que se presentan por muchos lugares de Andalucía, pero, casi siempre, en forma de discontinuidad. Me refiero a la aparición de un soplo espiratorio de refuerzo en las consonantes *p*, *t*, *k* (oclusivas sordas) y a la pérdida del momento oclusivo en la articulación de la *ch* palatal africada sorda, que se transforma por ello en palatal fricativa sorda.

El primero de los fenómenos presenta un área de dispersión sumamente irregular y diferenciada para cada una de las consonantes implicadas, para los diferentes contextos fónicos en que pueden encontrarse e incluso para las distintas palabras en que se da. La mayoría de las ocurrencias, sin embargo, se localiza en el centro de Andalucía: sur de Córdoba y norte de Málaga y, desde ahí, se ramifican de manera muy irregular hacia todas partes.

La fricación de la *ch* presenta, asimismo, un panorama complejo. La fricación total apenas se encuentra en puntos aislados de Sevilla (El Pedroso, Olivares, Las Cabezas y Écija, es decir, en el norte, sur, este y oeste de la provincia), sudeste de Cádiz —donde es más abundante— (Trebujena, Arcos, Paterna, Algeciras) y en la Vega de Granada: Chimeneas, Belicena, Escúzar y Albuñuelas. La convivencia de las articulaciones fricativas y africadas ocupa un área mucho más extensa que comprende la costa de Huelva, la Sierra y la Campiña sevillana (excepto el sur de la provincia), el resto de Cádiz, el noroeste de Málaga y la Costa del Sol, casi toda la Vega granadina y puntos más o menos aislados del sudeste de Córdoba, sur de Almería y del centro de Jaén, en las proximidades del Guadalquivir.

1.3. *Ensayo de explicación*

¿Por qué se produce en Andalucía (como en todas partes, por lo demás) este reparto, en apariencia caprichoso y hasta caótico, de fenómenos lingüísticos? No es fácil hallar respuesta, sobre todo sencilla. Lo que es seguro es que la distribución de los fenómenos lingüísticos que configuran las hablas andaluzas obedece a modelos semejantes a los generales en la difusión territorial, que los geógrafos vienen estudiando, desde hace tiempo, para otros propósitos —al menos desde que el sueco Torsten Hagenstrand se planteara estudiar los patrones de difusión de las innovaciones tecnológicas (Hernández Campoy 1999)—. En este sentido, los geógrafos distinguen entre la naturaleza y la estructura de la difusión. Por su naturaleza, diferencian la difusión por *expansión* a partir de un núcleo, en que los sujetos transmiten la innovación, pero no viajan con ella, de la difusión por *relocalización*, en la que los sujetos se desplazan con la innovación. Por su estructura, la difusión puede ser *epidémica,* por contacto de vecindad directa, o *jerárquica* o «en cascada», que se produce desde un núcleo importante a otros menores distantes, que a su vez van transmitiendo a otros de su zona de influencia y así sucesivamente.

Es fácil intuir que estos modelos pueden darse de manera simultánea para la misma innovación. Por otra parte, para los geógrafos el trabajo es más sencillo, pues no les resulta difícil determinar el sentido de la innovación y el punto inicial de difusión, algo que, en dialectología —y, por supuesto, en las hablas andaluzas— no siempre es posible.

En cualquier caso, podríamos afirmar que las continuidades extraandaluzas y las andaluzas verticales son el producto de expansiones y recolocaciones simultáneas que tuvieron lugar durante los procesos de repoblación por los que se formó la Andalucía cristiana y que se produjeron en momentos diferentes (siglos XIII y XIV para Andalucía occidental, siglos XV y XVI, para la oriental). La estructura de la difusión de estos rasgos debió de ser predominantemente epidémica. La presencia de zonas resistentes a las innovaciones en áreas marginales (núcleos no yeístas o mantenedores de -s implosiva final) sugiere, sin embargo, que, por ciertos sectores, pudo darse también un modelo jerárquico. Las continuidades horizontales parecen tener su origen en Andalucía, haberse difundido fundamentalmente por expansión (aunque la repoblación más tardía del oriente andaluz determinara la presencia de episodios de recolocación), según un modelo básicamente jerárquico —de lo que la difusión del *seseo* por casi todos los núcleos urbanos de Andalucía parece un claro ejemplo—, aunque también con presencia del modelo epidémico, que parece percibirse en el área, bastante compacta, del ceceo.

En cualquier caso, la dialectología andaluza aún no ha profundizado en estas intuiciones, ni ha aprovechado los refinados modelos de estudio sobre la difusión de las innovaciones culturales que geógrafos como los de las escuela de Berkeley, en Estados Unidos, y Lund, en Suecia, han puesto a punto con otros fines, no tan lejanos. Parece, por ejemplo, en este sentido particularmente prometedora, para verificar la hipótesis tradicional del origen sevillano de los rasgos innovadores del andaluz, la aplicación de los llamados *modelos de gravedad*, que permiten determinar el grado de influencia de los núcleos urbanos entre sí por medio de una fórmula matemática, análoga a la de la fuerza de la gravedad —de ahí su nombre—, según la cual dicha influencia estaría en proporción directa al número de sus pobladores y en proporción inversa al cuadrado de la distancia entre ellas, medida, no solo en términos geométricos, sino también de factores de índole geográfica y cultural (posibilidad y frecuencia de contacto entre los habitantes, existencia o no de barreras naturales que dificulten la comunicación entre los núcleos, etc.). Del mismo modo, podrían imaginarse multitud de aplicaciones, como la del *efecto de vecindad* o del *principio del gradiente*, que no es cuestión de detallar ahora, y cuyo desarrollo matizaría en gran medida las ideas que hoy poseemos sobre la distribución de los fenómenos lingüísticos por el mapa de Andalucía, con la ventaja añadida de trabajar con datos cuantificados y no, como hemos venido haciendo hasta ahora, sobre intuiciones más o menos afortunadas.

Estas circunstancias, en fin, nos sitúan frente a lo que podría considerarse como conclusión de este apartado y que posiblemente pueda hacerse extensiva a la totalidad de esta obra: **más que lo que ya sabemos sobre el andaluz, importa ahora lo mucho que nos queda por aprender sobre y de las hablas andaluzas**.

2. La dimensión socio-demográfica

2.1. *Demolingüística «lingüística» y demolingüística «dialectal»*

Seguramente con razón, la demolingüística es una de las ramas del saber humano que de menos prestigio gozan en los ámbitos científicos, e incluso fuera de estos, en la estimación del público «culto», en general. Contribuye a ello, en primer lugar, la indefinición de su ubicación como ciencia, a caballo entre la demografía, la geografía y la lingüística, y, sobre todo, la gigantesca imprecisión de sus resultados, contra los que ya puso en guardia Gregorio Salvador en un trabajo recogido en *Lengua española y lenguas de España* (Salvador 1987), con el expresivo título de «Los alegres guarismos de la demolingüística», en cuyo encabezamiento advierte de que el adjetivo *alegre* está tomado en la actual acepción 3 (2bis cuando lo escribió) de la palabra **alegría**, 'irresponsabilidad, ligereza'.

Y es que, como se ha señalado no hace mucho (Moreno Fernández y Otero 2000), la investigación demolingüística está lastrada por dos tipos de inconvenientes que hacen sus resultados altamente inseguros y cuestionables: la imprecisión de algunos de sus conceptos teóricos fundamentales y la poca fiabilidad de sus mediciones, derivada de lo cambiante de la realidad que se pretende medir, de la dificultad en la aplicación de determinados procedimientos cuantitativos, así como de la escasez o de la heterogeneidad de la información disponible para no pocos ámbitos.

Conceptualmente, el problema fundamental de la demolingüística se encuentra en la dificultad de determinar el término en relación al cual se computan los hablantes, es decir, la lengua o lenguas que realmente hablan. En este sentido la demografía lingüística viene utilizando desde antiguo el concepto de «Grupo de Lengua Materna», en siglas GLM (Weinreich 1975), entendido como el conjunto de hablantes que comparten una misma lengua materna. Lo que sucede es que el propio concepto de «lengua materna» recibe interpretaciones muy distintas tanto desde la óptica de la psicolingüística como de la sociología del lenguaje, derivadas de que para su definición se manejan dos criterios completamente independientes: el momento de su adquisición, según el cual la lengua materna sería la primera lengua, adquirida de labios de los padres y del entorno en que se produce la primera infancia, o el nivel y circunstancias de uso, de manera que la lengua materna sería la que mejor se domina y más se emplea, con independencia de que no haya sido la primera en adquirirse.

Como es obvio, en los hablantes monolingües la determinación del GLM ofrece pocas dificultades, aunque tampoco puede decirse que haya una univocidad absoluta a la hora de atribuir determinados hablantes, sobre todo fronterizos, a una u otra lengua en cuestión. Incluso es posible, por una intensificación seguramente no frecuente del problema de la inseguridad lingüística, que se den vacilaciones y errores en el propio sentir de los hablantes, como sucede en el caso extremo que relata J. P. Rona de algunos indígenas uruguayos de la frontera con Brasil, en realidad lusoparlantes, que se consideran a sí mismos hispanófonos (Rona 1959).

Mayores problemas se presentan en el caso de hablantes *bi*- o multilingües, derivados, sobre todo, de la dificultad y falta de acuerdo a la hora de definir el concepto de *bilingüismo*, en el que se interpenetran cuestiones de orden lingüístico, psicolingüístico y sociolingüístico que no es el momento de detallar. En ciertos hablantes de este tipo, sobre todo cuando el bilingüismo es consecuencia de situaciones de inmigración o de conflictos lingüísticos de diversa naturaleza, pueden darse problemas a la hora de determinar en qué GLM deben encuadrarse.

Por otro lado, la demolingüística se resiente de la propia inestabilidad de su objeto —no más, es cierto, que cualquier otra rama de la demografía— a consecuencia del crecimiento vegetativo de la población mundial, estimado en un 1.35%, aunque con un ritmo decreciente en los últimos años, distinto según las zonas, lo que hace que las estimaciones puedan quedarse desfasadas de un momento para otro; pero, sobre todo, de la ausencia de una información fiable y homogénea para todos los países del mundo que permita establecer comparaciones y adivinar tendencias. Esta falta de información procede del hecho de que los grandes instrumentos de investigación de las ciencias demográficas, que son los censos de población, no siempre ofrecen información de carácter lingüístico, y, cuando lo hacen, esta obedece a las particulares circunstancias de los países que incluyen en los cuestionarios ítems de esta naturaleza, con lo cual los cálculos sobre la distribución lingüística de la población mundial se basan en fuentes dispares que no siempre —o, por mejor decir, casi nunca— se precisan (Salvador 1987, Breton 1979).

Si lo que pretendemos inquirir es, no ya el número de hablantes con que cuenta un GLM, sino una modalidad o variedad dialectal de un GLM, es decir, si pretendemos pasar de la demolingüística lingüística a la demolingüística dialectal, el horizonte de problemas y dificultades se nos enmaraña todavía más. En efecto, hoy en día la lingüística es relativamente capaz de identificar una lengua, incluso de señalar a grandes rasgos sus fronteras geográficas, de modo que, al menos para la mayoría de las lenguas occidentales, solo unos relativamente pocos casos extremos presentan problemas de adscripción. No puede decirse lo mismo, sin embargo, para los dialectos, para los que aún no se ha encontrado una formulación coherente que permita diferenciarlos de manera inequívoca y, en consecuencia, dista mucho de podérseles fijar límites convincentes.

Ningún sentido tiene, no obstante, plantearse la cuestión de la identificabilidad de los dialectos y de la subsiguiente posibilidad de determinar el número de sus usuarios, esto es, de constituir una «demolingüística dialectal», si no nos planteamos antes la finalidad de los estudios de esta naturaleza. En otras palabras ¿qué interés puede tener, y para quién, este tipo de recuentos?

No sería difícil arbitrar una respuesta a las cuestiones anteriores recurriendo al mero interés científico general, base de la mayoría de los conocimientos humanísticos, apelando, por tanto, a la gratuidad última del saber. Pero hay o puede haber en esto, además, otro tipo de intereses que tienen que ver con el propósito de encontrar señas de identidad e incluso con intentos, más o menos serios o disparatados, de «planificación lingüística» que vienen recorriendo desde hace algunos años el mapa de nuestras autonomías. No faltan incluso escarceos comerciales, consecuencia del deseo de saber cuántos potenciales compradores pronunciarán en la Península de una determinada manera la marca con que se quiere dar nombre a un cierto producto.

Son, con todo, las razones aducidas en primer lugar las que justifican de por sí estos estudios, sobre todo porque inciden en un aspecto de naturaleza epistemológica que es fundamental y que, como suele ser corriente, se halla en la base de cuestiones de los otros tipos: se trata de la percepción, la imagen —por decirlo así— que se tiene de las modalidades dialectales hispánicas.

Y es que, cuando se emplean, bien sea en el uso habitual, o incluso en la literatura científica, denominaciones como *andaluz*, *murciano*, *leonés*, *extremeño*, *asturiano*, o hasta otras de mayor alcance, como *español de América*, se juega inconscientemente con dos tipos diferentes —y en ocasiones muy dispares— de representación de las supuestas realidades designadas, con dos tipos de *imágenes*. Una, de carácter prototípico, que suele condensarse en una constelación de rasgos, más o menos centrales o periféricos, que permiten identificar y clasificar a los hablantes, análoga, por demás, a cualquier otra percepción de la realidad, tal como lo determina la semántica cognitiva (Kleiber, 1995), y que nosotros venimos considerando como el componente o la dimensión sociocognitiva de la identidad andaluza, de la que nos ocupamos más adelante. Y yuxtapuesta a esa imagen prototípica, o hasta puede que formando parte de ella, poseemos una imagen «cartográfica» más o menos difusa en la que intentamos hacer coincidir un ámbito geográfico con otro lingüístico.

Ni que decir tiene que ambos tipos de imágenes son extremadamente variables de un dominio lingüístico a otro, de una persona a otra, en función de múltiples circunstancias individuales, imposibles de controlar. Podría afirmarse que recorren una compleja escala con muy diferentes grados de matización y precisión, que va desde la simple percepción estereotípica o esquemática de la realidad —que se ha propuesto, en ocasiones, como objeto de estudio de una hipotética *dialectología per-*

ceptiva (Grootaers 1959 y 1964 y Preston 1989)—, hasta las matizadas visiones que proporcionan las monografías dialectales o los estudios de geografía lingüística, que quedarían excluidas de aquella, ya que solo se ocuparían de la «visión de los no-lingüistas de las áreas lingüísticas» (Preston 1989).

Qué duda cabe de que el análisis de estas percepciones, la determinación de sus elementos constitutivos, de su origen y evolución histórica, así como el cotejo de las que proceden del propio ámbito con las externas, e incluso el estudio de sus diferentes clases en función de su grado de matización y complejidad son cuestiones del mayor interés y de las que nos ocuparemos después en relación con la identidad lingüística de Andalucía. Lo que interesa ahora destacar es que el análisis crítico de estas percepciones no puede hacerse si no se cuenta con un punto de referencia desde el que evaluarlas, que ha de ser necesariamente otra forma de representación de una realidad que en sí misma es inaccesible y con la que, por tanto, no es posible operar. Esta nueva forma de representación ha de ser neutra, es decir, carecer de elementos valorativos que solo distorsiones pueden introducir; objetiva, lo cual no quiere decir que no pueda ser también convencional; y, sobre todo, exhaustiva. Está claro que la única forma de representar la realidad lingüística dialectal que cumple la totalidad de los requisitos exigidos es lo que podría denominarse una imagen estadística o demolingüística, cuya naturaleza estrictamente cuantitativa garantiza la neutralidad y la objetividad requeridas y cuya exhaustividad se alcanza por medio de la fusión las dos dimensiones constitutivas más importantes de la variación lingüística: la dimensión horizontal o geográfica y la estratificacional o social. Precisamente el resultado de esa intersección entre la geografía lingüística y la sociolingüística es a lo que hemos denominado *demolingüística dialectal*.

2.2. *La demolingüística dialectal: unidades de medida*

De lo dicho se infiere que la *demolingüística dialectal* tiene como objeto establecer el número de hablantes de un determinado dialecto en un GLM, entendiendo por dialecto un conjunto de rasgos lingüísticos diferenciados dentro del GLM al que se adscriben, geográficamente circunscritos y social y tradicionalmente vinculados a ese espacio geográfico.

La definición anterior nos sitúa ante una de las diferencias fundamentales entre la demolingüística lingüística y la dialectal. La primera, en efecto, ha de computar el número de hablantes con que cuente un GLM, es decir, aquellos individuos en los que se da una correlación *hablante-lengua*; en tanto que la segunda tiene como unidad de cómputo la correlación *hablante-rasgo*, porque, como es bien sabido, los rasgos dialectales no tienen por qué alcanzar a la totalidad de los habitantes del espacio al que se atribuyen, tanto horizontalmente, en el sentido de que ciertos fenómenos que se consideran digamos andaluces o murcianos o extremeños, pueden presentar límites no coincidentes con los límites político-administrativos de Andalucía, Murcia o Extremadura, como socialmente, en la medida en que no todos los hablantes de aquellas áreas geográficas en las que tiene lugar un determinado rasgo lo tienen necesariamente incorporado a su vernáculo, razón por la que, en las cuantificaciones correspondientes, ha de tenerse en cuenta la estructura sociolingüística de cada enclave geográfico.

La consideración sociolingüística para el cómputo demográfico tiene, no obstante, importantes escollos metodológicos que derivan del hecho de que la sociolingüística, que es, como se sabe, una disciplina de base cuantitativa, trabaja tomando como punto de partida, no a los hablantes, sino enunciados concretos. Es decir, trata de calcular la probabilidad de aparición de un determinado rasgo (la aplicación o no de una regla, en el argot generativo que normalmente se utiliza), a partir de la determinación del peso estadístico de los factores lingüísticos y sociales —dependientes e independientes— que inciden en ella (Labov 1966, López Morales 1993 [1989], Moreno Fernández 1990 y 1998, Almeida 1999), intentando establecer pautas de comportamiento lingüístico, así como los modelos que los rigen (Villena 1997a, 1997b y 2001).

Ciertamente, la sociolingüística está en su derecho de obrar así, e incluso puede que sea necesario que así lo haga como salvaguarda metodológica para dar cuenta del hecho absolutamente obvio de que la unidad «hablante» no se cohonesta del todo con la unidad «habitante». La segunda, en efecto, equivale a individuo, pero qué duda cabe de que en cada individuo puede haber, y seguramente hay, más de un hablante (Ducrot y Todorov 1974). Ello quiere decir, como desde sus inicios sabe perfectamente la sociolingüística, que hay dos tipos de variación lingüística que pueden coexistir en el mismo espacio geográfico: una de carácter interpersonal, o variación de persona a persona, y otra intrapersonal, o variación que un individuo es capaz de introducir en su discurso en función de circunstancias diversas (Bailey 1973 y 1975). Así las cosas, la equiparación habitante-rasgo lingüístico, objeto de la medición demolingüística dialectal, solo puede hacerse ignorando la variación diafásica por el procedimiento de reducir la medición a un único registro, en lo cual se operaría con un criterio semejante, aunque más amplio, al de la dialectología tradicional, que no solo operaba con una reducción diafásica, sino también diastrática, al centrar sus observaciones en los hablantes llamados NORMS: *Nomobile Old Rural Male Speakers*, es decir, hablantes masculinos, viejos, de poca movilidad y pertenecientes a ambientes rurales (Chambers y Trudgill 2000).

No obstante, aun reduciendo el ámbito de observación al vernáculo de los hablantes, en analogía con el concepto de lengua materna de la demolingüística lingüística, nos queda por resolver el problema de la *variación inherente* que detectó Labov en el *Black English Vernacular* de Harlem (Labov 1966 y 1983) y que se considera rasgo característico de todos los vernáculos y de otros muchos registros y estilos. En este sentido, entendemos que todo rasgo susceptible de medición demolingüística es una *variable lingüística* que se organiza en torno a dos o más modelos de comportamiento idiomático —asentados como tales en la conciencia lingüística, esto es, en la dimensión sociocognitiva— que condensan las pautas de realización, es decir, agrupaciones de enunciados homogéneos emitidos por los mismos hablantes.

De las diferentes notas que caracterizan los rasgos lingüísticos con que debe operar la demolingüística dialectal, sin duda la más relevante es la que exige la presencia del modelo como tal en la conciencia lingüística de los hablantes, pues esta jerarquización permite obviar el problema de la inseguridad lingüística, por una parte, en el sentido de que lo que importa más para clasificar desde el punto de vista demolingüístico a los habitantes de un área determinada es lo que creen que realizan y no lo que efectivamente realizan, y, por otra, nos permite prescindir de pautas de comportamiento que no han cristalizado en una conciencia lingüística, sino que se adscriben a modelos fijados tradicionalmente, aunque en rigor no pertenezcan a ellos desde un punto de vista estrictamente estadístico. Es lo que sucede, por ejemplo, en el caso de la distinción no etimológica entre *s* y *c* que se da en muchos lugares de Andalucía, de adscripción casi siempre ceceante, pero también en enclaves de seseo, como la ciudad de Sevilla, fenómeno para el que algunos reservan la denominación de *ceseo* o *seceo*, pero que no goza en la conciencia de los hablantes del estatuto de modelo independiente (Sawoff 1980, Morillo-Velarde 1997). Parcialmente distinto es el caso de la extensión de la aspiración de la *-s* implosiva al contexto prevocálico, fenómeno al que se le da, a veces, el nombre de *heheo*, pero que ni suele estar en la conciencia de lo hablantes, ni constituye pauta homogénea de comportamiento lingüístico en casi ninguno de los sujetos en los que se produce, presentándose la mayor parte de las veces de manera ocasional y asistemática (Narbona, Cano y Morillo-Velarde 2003).

2.3. *El método: censo dialectal y simulación demolingüística*

Hemos señalado antes que la herramienta fundamental de la demografía en general y de la demolingüística en particular son los censos de población, haciendo notar, al mismo tiempo, que no todos ofrecen información lingüística, ni esta es homogénea en todos los que la contienen. En el caso de la demolingüística dialectal el problema se acentúa, puesto que en ningún caso se ha considerado pertinente incluir información lingüística en áreas monolingües, o aquellas en las que no se registran modalidades dialectales netamente diferenciadas. Tampoco, ciertamente, es cuestión de pedir a los censos que contengan este tipo de informaciones, cuya recolección requeriría en no pocos casos un personal altamente especializado. De este modo, la única manera de obtener censos demolingüísticos de rasgos dialectales sería haciéndolos ex profeso. Sin embargo, este planteamiento es de una gran complejidad técnica e implicaría con seguridad un enorme esfuerzo personal y económico que, seguramente, no se correspondería con los beneficios aportados. Piénsese, por otra parte, que una labor mucho menos compleja, como es la realización de un atlas lingüístico, suele acarrear tal cúmulo de problemas y dificultades de todo tipo, que en no pocas ocasiones dan al traste con los proyectos más interesantes.

Y es que, si costoso es seleccionar un grupo de localidades representativas de un dominio dialectal, escoger en ellas a —todo lo más— un reducido grupo de hablantes y someterlos a un cuestionario para después cartografiar los resultados, mucho más lo sería, aun trabajándose con cuestionarios más reducidos, de solo 4 ó 6 rasgos, preguntar a todos y cada uno de los hablantes de todas las localidades del dominio en cuestión.

La imposibilidad práctica de elaboración de censos demolingüísticos de información dialectal no puede ser óbice para que intentemos recuperarla usando procedimientos metodológicos que nos permitan obtenerla, si no con el mismo nivel de precisión, con al menos un grado notable de refinamiento. En este sentido, proponemos el método que hemos denominado de *simulación demolingüística*, consistente en proyectar sobre los datos demográficos de cada municipio que nos proporcionan los censos los datos dialectales que la geografía lingüística pone a nuestro alcance, obteniendo así el número bruto de hablantes que podrían presentar un determinado rasgo lingüístico, número cuyo equivalente porcentual viene a coincidir con la traducción numérica de la imagen geográfica, como veremos. A tales resultados debe aplicarse, sin embargo, un índice corrector en función del nivel de complejidad sociolingüística de cada localidad considerada, con el cual se pretende calcular el número de habitantes que por razones de su procedencia social o geográfica no presentan en su vernáculo el rasgo considerado.

Con carácter puramente convencional se establecen cinco niveles de complejidad sociolingüística, que van de 1 al 5: el primero corresponde a municipios de menos de 5.000 habitantes; el 2, a los comprendidos entre 5.001 y 10.000; el 3, entre 10.001 y 15.000; el 4, entre 15.001 y 20.000; y el 5, a las localidades de más de 20.000 habitantes. La asignación de uno de estos índices significa que el número total de habitantes se multiplica por un número próximo a 1, pero siempre inferior en los municipios con índice 1; y en torno a 0,5 —en algunos casos, incluso menos— en los de índice 5, situándose los demás proporcionalmente entre esos dos extremos. El coeficiente exacto se calcula para cada rasgo en función de los datos sociolingüísticos disponibles en municipios de cada tipo o, si hay más de uno, hallando la media de probabilidad de aparición del rasgo considerado en los distintos municipios.

La aplicación del coeficiente corrector en función del índice de complejidad sociolingüística genera para cada municipio unos restos de hablantes que no comparten el rasgo vernáculo y que deben asignarse al grupo correspondiente, razón por la que, aunque el análisis parte de la unidad municipio, conviene referirlo en un siguiente paso a entidades territoriales más amplias, como la comarca, la provincia o la comunidad, de forma que al final puedan compararse los términos porcentuales que presenta un rasgo determinado en su vernáculo con aquellos que no lo presentan. La cuantificación demolingüística de todos los rasgos analizados, así como su correspondiente traducción porcentual, vendrá a constituir lo que más arriba se ha denominado *imagen estadística* de un dialecto o modalidad lingüística.

En principio, la simulación demolingüística requiere un conocimiento dialectal exhaustivo del territorio objeto de estudio. Tal conocimiento, sin embargo, no siempre está a nuestro alcance, por lo que, en ocasiones (en particular cuando la información dialectal proceda exclusivamente de atlas lingüísticos), hay que trabajar con proyecciones geolingüísticas —algo que, de todas maneras, se suele hacer con cierta frecuencia, y no siempre advertidamente— en el sentido de entender que aquellas localidades no investigadas participan de los rasgos dialectales de las inmediatamente circundantes, sin tener en cuenta la enorme frecuencia con que aparecen lo que antes (también en Morillo-Velarde 2001) hemos llamado *discontinuidades* lingüísticas. No es menos cierto, sin embargo, que es difícil que haya, en el dominio lingüístico andaluz, que es al que vamos a ceñir nuestras indagaciones, graves discontinuidades lingüístico-dialectales que sean absolutamente desconocidas.

Con todo, para el primero de los fenómenos que tiene que considerar una demolingüística dialectal del andaluz, el rasgo fonológico del *seseo,* el *ceceo* y la *distinción s/c,* disponemos de una información exhaustiva o casi exhaustiva procedente del ya lejano estudio de Navarro Tomás, Rodríguez Castellano y Espinosa (1975 [1933]) —complementándola, como es lógico, con el *ALEA* (Alvar, Llorente y Salvador 1973) y otras fuentes y monografías más recientes—, quienes se sirvieron de este fenómeno y su correlato fonético de la modificación articulatoria de la *s* para trazar la *frontera* —geográfica— del andaluz. Bien puede servirnos también para determinar sus fronteras demolingüísticas.

2.4. *Demolingüística de la distinción, el seseo y el ceceo en Andalucía*

En el apéndice II se recogen, para cada provincia andaluza, el listado alfabético de los municipios que la integran y el número de habitantes de cada uno, referido a 1995[1], publicados por el IAE (1996), seguidos de la expresión del rasgo fonológico

---

1   No ha sido preciso actualizar los datos al censo de 2005 porque las variaciones halladas en algunas calas de muestreo no han resultado muy notables, al deberse, en la mayoría de los casos, al aumento de la población inmigrante de origen foráneo, lo que todavía no ha repercutido de manera observable en los patrones de identidad fónica de los andaluces.

al que se adscriben, el tipo de *s* predominante y el índice de complejidad sociolingüística que le corresponde en función del número de habitantes.

Prescindiendo, de momento, de la cualidad de la *s*, los totales brutos de la distinción, el seseo y el ceceo, agrupados por el tipo de complejidad sociolingüística de su origen geográfico, quedan reflejados en las tablas siguientes:

Totales de seseo

Tipo	Cantidad
Tipo 1	159.751
Tipo 2	189.439
Tipo 3	83.247
Tipo 4	114.129
Tipo 5	164.6844
Total	**2.193.465**

Totales de ceceo

Tipo	Cantidad
Tipo 1	419.512
Tipo 2	374.718
Tipo 3	351.892
Tipo 4	417.824
Tipo 5	2.573.554
Total	**4.137.500**

Totales de la distinción

Tipo	Cantidad
Tipo 1	486.716
Tipo 2	411.854
Tipo 3	171.962
Tipo 4	92.168
Tipo 5	219.391
Total	**1.382.091**

El gráfico n° 1 recoge la distribución porcentual de los totales anteriores, que viene a ser la traducción numérica de lo que más arriba hemos denominado «la imagen geográfica» de la distinción, el seseo y el ceceo en Andalucía:

Gráfico n° 1

Porcentaje distinción, seseo y ceceo

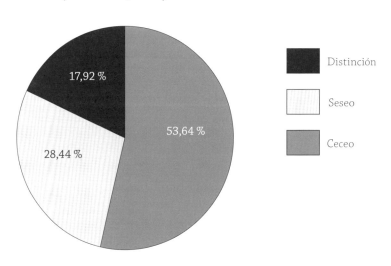

El coeficiente corrector en función del índice de complejidad sociolingüística se ha establecido, para el caso del *ceceo*, en cinco tramos crecientes: 47% para los municipios de mayor complejidad sociolingüística (tipo 5), para el que se ha tomado como base el caso de Jerez de la Frontera (Carbonero *et al.* 1992); 57% para los de tipo 4; 67% para los de 3; 77% para los de 2; y 87% para los de 1. Los restos generados entre el número bruto de hablantes y el resultante de la multiplicación por el coeficiente corrector que corresponda se han reasignado, para los municipios de tipo 5, en un 75% para el seseo y en un 25% para la distinción; para los de tipo 4, en 80% y 20%, respectivamente; para los de tipo 3, en un 85% y 15%; en un 90% y 10% para los de tipo 2, y en un 95% y 5% para los de tipo 1. Tales porcentajes se han fijado también tomando como base la situación de Jerez y ajustándolos en intervalos regulares para los municipios de complejidad inferior (en consonancia con el hecho de que los tipos de municipio se han establecido también en intervalos regulares de población). Esto quiere decir, en resumidas cuentas, que, si el número total de hablantes atribuidos al ceceo en función de su procedencia geográfica es de 4.137.500, solo se han computado como tales el 47%, esto es, 1.209.570, generándose un resto de 1.363.984, del que un 75% (1.022.988) se atribuye al seseo y un 25% (340.996) a la distinción, y así sucesivamente para los otros tipos de municipio.

En el caso del seseo los márgenes son mucho más estrechos: oscilan entre el 64% para los de tipo 5 —tomando como referencia la media entre el 87% que Carbonero (1982 y 1985) atribuye al seseo en Sevilla, algo superior a la que Uruburu (1993) da para Córdoba, y el 42% que Francisco Salvador (1980) da para Granada, y que confirman Moya y García Wiedemann (1995)— y el poco más del 94% que Galeote encuentra de realizaciones seseantes en el treviño de Iznájar, Villanueva de Tapia y Venta de Santa Bárbara, con informantes mayoritaria, pero no exclusivamente, de los estratos socioculturales inferiores, aunque aparentemente sin distribución por cuotas, para los de tipo 1 (Galeote, 1988). La escasa distancia entre los dos extremos de la horquilla ha aconsejado alterar la distribución por intervalos regulares, que pasa de una diferencia de 10 puntos entre cada uno de los tipos a 6 puntos entre el 3 y el 4, y a 4 entre el 4 y el 5, de forma que el coeficiente queda como sigue:

Tipo 1	64%
Tipo 2	74%
Tipo 3	84%
Tipo 4	90%
Tipo 5	94%

En suma, el número simulado de andaluces seseantes se calcula multiplicando el número bruto por el coeficiente corrector y sumando a la cantidad resultante el resto que le corresponda procedente del ceceo. De este modo, los municipios de tipo 5 de la zona de seseo suman 1.646.844, que multiplicado por el 0,64 arrojan un total de 1.053.980, al que hay que sumar el resto de población seseante radicada en zonas de ceceo, que, como dijimos para los municipios de este tipo, es de 1.022.982, lo que hace un total de 2.076.967, y deja un resto de 592.864, que se añade a la distinción.

En cuanto a esta, no se le han detraído hablantes por estimar que, en la mayoría de los casos, los porcentajes de seseo y ceceo en áreas de distinción son poco relevantes, por lo que el total simulado se calcula sumando a las cantidades brutas los restos detraídos de la aplicación de los coeficientes correctores del ceceo y seseo que en cada caso le correspondan. Así, los 219.391 habitantes de zonas geográficas distinguidoras en municipios del tipo 5 se ven incrementados en 340.996, procedentes de municipios ceceantes del mismo tipo, y en 592.864 de la zona geográfica del seseo, lo que viene a ser un total de 1.153.251.

La distribución del seseo, ceceo y distinción que la simulación demolingüística arroja es la siguiente:

seseo	2.923.813
distinción	2.452.105
ceceo	2.335.005

La diferencia entre estos resultados y los datos en bruto se pone de manifiesto en el gráfico 2:

Gráfico nº 2
Comparación datos brutos y simulados

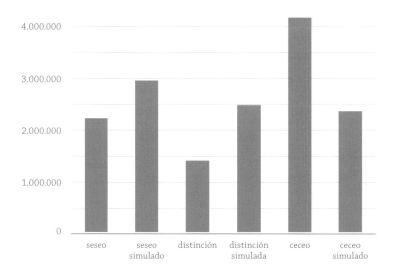

De este modo, los resultados de la simulación nos ofrecen una imagen diferente de la realidad lingüística andaluza, una especie de *radiografía demolingüística*, que queda reflejada en el Gráfico nº 3, que se corresponde con lo que más arriba hemos denominado la *imagen estadística* del andaluz (referida siempre a la cuestión de seseo-ceceo-distinción):

Gráfico nº 3
Imagen estadística **del seseo-ceceo-distinción en Andalucía**

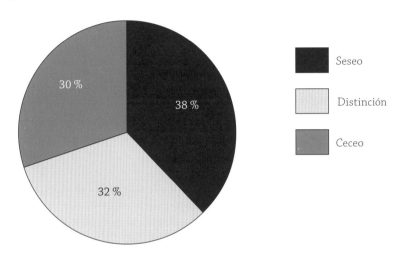

La comparación entre la *imagen geográfica* y la *imagen estadística* del andaluz en lo que a este punto se refiere suscita dos reflexiones, en general bastante obvias, que pudieran elevarse al rango de conclusiones de este apartado, más allá de su faceta descriptiva:

a) El robusto equilibrio entre las tres soluciones fonológicas que manifiesta la imagen estadística contrasta vivamente con la desproporción que al ceceo le atribuye la *imagen geográfica*. Este, en efecto, pasa de suponer el 53,64% en esta a tan sólo el 30% en aquella. De manera inversa, la distinción fonológica, a la que solo le corresponde 17,82% del espacio geográfico, tiene, sin embargo, el 32% del «espacio» demolingüístico. La solución seseante es la que menos variaciones sufre, experimentando, no obstante, un crecimiento de casi 10 puntos porcentuales, que la llevan desde el 28,44 al 38%. Estas diferencias son simplemente la cuantificación en términos de población de dos fenómenos. Uno es conocido desde antiguo —aluden ya a él Navarro Tomás y sus colaboradores al delimitar *la frontera del andaluz*, (Navarro Tomás, Rodríguez Castellano y Espinosa 1975 [1933])—: el estigma sociolingüístico que pesa sobre el ceceo, que es universalmente reconocido y asumido incluso por sus propios hablantes (Narbona y Morillo-Velarde 1987). Otro es más reciente: el aumento del contacto con los medios de comunicación y de la formación escolar, que pone el modelo distinguidor cada vez más al alcance de más hablantes andaluces. En cualquier caso, la equilibrada distribución de las tres soluciones entre la población andaluza tiene un corolario nada desdeñable: cualquier intento de, en una hipotética planificación lingüística andaluza, privilegiar alguna de ellas tendría efectos negativos sobre prácticamente los otros dos tercios de los habitantes de Andalucía, por lo que parece aconsejable, en este punto, dejar las cosas como están y dirigir los esfuerzos de planificación hacia una «planificación para el desarrollo» que aspire a que los andaluces que en ello encuentren ventajas puedan tener acceso a los modelos idiomáticos más dotados de prestigio: el seseo y la distinción.

b) En otro orden de cosas, la vía metodológica que acabamos de esbozar, esto es, la demolingüística dialectal, constituye un complemento indispensable para los conocimientos geolingüísticos que normalmente proporciona la dialectología y, sobre todo, la geografía lingüística. El método de la *simulación demolingüística* con que nos hemos acercado a ella podrá —y seguramente deberá— refinarse todo lo que las técnicas de la demografía lo permitan, y, al mismo tiempo, deberá extenderse hacia el análisis de otros fenómenos andaluces, porque solo su aplicación al total de los rasgos dialectales que constituyen las hablas andaluzas nos proporcionará su imagen estadística global, e incluso sería deseable también la extensión del método a otras variedades dialectales —vecinas o lejanas— con las que establecer lo que serán, sin ningún género de duda, instructivas comparaciones.

3. La dimensión socio-cognitiva: conciencia lingüística, estigma y prestigio en la pronunciación andaluza

La conciencia lingüística se define como acervo de conocimientos, creencias y actitudes —explícitos o implícitos— que los hablantes poseen sobre su instrumento lingüístico, siempre que sean capaces de determinar en ciertos momentos su conducta idiomática.

Rodríguez Rodríguez (en prensa) caracteriza la conciencia lingüística con dos notas fundamentales: la heterogeneidad y la inaccesibilidad. La primera surge del hecho de que la conciencia lingüística es fruto del grado de interés de cada hablante por su lengua, de la cuantía y variedad de sus contactos inter e intralingüísticos y, en última instancia, de su capacidad intuitiva y reflexiva. Por otra parte, la conciencia lingüística fundamenta las creencias —tanto en su componente cognitivo, como en el afectivo (López Morales 1993: 235)— y estas determinan las actitudes. Al ser estas circunstancias en extremo variables, es lógico que la conciencia de lo hablantes varíe intensamente de unos a otros.

La inaccesibilidad es una absoluta evidencia, puesto que en ningún caso el analista tiene acceso directo a la mente de los hablantes, salvo que opere por introspección, camino nada recomendable precisamente en razón de la heterogeneidad a que nos hemos referido antes. Por este motivo, la única forma de acceder a la conciencia lingüística son las propias manifestaciones de los hablantes, bien sean explícitas (aunque por esta vía puede no avanzarse demasiado, pues los principios reguladores del comportamiento lingüístico no siempre operan en el nivel de la conciencia racional, e incluso, en ocasiones, entran en conflicto con él, dando lugar al conocido fenómeno de la llamada *inseguridad lingüística*), o por medio de su comportamiento.

La consecuencia principal del «principio de la inaccesibilidad» es que la conciencia lingüística, como señala López Morales (*ibíd.*: 232) a propósito de la actitud, solo puede analizarse «de manera oblicua», y por tanto, en palabras de Rodríguez Rodríguez, «no puede ser observada, sino solo reconstruida».

Esto quiere decir que, sin despreciar las aproximaciones de tipo mentalista al análisis de la conciencia lingüística, los caminos de índole conductista parecen más adecuados, por lo menos desde el punto de vista descriptivo, por más que esta clase de aproximaciones carezca en principio de valor predictivo, como sostiene López Morales. No es menos cierto, sin embargo, que pueden llegar a proporcionar datos fiables desde los que formular hipótesis sobre los mecanismos que regulan el comportamiento verbal, adquiriendo entonces el carácter predictivo que les falta. En otras palabras, el enfrentamiento entre la aproximación conductista y la mentalista para el estudio de la conciencia y actitudes sociolingüísticas parece un falso problema que reproduce la dicotomía entre el camino deductivo e inductivo, que, en realidad, no son opuestos, sino siempre complementarios.

La heterogeneidad y la inaccesibilidad suponen serios inconvenientes para el análisis de la conciencia lingüística que, sin embargo, no llegan a imposibilitarlo, puesto que los obstáculos que suponen para ello pueden ser obviados. De este modo, la heterogeneidad puede salvarse mediante la selección de los datos de conciencia que han de estudiarse, lo cual conduce a una perspectiva necesariamente sociolingüística: los únicos hechos de conciencia lingüística que se consideran relevantes son aquellos que trascienden lo individual para afectar a un grupo de hablantes y que, por consiguiente, presentan repercusión social porque funcionan regulando el comportamiento lingüístico de grupos de hablantes socialmente homogéneos.

La necesidad de selección no implica que estos hechos no puedan ser observados en hablantes individuales, sólo que la observación habrá de producirse en tanto que dichos individuos se consideren representativos de un cierto grupo social o capaces de imponer a otros sus modelos de comportamiento y, por tanto, la conciencia que los determina.

La inaccesibilidad hace que sea necesario desarrollar estrategias y procedimientos metodológicos con los que obtener los datos necesarios para la reconstrucción de la conciencia subyacente, datos que normalmente tienen la forma de actos lingüísticos, es decir, enunciados que la revelan de manera explícita o implícita, los cuales, a su vez, pueden ser espontáneos o inducidos por el investigador.

Los enunciados inducidos por medio de encuestas, tests de valoración o reconocimientos, etc., permiten obtener una excelente visión de la conciencia lingüística de los hablantes, siempre que se empleen procedimientos adecuados, pero la información así obtenida ha de complementarse y contrastarse con la que se puede conseguir de los enunciados espontáneos allá donde sea posible obtenerlos. Obviamente, estos son la única fuente de que podemos disponer en el caso de que pretendamos la reconstrucción de la conciencia lingüística de épocas pasadas.

Como es lógico, lo que los enunciados espontáneos nos revelan es la manifestación más superficial de la conciencia lingüística, esto es, las actitudes, puesto que, como es bien sabido, presentan un componente conativo básico que para algunos (López Morales 1993: 235) es el rasgo fundamental que las define y que puede ser positivo (de aceptación) o negativo (de rechazo), descartándose la posibilidad de una actitud neutra que, en realidad, sería una no-actitud.

Las actitudes positivas y negativas se relacionan de manera estrecha con un par de conceptos valorativos básicos en sociolingüística, los de *prestigio* y *estigma*, que se consideran asociados a las formas lingüísticas que suscitan actitudes de aceptación y rechazo, respectivamente. A este respecto, lo que hay que descubrir en el análisis de enunciados espontáneos es la forma institucionalizada del prestigio y el estigma, es decir, en cumplimiento del principio metodológico de la representatividad, aquellas de las que podemos tener constancia de que socialmente funcionan.

El estigma sociolingüístico se institucionaliza bajo la forma de un *estereotipo*, esto es, un conjunto de rasgos lingüísticos —entre otros— que el común sentir considera atributos específicos de un determinado grupo social generalmente de carácter marginal o, al menos, rechazado en virtud de su *alteridad*.

3.1. *El estereotipo sociolingüístico*

Es difícil que cualquier tipo de hecho al que se otorgue alguna trascendencia social se libere de ser objeto de un estereotipo. Quizás porque, en el fondo, el estereotipo es un mecanismo de cognición social, es decir, de cognición compartida que con frecuencia tiene, además, una función cohesiva de ciertos agrupamientos sociales que lo son por compartir idéntica visión, siquiera sea simplificada y esquemática de las cosas. Pero, ¿qué es, en realidad, un estereotipo? La Academia, en la vigésima segunda edición de su *Diccionario de la Lengua Española* da como primera acepción 'Imagen o idea aceptada comúnmente por un grupo o sociedad con carácter inmutable'; como segunda: 'Plancha utilizada en estereotipia', es decir, el 'procedimiento para reproducir una composición tipográfica, que consiste en oprimir contra los tipos un cartón especial o una lámina de otra materia que sirve de molde para vaciar el metal fundido que sustituye al de la composición'. Se trata de un término técnico de las artes gráficas formado por composición del prefijo griego *estéreo* 'sólido' —o 'cúbico', que es la acepción que aquí más conviene— y el sustantivo *tipos*, 'molde'.

No es fácil saber en qué momento la palabra en cuestión saltó desde las artes gráficas a la realidad social, pero no debe haber sucedido hace mucho, teniendo en cuenta que *estereotipia* no entra en el diccionario académico hasta su edición de 1844, que *estereotipo* con sus dos acepciones actuales no aparece hasta la de 1984 y que el Corpus Diacrónico del Español (CORDE), de la propia Real Academia, solo trae ejemplos de 1969 y 1973. Todavía en la edición de 1992 las dos acepciones figuraban en orden inverso, adoptándose como primera la que, sin duda, es el término recto, de la que la otra, la que aquí nos interesa, es solo una derivación metafórica. No ha obrado mal, sin embargo, la Academia al permutarlas en la edición última del *Diccionario*, pues en el uso actual la palabra no se siente como metáfora y son ya pocos los hablantes que conocen el sentido «recto» de 'plancha utilizada en estereotipia'.

En cualquier caso, de lo que no se puede dudar es de lo atinado de la definición académica, ya que, en ella, están presentes las tres notas más características del concepto de estereotipo, tanto en su uso general como en el sentido, algo más especializado, en el que se emplea en las ciencias sociales (y entre los que no es siempre dable encontrar diferencias): el carácter de percepción —es decir, cognición— de la realidad, el carácter de percepción imprecisa —simplificación— y su carácter de percepción imprecisa compartida —esto es, socialización—.

Por otra parte, a nadie se le oculta que el lenguaje humano es un fenómeno social por naturaleza. En un sentido ciertamente distinto participa también de la misma naturaleza del estereotipo, porque es instrumento de cognición, filtra —pues es inevitable para el conocimiento— la realidad y es además en cada una de sus manifestaciones diversas, en cada una de sus lenguas, dialectos o variedades, compartido por un grupo de hablantes. Seguramente por esto el lenguaje es el vehículo transmisor de todos los estereotipos que suelen manifestarse bajo la forma de una serie de atributos que se asignan a ciertos hechos o personas: *los catalanes son tacaños*, *los andaluces son alegres*, *los franceses son chauvinistas*, *los gitanos son vagos*, etc. (Quasthoff 1987).

No es esta, sin embargo, la relación entre el lenguaje y el estereotipo que interesa explorar aquí, aun cuando habrá que referirse de manera inevitable a ella, sino otra en virtud de la cual es el propio lenguaje humano el que se convierte en objeto de estereotipación, de percepción estereotipada. Se trata, en realidad, de una derivación de la primera, en el sentido de que entre los atributos que se asignan a ciertos grupos humanos como parte de su estereotipo figuran determinados rasgos lingüísticos diferenciales, cada uno de los cuales se convierte en *marcador* de pertenencia de los individuos a tales grupos. Tal es, por ejemplo, el sentido —estrictamente sociolingüístico— con que W. Labov (1972: 248) emplea la palabra *estereotipo*: aquellos marcadores sociolingüísticos que afloran a la conciencia social, puntualizando acto seguido que, en realidad, puede o no haber relación estable entre tales estereotipos y el uso actual. En cualquier caso, otros autores prefieren reservar el término *estereotipo* para la acepción apuntada antes que hace referencia a la manifestación verbal —explícita o implícita— del atributo caracterizador de un grupo social, sea este de naturaleza lingüística o no.

En los planteamientos de Labov y, en general, de la sociolingüística variacionista, el estereotipo se incluye dentro del campo general de las *actitudes lingüísticas*, aunque desde la psicología social se insiste en deslindar ambos conceptos, por más que no se ignore la evidente relación que media entre ellos. Así Allport (1967) entendía la actitud como una disposición capaz de ejercer una influencia directiva o dinámica sobre la respuesta de los individuos ante todos los objetos y situaciones relacionados con ella. Esta disposición suele traducirse en una valoración —positiva o negativa— de tales objetos y situaciones, lo cual independizaría el concepto de actitud del de estereotipo, en la medida en que este se caracterizaría únicamente por ser «la expresión de una *creencia*», aunque ambos se relacionan en el sentido de que el estereotipo funciona como racionalización de una actitud hostil, que es psicológicamente más básica (Quasthoff 1986).

Una opinión similar puede suponerse en López Morales (1993), quien incluye implícitamente los estereotipos en el ámbito de las creencias que, como tales, tienen un componente cognitivo necesario y uno afectivo ocasional, a diferencia de las actitudes, que solo tienen un componente conativo, positivo o negativo, basado en aquellas. Ahora bien, teniendo en cuenta que en la psicología social el estereotipo ha venido siendo caracterizado, además de por las tres notas de «representación», «simplificación» y «socialización» a que antes nos hemos referido, por las de «persistencia histórica» y «valoración emotiva», está claro que forma parte del tipo de creencias dotadas de dimensión afectiva, en oposición por ejemplo a la etimología popular, que constituye el caso de creencia que no produce actitud, citado por López Morales (1993: 235).

Desde estas coordenadas psico-socio-lingüísticas y desde el reconocimiento del hecho —bastante obvio y conocido— de que el español hablado en Andalucía ha sido objeto de una percepción intensamente estereotipada casi desde sus orígenes como variedad lingüística diferenciada del castellano, nuestro propósito en las páginas que siguen es describir la imagen que tal percepción ofrece de él, las causas que la motivan, la distancia que media entre dicha imagen y otras más precisas que se obtienen de la aplicación de métodos científicos, como la geografía lingüística, la sociolingüística, o la demolingüística dialectal, en cuanto intersección de ambas, para finalizar con unas breves consideraciones sobre las repercusiones sociales negativas de la interferencia del componente afectivo y el cognitivo en el sistema de creencias en torno al andaluz.

3.1.2. Cognición social e imagen del andaluz: la formación de los estereotipos

3.1.2.1. El estereotipo árabe

Sin ningún género de duda, el primer estereotipo conceptual y cronológico que ha generado la percepción de las diferencias lingüísticas entre Andalucía y Castilla es aquel que atribuye tales diferencias a una supuesta influencia árabe. Su carácter de tal queda absolutamente puesto de manifiesto al observar cómo se cumplen en él todas y cada una de las notas características del concepto de estereotipo que hemos enumerado antes:

a) *Persistencia en el tiempo.* La atribución de algunos rasgos lingüísticos andaluces a la influencia del árabe tiene constatación histórica anterior a la de la naturaleza lingüística de tales rasgos. Por citar un ejemplo harto conocido, traeré aquí a colación las palabras del converso aragonés Gonzalo García de Santa María que, en el prólogo de la *Vida de los santos padres religiosos* (Zaragoza ¿1490?), escribe:

> Ay allende eso en la misma Castilla, como son diversos reynos en vno ayuntados, algunas tan groseras y ásperas lenguas, como es Galicia, Vizcaya, Asturias y Tierra de Campos, que ni aquellas ni lo muy andaluz es auido por lenguaje esmerado. Ca lo vno de muy gruesso y rudo se pierde, y lo otro de muy morisco en muchos vocablos a penas entre los mismos castellanos se entiende.

Este testimonio ha suscitado interpretaciones diferentes y, en ocasiones, controvertidas desde que lo exhumara Eugenio Asensio (1960a): González Ollé 1987, Mondéjar 1991, Frago 1993, Bustos 1997a y 1997b y Morillo-Velarde 2001b. Por lo que aquí interesa ahora, las dos interpretaciones posibles son la de Mondéjar, que afirma que con la alusión a lo *muy andaluz* «no se refiere a los andaluces de origen castellano-leonés o de cualquier otro origen cristiano, sino a los moriscos, cuyas dos manifestaciones lingüísticas usuales eran la algarabía (árabe andalusí dialectal) o una especial aljamía (castellano plagado de arcaísmo léxicos y de una prosodia afín a las articulaciones propias de su dialecto arábigo, cuando no de confusiones entre palatales)» (Mondéjar 1991:135); o la de Bustos, que entiende que las peculiaridades lingüísticas andaluzas a que se está refiriendo el converso aragonés serían algunas pronunciaciones especiales y la aparición de «palabras moriscas» (1997a: 80).

La interpretación de Mondéjar tiene el inconveniente de que, como ha señalado Frago (1993: 113), para la época a la que se refiere la cita en cuestión en Andalucía occidental casi no quedaban moriscos, muchos menos en todo caso y de mucha menor relevancia social y económica que en el reino de Valencia o en el propio Aragón, razón por lo que considera —en mi opinión con toda razón— que la relación que entre lo «muy andaluz» y lo «muy morisco» que establece Gonzalo de Santamaría es simplemente «un tópico cultural decididamente configurado a la sazón, cuya repercusión sería enorme en las centurias siguientes». Y buena prueba de esa repercusión es la noticia que recoge del viajero ¿imaginario? Jouvin, que afirma en *Le voyageur d'Europe...* (1672) que «en Andalucía [la lengua castellana] está mezclada con varias palabras de los moros».

La trascendencia del estereotipo morisco ha sido tanta que ha alcanzado a investigadores muy solventes. Es lo que les ocurrió, por ejemplo, a Navarro Tomás, Rodríguez Castellano y Espinosa en su trabajo pionero ya citado sobre «La frontera del andaluz», en el que no dudan en atribuir la pronunciación predorsal de la *s* sevillana a la naturaleza supuestamente predorsal de la *s* del árabe andalusí, o a Isidro de las Cajigas, que pretendió explicar la extensión predorsal de la *s* andaluza como consecuencia de un supuesto influjo bereber (Navarro Tomás, Rodríguez Castellano y Espinosa 1975 [1933], Cajigas 1950, Alonso 1969, Lapesa 1957).

b) Representación. En cuanto mecanismo de cognición social, el estereotipo implica, de alguna forma, una representación de la realidad, hasta el punto de que algunos investigadores consideran entre sus notas características la de ser contrario a los hechos o contener *sólo* un núcleo de verdad (Hoffstäter 1960, entre otros). ¿Tiene, entonces el estereotipo que vincula los rasgos lingüísticos andaluces con lo morisco y, en última instancia, con el árabe algún núcleo de representación de la realidad? Obviamente, todo depende de los términos en que la supuesta relación se establezca: si se formula en términos absolutos, en el sentido de atribuir origen árabe a todo rasgo lingüístico en que el andaluz se aparta de castellano, está claro que es contrario a los hechos. Si lo concebimos en los términos algo más modestos, en los que apuntan García de Santamaría o Jouvin, resulta difícil negarlo. Porque es una evidencia que el andaluz se diferencia en ocasiones del castellano en que emplea voces de origen árabe, donde aquel las usa de origen románico. No es difícil, así, encontrar dobletes en los cuales la forma de etimología árabe se conoce en el léxico andaluz: *alhucema/espliego, almoraduj/mejorana, ajonjolí/sésamo, albur/liza, aljofifa/bayeta* (Narbona, Cano y Morillo 2003). Pero ese es todo el núcleo de imagen de lo real que mantiene el estereotipo.

c) Simplificación. Si el grado de representación de la realidad lingüística andaluza que tiene el estereotipo morisco es exiguo, sus cotas de simplificación y deformación de dicha realidad son gigantescas. Son, en efecto, varias las dimensiones en las cuales deforma gravemente la realidad:

- cuando se extiende a niveles diferentes del léxico, como la pronunciación, ya que a ningún fenómeno fonético diferencial del andaluz se le ha podido demostrar origen árabe y, sobre todo, porque, salvo el seseo-ceceo, que, como ya demostraron Amado Alonso y Lapesa, nada tienen que ver con el árabe o lo morisco, casi ninguno de los fenómenos lingüísticos andaluces son exclusivamente tales, sino que es posible encontrarlos también en otras áreas más septentrionales del español, lo cual sugiere que, como el resto de los rasgos comunes entre el andaluz y las otras modalidades hispánicas septentrionales, han sido traídos al Sur con la reconquista y repoblación, aunque sea germinalmente. Es lo que ocurre, por ejemplo, con fenómenos como el *yeísmo*, de cuyo origen andaluz no hay prueba histórica alguna, o la aspiración de -*s* implosiva, que tiene sus primeras manifestaciones geográficas muy al norte de Andalucía;
- cuando se generaliza en exceso, convirtiendo en falsas apreciaciones las que, en sus justos términos, serían verdaderas. Así, la idea de atribuir al árabe cualquier discrepancia léxica existente entre el andaluz y el castellano empuja, con alguna frecuencia, a la propuesta de etimologías absurdas;
- cuando se contemplan de modo simplista hechos que, observados en perspectiva adecuada, son mucho más complejos. Así, la persistencia de arabismos en el léxico andaluz desconocidos en el uso actual castellano tiene una explicación algo más matizada y compleja que la mera suposición de una continuidad genética entre lo árabe y lo andaluz como consecuencia del dominio árabe en Andalucía. Este, por otra parte, ha dejado huellas perceptibles e importantes en ella, aunque más en lo físico —léase: el paisaje monumental y geográfico andaluz— que en lo cultural (y el lenguaje es, ante todo, un fenómeno cultural). Hace tiempo que sabemos, aunque parece que no todo el mundo está enterado de ello, que el andaluz mantiene en términos generales una proporción de arabismos similar a la del castellano; que tales arabismos no solo son cuantitativamente semejantes, sino, desde el punto de vista cualitativo, los mismos que penetran en el castellano en el siglo X, merced, seguramente, a la intensa emigración mozárabe que desde el supuesto e idílico foro de convivencia de las tres culturas que ahora se quiere hacer del Califato de Córdoba —otro interesado y peligroso estereotipo— se produce hacia los reinos cristianos en los muy frecuentes casos en que las tres culturas pacíficamente convivientes tenían alguna que otra gresca; y que eso, unido al innegable fulgor de la cultura musulmana de la época no había sino de producir la adopción sistemática de voces árabes. A partir del siglo XIII, cuando se completa la decadencia de Al-Ándalus y el castellano se afirma como lengua, e incluso empieza a dotarse de los rudimentos de una norma culta, se depura de muchos de aquellos antiguos arabismos —como se depurará también de otras influencias extrañas, como la francesa, con la pérdida de la llamada *apócope extrema* (Lapesa 1985)—, recuperando voces de origen románico.

Es en este punto en el que el andaluz no sigue el ritmo del castellano y se ve menos afectado por ese proceso de sustitución de léxico arábigo por el léxico románico. Se trata, pues, de la consecuencia de una tendencia que se repite con cierta constancia en las hablas andaluzas: la tendencia al arcaísmo, a conservar rasgos lingüísticos ya sobrepasados por el español de Castilla. Se puede citar, en este sentido, el mantenimiento, como en otras regiones, de la aspirada procedente de la *F-* inicial latina, que el castellano debió perder en el siglo XV, así como no pocas piezas léxicas todavía frecuentes en Andalucía y desde hace tiempo desusadas en Castilla: *candela, sobrado, entenado* ('ahijado'), *atacarse* ('abrocharse'), *coraje, corcusilla, pujavante*, etc. (Narbona, Cano y Morillo 2003 y Morillo-Velarde 2001b).

Ahora bien, nadie piense que en este conservadurismo lingüístico hay nada de genético. En él tiene mucho que ver lo árabe, aunque no necesariamente la lengua árabe, sino lo árabe como presencia histórica y hostil para con los repobladores andaluces, que viven y desarrollan la nueva realidad de la Andalucía cristiana en un entorno de frontera que va a durar desde la conquista del occidente andaluz a mediados del siglo XIII hasta la del reino de Granada a fines del XV. Este entorno de vida fronteriza es el que produce el desarraigo de las tradiciones castellanas y el desarrollo de pautas de conducta lingüística que en Castilla tenían solo existencia rudimentaria, así como el que solo de lejos pueda seguirse el devenir lingüístico impuesto por el centro (Lapesa 1985 y 1996).

d) Socialización. Por socialización no solo se entiende el que el estereotipo sea algo que transciende la dimensión individual de quienes lo comparten. Tiene también un sentido más profundo según el cual la socialización requiere la presencia de alguna clase de repercusión social. Esto es, el estereotipo es básicamente un modo de representación de la realidad pero, en cuanto fenómeno de la cognición social, la imagen generada debe ser capaz de producir algún tipo de efectos sociales, con independencia de la cantidad de individuos que puedan verse afectados por él —y que siempre serán menos que los que lo admitan—. En el caso del estereotipo sobre el supuesto origen árabe de rasgos lingüísticos andaluces, es obvio que suele funcionar como síntoma de una concepción más amplia que hace derivar del Al-Andalus islámico no solo la lengua, sino toda actual realidad andaluza, a la que se considera sometida por la cultura cristiana, procedente de Castilla. Desde esta se habría «inventado» una cultura oficial, uniformadora y centralista que negaría las peculiaridades étnicas, culturales e idiomáticas del pueblo andaluz, contra la que este debería rebelarse para recuperar sus señas de identidad. En el ámbito lingüístico, esta postura se compagina, en ocasiones, con la afirmación de una identidad étnica andalusí anterior incluso a la dominación musulmana, de base hispanorromana, e incluso con vinculaciones y antecedentes tartesios. En tales circunstancias el andaluz actual se reputa como una degradación por influjo castellano de la verdadera lengua andalusí, la *aljamía*, por mal nombre *mozárabe*. Pero no vale la pena entrar en demasiados comentarios sobre este tipo de deformaciones históricas que pretenden trasplantar a Andalucía realidades lingüísticas ajenas, con fines, en ocasiones, espurios.

Por debajo de este estereotipo late un mecanismo mental, presente de manera constante en todos los pensamientos nacionalistas, y que suele moldear, siguiendo siempre idéntico esquema, nacionalismos de muy diversa índole y signo: se trata de deformar la historia inventado un pasado esplendoroso e idílico. Tal reconstrucción del pasado permite obtener la adhesión de quienes, por motivos diversos, no acaban de encontrarse a gusto con el presente. La pretensión de recuperar ese pasado, frente a quienes supuestamente tratan de arrebatarlo, crea un enemigo contra quien luchar y unos objetivos, por más utópicos que sean, con lo que se satisfacen todos los requisitos necesarios para mover voluntades ajenas y se está en condiciones de emprender cualquier clase de acción política. El grado de éxito de estas maniobras dependerá de la intensidad con que se persuada de la existencia de ese pasado idílico, de que el pasado es el propio y de que es recuperable. En el caso andaluz, no parece que los esfuerzos nacionalistas hayan resultado en exceso convincentes.

e) Valoración. El componente valorativo de este estereotipo es sumamente curioso, pues es ambivalente, en el sentido de que en ciertos sujetos el estereotipo desencadena una valoración negativa, mientras que en otros lo hace con carácter positivo. En su origen histórico está claro que la atribución al andaluz de caracteres «moriscos» o árabes solo podía tener como consecuencia su inapelable condena como modalidad lingüística. Así se comporta Gonzalo García de Santamaría, quien, en el fondo, parece recoger un prejuicio ya viejo de las gentes del norte contra los del sur, un prejuicio que a mediados de la centuria siguiente (siglo XVI) encontraremos en boca del médico zamorano Francisco López de Villalobos, disparado esta vez contra los toledanos: «en Castilla los curiales no dicen [...] *albacea,* ni *almutacén*, ni *ataiforico*, ni otras muchas palabras moriscas con que los toledanos ensucian y ofuscan la polideza y claridad de la lengua castellana». En ese mismo siglo, el Padre Mariana justifica la desaparición de la palabra *almojarife* ('tesorero'), alegando ser «apellido que por ser Arábigo era odioso». Y tampoco es de extrañar que fuera esa la idea que rondaba por la cabeza de Valdés en su condena del andaluz porque, afirma, en Andalucía «la lengua no está muy pura», o la que desembocará en las críticas de Juan Fernández de Velasco, conde de Haro y condestable de Castilla, con el seudónimo de «el Prete Jacopín», a las *Acotaciones* a la obra de Garcilaso, de Fernando de Herrera.

La primitiva maurofilia que desde ese mismo siglo XVI empieza a aparecer en la cultura española, y que tiene sus reflejos en la literatura «morisca», no debió inicialmente de cambiar mucho las cosas, que permanecieron tal cual hasta el siglo XVIII. Sin embargo, la irrupción del movimiento romántico reorientó completamente la valoración social del estereotipo hacia una actitud positiva. En ello debió influir bastante la imagen que los viajeros románticos trasmitieron de España como país «singular» en el ámbito europeo y dotado del «exotismo» que tanto encandilaba la mentalidad romántica. Esa singularidad se concentraba en Andalucía y se explicaba como consecuencia del influjo árabe que tantas otras y tan perceptibles huellas dejó en el propio medio físico andaluz. De este modo lo árabe queda positivamente unido al hecho diferencial andaluz y se sientan los fundamentos de un nacionalismo que, como en otros lugares, el romanticismo —o más bien sus secuelas— harán florecer, aunque de manera muy tardía en este caso.

3.1.2.2. El estereotipo gitano

Por otra parte, en la época romántica al estereotipo de lo árabe —ya no de lo morisco— vendrá a unirse un segundo prejuicio sobre los orígenes culturales y lingüísticos de «lo andaluz»: el estereotipo de lo gitano. Se ha pretendido remontar el origen de este estereotipo hasta mediados del siglo XVI, sobre todo a partir de la interpretación de Carolina Michaëlis de Vasconcelos de un pasaje del escritor portugués Joao de Barros, entresacado de su obra *Dialogo en louvor de nossa lingoa*, de 1540, en el que se alude a *o cecear zigano de Sevilla*. Amado Alonso (1969: 133) considera que Doña Carolina Michaëlis interpreta mal el pasaje, pues en él su autor se está refiriendo al caló y no al habla de Sevilla. Para Amado Alonso, además, la atribución del ceceo a los gitanos es ya en esa época, y lo seguirá siendo después, un estereotipo de la cultura española que, además, nunca se vincula con el caso andaluz: «La lengua de que los gitanos se servían —escribe— para hablar con los naturales era el castellano, lo mismo en Portugal o en Valencia que en Castilla, y todos ceceaban ese castellano ya fuera en Portugal, ya en Castilla la Vieja, en Sevilla o en Valencia. Los españoles coetáneos *no relacionaban el ceceo gitano con el andaluz*. Hay que esperar casi un siglo para encontrar una mención del ceceo en la que se aluda conjuntamente a gitanos y andaluces. Se encuentra en *El criticón*, de Baltasar Gracián (1651), en el que se lee: «zezeaba uno tanto que hazía rechinar los dientes, y todos convinieron en que era andaluz o gitano»». El carácter disyuntivo de la atribución del ceceo en el texto de Gracián da cuenta de una situación en la que idéntico rasgo se asigna de manera estereotipada e independiente a dos comunidades distintas, la gitana y la andaluza, sin establecer ningún tipo de vínculo genético de dicha presencia en ambas comunidades, con lo cual parece legítima la conclusión que extrae de ignorar el ceceo gitano, documentado, dice, desde 1525, para datar el fenómeno andaluz.

¿Cuándo se produce, entonces, la vinculación que hoy se da entre lo andaluz y lo gitano, más allá incluso de los fenómenos lingüísticos? No es fácil aventurar respuesta a esta pregunta, ante la falta de documentación fiable. Sin embargo puede conjeturarse que tal vinculación nació al margen del ceceo, a fines del siglo XVIII, y en estrecha conexión con el surgimiento del cante flamenco. Este, en efecto, aunque se le atribuyen orígenes mucho más antiguos y se relaciona también con las culturas semíticas, debió surgir como ahora lo conocemos en respuesta al interés por las manifestaciones artísticas populares que entonces se despierta en las clases aristocráticas, lo que propició el que apareciera un cierto amaneramiento en la forma de interpretar géneros musicales tradicionales, que es lo que hoy se conoce como flamenco. Seguramente, al igual que hoy sucede, buena parte de los encargados de desarrollar ese nuevo estilo musical, que en la conciencia primero de los andaluces y después de los demás se vinculó rápidamente con lo genuinamente andaluz, serían de etnia gitana. La comunidad de rasgos lingüísticos, en el caso del *ceceo*, así como la asimilación ligüística de muchos gitanos en Andalucía, favorecerían, sin duda, esa vinculación. El arte y la literatura posterior, así como el acogimiento del flamenco por los círculos intelectuales a partir del romanticismo y hasta la actualidad, han sellado el triunfo definitivo del estereotipo.

Ha de señalarse, sin embargo, que el estereotipo de la vinculación entre lo andaluz y lo gitano posee un estatuto social muy diferente de la conexión con lo moriscoárabe, que hemos examinado anteriormente.

En lo que atañe a los aspectos estrictamente representativos de la realidad lingüística, el estereotipo gitano suele relacionarse, sobre todo, con el léxico, quizás porque se entiende que ha habido entre ambas comunidades una especie de ósmosis cultural en virtud de la cual los gitanos habrían asimilado los rasgos andaluces de pronunciación (incluso el ceceo, pero no solo él) y a cambio habrían aportado al andaluz un nada desdeñable caudal léxico. Por citar solo algunos de los más tópicamente relacionados con el estereotipo, valgan los casos de *postín*, *sandunga*, *parné*, *camelar*, *gachó*, *mangar*, *currar*, *jamar*, *canguelo*, etc. (Clavería 1951; Ropero 1978 y 1994; Narbona, Cano y Morillo 2003).

3.1.2.3. Esquemas y modelos estereotípicos

Tanto el árabe como el gitano pertenecen a la clase que podemos denominar de los «estereotipos constitutivos». Son estereotipos que señalan los orígenes de aquello a lo que dicen representar, pero que poco o nada dicen de la realidad que representan. Son el producto de un mecanismo cognitivo al que se suele conocer como «atribución de causa», modelo de cognición social que tiende a atribuir la relación causa-efecto a cualquier tipo de continuidad espacio-temporal (Condor y Antaki 2000:463) y que forma parte de la tendencia general a hacer del mundo en que se vive un lugar ordenado y comprensible. Frente a esta clase de estereotipos, ofrecen más interés aquellos que, de alguna manera, dibujan una imagen de la realidad representada. Son estereotipos que conforman «esquemas», «modelos», «guiones», «escenas», etc., de realidades sociales con las que operamos y que sirven de base para producir inferencias sociales. La psicología social suele emplear distintas formas de categorizar estas representaciones, que se relacionan íntimamente con la semántica. Según una tradición filosófica y psicológica que se remonta hasta la Antigüedad Clásica, con fundamentación aristotélica, tales representaciones tendrían la forma de un *concepto*, es decir, un conjunto de notas o rasgos característicos relacionados entre sí en el sentido de que todos constituyen el conjunto de condiciones necesarias y suficientes para identificar y representar a todos y cada uno de los entes singulares englobables bajo ese concepto. El concepto aristotélico tiene límites rígidos, de manera que cada uno es perfectamente independiente de los otros y, en cuanto conjunto de condiciones necesarias y suficientes, distinto.

Desde otra óptica psicológica, los esquemas y modelos pueden concebirse como prototipos de las realidades representadas. Los prototipos se diferencian de los conceptos en que no constituyen conjuntos jerarquizados de condiciones necesarias y suficientes para la representación de las realidades a las que se refieren, sino que o bien pueden entenderse como amalgamas de rasgos más o menos centrales o periféricos, que constituyen una especie de continuo amorfo, que admite segmentaciones y categorizaciones diferentes, o bien como *el mejor ejemplar*, es decir, el individuo particular de la categoría representada del que se estima que representa más adecuadamente dicha categoría (Kleiber 1995).

De todos los rasgos lingüísticos que han conformado el esquema o el modelo lingüístico del andaluz, el más central y el que aparece antes y, por tanto, de una manera constante desde los orígenes, es el del ceceo. A él se alude, en efecto, en la primera caracterización lingüística de los andaluces en la que se mencionan rasgos lingüísticos concretos. Quizás el testimonio más antiguo sea el que se encuentra en la *Historia verdadera de la conquista de la Nueva España*, de Bernal Díaz del Castillo, testigo directo y protagonista de los acontecimientos que narra, cuya obra, aunque escrita hacia 1568, refiere los hechos bélicos que desembocaron en la conquista de México por Hernán Cortés entre 1519 y 1526, razón por la que la atribución que se hace a uno de los personajes históricos que en ella intervienen —el capitán Luis Marín— de cecear «un poco, como sevillano» ha de referirse a la época en que tales hechos suceden, como sostiene Diego Catalán (1989), y no a aquella en la que se cuentan, como quería Amado Alonso (1969: 54).

De hacia 1579 data el testimonio del vallisoletano Damasio de Frías, autor de un *Diálogo de las lenguas*, en el que afirma:

> En Andalucía, pues, no dexa de aver sus pronunciaciones en algunas partes extrañas y muy diversas de las castellanas, como en Jaén, Andujar y, en general, todos los andaluces [son muy diversos] de nosotros en el sibilo de la *ese*.

No está claro si con «el sibilo de la *ese*» Damasio de Frías, conocedor de primera mano de la realidad lingüística andaluza, se refería, como afirma Mondéjar (1991), a la pronunciación coronal de la ese andaluza, que todavía hoy se da en Jaén y Andujar, o, como parece más probable, dada la alusión a la pronunciación general andaluza, al conjunto de transformaciones que las sibilantes medievales venían sufriendo en Andalucía y que desembocaron en el fenómeno del seseo-ceceo. A este se refiere, sin duda, Arias Montano en un no menos controvertido pasaje, en el que afirma:

> Siendo yo muchacho, la pronunciación de los andaluces en España, y sobre todo la de los sevillanos era la misma que la de los castellanos de ambas Castillas, y el sonido era del todo semejante; cuya diversidad resultó tan grande al cabo de veinte años, que a no ser por la diferencia de algunos vocablos, no distinguiría en nada a un sevillano de un valenciano, ya que ambos truecan la s por la z y al revés.

Amado Alonso (1969: 48-61) ha querido ver en este texto una manifestación precisa del desarrollo cronológico del seseo-ceceo andaluz, de forma que, para él, habría tenido lugar rápidamente entre 1546-47, años en los que conjetura llegaría Arias Montano a Sevilla desde su Fregenal de la Sierra (Badajoz) natal, y 1566, que sería la fecha a la que se alude, una vez transcurridos 20 años. Entre esos dos hitos cronológicos, el seseo-ceceo habría alcanzado la pronunciación de la totalidad de los sevillanos, con la excepción de «los viejos más graves y [...] no pocos de los jóvenes mejor educados», que, a decir de Arias Montano, conservarían la distinción castellana.

Lo que Amado Alonso no advierte es el carácter tópico y estereotipado de la observación del erudito de Fregenal: esta, en efecto, se enmarca en el comentario de un pasaje del *Libro de los Jueces* (cap. 12, 5-6), en el que se narra el enfrentamiento entre las tribus de Efraím y Galaad, al final del cual la tribu de Galaad, vencedora, cortó a los Efraimitas la retirada por los vados de Jordán, e identificaban a los fugitivos por la diferente pronunciación de la palabra *shibbolet* ('espiga'), que aquellos pronunciaban como *cibbolet*. De manera constante, cada vez que se ha glosado o explicado el pasaje, los escoliastas han recurrido para ejemplificar esta diferencia entre el hebreo de Galaad y el efraimita a diferencias dialectales coetáneas, y entre ellas es frecuente que hayan hecho referencia al andaluz, como ocurre en el caso tantas veces citado de la glosa del maestro Arragel de Guadalajara, en la *Biblia de Alba*. Incluso se han referido casos más o menos semejantes, como el que cuenta Bernardo de Aldrete a propósito de la utilización de ciertas peculiaridades fonéticas de los moriscos granadinos para reconocerlos como tales. Más reciente es también la anécdota que recoge Montes Giraldo (1970) del guerrillero Madrazo, tras la batalla del Río Magdalena, en la guerra de la independencia de las colonias de la América hispana, a principios del siglo XIX. Para distinguir a los prisioneros castellanos de los soldados de leva autóctonos, les hacía decir su nombre —Francisco— en voz alta y el que lo pronunciaba a la castellana (sin seseo) era mandado fusilar de inmediato.

Sea como sea, muy pocos años después de la observación de Arias Montano, el ceceo aparece ya vinculado a la imagen estereotípica de los andaluces en la pluma precisamente de un gran maestro en sacar partido a los estereotipos, Don Francisco de Quevedo, quien en un inacabado *Poema heroico de las necedades y locuras de Orlando enamorado*, cuya fecha probable de composición puede situarse entre 1626 y 1628 y en el que, en medio de una tópica caracterización de los españoles de las distintas regiones, escribe:

> Vinieron muy preciados de sus garras
> Los castellanos con sus votoacristo;
> Los andaluces, de valientes, feos,
> Cargados de patatas y çeçeos

Probablemente, pues, desde fines del XVI, y con toda seguridad ya a principios del XVII, el fenómeno del *çeçeo* constituía el rasgo más central del estereotipo andaluz. Claro que, como sabemos desde el magistral estudio de Rafael Lapesa (1957), con esta palabra se designaba seguramente la desaparición en buena parte de Andalucía —desde luego todo el antiguo reino de Sevilla, casi todo el de Córdoba, así como casi todo el sur y occidente del de Granada— de la *s* alveolar castellana, con independencia de las muchas variantes fonéticas —siseantes, ciceantes e intermedias— que podía presentar su sustituta, la consonante predorsal, primero africada y después fricativa, sorda o sonora.

El siglo siguiente, en el que se consolida de manera definitiva el timbre ciceante y el carácter interdental de la antigua predorsal, consolidará también la diversificación en dos del primitivo *çeçeo*, en el que se va a diferenciar el moderno ceceo, relacionado con la interdental castellana, y el seseo, cuya solución se conecta, de manera ahistórica, con la ápicoalveolar normativa.

En la constitución definitiva de la imagen estereotípica del andaluz que traerá el romanticismo y su secuela literaria del costumbrismo, el seseo-ceceo, no siempre diferenciados, ocupa también la posición de rasgo central y, por tanto, caracterizador de cualquier prototipo de andaluz. Así sucede en lo que Mondéjar (1991) considera «la primera caracterización del andaluz», la que se encuentra en la obra del barón Charles Davilliers, *Voyage en Espagne*, publicada en París, como folletín del periódico *Le Tour du Monde*, entre 1862 y 1873. Se trata de uno de los muchos libros de viajes de los impenitentes viajeros románticos, en los cuales no hay tópico que no encuentre cabida. El barón Davilliers, tras referirse a la acusada personalidad del dialecto andaluz, comparando su reconoscibilidad inmediata entre los españoles, con la de provenzales o gascones entre los franceses, espeta como primer elemento identificador:

> El ceceo, especie de *zézeiement* (zaceo) que consiste en pronunciar la s como c y en silbar un poco al hablar, basta para identificar desde las primeras palabras a los niños de Andalucía.

Lo más llamativo de este testimonio es quizás la atribución de seseo a los niños de una manera más intensa que a los adultos, algo que puede tener que ver con la experiencia propia de Davillier, a quien el fenómeno le resultaría más llamativo en ellos.

En las recreaciones autóctonas de la literatura de costumbres, el ceceo aparece también de manera sistemática, desde Estébanez Calderón, que en sus *Escenas andaluzas* caracteriza la forma de hablar de uno de sus personajes sevillanos echando mano del viejo tópico de «la transformación continua de las eses en zetas y al contrario» (Carriscondo 1999: 49), con lo que no se aparta un punto de algunas descripciones ya manidas en el siglo XVII, hasta Valera, que atribuye a las mujeres cordobesas una pronunciación en la que «dejan un poco que desear. La *zeda* y la *ese* se confunden y unimisman en sus bocas» (dato de 1872: cfr. Mondéjar 1991: 44).

Hasta ayer mismo se pueden encontrar pruebas de la pertinaz persistencia del estereotipo del seseo-ceceo como rasgo central en la caracterización lingüística de lo andaluz: en una investigación llevada a cabo para preparar una de las intervenciones en unas jornadas de estudio sobre las hablas andaluzas, en la que se pidió a un grupo de 108 alumnos de la Universidad de Salamanca que mencionaran cinco rasgos característicos de ellas, el más mencionado fue el *seseo*, que apareció en 99 ocasiones, mientras que el *ceceo* lo hizo, en tercer lugar, con 80 ocurrencias. Entre ellos se situó el yeísmo, con 82 menciones, pero sobre él volveremos más adelante (Gómez Asencio 2001: 138).

Así, pues, en la percepción estereotipada del andaluz, desde sus más remotos orígenes históricos hasta el presente, figura el seseo-ceceo como el rasgo más constante de su caracterización. A partir de ahí, y en virtud del carácter simplificador de la imagen estereotípica, se entiende que todo andaluz es seseante-ceceante. Y, lógicamente, cuando se pretende construir un modelo ejemplar de habla andaluza, con valor normativo, suele proclamarse el seseo como fenómeno de obligada adopción, para evitar el estigma social que pesa sobre el ceceo.

Por otra parte, hace tiempo que los dialectólogos han establecido los límites andaluces de las isoglosas del ceceo, el seseo y el mantenimiento de la distinción, de modo que la divulgación de estas informaciones ha permitido matizar la imagen estereotípica con una imagen *geográfica* (vid. *supra*), en la cual, de manera más o menos nítida, se admite la existencia de tres estratos lingüísticos en Andalucía, que se superponen unos a otros, en paralelo con la costa sur de Andalucía. El más septentrional de ellos es el que ocuparía el área de distinción, que se extiende por Sierra Morena y el norte de las provincias de Granada y Almería; a continuación, ocupando el centro de Andalucía y la ciudad de Sevilla, vendría el área del seseo, y al sur, en paralelo a la costa, desde Ayamonte al campo de Níjar, la de ceceo.

Un mapa imaginario de Andalucía que presente la distribución geográfica de los tres fenómenos hace ver que el área de distinción es posiblemente la de mayor extensión en términos de superficie, seguida por la del ceceo, siendo la del seseo la más reducida. No obstante, a la percepción social de estos fenómenos tampoco se le oculta que la zona de distinción es también la más despoblada de Andalucía, que ocupa, además, una posición excéntrica, sin incluir, salvo Jaén y algunos núcleos urbanos del norte de Almería, ninguna localidad importante. Por el contrario, el reducido espacio geográfico seseante engloba en sí las ciudades de Sevilla, Córdoba y Granada, amén de otros importantes núcleos urbanos. En otras palabras, la percepción social de la realidad lingüística andaluza corrige con criterios demográficos el mapa de Andalucía que ha dibujado la geografía lingüística y tiende a atribuir al seseo un ajustado predominio sobre los otros dos fenómenos, colocando después el ceceo y reservando el último lugar para la distinción, aunque tal percepción difiera ligeramente de la aportada por los datos estadísticos y la simulación demolingüística que antes se ha descrito. Y es que la cognición social siempre entraña una cierta deformación de lo real, si es que no es la «imagen estadística» la que está deformada por falta de refinamiento de dicha simulación.

La incorporación del yeísmo, es decir, la desaparición de la consonante palatal lateral —grafía *ll*— en beneficio de la palatal central fricativa sonora, que representamos en la escritura con la *y* con valor consonántico, al estereotipo andaluz es mucho más reciente: las primeras atribuciones se encuentran en el siglo XVIII, en concreto en textos de Tomás de Iriarte, de Ramón de la Cruz, de Hervás y Panduro y, ya a principios de la centuria siguiente, del ortólogo granadino Mariano José Sicilia. Es curioso destacar, sin embargo, cómo uno de los textos que más se han citado como reflejo del andaluz en el siglo XVIII, *La infancia de Jesu-Christo* (1784), de Gaspar Fernández y Ávila, párroco de Colmenar, en la provincia de Málaga, no recoge ningún caso de este. Claro que tampoco los pastores que intervienen en estos diálogos dramáticos de tema navideño utilizan el seseo-ceceo, y sabemos que el cura malagueño lo debía practicar, como lo prueba el hecho de que rime, en el diálogo I, vv. 470-71 *gozo* con *venturoso*, en un parlamento puesto, además, en boca del Arcángel San Gabriel, personaje poco sospechoso de rusticismo lingüístico, amén de un sinfín de casos similares. Lo que esas rimas prueban, en realidad, es la falta de valor marcativo de estereotipo sociolingüístico que Fernández y Ávila encontraba en el ceceo, ya que, con seguridad, casi todo el público —rural— al que sus diálogos se destinan, lo practicaba. Algo semejante debía de suceder con el yeísmo, al que seguramente no recurre porque, al ser generalizado entre su posible auditorio, carecería de tal valor.

Por el contrario, tenemos testimonios de la aparición de brotes yeístas con anterioridad en ámbitos no andaluces: en el astur-leonés, en el mozárabe, entre los moriscos, en hablas toledanas, en el estereotipo dramático del habla de negros, en el español de América, testimonios que, desde luego, no se refieren siempre al mismo fenómeno, por lo que son extremadamente dudosos unas veces y otras apuntan hacia un rasgo vagamente considerado como vulgar, pero sin atribución geográfica fija hasta el siglo XVIII. Si a esto sumamos el carácter pan-hispánico y eminentemente urbano del yeísmo moderno, así como el hecho de que Andalucía conozca no pocos focos rurales de conservación patrimonial de la distinción entre palatales (el norte de Huelva, el Aljarafe sevillano, algunos puntos aislados de Málaga y Córdoba y el norte de Granada y Almería), parece evidente que la atribución al yeísmo de carácter andaluz es un estereotipo sin fundamento real alguno. Sucede, sin embargo, que la pertinacia del estereotipo es tan intensa que hace llegar, a veces, a las afirmaciones más inesperadas: hace ya bastantes años, Gregorio Salvador, consciente de la falta de testificación histórica del origen andaluz del yeísmo, afirmaba, que «si el común sentir de la gente ha estado en considerarlo andaluz, por algo sería», aunque a favor de esta hipótesis no encuentre otra razón que el hecho de que «zonas tan extensas y continuas de yeísmo como en Andalucía no hay en ninguna otra región» (Salvador 1964: 185), débil argumento que no acaba de diferenciar entre el origen de un cambio lingüístico y su difusión, olvidando que un fenómeno cualquiera puede encontrar difusión más amplia en áreas a las que se exporta que en aquellas en las que se origina. Incluso es relativamente normal que así sea, si tenemos en cuenta que cualquier cambio en sus orígenes tropieza con una inevitable resistencia, producto de la tendencia a la estabilidad de los sistemas. Cuando ese mismo fenómeno se transplanta a un territorio nuevo, las facilidades para su desarrollo y propagación aumentan considerablemente. La propia historia lingüística del castellano, en cuanto dialecto «innovador» frente al leonés, al riojano, al aragonés o al mozárabe, conoce algún que otro ejemplo de lo que decimos, como en su día demostró Menéndez Pidal (1964).

El caso del yeísmo nos pone de manifiesto, pues, otro foco de distorsión de lo real que introduce la imagen estereotípica del andaluz. Al contrario que en los rasgos que hemos visto hasta ahora, en los que el estereotipo implicaba una grave simplificación o incluso deturpación de la realidad histórica o lingüística de Andalucía, ahora, siendo básicamente cierto, lo es también para regiones mucho más extensas, con lo que, obviamente, pierde cualquier poder caracterizador. Si la imagen estadística, en el caso del seseo-ceceo, venía a demostrar el reparto casi equitativo de la población andaluza entre las tres soluciones del reajuste de sibilantes, en este caso, aun admitiendo la generalidad de la confusión yeísta, le resta valor identificador el hecho de que tal generalidad sea extensible a casi todo el español peninsular, insular y americano, con pocas excepciones.

En la misma línea, aunque posiblemente con menos nivel de generalidad, se encuentra la mayoría de los otros rasgos lingüísticos que componen la imagen estereotípica de la realidad lingüística andaluza. En el cuadro de fenómenos lingüísticos caracterizadores del andaluz suministrado por los alumnos salmantinos a Gómez Asencio, al que hemos hecho referencia antes, al seseo-ceceo y al yeísmo sigue la «neutralización/confusión de -r y -l implosivas o finales». El fenómeno, sin embargo, tiene una amplia tradición de documentaciones que lo remiten al antiguo sayagués, y, como afirma Mondéjar, al recoger el testimonio del ya citado Barón de Davillier, «otro fenómeno que Davillier considera típico del andaluz es el cambio de -l en -r, cuando lo cierto es que se trata de un proceso común en todo el espacio y estratos lingüísticos del español rústico y vulgar». Estudios como los de Amado Alonso y Raimundo Lida (1945) o Diego Catalán (1989) prueban claramente la extensión geográfica extraandaluza del fenómeno.

Lo mismo cabe decir de las aspiraciones de *F-* inicial latina (*humo, higuera*, etc.), que tiene carácter de estereotipo no solo andaluz, sino de todo el occidente peninsular del español, como prueba el hecho de que todo él, desde Cantabria y Asturias al occidente andaluz, pasando por León y Extremadura, conozca un refrán que, en términos muy semejantes, viene a decir algo así como: *Quien no(un) diga higo(u), humo(u) y higuera no(un) es (ye) de min o (mía) t(i)erra*. Estereotipo cuya generalidad desmiente en este caso también la imagen estadística, dado que actualmente la aspiración solo se conserva o en palabras muy aisladas o en hablantes de entornos rústicos.

La aspiración de -s implosiva y final, así como la desaparición de esta última o la modificación de las consonantes siguientes, en el caso de la anterior (dando lugar a formas como *defaratar* por *desbaratar, dihutto* por *disgusto*, etc.), es también un fenómeno generalizado en Andalucía y en amplias zonas del español insular y americano, pero que asimismo hunde sus raíces muy al norte de Andalucía, desde el sur de la provincia de Salamanca, áreas de La Rioja, toda Extremadura, la Mancha, hasta morir en el mar Mediterráneo, ocupando la zona sur del área hispanohablante de la actual provincia de Alicante. Solo puede tener, pues, un valor excéntrico como rasgo caracterizador del estereotipo andaluz.

Ni propio de todo el andaluz, ni característico solo de él es otro de los rasgos al que la tradición viene considerando como central en la caracterización de su estereotipo. Me refiero a la pronunciación aspirada del fonema que, en Castilla y en el oriente de Andalucía, se pronuncia como velar fricativa sorda, y que tiene como representación gráfica la *j*, o la *g* ante *e* e *i*. Como la aspiración procedente de la *F-* inicial latina —y quizás porque se trata de rasgos lingüísticos genéticamente vinculados— es un fenómeno occidental del castellano, que alcanza casi toda Extremadura, el occidente de Castilla-La Mancha y solo el occidente de Andalucía, sin alcanzar a la provincia de Jaén, el norte de la de Granada y casi toda la de Almería. Al mismo tiempo, no se puede olvidar que en buena parte de la zona oriental de la provincia de Córdoba, en una estrecha franja limítrofe con la de Jaén que la recorre de norte a sur, así como en la de Málaga y el norte de Huelva, puede oírse una pronunciación intermedia entre la aspiración faríngea, característica del occidente, y la fricación velar con que se articula en castellano septentrional y en el levante andaluz (Alvar, Llorente y Salvador 1961-73). Si a eso añadimos que, en contextos medianamente enfáticos, la aspiración tiende a dejar su sitio a la fricación velar, comprenderemos que la distancia entre el andaluz y el español estándar es en este punto, como en muchos otros, bastante menor de lo que pretende la percepción estereotipada de las hablas andaluzas.

Paradójicamente, algunos de los más notables rasgos lingüísticos andaluces, quizás porque solo tardíamente han sido observados y porque hemos llegado a su conocimiento por la vía de la observación científica, y esta apenas trasciende al público no especializado, no están presentes en ninguna imagen estereotípica del andaluz. Me refiero a algunos fenómenos, a los que precisamente esta ausencia de la conciencia lingüística sobre el andaluz ha hecho que, en algunas ocasión, se les haya denominado *fenómenos sin historia* (Narbona, Cano y Morillo 2003), entre los que, sin duda, deben destacarse la modificación de la vocal final de los plurales, que algunos conocen como abertura (Navarro Tomás 1939, D. Alonso *et al.* 1950, Alarcos 1954, Alvar 1955, Salvador 1957, Mondéjar 1991) y otros como *proyección vocálica* (Salvador 1987b, Narbona, Cano y Morillo 2003) del andaluz oriental, la palatalización de las terminaciones nominales en *-as* (García Marcos 1987, Morillo-Velarde 2002a, Villena 1975, Varela García 2002), así como formando parte de este, pero con perfiles y características propias, la llamada, desde Dámaso Alonso (1957), «Andalucía de la E».

3.1.2.4. El mejor ejemplar

La mención que acabamos de hacer de los rasgos lingüísticos andaluces ausentes del estereotipo andaluz ha de entenderse solamente como un argumento más en beneficio de la tesis que venimos sosteniendo de que todo estereotipo entraña por sistema un alto grado de simplificación y deformación de la realidad que aspira a representar. Nadie piense que con ello pretendemos que dichos rasgos se incorporen a él, porque con ello acabaríamos por desembocar en la última manifestación del estereotipo del andaluz de que vamos a ocuparnos aquí: la basada en el mecanismo cognitivo del prototipo entendido como *el mejor ejemplar.*

A diferencia de las anteriores, esta manifestación del estereotipo no es jerárquica, sino acumulativa; no discrimina entre rasgos centrales y periféricos, sino que hace formar parte de la representación de lo andaluz todos aquellos fenómenos lingüísticos presentes en Andalucía, siempre y cuando no se den en el español estándar, o, al menos, en una percepción de él no menos estereotipada que la del andaluz.

Esta manifestación del estereotipo medra en el entorno del «culto a la diferencia» y la exaltación de la diversidad, y tiene su origen psicológico en el carácter más vívido que tiene la experiencia de lo diferente frente a la de lo común, mecanismo generador de buena parte de los estereotipos sociales, o al menos de cierta clase de ellos. Hamilton (1981) ha descrito este mecanismo como el establecimiento de una correlación ilusoria entre dos clases de hechos, que obedece a que dos tipos de fenómenos convergen hacia un mismo fin aparente, creando dos fuentes de «ruido» que se amplifican mutuamente. En el ejemplo de Hamilton, el que los habitantes de la ciudad X piensen que los de la aldea Y son unos ladrones, aunque un recuento imparcial no encuentre diferencia en la proporción de ladrones entre aldeanos y ciudadanos, se debe a la confluencia de dos factores que tienden a fijar en el sistema mental de los ciudadanos la correlación entre el robo (comportamiento que por su naturaleza antisocial es vívido para los ciudadanos) y el que los aldeanos son menos numerosos que estos, ya que lo poco frecuente es más memorable.

Trasladada la teoría de Hamilton al caso que no ocupa, la diferenciación lingüística del estándar es un hecho en sí mismo destacable, y tanto más cuanto más infrecuente. La confluencia de esos dos refuerzos lleva a la atribución al andaluz en su conjunto —que se convierte así en el andaluz por excelencia— de todos los rasgos diferenciales con el español estándar, sean cuales sean y tengan el carácter que tengan. A tal clase de estereotipos pertenecen los intentos de «escribir en andaluz», que, pese a ser rechazados por Vaz de Soto tras contemplar su falta de «viabilidad» (Vaz de Soto 1981), no han evitado propuestas más recientes que circulan en la Red y que incluso se han utilizado para editar algún libro. No nos resistimos a transcribir un párrafo de una de ellas para dar una idea de estos —como justamente alguien los ha llamado— Frankensteins idiomáticos:

> Zupuehto q'ehto ê una propuehta de trabaho q'azemô, a título perzonà, lô autorê i lô firmante der doqumento, bia de queà mu claro que la intenzión nuehtra ê zaleà lâ qonzenziâ i la imahinazión'e toâ lâ perzoná interezà en l'azunto ehte i animal-lâ a probâ lâ orzionê aquí prehentà i, azí, en uno bé qomo ze ban apliqando lâ reglâ, armitilâ, varíalâ o rumeaze l'apanyo eze con er qe nuzotrô no bamô ehtao ehqapâ d'atinà.

Huelgan los comentarios.

3.1.2.5. *Las actitudes*

Una vez vistas las distintas clases de estereotipos que empañan la percepción de las hablas andaluzas, tanto desde fuera como desde dentro de Andalucía, resta tan solo hacer algunas consideraciones sobre el componente actitudinal de aquellos, responsables de su trascendencia social, de que sean algo más que meras representaciones deformadas o bufas de la realidad lingüística andaluza.

Como más arriba hemos señalado a propósito del estereotipo constitutivo árabe-morisco, la visión estereotipada del andaluz genera dos tipos de actitudes diferentes: una negativa, que se traduce en un rechazo de la imagen generada o, al menos, en su confinamiento en los niveles socioculturales más desfavorecidos, lo que lleva a un desprecio generalizado por lo andaluz, confundido en su totalidad con lo «inculto», y otra positiva, que, sin embargo, poco o nada tiene que ver con el prestigio que los sociolingüistas denominan *encubierto* y que se basa en la aceptación social de ciertos rasgos no estándares en determinadas situaciones de uso. La exaltación de la imagen estereotipada del andaluz, que se pretende hacer pasar como imagen de *toda* la realidad lingüística andaluza, tiene mucho que ver con la aparición en el presente siglo de un pensamiento nacionalista, victimista y reivindicativo, al que no le importa falsificar el pasado y el presente con tal de lograr unos muy determinados objetivos políticos. El que esta ideología goce de cierto predicamento entre la burguesía de algunas de las más relevantes comunidades autónomas del Estado anima a grupos andaluces a utilizar la munición que, en su día, generara la vertiente costumbrista del romanticismo, en respuesta —en imitación, mejor— de las descripciones de una realidad más soñada o entrevista que fielmente captada que dieron desde fuera los viajeros románticos. **El resultado es el lamentable objetivo —consciente o inconsciente— de pretender que la realidad reproduzca el molde del estereotipo.**

El más grave problema de tales pretensiones, afortunadamente dispersas y de escaso eco, es que, a fuerza de querer elevar a la categoría de norma lo que solo es excepción local y episódica, no alcanzan a comprender que la realidad lingüística de Andalucía es, como hemos visto para no pocos rasgos lingüísticos, menos diferente de la castellana de lo que se pretende, algo que sí sabe intuitivamente la mayoría de los andaluces. No alcanzan a comprender que, en el fondo, las hablas andaluzas son solo eslabón de una cadena que arranca en la Meseta y, sin solución de continuidad, muere en la Tierra del Fuego; que las diferencias particulares en ella, por llamativas y numerosas que sean, no son sino una manera de resaltar la unidad del todo, una forma de hacer aún más manifiesta la congruencia de una lengua inmensa, que se derrama en varios continentes.

3.2. *El prestigio de los rasgos dialectales en el español peninsular*

La diversidad geográfica, histórica, social y tipológica de las comunidades autónomas españolas genera una compleja variedad de situaciones de contacto entre los vernáculos de cada una de ellas y los diferentes estándares lingüísticos con los que conviven. De este modo, las comunidades bilingües de Galicia, País Vasco, Navarra, Cataluña, Valencia y Baleares conocen la coexistencia de un vernáculo de la correspondiente lengua regional y otro de la española, fruto del bilingüismo de muchos de sus habitantes o de la inmigración de otros desde regiones españolas monolingües, así como de dos estándares distintos: el de la lengua autóctona y el estándar castellano.

Las regiones monolingües se pueden agrupar en tres categorías diferentes en función de la naturaleza del vernáculo presente en ellas. Están, por un lado, aquellas comunidades que tienen como vernáculo una modalidad dialectal originada *in situ* como consecuencia de la evolución del latín vulgar hablado en la Península Ibérica desde la época de la dominación romana. Se trata de las comunidades que conocen variedades dialectales denominadas históricas o primarias, surgidas a la vez que el castellano y que convivieron hasta el siglo XIII al menos en plan de igualdad con él; tal es el caso del Principado de Asturias al oeste, o de Aragón, al este. En segundo lugar, las comunidades en que vernáculo y estándar confluyen como modalidades del *castellano*, y que comprenden básicamente la comunidad de Cantabria, Castilla y León, La Rioja y Madrid. Finalmente, se encuentran las comunidades de Castilla-La Mancha, Extremadura, Andalucía, Murcia y Canarias, cuyo vernáculo es consecuencia de un proceso de koinización (Tutten 2003) a partir de las diferentes variedades aportadas por los repobladores, tras haberles arrebatado a los árabes (o a los guanches, en el caso canario) el dominio de esa zona, y que pueden considerarse divergencias del propio castellano, que fue quien aportó la mayor parte de la base de dicho proceso de koinización, del que se diferencian en diverso grado. Por ello, tales modalidades son conocidas como dialectos o variedades *secundarias* del español.

Los dialectos históricos han venido caracterizándose por una situación de clara inferioridad con respecto al estándar, hasta el punto de haber desaparecido, desde etapas históricas, no ya solo de los usos formales, sino incluso del vernáculo de las clases populares urbanas, en la mayoría de los casos. En efecto, como señala Jesús Neira Martínez (1982a y 1982b: 114; también Kovalinka 1985), para los bables «la norma superior, en el sentido de norma supralocal de comunicación, la ha venido ejerciendo, desde siglos, el castellano». Algo semejante puede afirmarse para las hablas altoaragonesas, así como del resto de rasgos dialectales aragoneses en el dominio aragonés, con excepción, probablemente, de los de filiación catalana, presentes en la llamada «frontera catalano-aragonesa» (Martín Zorraquino y Enguita 2000). Ello no obsta, sin embargo, para que, desde fines de los años setenta del siglo pasado, al compás del desarrollo del llamado *Estado de las Autonomías* consagrado por la Constitución Española de 1978, se hayan venido sucediendo movimientos, con raigambre última en el nacionalismo romántico del siglo XIX y primer tercio del XX, de enaltecimiento de los respectivos vernáculos dialectales, a los que, en no pocas ocasiones, se ha aspirado a convertir en lenguas propias y oficiales (o cooficiales, junto con el castellano) en las respectivas autonomías. A veces, tales movimientos han encontrado un cierto respaldo político, dándose lugar a la proliferación de instituciones oficiales o paraoficiales, como la *Academia de la Llingua Asturiana* o el

Consello d'a Fabla Aragonesa, cuyas propuestas de lograr, vía planificación lingüística, un asturiano, diferenciado del castellano y unificado, o una *fabla aragonesa* de semejantes características, no se puede decir que hayan alcanzado excesivo eco.

En las comunidades castellanas septentrionales, la distancia entre vernáculo y estándar es sumamente reducida, en la medida en que no se halla interferida por un vernáculo dialectal ampliamente separado de aquel, sino que está constituido única y exclusivamente por el castellano y un manojo de rasgos, justamente tildados de «vulgares» que, como tales, solo afectan a ciertos sectores sociales y, casi siempre, a los registros de menor grado de formalidad, debido al intenso estigma que pesa sobre ellos. De este modo, tales rasgos vernáculos, a diferencia de lo que en otros lugares sucede, rara vez tendrán consideración de «marcadores» de la identidad sociocultural de dichas comunidades y, en todo caso, podrán funcionar como «estereotipos» de determinados grupos sociales (Labov 1972).

Finalmente, en aquellas comunidades que presentan un vernáculo de tipo secundario, esto es, nacido de evolución de la koiné de base castellana de colonos y repobladores, que constituyen el llamado «español meridional», se produce una situación bien diferente: buena parte de las soluciones vernáculas se ve favorecida por un cierto «prestigio encubierto» o *covert prestige* en la terminología de Labov (1972) y Trudgill (1983), que las lleva a gozar en ocasiones hasta de prevalencia en relación con el estándar, incluso entre hablantes pertenecientes a los niveles socioculturales superiores. Y ello sin perjuicio de que pese también sobre ellas un cierto grado de estigma social que conduce a sus usuarios a considerarlas variaciones «degradadas» del estándar castellano y a mostrar lo que ha llegado a denominarse «complejo lingüístico de inferioridad».

En las páginas que siguen pretendemos describir someramente la compleja situación de las relaciones estándar-vernáculo en tales comunidades en relación con la cuestión del prestigio lingüístico, tomando como punto de referencia el caso de Andalucía, probablemente la más prototípica de todas ellas, e intentando encontrar las causas en las circunstancias de su singular historia lingüística.

3.2.1. El prestigio lingüístico de la fonética meridional

Desde los orígenes de la dialectología científica andaluza se ha constatado que, contrariamente a lo que sucede en otros ámbitos dialectales, los vernáculos meridionales en general y los andaluces en particular conocen un cierto prestigio encubierto, que les concede una extensión social (amplitud) y una gran constancia de uso (vitalidad). En un trabajo casi auroral, Américo Castro señalaba respecto a la situación sociolingüística de algunos rasgos lingüísticos andaluces:

En las clases más cultas, muchas de esas particularidades desaparecen por influencia de la lengua literaria; no obstante, ocasionalmente, en el habla descuidada, pueden aparecer casi todos los hechos notados (no creo que la aspiración de la h inicial; cada ciudad requeriría para esto un estudio especial) (Castro 1924, 65).

En la observación del ilustre discípulo de Menéndez Pidal se aprecia toda la vaguedad que, dada su fecha, cabe esperar de ella. Así, poco más podemos deducir que la presencia de rasgos andaluces en los registros menos formales de las clases cultas, aunque sin precisar cuáles ni en qué proporción. Se limita, eso sí, a excluir la pronunciación aspirada «de la h inicial», expresión que debe referirse al mantenimiento de la aspiración procedente de la antigua *F-* inicial latina, que todavía hoy se conserva en las hablas rurales del occidente andaluz, así como en el vernáculo de los hablantes de los niveles socioculturales más bajos de las áreas urbanas (Narbona, Cano y Morillo-Velarde 2003: 207-209).

Algo más matizada y compleja es la imagen que de la pronunciación andaluza ofrece Gregorio Salvador (1963) en un trabajo previo a la publicación completa del *Atlas Lingüístico y Etnográfico de Andalucía* (Alvar, Llorente y Salvador 1992 [1961-1972]), pero que, con seguridad, tenía presentes los datos que después habrían de verse reflejados en el mismo. En él se constatan las dos notas básicas con que, desde entonces, se viene caracterizando dicha pronunciación: la diversidad geográfica y la uniformidad social.

Con respecto a la primera, se advierte de que no hay una «única fonética andaluza, sino múltiples formas de pronunciar el español en Andalucía, que se concentran además en un ramillete de solo cuatro rasgos básicos: la aspiración de *-s* implosiva, la neutralización de *-r* y *-l* implosivas y finales, la pérdida de *-d-* intervocálica, y el *yeísmo*, esto es la confusión de la palatal lateral (grafía *ll*), con la palatal central (*y* con valor consonántico)». Es de destacar que Salvador descarta el *seseo-ceceo* por su falta de generalidad en Andalucía, pues hay una importante zona geográfica del norte y nordeste de la región que no conoce la confusión y que practica una distinción entre ambas análoga a la castellana.

Lo más llamativo que Salvador encuentra en común entre los hechos lingüísticos considerados es que serían, en su opinión, rasgos innovadores, cuya fortaleza y pujanza estarían llevando a la fonética andaluza a un proceso de expansión, desde el sur hacia el norte, que habría de poner en peligro a la vuelta de unos cuantos siglos la pervivencia de la pronunciación castellana septentrional, opinión que creía ver corroborada con la extensión extraandaluza, en las áreas geográficas limítrofes, de los fenómenos definidores del andalucismo fonético.

La clave de la capacidad expansiva de la fonética andaluza se hallaría precisamente en su alto grado de penetración social o, en otras palabras, en el alto nivel de uniformidad sociolingüística de Andalucía, que afirma de manera taxativa:

El andaluz —decía— no tiene fronteras en su penetración vertical: llega a las capas más altas de la sociedad (1963: 186).

Y citaba como apoyo de su observación el hecho de que, a mediados del pasado siglo, cuando Dámaso Alonso, Alonso Zamora Vicente y Mª Josefa Canellada quisieron hacer un estudio de la pronunciación de las vocales en Andalucía, pudieron servirse, en calidad de informantes, de sujetos universitarios, incluidos algunos catedráticos de universidad. Afirmación que se veía, además, corroborada por el propio caso personal del autor del trabajo, andaluz de origen y madrileño de adopción que, pese a dominar impecablemente la pronunciación estándar, recuperaba su vernáculo andaluz cada vez que pisaba Andalucía «por un sentimiento —confiesa— de *irreprimible vergüenza*» (las cursivas son nuestras).

Hay en el planteamiento de Gregorio Salvador alguna que otra exageración y no pocas vaguedades, cuando no alguna equivocación de plano que, de hecho, él mismo ha rectificado con posterioridad. Tal es el caso del supuesto carácter expansivo de la fonética andaluza, así como de su penetración hacia el norte. Sucede que el hecho de que podamos encontrar algunos de estos rasgos en el español de otras regiones lo que de verdad indica es el origen no andaluz, sino con toda probabilidad, castellano, de dicho rasgos, que habrían sido traídos a Andalucía al compás de la dinámica de los procesos repobladores de las tierras andaluzas que siguieron a su definitiva conquista a los musulmanes durante el siglo XIII para el Occidente andaluz y en los últimos decenios del XV, para el Oriente.

Más llamativa es la explicación que ofrecía de la intensa penetración social de la fonética meridional y, por tanto, de la supuesta inexistencia de fronteras sociolingüísticas en Andalucía: la estructura socioeconómica de la población andaluza da lugar, según Gregorio Salvador, a la presencia de una clase dominante compuesta por un número muy reducido de individuos, capaces de reconocerse entre sí con facilidad y que, por consiguiente, no necesitan servirse para su identificación social ante sus congéneres y ante los miembros de las otras clases sociales de *marcadores* (Labov 1972) lingüísticos. Esta clase social, tradicionalmente conocida como *los señoritos* andaluces, se caracterizaría por vivir de las rentas de sus posesiones agrícolas de carácter latifundista y presenta, desde el punto de vista cultural, un sesgo conservador y fuertemente apegado a las tradiciones locales, razón por la que en lo lingüístico adopta con facilidad los usos vernáculos de las clases bajas, dado que, sobre todo la Andalucía rural, apenas conoce clases medias.

La explicación de Gregorio Salvador, aun cuando no carente del todo de valor, es, incluso para la fecha en que se propuso, reductora en exceso. No se tiene en cuenta, en efecto, la existencia de una Andalucía urbana dotada de importantes y populosas clases media y media-alta, e incluso desde mediados del siglo XIX, y mucho más en la segunda mitad del XX, de una emergente burguesía industrial y de profesionales liberales. A ello hay que sumar las profundas transformaciones que ha sufrido la estructura sociodemográfica de la población andaluza en el último cuarto del pasado siglo, caracterizada por un intenso proceso de urbanización que ha dado al traste con su carácter tradicionalmente rural. Y ello sin que su configuración sociolingüística se haya visto modificada en el punto que nos interesa.

3.2.2. La «norma» meridional y la «norma» septentrional

Una caracterización ligeramente diferente de hechos parecidos se encuentra en la primera descripción lingüística seria de la ciudad de Sevilla, obra de Manuel Alvar (1990 [1974]). Como en el caso anterior, se aducen aquí abundantes ejemplos del uso de formas vernáculas andaluzas por parte de hablantes de los niveles socioculturales más elevados, incluso en situaciones de formalidad extrema:

> Por ejemplo —escribe Alvar— un catedrático universitario de Lengua y Literatura española puede decir en Granada **me se**; en clase no se sabe pronunciar **azucenas** o **susurros**. Y del caos idiomático dio fe cierto rector andaluz, incluso al hablar en los actos más solemnes. Cierto profesor sevillano será incapaz de decir **procesión**, por más que intente, como con las **azucenas** o el **susurro**, remedar la norma culta del resto de la Península; o no concertará de otro modo que **uhtede vení**. Son estos casos extremos —no anómalos, sino de abrumadora frecuencia—, pero que amparan toda suerte de distanciamientos del habla culta madrileña, salmantina o zaragozana, pongo por caso (1990 [1974]: 20).

Para Alvar, la extensión social de los fenómenos lingüísticos andaluces en la ciudad de Sevilla fue determinante de su irradiación hacia otras zonas del español meridional y, sobre todo, a la recién conquistada Andalucía oriental y, con posterioridad, al español de América. La causa de esa difusión se hallaría en el prestigio comercial, económico y cultural de la urbe andaluza en los siglos XVI y XVII.

En esa difusión encuentra también Manuel Alvar la causa de la pluralidad de normas que hay en el español, en particular, de la dualidad existente entre la norma septentrional (el estándar lingüístico español) y la meridional o atlántica; dualidad que ya había sido saludada por Ramón Menéndez Pidal, al oponer *Sevilla frente a Madrid* (Menéndez Pidal 1962). Tal dualidad vendría, además, a constituirse en explicación del prestigio social de que goza la «norma sevillana» y el resto de las normas meridionales que en ella se originaron.

La apreciación de Alvar sobre la constitución de una *norma* que, aun admitiendo su origen sevillano, pueda ser considerada como tal, es, quizás, un tanto exagerada. Es cierto que no se pueden negar los hechos sobre los que esta suposición se basa, como tampoco es posible discutir que estos hechos idiomáticos cumplen casi todas las condiciones necesarias para constituir *una* norma del español. Pero *norma* en el sentido en que la suele utilizar Coseriu (1973), esto es en un sentido meramente descriptivo o estadístico, sin el alcance de modelo normativo, para lo que este reserva el término de *lengua ejemplar*.

Como puede apreciarse, la situación descrita tanto por Gregorio Salvador como por Manuel Alvar sobre la penetración social de los fenómenos que constituyen la fonética meridional se corresponde perfectamente con las que sociolingüistas como Labov (1972) o Trudgill (1983) conocen como situaciones de prestigio *latente* o *encubierto*, que indican que en hablantes o contextos en los que cabe esperar el uso de formas propias del estándar, aparecen usos vernáculos porque presentan un cierto nivel de estimación, normalmente en cuanto rasgos marcadores de una identidad de carácter social o geográfica. Sin duda, no a otra cosa alude esa *irreprimible vergüenza* que fuerza a Gregorio Salvador a usar sus rasgos meridionales cuando habla con personas de idéntica procedencia. Se trata, en el fondo, de un movimiento evasivo con el objeto de no caer en la sanción social que en el ámbito lingüístico meridional se dispensa a quienes se conducen con deslealtad lingüística hacia sus rasgos vernáculos, a los que irónicamente se tilda de «*hablar fisno*», con una deliberada ultracorrección reveladora de las que suelen o pueden cometer quienes abandonan su habla materna.

3.2.3. La **defensa del habla andaluza** o la búsqueda de una nueva lengua ejemplar para Andalucía

Al igual que, como hemos apuntado antes, sucede con los vernáculos de los llamados *dialectos históricos*, el fin del régimen del general Franco y el advenimiento de la transición democrática propició el desarrollo de movimientos de índole nacionalista de distinta intensidad en prácticamente todos los rincones del Estado Español. Se hizo, en todos los casos, hincapié en la exaltación o recuperación de cuantas «señas de identidad» pudieran avalar la constitución de comunidades autónomas separadas, entre las que las lingüísticas ocuparon lugar de preferencia, debido al hecho de que las comunidades que tiraban del carro, las llamadas «comunidades históricas» (Galicia, Cataluña y el País Vasco) contaban con una lengua calificada de *propia*. Había que ofrecer, pues, un sistema lingüístico lo más original y diferenciado posible del español común. En este contexto ideológico no tardaron en resucitarse las perspectivas y visiones del costumbrismo romántico, dotándolas de un sesgo mucho más reivindicativo, y en todas partes se abogó por el reconocimiento institucional de las formas dialectales autóctonas, cuando no de su constitución como normas lingüísticas de uso obligado en centros educativos y medios de comunicación social.

La manifestación más conocida de ese ambiente en Andalucía fue la publicación de la *Defensa del habla andaluza*, serie de artículos aparecidos en la prensa, recogidos posteriormente en forma de libro, de José María Vaz de Soto (1981), a lo cual ya se ha hecho referencia. En cualquier caso, la idea del prestigio del vernáculo andaluz en los estudios de sociolingüística andaluza puede concretarse en la afirmación con que se concluye el trabajo titulado *Perfil sociolingüístico del sevillano culto*, obra de Vidal Lamíquiz y Pedro Carbonero:

> A través de nuestro análisis se ha observado que, en términos generales, el sevillano se debate entre una conciencia valorativa de su modo de hablar y un cierto ideal de lengua representado por la norma estándar castellana (Lamíquiz y Carbonero 1987: 106).

Parece lógico pensar que a esta situación se habría llegado en el español meridional de manera semejante a como se puede llegar a ella desde cualquiera de los dialectos históricos del español: por la sustitución paulatina de las formas autóctonas de prestigio (que, sin duda, existieron para el astur-leonés y el aragonés en épocas pretéritas, como lo prueba su afluencia a la documentación medieval hasta fines de la Edad Media, e incluso después) por las castellanas, como consecuencia del influjo de la educación, el prestigio de quienes, procediendo de Castilla, ocupaban cargos de relevancia en la administración regional o local, el clero o, más modernamente, los medios de comunicación social.

Sin embargo, en nuestra opinión, tal proceso de sustitución no ha tenido nunca lugar en el español meridional, a diferencia de lo que sucede en los territorios históricos y al igual que en el español de América. En ambos casos, el ideal lingüístico ha sido siempre el mismo: el español estándar de cada momento histórico. Lo que sí ha aumentado es la «conciencia valorativa» del vernáculo a consecuencia, en América, de la independencia colonial y el desarrollo demográfico y cultural, y, en el español meridional, de los movimientos nacionalistas del romanticismo y de principios del pasado siglo.

Es posible aducir algunos hechos en apoyo de esto:

a) Los testimonios que revelan la existencia de una diferenciación lingüística de Andalucía con respecto al castellano se encuentran, por lo menos, desde el siglo XV. Sin embargo, como señala Bustos (1997), hasta bien entrado el XVI todos ellos tienen sus raíces fuera de Andalucía, señal de que los andaluces carecían de conciencia de hablar algo diferente del castellano.

b) En el mapa del *Atlas Lingüístico y Etnográfico de Andalucía* (Alvar, Llorente y Salvador 1961-73), en el que se interroga a los hablantes por el «nombre del habla local, según los informantes», casi un 40% se inclina por denominaciones generales, del tipo «castellano» o «español», a las que —eso sí— suelen añadir caracterizaciones peyorativas («basto», «fulero», «mal hablado», etc.), mientras que son minoritarias las referencias a una modalidad lingüística regional. En Canarias, por su parte (Alvar 1975), no aparece ninguna mención a una modalidad común. Solamente en Agüimes, en la isla de Gran Canaria, se responde «español canario», que no sabemos si se refiere a la totalidad del archipiélago o solo a la isla de Gran Canaria. Merece, asimismo, destacarse el agudo sentido lingüístico del informante de El Paso, en la isla de La Palma, que contesta: «Español. El castellano no lo sabemos hablar», respuesta en la que no hay que ver una alusión geográfica, sino, más probablemente, sociolingüística. Lo que no se sabe hablar no es el «dialecto» geográfico de Castilla, sino el español normativo, pero sin establecer una conciencia de diversidad regional, con independencia de lo que los últimos cambios habidos en el curso de los más de 30 años transcurridos desde que tales encuestas se realizaron hayan podido cambiar la situación descrita.

Estamos, pues, ante una situación, a primera vista, paradójica. Por un lado, los fenómenos vernáculos andaluces alcanzan una altura social y de uso elevada a consecuencia de su «prestigio encubierto». Por otro, la conciencia lingüística de los andaluces sigue manteniendo el estándar, no solo como ideal de lengua (es decir, dotado de prestigio patente o manifiesto), sino como el referente último de su identidad idiomática, por encima incluso del *andaluz*, entendido como denominación genérica de las peculiaridades expresivas de Andalucía.

Esta aparente paradoja se explica, sin embargo, a la luz del proceso histórico que condujo a la formación de las modalidades lingüísticas secundarias del español. Estas, en efecto, son consecuencia de la activación de fermentos de inestabilidad lingüística latentes en el propio castellano y diferenciadas, sobre todo, con respecto al proceso evolutivo seguido por este en el tránsito entre el español medieval y el clásico y el moderno (Morillo-Velarde 2002 y Bustos Tovar 2002). Estos procesos se vieron además avivados por los trasiegos de población subsiguientes a la conquista de la Andalucía occidental primero, de la oriental después y, por último, al descubrimiento y colonización de América. Pero ese apartamiento —que, a veces, es solo quietismo frente a la nueva revolución castellana— se produce de manera insensible y sin que los hablantes andaluces se den cuenta cabal de que están hablando algo diferente a lo que de *allende el puerto*, como se decía en la Edad Media, y con todas las aportaciones externas que se quiera, habían traído sus ancestros de las dos Castillas.

Es precisamente ese sentido de pertenencia idiomática a una unidad superior, todavía hoy superviviente, sumado al alejamiento y la marginalidad territorial de Andalucía en relación con Castilla la Vieja, núcleo irradiador de la koiné castellana moderna a partir del siglo XVII, el que impedirá que los andaluces cobren conciencia clara de las amarras lingüísticas que, unas veces por innovación —las menos— y otras por arcaísmo, se iban rompiendo con respecto al nuevo estándar español. De ahí la altura social de los fenómenos meridionales; de ahí que la observación del grado de diferencia entre los distintos estándares históricos y los vernáculos andaluces haya sido puesta de manifiesto antes desde fuera que desde dentro de Andalucía; de ahí que escritores, como Fernando de Herrera, reclamen el derecho a la dignidad y legitimidad de normas lingüísticas ajenas a las cortesanas, en respuesta a las acusaciones de falta de legitimidad idiomática contenidas en las críticas a sus *Anotaciones* a la obra de Garcilaso realizadas por Jesús Fernández de Velasco, Conde de Haro y Condestable de Castilla, bajo el seudónimo de *Prete Jacopín*; y de ahí, en fin, el rechazo sistemático que todavía en la Andalucía de hoy se da hacia la consideración del andaluz como dialecto del castellano, no ya en los ámbitos científicos, sino en el general común sentir, en la medida en que se entiende que la denominación *dialecto* implica un grado de subordinación y de separación de estructuras lingüísticas que cuesta trabajo admitir.

Bibliográfía

ALARCOS, EMILIO (1958): «Fonología y fonética (a propósito de las vocales andaluzas)», *Archivum*, VIII, 193-205.

ALLPORT, GORDON W. (1967): «Attitudes», en M. Fishbein (ed.): *Readings in Attitudes Theory an Measurement*, Nueva York, 1-13.

ALMEIDA, MANUEL (1999): *Sociolingüística*, La Laguna.

ALONSO, AMADO (1961[1945]): «Una ley fonológica del español», en *Estudios lingüísticos. Temas españoles*, Madrid, 237-49.

— (1955 y 1969): *De la pronunciación medieval a la moderna en español*, vols. I y II (ultimado y dispuesto para la imprenta por Rafael Lapesa), Madrid: Gredos.

— y LIDA, RAIMUNDO (1945): «Geografía fonética: -l y -r implosivas en el español», *Revista de Filología Hispánica*, VII, 313-45.

ALONSO, DÁMASO (1956 [1972]): «En la Andalucía de la E. Dialectología pintoresca», en *Obras Completas*, I, Madrid: Gredos, 607-625.

—; ZAMORA VICENTE, ALONSO y CANELLADA, Mª JOSEFA (1950): «Vocales andaluzas. Contribución al estudio de la fonología peninsular», *Nueva Revista de Filología Hispánica*, IV, 3, 209-30.

ALVAR, MANUEL (1955): «Las encuestas del *Atlas Lingüístico de Andalucía*», *Revista de Dialectología y Tradiciones Populares*, XI, 231-274.

— (1958-59): «El cambio *-al, -ar > e* en andaluz», *Revista de Filología Española*, XLII, 279-82.

— (1990 [1974]): «Sevilla, macrocosmos lingüístico. Fonética y fonología según el *Atlas Lingüístico de Andalucía*», en M. Alvar (ed.), *Norma lingüística sevillana y español de América*, Madrid, 19-44.

— (1975-1978): *Atlas Lingüístico y Etnográfico de las Islas Canarias*, Las Palmas de Gran Canaria: Cabildo Insular de Gran Canaria.

— (1982 [1961]): «Hacia los conceptos de lengua, dialecto y hablas», en *La lengua como libertad y otros estudios*, Madrid: Instituto de Cooperación Iberoamericana.

— (1996): «Andaluz», en *Manual de dialectología española (el español de España)*, Barcelona: Ariel, 233-258.

—; LLORENTE, ANTONIO y SALVADOR, GREGORIO (1961-73): *Atlas Lingüístico y Etnográfico de Andalucía*, 6 vols., Madrid: Consejo Superior de Investigaciones Científicas/Universidad de Granada.

ALVAR EZQUERRA, MANUEL (2000): *Tesoro Léxico de las Hablas Andaluzas*, Madrid: Arco/Libros.

ARIZA VIGUERA, MANUEL (1980): «Apuntes de geografía lingüística extremeña (Datos extraídos del ALPI)», *Anuario de Estudios filológicos,* III, 21-29.

— (1987): «Áreas lingüísticas», en A. Viudas Camarasa, *et al.*, *El habla en Extremadura*, Salamanca, 61-66.

ASENSIO, EUGENIO (1960a): «Juan de Valdés contra Delicado. Fondo de una polémica», en *Homenaje a Dámaso Alonso*, Madrid, 101-113.

BAILEY, CHARLES-JAMES N. (1973): «The pattering of Language Variation», en R. W. Bailey y J. Robinson, *Varieties of Present-Day English*, New York.

— (1975): *Variation and Linguistic Theory*, Arlington.

BRETON, ROLAND L. (1979): *Geografía de las lenguas*, Barcelona: Oikos-tau.

BUSTOS TOVAR, JOSÉ JESÚS DE (1997a): «La valoración del habla andaluza. Una visión histórica», *Demófilo. Revista de Cultura Tradicional de Andalucía*, 22, 69-88.

— (1997b): «Sobre el origen y expansión del andaluz», en Narbona, A. y Ropero, M. (eds.): *El habla andaluza (Actas del Congreso del Habla Andaluza. Sevilla, 4-7 marzo de 1997)*: Sevilla, 69-102.

— (2002): «Sobre la diversidad del andaluz», en A. Martínez González (ed.), *Las hablas andaluzas ante el siglo XXI*, Almería: Instituto de Estudios Almerienses, 71-89.

CAGIGAS, ISIDORO DE LAS (1950): *Andalucía musulmana. Aportación a la delimitación de la frontera del Andalus. (Ensayo de etnografía andaluza medieval)*, Madrid: Consejo Superior de Investigaciones Científicas.

CARBONERO, PEDRO (1982): *El habla de Sevilla*, Ayuntamiento de Sevilla.

— (1985): «Aspectos sociolingüísticos sobre la nivelación del español meridional», *Revista de Filología Románica*, 3, 77-83.

— (1992): *El habla de Jerez. Estudio sociolingüístico*, Jerez de la Frontera.

CARRISCONDO ESQUIVEL, FRANCISCO M. (1999): *Literatura y dialectología. La obra de Antonio Alcalá Venceslada*, Córdoba.

CASTRO, AMÉRICO (1924): «El habla andaluza» en *Lengua, enseñanza y literatura*, Madrid.

CATALÁN, DIEGO (1989): *El español. Orígenes de su diversidad*, Madrid: Paraninfo.

CAZACU, BORIS (1959): «Autour d'une controverse linguistique: langue ou dialecte?», *Recueil d'études Romanes*, Bucarest, 13-29.

CHAMBERS, J. K., y TRUDGILL, PETER J. (2000 [1974]) *La Dialectología*, Madrid: Visor.

CLAVERÍA, CARLOS (1951): *Estudio sobre los gitanismos del español*, Madrid.

CONDOR, SUSAN y ANTAKI, CHARLES (2000): «Cognición social y discurso», en T. Van Dijk (comp.), *El discurso como estructura y proceso*, Barcelona, 453-89.

COSERIU, EUGENIO (1973): *Teoría del lenguaje y lingüística general: cinco estudios*, Madrid: Gredos.

— (1981): «Los conceptos de dialecto, nivel y estilo de lengua y el sentido propio de la dialectología», *Lingüística Española Actual*, II, 1-32.

DUCROT, OSWALD y TODOROV, TZVETAN (1974): *Diccionario enciclopédico de las ciencias del lenguaje*, Buenos Aires: Siglo XXI.

ESPINOSA AURELIO M. (hijo) (1935): *Arcaísmos dialectales. La conservación de s y z sonoras en Cáceres y Salamanca*, Madrid: Centro de Estudios Históricos.

FINK, OSKAR (1929): *Studien über der Mundarten der Sierra de Gata*, Hamburg.

FRAGO, JUAN ANTONIO (1993): *Historia de las hablas andaluzas*, Madrid: Arco/Libros.

GALEOTE, MANUEL (1988): *El habla rural del treviño de Iznájar, Villanueva de Tapia y Venta de Santa Bárbara*, Iznájar-Granada.

GARCÍA MARCOS, FRANCISCO J. (1987): «El segmento fónico vocal + s en ocho poblaciones de la costa granadina. (Aportación informática, estadística y sociolingüística al reexamen de la cuestión)», *Epos*, 3, 155-180.

GARCÍA MOUTON, PILAR y MORENO FERNÁNDEZ, FRANCISCO (1994): «*Atlas lingüístico (y etnográfico) de Castilla-La Mancha*. Materiales de Ciudad Real y Toledo», en P. García Mouton (ed.): *Geolingüística. Trabajos europeos*. Madrid: Consejo Superior de Investigaciones Científicas, 111-154.

GÓMEZ ASENCIO, JOSÉ JESÚS (2001): «El andaluz, visto desde fuera», en A. Narbona (dir.), *Actas de las Jornadas sobre el habla andaluza. Historia, normas, usos*, Ayuntamiento de Estepa, 121-147.

GONZÁLEZ OLLÉ, FERNANDO (1987): «Primeras noticias y valoración del andaluz», *Boletín de la Real Academia Española*, LXVII, 247-287.

GONZÁLEZ SALGADO, JOSÉ ANTONIO (2000): *Cartografía lingüística de Extremadura*. Tesis Doctoral inédita, Universidad Complutense de Madrid.

GROOTAERS, WILLEM A. (1959): «Origin and nature of the subjetive boundaries of dialects», *Orbis*, 8, 355-84.

— (1964): «La discussion autour des frontières dialectales subjectives», *Orbis*, 13, 380-398.

GUITER, HENRI (1985): «Les méthodes quantitatives en géolinguistique sont-elles equivalentes?», *Actas del XV Congreso Internacional de Lingüística y Filología Románica*, vol. II, Palma de Mallorca, 355-67.

HERNÁNDEZ CAMPOY, JUAN M. (1999): *Geolingüística: modelos de interpretación geográfica para lingüistas*, Universidad de Murcia.

HOFFSTÄTER, PETER R. (1967): *Das Denken in Stereotipen*, Göttingen.

IAE (Instituto Andaluz de Estadística) (1996): *Andalucía pueblo a pueblo*, CD-Rom, Sevilla.

KIPARSKY, PAUL (1983): «La explicación en fonología», en S. Peters (ed.), *Los objetivos de la teoría lingüística*. Madrid: Gredos, 279-336.

KLEIBER, GEORGES (1995): *La semántica de los prototipos*, Madrid: Visor.

KONVALINKA, NANCY A. (1985): «La situación sociolingüística de Asturias», *Lletres Asturianes*, 16, 29-66.

LABOV, WILLIAM (1966): *The Social Stratification of English in New York City*, Washington: Center for Applied Linguistics.

— (1972): *Sociolinguistc patterns*, University of Pennsylvania Press.

— (1983): *Modelos sociolingüísticos,* Madrid: Cátedra.

LAMÍQUIZ, VIDAL y CARBONERO, PEDRO (1987): *Perfil sociolingüístico del sevillano culto*, Universidad de Sevilla.

LAPESA, RAFAEL (1957): «Sobre el ceceo y el seseo andaluces», en *Estructuralismo e historia. Miscelánea homenaje a André Martinet*, La Laguna, I, 67-94.

— (1981): *Historia de la lengua española*, 8ª ed., Madrid: Gredos.

— (1985 [1951]): «La apócope de la vocal en castellano antiguo. Intento de explicación histórica», en *Estudios de historia lingüística española,* Madrid: Paraninfo, 167-197.

— (1996): *Crisis históricas y crisis de la lengua española*, discurso leído en la Real Academia de la Historia (14 de abril de 1996), Madrid.

LLORENTE, ANTONIO (1947): *Estudio sobre el habla de la Ribera*, Universidad de Salamanca.

— (1997): «El andaluz occidental y el andaluz oriental», en A. Narbona y M. Ropero (eds.), *El habla andaluza. (Actas del Congreso de Habla Andaluza. Sevilla, 4-7 de marzo de 1997),* Sevilla, 103-122.

LÓPEZ MORALES, HUMBERTO (1984): «Desdoblamiento fonológico de las vocales en el andaluz oriental: reexamen de la cuestión», *Revista Española de Lingüística*, 14/1, 85-97.

— (1993 [1989]): *Sociolingüística* (2ª ed.), Madrid: Gredos.

MARTÍN ZORRAQUINO, Mª ANTONIA y ENGUITA UTRILLA, JOSÉ Mª (2000), *Las lenguas de Aragón*. Zaragoza.

MENÉNDEZ PIDAL, RAMÓN (1962): «Sevilla frente a Madrid. Algunas precisiones sobre el español de América», en *Estructuralismo e Historia. Miscelánea homenaje a André Martinet*, III, La Laguna, 99-165.

MONDÉJAR, JOSÉ (2000): *Dialectología andaluza*, Granada-Málaga.

MONTES GIRALDO, JOSÉ JOAQUÍN (1970): *Dialectología y geografía lingüística*, Bogotá.

MORENO FERNÁNDEZ, FRANCISCO (1990): «Las reglas del método sociolingüístico», en F. Moreno Fernández (coord.), *Estudios sobre variación lingüística*, Universidad de Alcalá de Henares, 241-270.

— (1996): «Castilla la Nueva», en M. Alvar (dir.), *Manual de dialectología hispánica. El español de España*, Barcelona: Ariel, 211-232.

— (1998): *Principios de sociolingüística y sociología del lenguaje*. Barcelona: Ariel.

— y OTERO, J. (2000): «Demolingüística de la Lengua Española. Aspectos metodológicos de la lingüística», en *Anuario del Instituto Cervantes*, Madrid.

MORILLO-VELARDE, RAMÓN (1985): «Sistemas y estructuras de las hablas andaluzas», *Alfinge*, 5, 29-60.

— (1989): «Bases para una dialectología textual», *Verba*, 31-63.

— (1997a): «La aspirada implosiva interior en el español meridional», *Demófilo. Revista de Cultura Tradicional de Andalucía*, 22, 89-109.

— (1997b): «Seseo, ceceo y ceseo: problemas metodológicos», en A. Narbona y M. Ropero (eds.), *El habla andaluza. (Actas del Congreso del Habla Andaluza. Sevilla, 4-7 marzo 1997)*, Sevilla, 201-220.

— (2001a): «Recorrido lingüístico por la geografía andaluza», en A. Narbona (ed.): *Actas de las I Jornadas sobre el Habla Andaluza*, Ayuntamiento de Estepa, 59-88.

— (2001b): «El andalucismo lingüístico en el Cancionero de Baena», en J. Serrano Reyes y J. García Fernández, *Juan Alfonso de Baena y su Cancionero*, Ayuntamiento de Baena, 59-88.

— (2002a): «La e en Puente Genil: de la dialectología pintoresca a la sociolingüística», en E. Soria Mesa (ed.), *Puente-Genil, pasado y presente. I Congreso de Historia de Puente-Genil*, Córdoba, 539-560.

— (2002b): «El andaluz culto como discurso alfabetizado», en A. Martínez González (ed.), *Las hablas andaluzas ante el siglo XXI*. Almería: Instituto de Estudios Almerienses, 141-157.

— (2002 [2004]): «Campo designativo y variación léxico-semántica», *Función. Revista del Departamento de Estudios en Lenguas Indígenas (Universidad de Guadalajara, México)*, 25-26, 2002, 22-69.

MOYA, JUAN ANTONIO y GARCÍA WIEDEMANN, EMILIO (1995): *El habla de Granada y sus barrios*, Universidad de Granada.

NARBONA, ANTONIO (dir.) (2001): *Actas de las I Jornadas sobre el habla andaluza. Historia, normas, usos*, Ayuntamiento de Estepa (Sevilla).

— (dir.) (2003): *Actas de las II Jornadas sobre el habla andaluza. El español hablado en Andalucía*, Ayuntamiento de Estepa (Sevilla).

— (dir.) (2006): *Actas de las III Jornadas sobre el habla andaluza. Diversidad y homogeneidad del andaluz.* Ayuntamiento de Estepa (Sevilla).

— y MORILLO-VELARDE, RAMÓN (1987): *Las hablas andaluzas*, Córdoba.

—; CANO, RAFAEL y MORILLO, RAMÓN (2003) (2ª ed.), *El español hablado en Andalucía*, Sevilla: Fundación José Manuel Lara.

NAVARRO CARRASCO, ISABEL (1995): *Diferencias léxicas entre Andalucía oriental y Andalucía occidental*, Universidad de Alicante.

NAVARRO TOMÁS, TOMÁS; RODRÍGUEZ CASTELLANO, LUIS y ESPINOSA, AURELIO M. (1977 [1933]): «La frontera del andaluz», en T. Navarro Tomás, *Capítulos de geografía lingüística de la Península Ibérica*, Bogotá: Instituto Caro y Cuervo, 21-80.

NEIRA MARTÍNEZ, JESÚS (1982a): «El hablante ante la lengua y sus variedades», *Bables y castellano en Asturias*, Madrid, 15-42.

— (1982b): «La situación lingüística de Asturias», *Revista de Occidente*, extraordinario II, núms. 10-11, 111-126.

PRESTON, DENNIS R. (1989): *Perceptual Dialectology. Nonlinguists' Views of Areal Linguistics*, Dordrecht-Providence: Foris.

QUASHTOFF, UTA (1987): «Linguistic Prejudice/Stereotypes», en U.Ammon, N. Dittmar y J. J. Mattheier, *Sociolinguistics*, Berlin-New York: Mouton, 785-99.

RODRÍGUEZ RODRÍGUEZ, M. C. (en prensa): «El modelo idiomático de Juan de Mena: apuntes para la formación de la conciencia lingüística española», en *Actas del Congreso Internacional Juan de Mena y el humanismo cordobés*, Córdoba.

RONA, JOSÉ PEDRO (1965): *El dialecto «fronterizo» del norte de Uruguay*, Montevideo: Adolfo Linardi.

ROPERO, MIGUEL (1978): *El léxico caló en el lenguaje del cante flamenco*, Universidad de Sevilla.

— (1996): «Aportaciones del léxico flamenco para la adquisición del vocabulario en escolares andaluces», en J. de las Heras Borrero, P. Carbonero Cano, A. Costa Olid y V. Torrejón Moreno (eds.): *Actas del IV Congreso sobre enseñanza de la lengua en Andalucía (Huelva, marzo de 1994)*, Huelva, 59-91.

SALVADOR, FRANCISCO (1980): «Niveles sociolingüísticos de seseo, ceceo y distinción en la ciudad de Granada», *Español Actual*, 33, 25-32.

SALVADOR, GREGORIO (1957): «El habla de Cúllar-Baza. Contribución al estudio de la frontera del andaluz», *Revista de Filología Española*, XLI, 161-252.

— (1964): «La fonética andaluza y su propagación social y geográfica», *Presente y Futuro de la Lengua Española*, II, 183-188.

— (1987): «Los alegres guarismos de la demolingüística», *Lengua española y lenguas de España*, Barcelona: Ariel, 1987, 45-67.

— (1987b): *Estudios dialectológicos,* Madrid: Paraninfo.

SAWOFF, ADOLF (1980): «A sociolinguistic appraisal of the sibilant pronunciation in the city of Seville», *Festgabe für Norman Denison (Grazer Linguistische Studien*, 11-12), 238-262.

SPEITEL, HANS-HENNING (1969): «An Areal Tipology of Isoglosses», *Zeitschrift für Dialektologie und Linguistik*, 36, 49-66.

TORREBLANCA, MÁXIMO (1975): *El habla de Villena y su comarca*, Alicante.

TRUDGILL, PETER J. (1983): «Sex and covert prestige: Linguistic change in the urban dialect of Norwich», en P. J. Trudgill (ed.): *On Dialect: Social and Geographical Perspectives*, New York University Press.

TUTEN, DONALD N. (2003): 2003. *Koineization in Medieval Spanish*, Mouton de Gruyter.

VALERA, JUAN (1872): «La mujer de Córdoba», *Las mujeres*, Madrid, 277-295.

VARELA GARCÍA, FABIOLA (2002): *En la Andalucía de la «e». Estudio lingüístico y etnográfico del habla de Estepa (Sevilla)*, Ayuntamiento de Estepa.

VAZ DE SOTO, JOSÉ Mª (1981): *Defensa del habla andaluza*, Sevilla: Edisur.

VILLENA, JUAN A. (1975): *La palatalización de la* a *en andaluz*, Memoria de Licenciatura inédita, Universidad de Granada.

— (1987): *Forma, sustancia y redundancia contextual. El caso del vocalismo del español andaluz*, Universidad de Málaga.

— (1997a): «Sociolingüística andaluza y sociolingüística del andaluz: problemas y métodos», en A. Narbona y M. Ropero (eds.): *Actas del Congreso del Habla Andaluza. Sevilla, 4-7 de marzo 1997*, Sevilla: Seminario Permanente del Habla Andaluza, 277-347.

— (1997b): «Convergencia y divergencia dialectal en el continuo sociolingüístico andaluz: datos del vernáculo urbano malagueño», *Lingüística Española Actual*, XIX, 83-125.

— (2001): «Lengua y sociedad en Andalucía», en A. Narbona (ed.), *Actas de las Jornadas sobre el habla andaluza. Historia, normas, usos,* Ayuntamiento de Estepa, 89-120.

WEINREICH, URIEL (1975): «Unilingüismo y multilingüismo», *El lenguaje de los grupos humanos,* Buenos Aires, 81-115.

ZAMORA VICENTE, ALONSO (1996): *Dialectología española,* Madrid: Gredos.

La proyección social de la identidad lingüística de Andalucía

La proyección social de la identidad lingüística de Andalucía. Medios de comunicación, enseñanza y política lingüística

Elena Méndez García de Paredes

1. Identidad personal *vs*. identidad grupal

El concepto de identidad no solo es complejo y resbaladizo sino que, por su naturaleza diádica o dual, también resulta paradójico. La construcción de la individualidad de cada sujeto (que es a lo que propiamente cabe llamar *identidad* en estricto sentido) está determinada por la alteridad (por el otro), pues a la conciencia de *ser uno mismo* y de reconocerse como tal, es decir, como *un Yo*, sujeto diferenciado y distinto, solo se accede por oposición a un *Tú*, a los demás. Los lingüistas afirman que es precisamente en la interacción comunicativa donde el sujeto cobra conciencia de sí mismo: al hablar se configura como individuo (como un *Yo* discursivo) por enfrentamiento a otro ser, su *alter* en la comunicación (el *tú* discursivo al que se dirige[1]). La identidad personal del sujeto adquiere en el discurso dos componentes complementarios de carácter social: uno, relativo a su construcción psicosocial (rasgos que lo definen según su sexo, edad, lugar jerárquico, legitimidad de habla, cualidades afectivas que se actualizan en cada acto de lenguaje); otro, inherente a la propia interacción, mediante los modos en que toma de la palabra, interviene y tematiza su verbalización, mediante los roles enunciativos que asume (categorías locutivas que lo diferencian del otro).

Asimismo, a través del discurso se toma conciencia de ser como son unos, pero también de ser diferentes a como son otros, lo cual permite que los individuos se construyan una *identidad de posicionamiento* que indica la manera en que el individuo se coloca en un espacio conflictivo junto a unos u otros, a partir de su empleo

---

1   Se suele designar con nombres como alocutario, destinatario, enunciatario (Benveniste 1977).

del lenguaje y de su forma de hablar (vocabulario, modalidad de habla). Esto da lugar a que pueda ser categorizado o descrito socialmente (habla como un joven, como un demagogo, como un académico, como un andaluz, etc.), lo cual configura a su vez identidades en sí mismas (lo académico, lo andaluz, etc.). Cada individuo pone en práctica las actitudes, valores y comportamientos que la sociedad le asigna en función del estatuto que posee o con el que se ve identificado en cada momento (perspectiva sociológica y psicosocial de la comunicación)[2]. En la medida en que se mantienen y se van reconfigurando a través del interdiscurso, *identidad* y *distintividad* son conceptos solidarios e interdependientes, la cara y la cruz de una moneda, puesto que cada uno de ellos es requerido en la delimitación y definición del otro. Pero, como se ha dicho, tener una identidad también es, simultáneamente, tener conciencia de *ser como otros*, de formar parte de algo colectivo, de modo semejante o idéntico a otros. Somos *uno* y nos reconocemos diferentes porque así aspiramos a serlo (*identidad personal* por la que conseguimos y exigimos *autonomía* frente al otro), y al mismo tiempo somos un *nosotros*: o sea, un *Yo+otros*[3]; un individuo que se integra en un grupo y se hace colectivo, idéntico a otros (*solidaridad*) y, que por afiliación con dicho grupo necesita, nuevamente, ser distinto de los que forman parte de otro(s) grupo(s)[4].

Para construir una *identidad colectiva* es necesario que socialmente se delimiten bien los contornos de lo distinto, dibujando a la vez los límites de lo propio en una única operación que separa los territorios así imaginados. Para que sean percibidos con nitidez, la separación se ha de realizar de una manera *dicotómica*, *privativa* y *constante* (*esquematización*), y así es como entran a formar parte del *contexto* social: en forma de representaciones y conocimientos de los hablantes, de saberes dados pero construidos por el hablar en la interacción comunicativa, y por lo tanto, activados, condicionados y transformados *por* y *a través* del discurso. Dicho de otro modo: hay que construir esos contornos, representarlos simbólicamente, imaginarlos para que sean relevantes como contexto[5] y operen cuando así sea requerido

---

2 Para estos conceptos Charaudeau 1988.

3 Esta integración del *Yo* en el *nosotros* (*Yo+otros*) es compleja y ambivalente debido precisamente a la extensión de la deixis del *nosotros*. Porque ¿de cuántos *otros* puede formar parte el *yo*?, ¿a cuántas identidades colectivas puede pertenecer y en qué medida son compatibles? Y lingüísticamente, ¿cuándo esos diversos *nosotros* empiezan a ser excluyentes y aun incompatibles? ¿Qué criterios de «preferibilidad» debe manejar el individuo? ¿Sociales?, ¿individuales? ¿Cómo se negocian en el seno de la interacción? Y las instituciones ¿qué papel desempeñan en el ámbito de los derechos individuales y sociales de los comportamientos lingüísticos de los individuos?

4 El *DRAE* define en dos acepciones este sentido de **identidad**: || 2. Conjunto de rasgos propios de un individuo o de una colectividad que los caracterizan frente a los demás || 3. Conciencia que una persona tiene de ser ella misma y distinta a las demás.

5 No están dados de antemano de forma «natural» en el *continuum* de la realidad social del mundo: épocas, límites geográficos, clases sociales, castas, religión, cultura, lengua, etc. suman diferencias, las cuales, para ser operativas como signos de distintividad y permitir el reconocimiento de un gru-

socialmente. Ello será lo que permitirá el *posicionamiento identitario* del individuo. Las representaciones mentales del contexto son transmitidas históricamente de un modo cultural a través del hablar (y del escribir) y de lo que se dice en esos actos, pero también pueden ser transformadas mediante discursos concretos que tienen como objetivo promover cambios y sustituir unos saberes dados por otros, con objeto de influir en las identidades personales y colectivas y modificar actitudes. Y, nuevamente, también por relación a lo distinto y como oposición a otros: a otros pueblos, a otras culturas, a otras épocas.

Así por ejemplo, en el contexto compartido (aunque habría que saber si tiene un carácter de representación universal o particular, por muy extendida que esté como representación colectiva) es socialmente relevante la representación simbólica de que las lenguas constituyen verdaderas *señas de identidad* colectivas. Es una idea nacida al amparo de la constitución de los estados-nación y explotada en el siglo XIX (a partir de la falsa igualación de una lengua = un estado = una nación), pero construida con un armazón teórico y conceptual, legitimado científicamente a partir de la tesis de Humboldt sobre la *forma interior del lenguaje*, simplificada, vulgarizada y divulgada luego como la idea de que «el alma de un pueblo es su lengua» y de que este se identifica con ella y solo con ella porque le ha permitido la construcción e interpretación de la realidad y el hundir sus raíces en su historia más remota, para proyectarse después hasta el futuro. Esta es una simplificación que se denuncia continuamente por falaz, sin embargo, sigue fuertemente presente como creencia, incluso en individuos con formación intelectual y proyección social[6]. Es evidente que la lengua tiene un potencial cohesivo enorme, pues es el medio a través del cual se produce la socialización, el aprendizaje y la integración de los individuos en una comunidad, de manera que volver los ojos a la historia de esa comunidad es en cierto modo reconstruir el propio pasado, desde el «hoy» de quienes así lo desean, aunque en muchos casos pueda no tener ya nada que ver con esos individuos que

---

po como sí mismo y la afiliación del individuo como perteneciente a él, deben, sin embargo, ser construidas, elaboradas socialmente como *señas de identidad*, y ello siempre mediante discursos concretos y repetidos como decires colectivos. *La identidad de un individuo o de un grupo es una construcción colectiva inexplicable sin la comunicación.*

6   El libro de Álex Grijelmo *El genio del idioma*, puede ser un buen ejemplo de ello: «Y sin embargo nada sabemos de aquellos vocablos [los de los homínidos de Atapuerca], quizá gruñidos que les servían para comunicarse. Se perdieron con la fuerza del viento del norte de la sierra burgalesa o con la brisa del Cantábrico. ¿Por qué? Porque aquellos seres no sabían como escribirlos. *Pero es muy probable que algo, quizás mucho, de lo que ellos pronunciaban siga estando en nuestro idioma de hoy. [...] Nuestra lengua esconde un genio interno invisible, inaudible, antiguo, que podemos reconstruir si seguimos las pistas que nos dejan sus hilos. Hilos son y con ellos nos ha manejado el genio del idioma*» (9-10). «Decimos el 'genio del idioma' y nos vale como metáfora porque, en realidad, designamos el alma de cuantos hablamos una lengua: el carácter con el que la hemos ido formando durante siglos y siglos» (*ibid.* 11). Sobran comentarios. Creencias y mitos sobre el lenguaje y las lenguas están presentes en todas las culturas (la *Biblia* sin ir más lejos puede servir de ejemplo), pero nunca deberían estar presentes en el discurso divulgativo como explicación y simplificación veraz de la ciencia.

hoy forman parte de ella. Es lo que ocurre en Andalucía cuando, llevados de lo que podríamos llamar una cierta arqueología lingüística, se excava en un pasado más o menos remoto (tartesios, pueblos prerromanos, árabes), intentando descubrir las huellas de un ser ancestral que seguiría latiendo en la sociedad andaluza actual[7].

Las variedades o formas de hablar una lengua debidas a diferencias geográficas pueden constituirse en señas de identidad (incluso los sociolectos, tecnolectos, jergas, argots, etc.), siempre que la comunidad de hablantes que las tiene como propias quiera hacerlas relevante en el contexto discursivo en que se desarrollan sus prácticas lingüísticas. Así, lo dicho para la lengua puede hacerse extensivo también a los dialectos y a las modalidades lingüísticas (las hablas), especialmente cuando se activan y promueven discursos que consideran pertinente revestir de un valor simbólico el habla o la modalidad de un grupo social. Cuando ello sucede, la propia habla trasciende lo puramente instrumental de la comunicación y sirve para crear nuevas solidaridades grupales. No debe extrañar, pues, que en este otro nivel de las variedades actúen las mismas simplificaciones señaladas antes para la lengua. Es frecuente en los discursos de legitimación identitaria acudir a la memoria nostálgica de un pasado o traer a la actualidad un origen remoto que haga sentir la importancia cultural del elemento que se posee en común, presentándose como exclusivo, a la par que ausente en los otros grupos. Así ocurre, por ejemplo, en un programa de la televisión autonómica, *Palabra de sur*, serie documental de 26 capítulos sobre el habla andaluza, emitida por Canal 2 Andalucía en 2006. En el capítulo I, «Viaje a los orígenes», las primeras frases del parlamento de Julieta: «¿Olería igual la rosa si se llamara de otra manera?» sirve de apoyo para proseguir:

> *Y el alma de Andalucía, ¿de verdad sería la misma si no palpitara al compás de nuestra forma de hablar?* [hay un fondo musical de flamenco] Las cosas, incluso las pasiones, los paisajes y los sentimientos se desgastan, se hacen viejas y se olvidan, pero siempre nos quedarán sus nombres. Y así, las palabras, con sus raíces hundidas en la tierra de los siglos, nos muestran nuestra propia **identidad**. Para buscar el origen de las palabras del sur tenemos que remontarnos, *en un viaje de miles de años hasta las mismas fuentes de la vida del hombre*[8].

---

7   Véase en este mismo volumen el trabajo de R. Cano. Algo de esta concepción de una «Andalucía eterna» sigue latiendo en el vigente *Estatuto de Autonomía de Andalucía*, en cuyo «Preámbulo» pueden leerse afirmaciones como las siguientes: «Andalucía, a lo largo de su historia, ha forjado una robusta y sólida identidad que le confiere un carácter singular como pueblo, asentado desde épocas milenarias en un ámbito geográfico diferenciado, espacio de encuentro y de diálogo entre civilizaciones diversas»; o: «Andalucía ha compilado un rico acervo cultural por la confluencia de una multiplicidad de pueblos y de civilizaciones, dando sobrado ejemplo de mestizaje humano a través de los siglos».

8   Es decir, ni más ni menos que la cultura andaluza o lo andaluz se remonta hasta el *homo sapiens*, o mejor, *loquens*. La *voz en off* que narra este documental sigue como se ve el mismo rastro de Grijelmo (se han subrayado las ideas principales), solo que trasciende la anécdota, pues aquí actúan como asesores del guión (*zigzag*) y de la documentación (*Erre que erre*) filólogos que son profesores universitarios o de Secundaria. No se trata de cuestiones interpretativas con las que se pueda estar o no de acuerdo, sino de falacias presentes en un documental televisivo de carácter educativo, respaldadas

2. Cultura e identidad

La cultura, esto es, el conjunto de ideas, creencias, normas (lingüísticas y no lingüísticas), costumbres o tradiciones (lingüísticas y no lingüísticas), actúa como mediador en los procesos de socialización de los individuos y, por ello, puede tener la función de orientar la conducta de una comunidad de hablantes para optar colectiva —o individualmente— en situaciones de dilema o de coexistencia de creencias o normas distintas. En general, cuando se produce una colisión de valores de acuerdo a lo que se supone o juzga «preferible», puesto que ello se dirime según el contexto cultural por el que se guían los valores sociales y/o individuales[9]. La cultura, así entendida, no es ni más ni menos que el *contexto psicosocial* (el conjunto de representaciones mentales intersubjetivas en que se desenvuelven las prácticas comunicativas de una comunidad) que proporciona expectativas de interpretación individuales y colectivas, porque actúa como *interfaz* cognitiva entre el discurso y la sociedad. La cultura se adquiere en la socialización de cada individuo y se interioriza por aprendizaje. En primer lugar se aprende una lengua, que se adquiere a lo largo de múltiples actos de habla concretos e individuales y de prácticas discursivas muy variadas. Luego, se interiorizan las diversas tradiciones genéricas en que se han ido decantando las preferencias discursivas de la comunidad, mediante las cuales se transmiten, asimismo, los saberes y valores colectivos.

Definir la cultura como *contexto psicosocial* permite subsumir las diferentes y variadas definiciones que a lo largo de la historia se han dado para esta realidad conceptual[10]. Además, cuenta con la ventaja intelectual de, por un lado, hacer patente su carácter de *construcción discursiva*, es decir, de entramado representativo *no esencial ni preexistente*, sino generado a través de las prácticas de verbalización de construc-

---

luego por la *palabra del experto* que se ofrece tras la narración, a modo de explicación o justificación de la narración (*argumento de autoridad*). No debe olvidarse que la audiencia a la que se destina tal producto mediático no siempre tiene capacidad crítica para reaccionar intelectualmente ante esta manipulación de la realidad histórica.

9   En relación con lo lingüístico, las preferencias por las que se decantan los hablantes en caso de colisión de variantes lingüísticas o de coexistencia de normas, está profundamente enraizado en el concepto de *conciencia lingüística* tal y como J. J de Bustos Tovar (2002: 76 y 79) entiende ese tecnicismo, y que, obviamente, no tiene «nada que ver con la idea de identificar lengua ni modalidad lingüística con comunidad regional o política, ni mucho menos, con un modo peculiar de concebir la vida y el mundo, sino que va asociada al concepto de *variación lingüística*»; es decir, con respecto al *sentido que adquieren a lo largo del tiempo los procesos de cambio*, como resultado de una voluntad colectiva que se manifiesta históricamente.

10   La definición que propuso la UNESCO en la *Conferencia Mundial sobre Políticas Culturales*, México 1982, es una de las más recurrentes en las utilizadas por las instituciones políticas: «[C]onjunto de rasgos distintivos, espirituales y materiales, intelectuales y afectivos que caracterizan una sociedad o un grupo social. Ello engloba, además de las artes y las letras, los modos de vida, los derechos fundamentales del ser humano y los sistemas de valores». El *DRAE* define **cultura**: || 2. Conjunto de conocimientos que permite a alguien desarrollar su juicio crítico || 3. Conjunto de modos de vida y costumbres, conocimientos y grado de desarrollo artístico, científico, industrial, en una época, grupo social, etc.

tos ideológicos (*subjetividad*)[11]; y, por otro lado, poner de relieve el poder de verdad que adquieren determinados discursos de carácter asertivo o constatativo (estereotípicos o no) que circulan en una sociedad (el *poder* persuasivo *de* los discursos). También permite objetivar la aparente naturalidad o *legitimación* (*poder en el discurso*) con la que circulan ciertos textos que transmiten, sin ninguna previa demostración, representaciones relativas a la colectividad, como si fueran verdades asentadas e indiscutidas[12]. Hablar de *cultura* tal y como este concepto se entiende desde los actuales presupuestos del Análisis del Discurso es de suma importancia teórica y conceptual para los planteamientos que pretenden desarrollarse aquí: permite que el investigador adopte una perspectiva externa que le es muy fecunda para objetivar y analizar los discursos que promueven valores culturales para la identidad grupal y descubrir los modos autoritarios o dogmáticos con que circulan algunos de ellos, especialmente cuando presentan como verdades indiscutibles determinados valores que no lo son o que no están claramente consensuados socialmente.

3. La construcción discursiva de la identidad territorial

Cada cultura ha consensuado un cierto universo valorativo o conjunto de valores que suele reportar fuertes identidades porque vincula a los individuos cognitiva y emocionalmente. Como se sabe, un componente cultural esencial es el grado en que los individuos se identifican subjetivamente con su territorio «nacional» (*identidad territorial*: ser españoles, franceses, alemanes, etc.), entendido como solar natural de la nación de la que forman parte[13]. Sin embargo, las realidades territoriales de la nación a las que la sociedad occidental estaba acostumbrada parecen estar en crisis. Por un lado, se observa un movimiento de carácter universalista y supranacional por el que los grupos sociales tienden a la mundialización o globalización, trascendiéndose con ello las fronteras de la nación tradicional (la convergencia europea concentrada en el lema *somos europeos*, pese a sus debilidades, puede servir como ejemplo); por otro, en el interior de las realidades nacionales se observa la pujanza de fuerzas localistas (en España, ser catalanes, vascos, andaluces, etc.) que tienden a fragmentar las viejas realidades nacionales para constituir comunidades más pequeñas que

---

11   Esto da sentido cabal a la idea tantas veces afirmada de que toda nación es una construcción imaginaria apoyada en mitos construidos lingüísticamente y perpetuados a través del interdiscurso (Zimmermann 2008 y López 2009).

12   Sin embargo, son intencionadamente construidas por grupos muy concretos con *poder institucional* a los que interesa promover y hacer admitir tales representaciones, así como con el poder efectivo que pueden tener tanto para crear y difundir sus ideas como para anular o acallar los discursos críticos de réplica (*presión institucional*).

13   El nacionalismo, como se sabe, suele ser una representación más emocional y afectiva que racional y se retroalimenta continuamente en múltiples acontecimientos de comunión colectiva, como las grandes competiciones deportivas que incitan a la afiliación identitaria del individuo con su país.

aspiran a conformarse mediante los mismos elementos definidores del concepto 'nación' (autonomía política, uniformidad cultural y lingüística, y cohesión interna), mediante discursos que trazan fronteras antes inexistentes, o bien no relevantes en el contexto social: es decir, no activadas mediante discursos o silenciadas por la presión de otros (Charaudeau 2009). Como se estudiará aquí, con especial referencia a la construcción moderna de una identidad autonómica y lingüística de Andalucía, estos discursos consiguen fuertes solidaridades identitarias, porque se esfuerzan por repetir esquemas basados en oposiciones muy elementales para dibujar los contornos de lo propio. Los *topoi* (tópicos o lugares comunes, dados siempre como aserciones incontestables) alcanzan a serlo no porque constaten una determinada realidad, sino porque la continuada reiteración de la opinión que transmiten termina por conseguir para esa forma de pensar un estatuto de verdad presuntamente consensuada que pasa a integrarse en un imaginario colectivo construido a tal efecto.

Con respecto al grado de relevancia como valor identitario que los andaluces otorgan al territorio, es muy revelador un estudio (con todas las cautelas con las que ha de verse este tipo de trabajos) sobre valores sociales en la cultura andaluza (Del Pino Artacho y Bericat Alastuey 1998)[14], en el que se analiza la información que arrojan las encuestas sobre la identidad territorial de los andaluces. En primer lugar, los datos[15] subrayan la tendencia a primar la *identidad local* vinculada al municipio concreto en que se vive sobre la regional (un 56,3% en la primera opción y 11,8% en la segunda opción se identifica con la localidad en la que reside). «Según esto, se sienten antes cordobeses o malagueños, accitanos o mojaqueros, por poner algún ejemplo, que andaluces» (253). No obstante, la identidad local no parece ser contradictoria con la regional, pues la mayoría de los informantes que se identificaban primero con su localidad, en segundo lugar lo hacía con Andalucía (44,9% de 57%). Es también significativo el porcentaje de andaluces que decían identificarse en primera opción con Andalucía (19,9%), de los cuales la mayor parte (18,3% de 25,4%) se inclinó por sentirse identificado con España en la segunda opción: «lo que

---

14   Se trata de un análisis sobre la encuesta de valores sociales en Andalucía 1995-96, dentro de un estudio mundial (se estudian más de 50 países y regiones del mundo) para obtener datos empíricos y poder comparar las diferencias específicas y culturales que permitan prever la intensidad y dirección de los cambios culturales en el mundo. El universo encuestado es el de residentes en Andalucía de más de 18 años, seleccionados en 198 municipios por cuotas de edad y sexo, y se hicieron casi 2000 entrevistas.

15   Los *item* de mayor pertinencia para este estudio son: P. 77: *¿A cuál de los siguientes grupos geográficos diría Vd. que pertenece en primer lugar? ¿Y en segundo lugar?* Las respuestas deben marcarse en una de seis formulaciones: localidad en que vive - Andalucía - España - Europa - el Mundo - no sabe/no sabe leer. P. 78: *¿En qué medida está Vd. orgulloso/a de ser andaluz/a?* Las respuestas: Muy orgulloso/a - algo orgulloso/a - no muy orgulloso/a - nada orgulloso/a - no soy andaluz/a. Y P. 80: *En general, ¿diría Vd. que se siente más andaluz que español, tan andaluz como español o más español que andaluz?* Las respuestas: Solo se siente andaluz - más andaluz que español - tan andaluz como español - más español que andaluz - solo se siente español - no sabe/no sabe leer.

indica una actitud que supera el localismo para situarse en un nivel más universalista de localización» (254). A este porcentaje habría que sumar un 15,9% de los encuestados que, en primera opción, se identifica con España[16]. Los datos obtenidos en la respuesta a la pregunta 80 son también muy relevantes en lo que respecta a una cierta *identidad dual* que los andaluces parecen tener. Del mismo modo en que la identidad local no se opone forzosamente a la regional, esta no muestra apenas contradicción con la identificación nacional. «Casi dos de cada tres andaluces, exactamente un 60,6%, señala que se siente *tan andaluz como español*» (254)[17]. Y esto, como señala el estudio, en cierto modo podría deberse a la gran dificultad que perciben los andaluces para operar con diferencias excluyentes (lo que se ha caracterizado aquí como *esquematización* mediante oposiciones privativas y constantes), «en la medida en que la 'identidad española' está vertebrada con gran intensidad por elementos simbólicos de la cultura andaluza. Por tanto, existe imbricación simbólica en un doble sentido entre España y Andalucía, lo que determina mayor dificultad para formar una conciencia exclusivamente andaluza» (254). No obstante, si la identidad comunitaria puede medirse en sentimientos de «orgullo de ser andaluz», las encuestas arrojan un porcentaje muy elevado (93,6%), no muy distanciado del 89,9% del «orgullo de ser español».

Muy interesante también para aplicar luego a este estudio sobre la proyección social de la identidad lingüística de Andalucía es la distribución social de las respuestas, una variable fundamental que permite correlacionar el sentimiento de *identidad regional* con el nivel de instrucción de los encuestados. Se observa que el sentimiento identitario regional disminuye conforme aumenta el nivel educativo y el estatus social, pues las clases altas y medio-altas son más proclives a una identidad dual. Según los datos, es la tendencia que siguen también los jóvenes con estudios universitarios, los cuales, en relación con los adultos de igual formación, son menos reticentes a asociar «cultura andaluza» y «bajo nivel educativo». No se trata solo de distribución de preferencias y de su adscripción a clases sociales, sino de algo más complejo. Si la cultura como contexto psicosocial es una construcción discursiva, es evidente que, al ser los valores identitarios de carácter exclusivamente regionales

---

16   Los autores del estudio constatan una mínima influencia de la identidad europea, sobrepasada por una identidad mundialista que alcanza el 6,3% en primera opción y el 3,5% en segunda. Hecho que parece tener un curioso paralelo con el discurso representado en el Himno de Andalucía, con la mención expresa en el estribillo a «España y la Humanidad», pero sin aludir expresamente a Europa (*¡Andaluces, levantaos! ¡Pedid tierra y libertad! Sea por Andalucía libre, España y la Humanidad*).

17   Los que afirman sentirse «solo andaluces» constituyen un 5,2%, (frente a los que se dicen considerarse «más españoles que andaluces», 10,5%; de los cuales el 8,3% es andaluz), y los que dicen ser «tan españoles como andaluces», un 60,6%. Estos porcentajes confirman según los autores *la ausencia de un «nacionalismo» político* (254). Si ello es así, las campañas de promoción de una norma lingüística para Andalucía, al no estar sostenidas por ningún nacionalismo social, parecen tener pocas probabilidades de éxito. Más adelante se abordará este asunto.

menos acusados en los niveles instruidos y en las capas sociales altas o medio-altas, estarán también menos presentes en el contexto social dominante y no tendrán tanto peso como forma colectiva de representación. Por otra parte, no debe olvidarse que los discursos provenientes de estos individuos —que apuntan a hacer compatibles ambas identidades— no solo estarán mejor articulados argumentativamente («poder del discurso»), sino que tendrán también más capacidad efectiva de hacerse oír («poder en el discurso», salvo que conscientemente quieran silenciarse) o de reaccionar críticamente frente a los discursos excluyentes de promoción identitaria regional, por la simplificación y esquematización con que se construyen.

Si como apuntan los datos, para un 60,6% de los andaluces es relevante, contextualmente hablando, tener una *identidad dual*, quiere ello decir que su identidad personal (su *Yo*) se integra en una identidad comunitaria *nosotros* (*Yo+otros*), cuya deixis tiene una doble extensión territorial, pues está formada a partir de vínculos de pertenencia o de inclusión de una identidad (la local o regional) en otra. La construcción social de los discursos las ha hecho compatibles, y, por el momento, no se han articulado argumentativamente los discursos que lo impidan.

4. La construcción identitaria regional en Andalucía en el período preautonómico y su difusión periodística

Si acudimos a la documentación periodística de la época contemporánea, los discursos para la cohesión y la promoción de una identidad andaluza (que, como se ve por el estudio anteriormente citado, han surtido un efecto relativo, en especial en la capas más altas e instruidas) empiezan a aparecer desde los primeros momentos de la llamada «transición política» hacia la democracia. Se alentaron como reflejo condicionado por los discursos nacionalistas de Cataluña y País Vasco principalmente y, en menor medida, de Galicia, que reclamaban para sí unos derechos históricos reconocidos por la Constitución de 1931 y legislados en sus propios estatutos de autonomía, pero truncados enseguida con el comienzo de la Guerra Civil. Desde Andalucía se exigían los mismos derechos que el Estado estaba reconociendo a dichas comunidades *históricas* y los medios de comunicación fueron un foro privilegiado para construir y promover (es decir, para incitar o propiciar) discursos con referencia a elementos que exigían ser revestidos de simbolismo regional, con intención expresa o tácita de fomentar entre los andaluces una conciencia «andaluza» que resultaba más bien «andalucista». Así, por ejemplo, la prensa[18] desde comienzos

---

18   Es paradigmático el caso de *ABC*: las secciones «Sin rodeos» y «Andalucía al día», «Sevilla al día» o «El ideal andaluz» que inicia Ortiz de Lanzagorta, y cuyo título recuerda a Blas Infante, son prueba de que se quiere interpretar la realidad andaluza en clave regionalista primero y autonómica después, de ahí que el paso de los años permita ver esas secciones como tribunas públicas cargadas de un indudable afán didáctico.

de 1977 hasta las elecciones de 1982 hace circular discursos de reivindicación identitaria[19]. Los periódicos andaluces (*Ideal* de Granada, *Sur* de Málaga, *Diario de Cádiz*, *ABC*, *El Correo de Andalucía*, etc.) incluyen secciones fijas sobre la cultura, la lengua y la bandera andaluza[20], para debatir supuestamente sobre ellos, a partir de la afirmación de que sobre todos esos signos de cohesión colectiva pesaban, al parecer, ciertos *estigmas* que entorpecían el carácter simbólico que se requería. Por ejemplo, en los discursos sobre la bandera se tenían que resolver varios frentes: unos de alcance regional, por la escasa tradición de identificación colectiva y por ser esa bandera distintivo de un partido regional, el Partido Socialista Andaluz (además de coincidir con las enseñas de dos clubes de fútbol, el Real Betis Balompié y el Córdoba Club de Fútbol); otros, de alcance político y nacional, pues debían neutralizarse también las suspicacias y reticencias anejas a la posible identificación semántica o referencial entre exigir bandera propia y separatismo (identificación que existía, por ejemplo, con las reivindicaciones de la ikurriña vasca o la señera catalana):

> Una bandera [...] puede significar la unión de los hombres de una colectividad con su pasado y la construcción de su futuro como tal pueblo. El que los hombres de esa comunidad vean la bandera como un símbolo externo, significa la objetivación de la conciencia de ese pueblo y el que, en el fondo todos se sientan unidos [...] Por tanto, la bandera regional significa para los hombres de una colectividad una realidad diferencial. No se trata de ser español a secas, desde Madrid, sino de ser español desde una colectividad» (Juan Antonio Lacomba: *Ideal* de Granada, 20-2-77).

La prensa recogió los discursos que se esforzaban en delimitar una cultura auténticamente andaluza[21] y que hacían hincapié en el lastre que suponía la falta de toma de conciencia de los andaluces como pueblo para desplegar todas las potencialidades culturales. Se denunciaban las causas: en algún momento, habría actuado una presunta colonización castellana, así que como reacción la identidad cultural no podría ser más que «popular», para así volver a ser genuinamente andaluza; luego, habría habido también históricamente una manipulación ideológica que desarticuló todo lo netamente andaluz, desposeyéndolo de poder simbólico para la identificación regional, idea justificada en que durante el franquismo se mitificó lo andaluz como *una esencia del ser español* y se trivializó para convertirlo

---

19   Estos discursos de provocación ideológica y constitución de señas de identidad para los andaluces se tratan más extensamente en Méndez 1997 y 2003.

20   «Cuando otras regiones tienen el orgullo de usar sus banderas —casos de Cataluña, País Vasco, País Valenciano, etc.— parece oportuno que las corporaciones y entidades andaluzas secunden la iniciativa de la Feria de Muestras. Ante ambas banderas, bien podemos decir: ¡Viva Andalucía! ¡Viva España!» (*ABC* de Sevilla, 28-1-77 [pie de foto de la portada ocupada por dos banderas, la española y la andaluza, izadas que ondean al viento].

21   Se celebraron congresos de carácter regional en Ronda (19-11-77) y en Córdoba (2-4-78) que dejaron su estela mediática. En el Archivo General de Andalucía *Fondo Gorca* se puede encontrar la documentación correspondiente a estos dos congresos y en la sección de hemeroteca dentro del fondo todo lo relativo a la repercusión social que tuvieron.

en modelo cultural y oficial del Estado. Según esto, la identidad propia se le ena-
jenó y se le expropió al pueblo andaluz, para ser empleada en las campañas de
promoción turística[22]:

> [N]inguna otra región española ha sido como la andaluza manipulada tan aviesamente hasta
> desfigurarla y convertirla en un monstruoso tópico (la mala caricatura de ella misma) para ex-
> hibirla como bandera turística ante el mundo y los propios españoles. Ese típico tópico andaluz
> ha llegado, incluso, a confundirnos y desorientarnos a los andaluces (José A. Ladrón de Guevara:
> *Ideal*, 1-12-77, 3).

> ¿Qué es más grave: impedirle a uno que exprese su propia cultura o poner los medios para im-
> pedir que uno no tenga ni siquiera conciencia de tener una cultura propia? (J. L. López López: *El
> Correo de Andalucía*, 1-12-78, 31).

> [H]ay una tarea indispensable, previa, la reconstrucción de la historia de Andalucía. Y también
> su reinterpretación por encima del legado oficial, o sea, de la ideología dominante que desde
> hace siglos se empeña en hacer aparecer a nuestra tierra y cultura como apéndices de la meseta,
> a partir de la consideración de Andalucía como «la Castilla novísima». Siendo así que la realidad
> histórica, desde lo más remoto, ha sido inversa» (José Acosta Sánchez: *El Correo de Andalucía*,
> 3-12-78, 7).

En realidad, estos discursos, subrepticiamente, se dirigían a la acción. Es decir, las
denuncias, presentadas en muchos casos como constataciones de la realidad, tenían
como objetivo performativo crear, promover y consolidar unas señas identitarias
para Andalucía de carácter excluyente que movieran al grupo a reaccionar (votar
al partido autonomista o andalucista, por ejemplo) contra el supuesto dominio de
una cultura presuntamente superior, la castellana (no votar a los partidos de ámbito
general en España). Esto se repetirá como cliché, pero aplicado a la lengua (los usos
lingüísticos de los andaluces) como elemento identitario de Andalucía.

5. El contexto político de los discursos de reivindicación en Andalucía

Los discursos de promoción y constitución identitaria se forjaron en una etapa, la de
la llamada Transición política, que luego resultó determinante para el futuro de la región. Durante ese período los políticos andaluces defendían una posición relevante de
Andalucía en la vertebración de la llamada «España de las autonomías». Las tensiones

---

22   En la actualidad uno de los discursos que circula en el contexto social es el de las llamadas
«industrias culturales», acciones que quieren subrayar el valor del peso económico de la cultura.
En Andalucía también hay iniciativas de este tipo, solo que no responden a campañas del Gobierno
de España. Emanan del propio tejido empresarial andaluz y son fomentadas por la propia Junta
de Andalucía. El *I Congreso de Industrias Culturales de Andalucía*, celebrado en mayo de 2008 por la
Confederación de Empresarios de Andalucía es un ejemplo de ello y sigue la estela de una corriente
abierta con las acciones de promoción nacional de las llamadas «industrias de la lengua» (Instituto
Cervantes, Real Academia Española, Ministerio de Cultura).

y los vaivenes políticos crearon no poca incertidumbre acerca de su futuro, en especial por la falta de claridad del Gobierno en relación con el estatuto autonómico que Andalucía debía tener[23]. Adolfo Suárez y Rafael Escuredo acordaron la fecha del referéndum por la autonomía para el 28 de febrero de 1980. Sin embargo, a mediados de enero el Comité Ejecutivo de UCD, a propuesta de Landelino Lavilla, decidió que solo las comunidades históricas accederían por la vía 151, mientras que las demás lo harían por la vía del artículo 143, lo que implicaba una ralentización considerable del proceso autonómico en Andalucía. Esta decisión alimentó nuevamente en los discursos mediáticos la conocida historia de recelos y agravios comparativos de los andaluces[24]. Los escollos con los que tropezaba el proceso autonómico andaluz parecían serios[25] e inevitablemente los ojos andaluces se volvían hacia Cataluña y el País Vasco: comparativamente se sentían, pues, menospreciados. Se supo enseguida que no habría dinero público para la campaña (de hecho, la Junta de Andalucía tuvo que hacer contracampaña a la postura abstencionista de UCD con menos de 100 millones de pesetas) y que además esta tendría que llevarse a cabo en quince días y no en tres semanas como los referendos de Cataluña y País Vasco. Se exigía además que en todas la provincias el «SÍ» obtuviera mayoría absoluta (algo que tampoco había pasado en las llamadas «comunidades históricas»), y como colofón la fórmula que se encontraban los andaluces en la papeleta

---

23   Para un estudio más detallado de estas cuestiones véase Ruiz Romero 2000. En la obra se clasifica temáticamente la bibliografía existente sobre la autonomía andaluza en torno a cuatro grandes bloques: «ordenamiento jurídico andaluz», «desbloqueo autonómico», «historia del PSA», y «el andalucismo histórico». Este último es el que está más relacionado con los contenidos que se tratan aquí, pues se desarrollan temas como los antecedentes en favor de la autonomía, la identidad de los andaluces, el subdesarrollo, la figura de Blas Infante, la cultura andaluza y la narrativa costumbrista que ayudaron a crear un estado de opinión favorable a la autonomía. Lo más llamativo es que no se apunta ninguna referencia bibliográfica sobre la cuestión del habla, pese a que, como se verá, fue uno de los temas más relevantes como símbolo identitario y uno de los que mayor repercusión periodística ha tenido en años que sobrepasan el período de Transición.

24   Desde ante de las primeras elecciones democráticas los discursos para la cohesión social que se difundían desde los medios de comunicación de Andalucía se construyeron en torno a la idea de que la región había sido históricamente agraviada. El siguiente fragmento escrito por el director del diario *ABC* en esa época expresa nítidamente estos sentimientos: «*Durante muchos años los andaluces fuimos injustamente considerados ciudadanos de segunda clase* y nuestra agricultura —despensa del país y riqueza primaria del Sur—, residuo sociológico donde se *mantenían intactos dos tópicos que servían de mofa al resto de los españoles: el latifundismo y el señorito andaluz. Ambos temas* con algunos ingredientes de paro obrero, analfabetismo e inmigración, más el indispensable folclore, *han sido tratados y maltratados a placer por los medios de difusión más allá de Despeñaperros*» [el subrayado no es original]. (Nicolás Salas: *ABC*, 24-4-77, 3).

25   Hasta tal punto, que llevaron a la dimisión de Clavero Arévalo porque, según decía, se sentía traicionado por sus propios correligionarios; en especial cuando UCD, el partido en el Gobierno, anunció que haría campaña en favor del «NO» (aunque al final no pidió el voto para el «NO», sino que hizo campaña a favor de la abstención, lo mismo que el PSA). La frase *Andaluz, este no es tu referéndum* aparecía en las vallas publicitarias y en las cuñas radiofónicas en la conocida voz de Lauren Postigo. El PSA adoptó una postura ambigua que siguió manteniendo después de celebrado el referéndum, así como en la redacción y aprobación del Estatuto de Autonomía, porque no se admitían sus enmiendas. Esta ambigüedad fue la que determinó su crisis interna y la dimisión de Rojas-Marcos en 1982.

como pregunta era tan compleja como esto: *¿Da usted su acuerdo a la ratificación de la iniciativa prevista en el artículo 151 de la Constitución, a efectos de su tramitación por el procedimiento establecido en dicho artículo?*, a la cual tendrían que dar respuesta con su voto. En estas circunstancias se hizo más acusada la reacción victimista en los discursos políticos y mediáticos con la esperanza de que actuaran como un revulsivo social para la cohesión de los andaluces frente al Gobierno de Madrid. Se reproducen algunos párrafos de R. Escuredo que pueden sintetizar muy bien el ambiente que se respiraba antes del referéndum [el subrayado no está en el texto original]:

> [...] El intento de la campaña institucional es el de exaltar nuestros valores y profundizar en el legítimo orgullo de ser andaluz, el honor de pertenecer a este pueblo incomparable. *Ante el agravio, respondemos en primera instancia con la indiferencia, pero si se insiste, sabremos responder también con la contundencia.* Abrimos siempre nuestros brazos a los que llegan hasta aquí desde otras tierras con otras costumbres *y cuando a lo largo de la historia nos quisieron imponer a la fuerza modos y sistemas ajenos a nuestro propio sentir, la población andaluza supo convertir en colonizado al presunto colonizador*[...] Pero ahora, tras centurias de desesperanzas y oprobios, se nos brinda la oportunidad de combatir con nuestros propios medios [...] al colonizaje que segrega las estructuras injustas, la colonización que parte de la manipulación cultural, que se plasma en una imagen de pandereta para exportarla al exterior como manto encubridor del complejo de inferioridad que anidaba en las entrañas del sistema político anterior; un colonizaje que persigue como última meta ocultar nuestras señas de identidad como pueblo.
>
> ¿Y quién nos teme? ¿Por qué tanto recelo por doquier cuando *el pueblo andaluz se limita, sencillamente a pedir lo que es absolutamente innegable*? Y nuestro lenguaje no se sustenta en la violencia ni en la coacción. *Deseamos vivir, simplemente en pie de igualdad con los restantes pueblos que configuran la patria común*. Una patria de la que no renunciamos, como no renunciamos a ser andaluz. ¿Por qué, entonces tantos obstáculos, la mayoría incalificables? Pues que sepan los que nos temen que *seguiremos exigiendo un futuro controlado por nosotros* [...]*Se nos quiere hacer ver, entonces, desde posiciones muy concretas, que en Andalucía no hay conciencia de pueblo* ni voluntad firme de abandonar el subdesarrollo por el hecho de que la violencia sea una desconocida entre nuestras tierra [...]. (*El Correo de Andalucía*, 13-2-80, 6).

Las tensiones y los recelos por el bloqueo se manifestaban continuamente en la prensa, de manera que todo ello favoreció la profusión de discursos contestatarios de autoafirmación que continuaban una línea temática comenzada unos cuantos años antes[26]. Se decía en los textos transmitidos por la prensa que la comparación de Andalucía con Euskadi o Cataluña para negar la entidad del pueblo andaluz como nación, conducía a propiciar diferencias y favoritismos que beneficiaba a aquellos, y que llevaba consigo ignorar que la conciencia andaluza no es que faltara, sino que, por evidentes razones, había estado ahogada durante muchos años.

---

26   Continuismo, pues, en la actitud y en las tesis difundidas: «*Nosotros respetamos a ese gran pueblo que es el catalán. Pero exigimos el mismo respeto para los andaluces* [el subrayado no está en el original]. Si nuestra autonomía crea problemas y perjudica a la catalana, lo sentimos mucho, pero todos vamos en el mismo barco, y si la tarea es excesiva, no seremos los andaluces los condenados a salir por la borda para aliviar la carga.» (Ramón Espejo y Pérez de la Concha: *ABC*, 7-2-77, 20).

País Vasco y Cataluña, sin consideración al resto de las regiones españolas, sin paciencia, poniendo en peligro la transición política, plantearon sus exigencias autonómicas sin permitir siquiera que los ciudadanos de este país refrendaran la Constitución. Ambas regiones hicieron de su problema el problema de España [...] *Vascos y catalanes quisieron la autonomía para ellos solos* y anteponiendo sus intereses a los del resto del país, enfrentado a gravísimos problemas económicos y políticos. Y cuando respetando un elemental equilibrio de igualdad se estableció la posibilidad constitucional de que todas las regiones pudieran optar a la autonomía, vascos y catalanes impusieron el término «nacionalidad» para establecer una diferencia. *Nunca todos los españoles iguales...* [y, tras repasar artículos periodísticos escritos en años anteriores se concluye] Es decir, que *Andalucía ha servido de pretexto para que todos, absolutamente todos, hagan su política y sirvan sus intereses, sin el mínimo respeto a sus propias palabras*» [el subrayado no está en el original]. (Nicolás Salas: «Sin Rodeos», *ABC*, 6-3-80, 3).

Como llegó a escribir un grupo de catedráticos de Universidad que firmaba sus artículos periodísticos como «Jamaica»: «Andalucía se hizo nacionalista de verdad, porque se sintió vejada e insultada y, en suma, empujada hacia la autonomía.» (*El Correo de Andalucía*, 16-11-80, 2). Eso fue determinante para la victoria del «Sí» en todas las provincias (salvo en Almería, que quedó descolgada por menos de 20.000 votos, que siempre se achacaron a problemas con el censo). Hasta finales de 1980 no se aprobaron en el Senado las proposiciones de ley que desbloquearían la autonomía andaluza. Unos días después del intento de golpe de Estado del 23-F, se inicia la redacción del Estatuto. Como en el «Preámbulo» del nuevo ordenamiento jurídico para Andalucía no se reconocía la figura de Blas Infante, los andalucistas del PSA se resistían a aprobarlo. Tampoco se abordaba, según estos sectores, la cuestión de la lengua, concretamente el asunto de la modalidad andaluza y su presencia como lengua válida para el uso en los medios, un tema de constante reivindicación andalucista, por lo que este grupo parlamentario hizo una enmienda en este sentido al artículo 12, apartado 3 nº 2 que presentó el diputado andalucista Aguilar Moreno:

Mantenemos nuestro voto particular para que en este punto, al final de la misma redacción que viene en el proyecto, donde se habla de «los valores históricos, culturales y lingüísticos del pueblo andaluz en toda su riqueza y variedad», se añada: «*Entre ellos su habla peculiar, que deberá ser aceptada en la práctica oficial de los medios de comunicación, dentro de la variedad supranacional del idioma español*» [...] *No se trata sólo de subrayar la identidad andaluza y defender su habla* [...], *sino de impedir que esa forma de hablar sea o deje de ser, es lo que queremos, un motivo de discriminación, entre otros, por ejemplo, para los profesionales de los medios de comunicación* de carácter auditivo, como tradicionalmente todos sabemos que ha sido [...] Pero insisto, no se trata de buscar una diferenciación que nos identifique y que no nos hace ninguna falta; *se trata de algo mucho más importante y que afecta socialmente a los andaluces: no ser discriminados por nuestra forma de hablar, que no es ni mejor ni peor que otras de nuestro idioma* [el subrayado no está en el original] ([29-6-81] en *Diario de Sesiones del Congreso de los Diputados* Nº 39, § 4, pp. 144-147).

La enmienda, cuyo sentido último sigue siendo cuestionable en la actualidad, fue desestimada tras los únicos argumentos que se hicieron, los del diputado socialista Juan de Dios Ramírez Heredia, expuestos en los siguientes términos:

Nosotros no creemos que nuestra peculiar forma de hablar deba constituir motivo de inferioridad, y precisamente este número 2 del apartado 3 del artículo 12, dice textualmente que «*entre los objetivos de la Comunidad Autónoma estará la investigación y la difusión de los valores culturales y lingüísticos*». El texto literal que defiende el Grupo Andalucista quiere que entre esos motivos que deben potenciarse debe estar el que el habla andaluza sea aceptada en la práctica oficial de los medios de comunicación social. Si el habla andaluza no fuera aceptada en los medios de comunicación oficial, cualquier ciudadano andaluz con el Estatuto en la mano, sin necesidad de enmienda adicional, podría defender el derecho del hablante andaluz a utilizar su habla peculiar. Pero al mismo tiempo no debemos caer en el extremo contrario de lo que defendía el señor Aguilar. Medios de comunicación y habla andaluza, ¿pueden ser discriminados los que no dominen el habla andaluza? *Y me gustaría que se pudiera definir exactamente en qué consiste el habla andaluza.* [...] Por otra parte, —y la lengua como cultura viva es algo que está llamada a evolucionar y, por tanto a potenciarse a sí misma—, qué duda cabe *nos gustaría que algún día pudiésemos hacer una modificación en nuestro Estatuto en el que se dijera, no ya solamente que hay que defender el habla andaluza, sino que en nuestras comunicaciones con el Poder Central, en los medios de comunicación oficiales de la propia Junta de Andalucía, algún día tengamos capacidad para escribir incluso nuestra propia habla andaluza*, pero en estos instantes creo que a nadie se le ocurriría pretender introducirlo en nuestro Estatuto [el subrayado no está en el original]. ([29-6-81] en *Diario de sesiones del Congreso de los Diputados*, N° 39, § 4, pp.144-147).

Todo este proceso histórico tuvo como culminación el referéndum de aprobación por el pueblo andaluz del Estatuto de Autonomía el 20 de octubre de 1981: un 53,4% de los andaluces votó el Estatuto. La victoria del Partido Socialista Obrero Español (PSOE) con un 52,21% de los votos en las elecciones autonómicas de 1982 hizo previsible pensar en una victoria de este partido en las elecciones generales de octubre de 1982, como así se produjo finalmente. Esta fecha deja clausurada la llamada época de transición política y consolidado el proceso autonómico para Andalucía, pues desde esa fecha fue paulatinamente adquiriendo cada vez más competencias administrativas y políticas y fueron declinando estos discursos de tenor victimista en lo político, pero no en lo lingüístico.

6. Los discursos sobre el habla andaluza

Los discursos sobre la lengua en Andalucía fueron paralelos a aquellos que, como se ha visto, tenían el objetivo de construir y fraguar una identidad sociopolítica y cultural[27] que hasta entonces no se había creído necesario explicitar en el contexto de la época anterior, probablemente porque hacer patentes unas señas diferenciales propias de los andaluces no era oportuno en aquel entorno histórico y social (los años de la dictadura). Sin embargo, ya se ha dicho que, tras la muerte de Franco, el

---

27   Valga esta cita periodística como ejemplo: «El planteamiento autonómico del regionalismo andaluz está despertando el interés por los más diversos aspectos de nuestra cultura. *Dentro de este panorama, hay una corriente reivindicadora de nuestra propia habla como medio culto de expresión*» (Editorial, *ABC*, 31-12-77, 24).

cambio político de la transición quedó fuertemente marcado por una *identidad de posicionamiento* político y económico de unas regiones determinadas con respecto a otras y, simultáneamente, con respecto al Gobierno de la Nación. Y esto se manifestaba reiteradamente en los discursos periodísticos hechos desde Andalucía: directamente parecían destinados al Gobierno de Adolfo Suárez (pues era quien debía atender esas reclamaciones políticas) e, indirectamente, a catalanes y vascos, especialmente a los primeros. Pero es importante poner de relieve el hecho de que, de manera encubierta, iban dirigidos también a la propia sociedad andaluza, a la cual había que persuadir y convencer de que sus características distintivas eran equiparables como señas de identidad colectiva a las de aquellos y debían servir para merecer igual tipo de autonomía:

> Es verdad que el sentimiento autonómico andaluz no está tan enraizado como el catalán o el vasco [...] Pero, pese a todo, difuso y desdibujado por muchas razones, es incuestionable la existencia, en el «País Andaluz» de un espíritu autonómico, de una ansia de Estatuto. (Juan Antonio Lacomba: *Ideal*, 8-7-77, 3).

Es decir, los discursos de creación y autentificación identitaria fueron discursos de *réplica* en las dos primeras acepciones básicas que tiene esta palabra[28]. Por un lado, eran discursos contestatarios, puesto que replicaban o contestaban con argumentos a otros de orientación contraria con los que contraían una cierta relación intertextual:

> *Nosotros respetamos a ese gran pueblo que es el catalán. Pero exigimos el mismo respeto para los andaluces. Si nuestra autonomía crea problemas y perjudica a la catalana, lo sentimos mucho*, pero todos vamos en el mismo barco, y si la tarea es excesiva, no seremos los andaluces los condenados a salir por la borda para aliviar la carga. *¿Qué es eso de que no tenemos los andaluces unidad geográfica, lingüística, comercial, industrial ni espiritual? Yo invito a Tarradellas a repasar (...)* Repase por favor a Blas Infante en su «Ideal Andaluz». Vea y lea y encontrará allí la existencia de Andalucía a través de la historia [el subrayado no es original]. (Ramón Espejo y Pérez de la Concha: *ABC*, 7-2-77, 20),

y, por otro, los contenían polifónicamente porque a la vez los copiaban y los reproducían miméticamente. Es decir, en Andalucía se construían los discursos con los mismos elementos argumentativos que los de catalanes o vascos[29]:

---

28   **Réplica**. Acción de replicar. || 2. Expresión, argumento o discurso con que se replica. || 3. Copia de una obra artística que reproduce con igualdad la original. (*DRAE*).

29   Y ello era mejor percibido desde fuera de Andalucía, aunque también se denunciaba dentro de la región. El titular de una entrevista hecha por *ABC* a Julián Marías era «La imitación, principal traba para la autonomía andaluza» (10-10-81, 12): «Hay una clara imitación de otros tipos. En España había dos regiones con clara conciencia autonómica que se consideraban diferentes, País Vasco y Cataluña». Además insistía: «No se le puede decir a un andaluz que solo sea andaluz, sino que es un español andaluz» y «pretender presentarla [a Andalucía] como algo aparte es imposible. España ha estado andaluzada porque la personalidad de Andalucía ha sido fortísima, por eso no se puede desligar España de Andalucía». Como se ve, Marías hace aquí hincapié en la sinécdoque cultural Andalucía-España, es decir que emplea el mismo argumento de los discursos de reivindicación de las señas de identidad andaluzas, solo que en sentido contrario.

Andalucía es un pueblo-nación con una conciencia, una cultura y un sustrato étnico y lingüístico, racial, económico y sociológico que no puede permitir que quienes hablan a boca llena de los países catalanes o vascos nieguen la entidad de nuestra nación en esas mismas coordenadas [...] la comparación con Euskadi o Catalunya para negar la entidad del pueblo andaluz como nación conduce a propiciar diferencias y favoritismos que beneficia a aquellos y lleva consigo ignorar que la conciencia andaluza no es que faltara, sino que por evidentes razones estuvo ahogada durante muchos años [...] *Una nación no es sino un conjunto de hombres y mujeres con identidad de raza, cultura, idioma y economía, con un sentimiento común de pasado y futuro y con unos esquemas aproximados para ordenar la sociedad en que viven, que permita crear un proyecto válido de convivencia. En Andalucía se da eso y más* [el subrayado no es original]. (José Montoso Pizarro: *El Correo de Andalucía*, 17-4-79, 26).

Una de las reivindicaciones autonómicas primeras y más sobresalientes de Cataluña y País Vasco (y de Galicia, si bien no con tanta resonancia) tenía que ver con las llamadas *lenguas propias*. Las reclamaciones hacían valer la identidad lingüística como absolutamente determinante para la posible constitución de «una nacionalidad» diferente dentro del propio Estado y para cada una de esas lenguas minoritarias se exigía el estatuto de cooficialidad junto al castellano, dentro de sus ámbitos geográficos de uso. Debido a ello se generaron múltiples y muy diversos discursos de carácter metalingüístico sobre estas lenguas: unos, producidos en el ámbito de la ciencia lingüística, concretamente en el terreno de la lingüística aplicada (normalización lingüística de gallego, vasco y catalán y propuestas de modelos normativos para la consolidación de estándares y koinés, etc.); otros, en el ámbito de la política (estatuto de cooficialidad o espacios de aplicación y decisiones sobre política lingüística); y, por último, otros no propiamente técnicos o científicos, ni tampoco políticos, que surgían como fruto de la repercusión de aquellos en la sociedad y se propagaban socialmente a través de los medios, precisamente por su trascendencia como discurso informativo mediático. Circulaban por estos canales bien como *hechos referidos* (porque se trataba de temas susceptibles de ser noticia, debido a la implicación política y social), bien como *hechos comentados* (como un análisis argumentativo de las razones de dichas reivindicaciones y políticas de normalización, con la posición ideológica propia de todo comentario), bien como *hechos provocados*, en el sentido de que era el propio medio de comunicación el que alentaba discursos de reivindicación lingüística y provocaba debates en torno a las lenguas, que retroalimentaron el discurso informativo (para estos conceptos, Charaudeau 2003)[30]. El resultado fue que en muy poco tiempo, en aquellos ámbitos en los que coexistían dos lenguas con una situación histórica de diglo-

---

30   Un ejemplo de instrumentación mediática que ilustra bien el concepto *hecho provocado* es el del «Manifiesto por la lengua común» (junio de 2008), redactado, al parecer, a instancias del partido UPyD y firmado por relevantes intelectuales y académicos (desde Vargas Llosa a Savater), el cual ha pasado al discurso de los medios como «Manifiesto a favor del castellano», «Manifiesto contra la persecución del castellano», «Manifiesto contra la discriminación lingüística» o denominaciones similares que van pervirtiendo el título original y suscitando reacciones que son también objeto de información y comentario.

sia social, se conformó una tradición metadiscursiva sobre el tema de la lengua que se extendió a otros contextos y se trasplantó luego a espacios comunicativos diferentes de aquellos en que tales discursos se habían creado (Kabatek 2006). Se trasladaron a comunidades y regiones en las que ni había bilingüismo ni diglosia (*diglosia* entendida como la coexistencia de dos lenguas con un reparto de funciones sociales diferenciado), como fue el caso de Andalucía. En estos nuevos contextos, los debates sobre la articulación *lengua propia/lengua común del Estado* generados en las comunidades bilingües, al contenerse polifónicamente por puro mimetismo, tuvieron que tomar otra deriva y se articularon según la dialéctica *modalidad de habla «propia»/lengua estándar*, identificada casi siempre con los usos del castellano de Castilla, de Madrid, etc. (por la evidente relación histórica que unos y otra tienen):

> Entre las recientes y sentidas preocupaciones por rescatar las que se han dado en llamar «señas de identidad» de la cultura andaluza o de los rasgos andaluces de la cultura española, puede advertirse una tendencia, cada día creciente, que trata de recuperar en toda su pureza *la pronunciación meridional como norma del habla en castellano*. La edición de libros sobre el habla y la pronunciación andaluzas, la creación de un seminario permanente sobre el tema en la Junta de Andalucía, las conferencias y artículos de filólogos y profesores son sólo algunos exponentes de esta general preocupación cultural.

> Pero, no obstante este panorama de rescate, *al andaluz de la calle aún le parece su acento cosa baja e infamante, y cada vez que tiene que hablar en público o en ocasión señalada trata de imitar la pronunciación castellana de Burgos o de Valladolid*, ya que de pequeño le dijeron en la escuela que sólo era correcta la pronunciación del español según la norma de Castilla. *De nada sirve **ese interés andalucista** por el rescate del acento y del habla como un orgullo cultural*; pesan siglos de chistes fáciles, de la presencia del andaluz en el teatro como «el gracioso», de identificación del acento meridional con lo tosco, lo inculto... A este conjunto de cosas se viene a sumar la incidencia de los medios de comunicación social audiovisuales, en los que los locutores (salvo honrosas excepciones) utilizan un habla castellana, aun cuando esos programas se radien o se emitan desde Sevilla o desde Granada. Y por el prestigio social que radio y televisión imponen, se corre el riesgo de que el tesoro lingüístico de la capacidad expresiva y fonética de los andaluces quede minimizado.

> [...] La situación es, pues, clara. Hablar andaluz no es infamante ni propio de gente inculta; hablar con acento andaluz es hacer posesión de una carga cultural arraigada en las raíces españolas. **No hay razón, por tanto para admitir el valor normativo de la pronunciación castellana**. *Háblese, pues, con el natural acento andaluz en tribunas públicas y en micrófonos y cámaras. Que así, lejos de incorrecciones que no existen más que en las mentes puristas, estaremos dando vida a la propia cultura andaluza* [lo subrayado no es original]. (Editorial «Orgullo Andaluz», *ABC*, 31-12-80, 2).

Se observará que en ningún momento se hace explícito en qué consiste o qué se entiende por «pureza» de la pronunciación meridional, ni de qué tipo de «norma» de habla se trata, ni si es o debe ser homogénea, ni sobre qué rasgos concretos ha de sustentarse, ni tampoco qué debe entenderse por «el natural acento andaluz». En cambio, sí llama la atención que se diga explícitamente que los modos en que los andaluces realizan el estándar consisten en «imitar la pronunciación castellana de Burgos o Valladolid», pues, por un lado, se hace patente un lugar común, un tópico, ampliamente extendido, no solo en Andalucía sino en cualquier otra región, por el que el «buen hablar» se concreta no en hablantes, sino en lugares de procedencia de los hablantes, y, por otro, se mezclan los criterios de «corrección» y de «ejemplaridad idiomática», que no solo se hacen indistintos o coincidentes, sino arraigados en un espacio geográfico concreto como «valor normativo de la pronunciación castellana» (otro tópico que afecta históricamente a la concepción normativa de la lengua española). Al mismo tiempo, esta confusión de planos lingüísticos ('corrección' y 'ejemplaridad')[31] lleva a hacer gala de un cierto laxismo, puesto en boga a partir de una mala interpretación de las ideas estructuralistas de la lingüística, por el que cualquier forma de hablar debe ser considerada como «legítimamente válida» (ni mejor, ni peor que otras)[32]. Igualmente, se hacen evidentes ciertas creencias, «hablar andaluz es propio de gentes incultas», «es infamante», que se afirman arraigadas en todos los andaluces. Tal y como se expresa esta idea en el texto parece que fuera una constatación real, un hecho dado e indiscutible el que los andaluces piensen eso de su habla, cuando no parecen ser más que conjeturas verbalizadas en los discursos que sobre la lengua circularon en la prensa regional desde 1976[33]

---

31   Lo *correcto* funciona en el nivel discursivo del hablar, pero juzgado con respecto al nivel histórico de una lengua: propiedad de los discursos que realizan correctamente las reglas del saber idiomático con las que pretenden corresponderse. Si tratan de realizarse dentro de una ejemplaridad o modelo estándar de la lengua, deben adecuarse a dicho modelo. Si no pretenden seguirlo, pueden realizarse siguiendo otras normas o modelos que no prescriben explícitamente (el estándar es siempre prescriptivo) pautas de uso lingüístico, pero que están implícitas (no tienen carácter normativo). Para valorar un determinado discurso como correcto o incorrecto hay que saber de antemano con respecto a qué saber idiomático pretende ajustarse (qué sistema sigue o intenta seguir, pues es posible incurrir en incorrecciones tanto al hablar o pretender hablar el estándar, como al hablar un dialecto u otra variedad). Lo *ejemplar* no es una propiedad de los discursos, sino una técnica histórica del hablar; existen diferentes ejemplaridades idiomáticas: geográficas, sociales, estilísticas o literarias, etc.: los hablantes, cuando realizan la lengua se acogen a la ejemplaridad que les resulta más propia biográficamente (Coseriu 1981), pero hay lenguas que, además, cuentan con un estándar institucionalizado, es decir, *codificado* como ejemplaridad estándar, cuyo carácter monocéntrico o pluricéntrico tiene que ver con cómo se ha llevado a cabo dicha codificación. Tradicionalmente el español ha tenido una codificación monocéntrica que se está sustituyendo por otra de carácter panhispánico (para el concepto de pluricentrismo, Clyne 1992, Lebsanft 2005 y Oesterreicher 2006).

32   Es recurrente la idea de que, para que sea científico, el análisis del lingüista ha de ser descriptivo y nunca prescriptivo, pues cualquier uso, independientemente de su consideración social, está dentro de una lengua y responde a un patrón individual o colectivo. Llevada hasta sus últimas consecuencias, el laxismo es una desviación teórica que denuncia como injerencias ideológicas los procesos de estandarización de las lenguas (Moreno Cabrera 2000) y pasa por alto la historicidad de la lengua y su carácter social. Dicho de otro modo, no tiene en cuenta las decisiones y preferencias por las que se decantan los hablantes ante la coexistencia de variantes y cómo ello está necesariamente imbricado en el sentido que adquieren históricamente los procesos de cambio lingüístico.

33   Estos sentimientos no suelen darse en niveles sociales altos o medio-altos, sino en hablantes con bajo nivel de instrucción. Por el contrario, es muy revelador el sentimiento de orgullo explicitado continuamente con respecto al habla por los andaluces (semejante al que aparece en otras regiones

y, desde entonces, repetidas como una consigna para captar adhesiones que favo-rezcan y creen la necesidad de hacer explícito un modelo de referencia del andaluz para ciertos contextos.

El sentimiento que asocia andaluz e incultura, y que se adjudica por igual a todos los andaluces, se hace derivar del comportamiento lingüístico de los que hablan en público y, en especial, de las actuaciones en los medios: «los locutores (salvo honro-sas excepciones) utilizan un habla castellana, aun cuando esos programas se radien o se emitan desde Sevilla o desde Granada». Este editorial es buena síntesis, por un lado, de las necesidades que se pretendieron crear dentro del contexto cultural para la identidad andaluza y, por otro, de los pilares argumentativos en que se sustenta-ron esos discursos y que se reiteraron con auténtico afán doctrinario.

7. La argumentación en los discursos mediáticos sobre el habla andaluza

El editorial que se acaba de analizar debe ponerse en relación intertextual con una serie de artículos que *ABC* había publicado a lo largo de 1978 en una, podría decirse, tribuna periodística sobre el andaluz (que va desde el 31-1-77 al 27-1-78). En esas páginas el escritor y profesor José María Vaz de Soto expuso sus opiniones e ideas sobre el tema y sobre la consideración que, a su juicio, históricamente había tenido la lengua en Andalucía y sobre la que, en justicia, debía tener como una nor-ma más dentro del español. En el contexto político y social en que se publicaron sus artículos tuvieron una cierta resonancia y a partir de ellos se desencadenó una corriente de textos de opinión sobre la lengua y los usos de Andalucía por parte de los lectores que permiten analizar cómo la prensa impartió «doctrina» entre ciertos andaluces ansiosos de «no ser menos» que los catalanes, en este caso en lo que respecta a los usos lingüísticos. Igualmente, generó en algunos articulistas locales, carentes de su formación universitaria, un contagio temático que los llevó a explotar sin contención (ni ideológica ni científica) el venero de la modalidad andaluza.

El discurso de la lengua en Andalucía es, sobre todo, un discurso comentador y, por tanto, tiene una función argumentativo-persuasiva con un indiscutible objetivo perlocutivo que no iba dirigido tanto a convencer a quienes no lo estuvieran de la dignidad de los rasgos de pronunciación de los andaluces, como a, sobre todo, cambiar actitudes. No solo mentales o de concepción, o sea, con respecto a la con-sideración sociolingüística del andaluz, sino de praxis, de actuación: *que se use el andaluz* y que se use *siempre*. De manera que, vistos los argumentos esgrimidos por

con una fuerte personalidad lingüística, Canarias, por ejemplo, Morgenthaler 2008) que contradice esa percepción que se expone reiteradamente en la prensa.

alguien que desconociera la realidad lingüística de Andalucía, parecería como si los andaluces en su conjunto sintieran vergüenza y rechazaran sus rasgos idiomáticos y quisieran hablar otra cosa que no fuera andaluz en sus diversas variantes y que traicionaran su identidad lingüística. Son siempre discursos de opinión que necesitan venir legitimados argumentativamente mediante textos presuntamente instructivos y didácticos sobre la lengua en Andalucía, cuyo contenido, sin basarse en ningún tipo de estudio científico, serio y riguroso (ni sobre los rasgos dialectales del andaluz y su estratificación social, ni sobre la incidencia que tienen tales rasgos en una concepción del hablar por parte del individuo, en relación con los estilos y registros), se daban como válidos y lícitos. Al margen de estos textos quedaba, por supuesto, el objetivo de transmitir verdades científicas y no solo por el hecho, suficientemente sabido, de que los discursos de la ciencia, cuando circulan por el canal mediático y se recontextualizan para adecuarse a una nueva intención comunicativa (informativa y divulgativa), se simplifican con mucha frecuencia hasta perder su carácter de contenido riguroso y exacto. En el caso de los discursos sobre el andaluz no hubo reformulación ni divulgación científica, básicamente porque el contenido referencial con respecto a los trabajos lingüísticos sobre el andaluz de la mayoría de estos textos no guardaba ningún vínculo con los conocimientos especializados acerca del dialecto, sino que se limitaban a exponer tópicos, errores y disparates. Lo importante era la configuración y promoción de unas señas de identidad articuladas sobre la modalidad de habla, como lo más propio y exclusivo de los andaluces: los textos sobre el andaluz, lo mismo que los de la historia y la cultura, fueron textos para la promoción de una nueva doctrina que convenía extender en este contexto diferente. Y así fue como se integraron en la corriente discursiva de los medios de comunicación andaluces sin ningún control de calidad que los filtrara, por mucho que se supiera o se pudiera intuir que estaban distorsionados y cargados de errores y falsedades, tal y como se pone de manifiesto en este texto:

> [...] *no se puede esperar al día, todavía lejano, en que todo se pueda detallar académicamente, minuciosamente.* Lo queramos o no, dispongamos o no de los materiales adecuados, estamos sometidos, todos los que de una u otra forma militamos por Andalucía, al imperativo de las grandes síntesis. *Aun sobre los riesgos de imperfecciones, lagunas y hasta errores,* estamos en la necesidad de extraer para el hombre andaluz de hoy las grandes líneas de la inmensa historia de Andalucía (José Acosta Sánchez: *El Correo de Andalucía,* 3-12-78, 7).

La necesidad de «mostrar» a cualquier precio, para hacerlas evidentes, las señas de identidad diferenciales y que los andaluces tomaran conciencia de ellas, dieron, como se ha dicho, carta de naturaleza supuestamente científica a contenidos tergiversados, manipulados, incomprendidos y llenos de falsedades. Un rastreo en las hemerotecas permite recuperar una buena colección de ejemplos de lo que aparecía en la prensa como si fueran discursos de instrucción didáctica. Especialmente, la sección de «Cartas al director» hace evidente lo fácilmente que se puede manipular a los lectores y cómo estos hacen su peculiar interpretación de la historia[34]:

> La civilización Andaluza tiene su patria propia y natural: Andalucía. *Y toda patria cultural tiene una lengua, un idioma propio. Andalucía lo tuvo y aún lo tiene.* Su idioma básico y primitivo fue modificado por mil invasiones que acogió: fenicia, griega, romana, visigoda, árabe. La última la castellana. *La arquitectura de la lengua original andaluza debió ser paulatinamente desfigurada por los fenómenos invasores*, afectando principalmente los aspectos sintácticos, prosódicos, fonéticos [...] *El idioma andaluz existe. La forma, el lenguaje oral que utilice es lo de menos:* **ahora lo hace en castellano porque es lo único que le ha quedado para hacerlo**. (Opinión del Lector *Ideal*, 20-7-77, 2).

> Hemos tenido ocasión varias veces de constatar con tristeza la carencia de una conciencia regionalista en Andalucía. Son muchos los que en impotente confesión de impotencia han aludido a la ausencia de una lengua vernácula que diera características definitorias y concluyentes a la región. Gran error. El ente regional no es sólo una lengua, aunque esta pueda dar una fisonomía peculiar e íntima a la comunicación; *existe, además en el sistema funcional un habla, una creatividad dinámica propia* [...] *Este [sic] habla es tan particularmente nuestra que tanto en su realización fonética* **como en su plasmación oral o escrita** *determina unas peculiaridades que nos son propias, que nos distinguen, y* **de las cuales se sigue un carácter, un pensamiento**, *una forma especial de comunicarse y entenderse;* **en resumen una forma de ser**. *En ese [sic] habla somos diferentes al resto de las regiones de España...* (Pedro Rodríguez Pacheco: *ABC*, 26-11-77, 19).

Los ejemplos podrían multiplicarse, en especial durante los primeros años de las reivindicaciones autonómicas. En este sentido, y a la vista de la falta de consistencia científica, sería interesante —aunque sea retrospectivamente— preguntarse sobre quién o quiénes fueron los beneficiarios de todo esto y, secundariamente indagar cuáles han sido sus consecuencias o efectos. Los propios medios fueron algunos de los sectores beneficiados. La política empresarial de *ABC* de Sevilla, con un objetivo claro de captación, conformó opinión[35] con la intención de que ciertas ca-

---

34   Hubo quienes echaban la culpa de que Andalucía no tuviera una lengua diferenciada del español a los intelectuales andaluces por no haber escrito en andaluz: «Quizá sobre el 1900 al 1936, cuando resurgía con fuerza el nacionalismo andaluz, si los intelectuales andaluces le hubieran prestado atención a nuestro dialecto. *Andalucía tendría su idioma propio, al haberlo [sic] elevado el habla dialectal a la categoría de lengua literaria escrita*» [el subrayado no es original]. (Francisco Rivero Tristancho: *El Correo de Andalucía* 6-10-77, 2). Tal idea sigue persistiendo y se repite con ligeras variaciones textuales en libros sobre el andaluz escritos por diletantes «defensores» del andaluz (en su trabajo, A. Narbona alude a un libro publicado en 1986 y reeditado en 1998 que dice lo mismo y casi en los mismos términos), y puede recogerse también en un rápido rastreo por Internet.

35   Tanto en lo relativo a los símbolos de identificación colectiva (himno, bandera, escudo) como a los elementos culturales distintivos. El caso del habla fue uno más. Como queda dicho, primero recurrió al profesor de Bachillerato y escritor José M. Vaz de Soto. Luego, en época autonómica ya fueron, además de Manuel Barrios, algunos profesores universitarios. Los artículos se centran en los usos léxicos de los andaluces, en muchos casos anecdóticos y sin concreción científica, cuando no equivocados, que tienden a consolidar el tópico de la «riqueza léxica» y del andaluz como «fuente ininterrumpida» de modismos. Es decir, que alimentan y subrayan el tópico del ingenio andaluz y la capacidad creadora del pueblo (Méndez 1997 y 2003).

pas sociales de carácter conservador (votantes de UCD y del PSA, principalmente, entonces aliados electoralmente) se vincularan con elementos que supusieran un alejamiento del pasado franquista y buscaran en la prensa una salida a su propia indefinición y a sus vacilaciones políticas, lo que hizo de él un periódico de referencia. Desde 1976 hasta 1982, no solo no se resintió de la aparición de nuevos periódicos como *El País* y *Diario 16* (algo que sí afectó, y mucho, a *ABC* de Madrid), sino que incrementó su tirada y su difusión[36]. *ABC* determinó asimismo la reubicación de los otros periódicos con los que compartía el espacio mediático. *El Correo de Andalucía* con una tirada de 28.259 ejemplares en 1980 y 27.573 en 1981 tuvo una orientación más progresista, más interesada por temas sociolaborales, pero siempre con una clara conciencia autonomista, como prueba el título de una sección fija «El correo en blanco y verde», en la que, junto a otros hechos culturales, se trataban cuestiones de la lengua de un modo no muy distante de la opinión conformada desde *ABC*. El Partido Socialista de Andalucía, PSA, se recolocó en el espacio político andaluz y se hizo un hueco entre los partidos mayoritarios de alcance nacional —UCD y PSOE— alentando discursos de reivindicación cultural, social y lingüística, y sacó un cierto rédito de ello, pues nunca en su historia tuvo unos resultados electorales tan elevados (en las elecciones generales del 1 de marzo de 1979 consiguió dos diputados por Sevilla, dos por Cádiz y uno por Málaga). En cambio, una vez supuesta la conciencia de lo andaluz y comprobado un clima social favorable con la aprobación en referéndum del Estatuto, el PSA se quedó sin sitio político. No obstante, ha formado parte de diversos gobiernos autonómicos (como partido bisagra, mediante pactos con partidos sin mayoría), y ello le ha permitido seguir ocupándose desde la Consejería de Cultura, Turismo y Deporte de campañas publicitarias para la promoción del habla. Por último, hay que pensar igualmente en los beneficios personales que el acceso a los medios otorgó a quienes abanderaron los discursos de la lengua. Por una parte, se proyectaba de ellos una cierta imagen sociodiscursiva de «expertos» en los temas sobre el habla andaluza que les otorgaba ante los demás una cierta «autoridad» para valorar las maneras de hablar andaluz y dictar cánones de buen uso lingüístico para los andaluces; y, por otra, eran constantemente requeridos y entrevistados, retroalimentándose el asunto del

---

36   Será de gran ayuda para entender mejor esto que pasemos a los datos. Por ejemplo, en 1980 *ABC* de Sevilla tenía una tirada de 65.000 ejemplares y una difusión de 59.150, y en 1981 de 69.000 y 63.000, respectivamente (Ruiz Romero 1998: 146). Téngase en cuenta que en los primeros años de los ochenta, el *ABC* de Sevilla copaba en la provincia el 49% de los lectores habituales de prensa, seguido por *El Correo de Andalucía* con un 13%, mientras que *El País* solo llegaba al 1,65%. Si bien estos porcentajes hay que relativizarlos, pues más de un 53% de los sevillanos no leía habitualmente prensa, con lo que su influencia bajaba hasta el 23,19% (6,05% para *El Correo de Andalucía* y 0,77% para *El País*. Los otros periódicos de la provincia no llegaban al 0,38%) (Checa Godoy y Guerrero Serón 1998: 169-206). No se tienen noticias de la situación en otras provincias andaluzas, especialmente en Granada y Cádiz, pero es presumible que el porcentaje que no leyera la prensa fuera un poco más elevado, en especial porque la tirada de estos periódicos era más reducida.

habla. Adquirieron, pues, cierta relevancia social en su entorno y lograron alcanzar resonancia mediática. La siguiente entrevista a uno de estos articulistas habituales puede servir como ejemplo:

> Hace unos días Alejandro Rojas-Marcos coincidió con José María Vaz de Soto en el aeropuerto de Barcelona. El político dijo al profesor: «Voy a dar un mitin. Dime después si pronuncio bien el andaluz o no».
>
> —¿Cómo se portó el hombre del PSA?
>
> —A mi juicio, Rojas-Marcos pronuncia un buen andaluz. Combina la aspiración de la ese final con su articulación en algunos casos. Sesea bien, como un sevillano de buena familia. Se preocupa mucho por el asunto.
>
> —¿A quién aconsejaría que tomase lecciones de fonética?
>
> —A Clavero. Debería tomar lecciones tanto si quiere pronunciar sus discursos en castellano como si los quiere pronunciar en andaluz [...] las eses finales las pronuncia demasiado y muy silbantes. Es de los que cecea. (*El Correo de Andalucía*, 14-3-80, 32).

Algunos columnistas como Antonio Burgos o, en especial, Manuel Barrios, cuyos artículos sobre el andaluz aparecen en varios medios durante más de veinte años, encontraron en la lengua una fuente de inspiración para algunas de sus columnas, granjeándose las simpatías de muchos lectores por sus reivindicaciones de las señas de identidad lingüísticas:

> No sé si escuchará usted mucha radio o no. Pero le habrá sorprendido que en las cuñas publicitarias de la campaña electoral, dos partidos hayan desenterrado el hacha de guerra cultural y estén hablando en andaluz, sin eses y esas cosas de los chicos de Madrisss. Da gloria enchufar la radio y ver que sale Manolo Fombuena hablando como habla en la botica.
>
> —Soy Manué Fombuena, y estoy aquí pa ve si nos echan una manita a los de Ucedé, que la cosa está fatá— viene a decir chispa más o menos. Pero en Andaluz. O sea, sin imitar a los locutores del Telesur, que esos sí saben una jartá de pronunciar castellano fino de Valladolisss [...] Y los otros, los del Partido Andaluz, o sea, el Peseá, lo mismo. Sale un tío diciendo andalú, y lo jombre y la mujere y esas cosas que suenan como nuestras [...] da gloria escuchar que te lavan el coco dentro de un orden y de una cosa, pero en andaluz. Vamos a lo de siempre. Me imagino que en Cataluña estarán teniendo toda la campaña en catalán. ¿Por qué entonces aquí no la vamos a tener en andaluz? Así que me parece que los de Ucedé y Peseá han hecho pero que muy bien y les deseo que así les luzca el pelo, gracias a este detalle que han tenido de reconocer nuestra cultura o nuestra culturiya por lo menos (Antonio Burgos: *ABC*, 15-2-79, 29).

Los discursos mediáticos, en muchos casos de tintes demagógicos, con que se evalúan los modos andaluces de hablar no solo están escritos por andaluces. Hay textos en los que el enunciador se sitúa fuera de la comunidad, parece no formar parte de ella, pero crea un discurso positivo de autentificación para halagarla en los rasgos de su habla y mostrar en cierta medida su solidaridad con las reivindicaciones del pueblo.

> *¡Esas gentes del sur! Oírlas hablar es un regalo.* El acto más sencillo —comprar en una tienda, preguntar una dirección, ir en autobús o esperar turno en una cola— se convierte en un placer inesperado, se transforma en algo parecido a un espectáculo que se nos ofreciera generosamente. *No es que ellos y ellas se den a la exhibición, como alguien dijo sin fijarse mucho. Es que esa vivacidad, ese chisporroteo, esa gracia, forman parte insustituible de una actitud humana, de un «modo de ser»* [...] Las palabras no son nunca lineales, escuetas, utilitarias. Hay una complacencia en el mismo hecho de hablar, un júbilo de la comunicación que las adorna y enriquece. Y sobre todo las «airea». [...] *Cuando un andaluz, para explicar que alguien ha dicho algo, inventa esa fórmula de «agarra, coge, va y dice», está dándole vuelo al lenguaje, haciéndolo girar como un remolino de papel de colores.* Y luego vienen las imágenes. Los andaluces no hacen chistes, se limitan a descubrir fragmentos de identidad en materias muy distantes entre sí [...] provocando con esa simple asociación un estallido jubiloso [...] *El lenguaje de los andaluces viene a ser, en cierto modo, un tributo espiritual a ese invisible canon de belleza que sienten gravitar sobre ellos. Con ese modo de entenderse popular y poético a la vez, cargado de ancestral sabiduría, parecen desparramar en la conversación puñaditos de sal que la aderezan haciéndola más fresca y estimulante para los oídos del forastero.* (Cayetano Luca de Tena, *ABC*, 8-12-78, 19).

Siguen la misma estela de los que reducen el dialecto a un conjunto de impresiones de valoración positiva y carácter sentimental que carecen de cualquier fiabilidad. Y cuando se hace la única concreción lingüística en todo el artículo, *Cuando un andaluz, para explicar que alguien ha dicho algo, inventa esa fórmula de «agarra, coge, va y dice», está dándole vuelo al lenguaje, haciéndolo girar como un remolino de papel de colores*, ocurre que no tiene ninguna especificidad andaluza, sino que es común a todas las lenguas romances con variantes léxicas (*tomo y me voy, agarro y me voy, cojo y me voy*, etc.) y se documenta también en lenguas no románicas como ruso, lituano, eslavo, griego, danés, etc., por lo que podría tener un origen indoeuropeo (Coseriu 1977).

Independientemente de la ausencia de rigor, hablar sobre el andaluz tuvo un cierto efecto sobre una parte de los hablantes andaluces que empezó a adquirir una conciencia lingüística sobre su modalidad que no se había explicitado en épocas anteriores, así como a manifestar expresamente un cierto sentimiento de «orgullo» del habla que dicen poseer cuando se les pregunta sobre ello. Pero, junto a la activación de la conciencia lingüística, muchos andaluces también potenciaron y reforzaron los tópicos y falsas creencias que podían tener, o aprendieron otros nuevos, tanto sobre el andaluz como con respecto a las relaciones de este con el castellano. Por ejemplo, las creencias sobre una supuesta economía y superioridad del andaluz con respecto al castellano, sobre su mayor riqueza léxica y expresiva, la influencia mozárabe e, incluso, del árabe y del caló. También repercutió en el ámbito de la enseñanza, pues se sintió la necesidad de llevar el estudio de la modalidad a las aulas, por lo que se quiso poner al día a los docentes para que supieran explicar «sin prejuicios» la modalidad, si bien en un principio fue difícil que los llamados «Talleres del habla andaluza» se despojaran del folclorismo y las banalidades que habían caracterizado el discurso impresionista de los medios de comunicación[37]. Se invitaba a ejercer la enseñanza en clave andaluza, y a tomar como punto de partida la modalidad vernacular del alumnado para ir ascendiendo y hacerle tomar conciencia de la diversidad interna del andaluz por la que debía mostrar una actitud respetuosa. Una reacción fue, asimismo, la publicación en 1979 de *La gran enciclopedia de Andalucía* dirigida por José Mª Javierre y coordinada por Carlos Ros, y en 1980, la del libro *Los andaluces*[38]. En ambas obras de conjunto se aborda, junto a la historia, el arte, la cultura popular y otros temas, el de la modalidad lingüística de Andalucía.

8. Los tópicos en los discursos de promoción del habla andaluza

Como se ha venido diciendo, muchos de los textos periodísticos sobre la lengua en Andalucía, al hacerse presentes en el contexto histórico que se ha descrito, repitieron argumentos identitarios inspirados en los discursos sobre la lengua que llegaban de Cataluña: el concepto de «lengua propia» se trocó por el de «modalidad propia». Puede hablarse de una *topología discursiva mediática* sobre los usos lingüísticos en Andalucía, si bien con una circulación más bien interna, pues raramente traspasaron las fronteras de la comunidad. Suponían un posicionamiento ideológico que contrastaba con hipotéticos discursos de orientación contraria, contenidos en el propio texto de un modo polifónico, aunque nadie los hubiera realmente producido. Se daban, pues, unas elecciones enunciativas muy particulares, que solo pueden ser explicadas dentro de este campo discursivo, con la pretensión de configurar una personalidad regional de carácter nacionalista, cohesionada en torno a ciertos fenómenos culturales que empezaron a adquirir valores identitarios en ese nuevo contexto. En esa pretensión de crear un pueblo unido que hablara con una sola voz (andaluza, por supuesto), se creó «un dentro», «un nosotros» a partir de rasgos esquemáticos procedentes de oposiciones bilaterales (castellano/andaluz), por lo que, forzosamente, hubo que articular los discursos de un modo privativo (los otros/nosotros) que se repetía con otras variantes («los de fuera», «los que no son como nosotros»).

Se activaron, rápidamente, en lo que respecta a los planteamientos de la modalidad, los dos aspectos complementarios de una misma función social que son propios de las lenguas estándares (aunque no son solo exclusivas de estas, dado que pueden manifestarse también entre dialectos, hablas regionales, e incluso hablas locales).

---

37   Una segunda edición se presentó en mayo de 1990 en la Casa de Pilatos con repercusión mediática regional. Esta vez se encomendó a investigadores universitarios, si bien apenas pudo reformarse un 10% de lo contenido en los anteriores talleres.

38   La primera, publicada en Sevilla por Promociones culturales andaluzas. Tierras del sur, y el segundo, en Madrid por Istmo.

Se trata del carácter necesariamente interdependiente de los valores *unificadores* y *separadores* que se asocian a las lenguas, la cara y la cruz de una misma función social. El primero de esos aspectos tiene para los hablantes una naturaleza cohesiva y posee un carácter *autoconstitutivo*. Los discursos de unificación suelen ser la base argumental de todos los nacionalismos, pues sirven para construir discursivamente el resbaladizo concepto de «señas de identidad» referido a la lengua, por eso tienden a limar diferencias internas en la colectividad y son propios de los procesos dirigidos a una estandarización lingüística. De ahí que en la prensa se hablara de la necesidad de una norma, pretendidamente, común para todos los andaluces y de carácter culto, que pudiera ser también una norma lingüística para los medios audiovisuales. Esto es, empleada y propagada desde ellos con intención ejemplarizante. El segundo de los aspectos, el «separador» o de contraste con otras comunidades, tiende a ocultar o minimizar los rasgos del habla comunes lingüísticamente a los de otras comunidades de habla y a resaltar las diferencias entre ellas. Lo propio y lo distinto referido a los usos lingüísticos están en la base de las equivalencias que suelen darse entre lengua y nación e identifican dichos conceptos.

A los que escribían en la prensa de cuestiones relativas a la modalidad andaluza no hay que presuponerles ningún saber sobre las nociones de sociolingüística o de política lingüística de las que se está hablando aquí. Estos fenómenos son siempre reacciones sociales colectivas, es decir, actitudes lingüísticas, que ponen de manifiesto que las lenguas, además de su función comunicativa unifican y/o separan comunidades lingüísticas. Por otro lado, en el contexto mediático parecía funcionar, al hilo de las reivindicaciones de las lenguas propias, la idea impulsada por el idealismo postromántico (en una época histórica de exaltación de lo peculiar y de nacimiento de los nacionalismos) que veía en las lenguas una suerte de determinismo lingüístico, un corsé impuesto que obligaba a concebir el mundo de una manera diferente. Según esto, cada comunidad pensaría la realidad de forma distinta y peculiar en función de su propia lengua y las lenguas serían una manera colectiva de entender esta, de ahí la identificación de nación y lengua que corrió pareja a estos planteamientos, muy presente en los discursos catalanes. Pues bien, para la época que analizamos aquí (los años 70 y 80 del pasado siglo), dentro de la ciencia lingüística, la formulación de estas tesis se había remozado y actualizado hasta perder por completo los tintes deterministas originarios; y sin embargo afloran en los discursos nacionalistas hasta el punto de que algún profesor universitario parece admitir que las diferencias fonéticas en las hablas andaluzas entran en correlación con formas de sentir y pensar diferentes (de los castellanos):

VIDAL LAMÍQUIZ [CLAUSURÓ EL CURSO DE OTOÑO PARA EXTRANJEROS]: «NO HAY UN HABLA ANDALUZA, SINO HABLAS QUE CORRESPONDEN A DIFERENTES FORMAS DE SENTIR Y COMPRENDER LA VIDA»

—¿Qué aplicación tiene este concepto en el habla andaluza?

—No existe un habla andaluza, hay hablas andaluzas que son variantes lingüísticas, lo que quiere decir que en Andalucía existen diferentes formas de ser o de sentir.

[...en] Sevilla frente a Madrid tenemos una grabación de media hora de dos personas, una de Madrid y otra de Sevilla, ambas de la misma edad, sesenta años y de un mismo nivel social, se trata de dos personas cultas. El andaluz emplea dos mil setecientas palabras y el madrileño sólo emplea dos mil trescientas, pero cuando se hace la frecuencia se ve que el madrileño ha empleado algo más de cuatrocientas palabras distintas y el andaluz unas doscientas cincuenta. *Esto significa que el habla sevillana es más barroca y tiene una mayor fluidez frente al habla madrileña que es más austera. Por otro lado, el sevillano completa el significado con gestos y con conceptismo por eso utiliza menor número de palabras.*

—¿Esto es también aplicable a la forma de ser del sevillano frente al madrileño?

—*Naturalmente, la manera de sentir y de pensar del sevillano es barroca, como su ambiente, barroca y conceptista... Frente a esto está la austeridad del madrileño.*

—¿Existen también variaciones tan marcadas dentro de Andalucía?

—Desde un punto de vista léxico las diferencias no son tan fuertes; pero sí en otros niveles, en fonética, por ejemplo, está la aspiración del sevillano que la usa incluso para marcar los plurales. Frente a ello, obsérvese la manera de hacer los plurales de un granadino o del cordobés. *Indudablemente hay una variación menos fuerte que con Madrid, pero también existen fronteras dentro de Andalucía que sirven de apoyo a una diferente manera de pensar.* (Entrevista de Margarita Seco a Vidal Lamíquiz: *ABC*, 7-10-80, 27)[39].

No obstante, las críticas a planteamientos como los aquí expuestos deben hacerse con toda cautela, pues es imposible saber si lo que se manifestó realmente se corresponde con lo realmente escrito en la entrevista, si se simplificó o si se entendió mal lo explicado por Lamíquiz y hasta qué punto hubo o no literalidad. Ese era uno de los riesgos que tenía (y aún hoy sigue teniendo) el discurso académico cuando se hace mediático. Por lo que se sabe de las lenguas y de cómo funcionan, las conclusiones a las que se llega en esta entrevista no son admisibles desde un punto de vista científico, tampoco lo es el hecho de que de las diferencias intradialectales puedan derivarse maneras de pensar diferenciadas, pero es difícil que un periodista se resista a reformular una idea que le parece atrayente.

Uno de los procedimientos más efectivos de los discursos de autoconstitución identitaria es el que se dirige a acentuar y potenciar lo diferencial. Para ello se requiere

---

39   Afirmaciones semejantes fueron reiteradas en las varias ocasiones en que, al parecer, se entrevistó al profesor Lamíquiz con motivo de cursos impartidos en la Universidad de Sevilla. De esta época es la idea de realizar un estudio sociolingüístico de la ciudad de Sevilla en el que el habla local sea analizada por barrios, proyecto impulsado por Vidal Lamíquiz y llevado a cabo en la Universidad de Sevilla. El primer volumen de estos estudios apareció en 1982 y se han sucedido con una periodicidad casi anual hasta la actualidad, primero bajo la dirección de Vidal Lamíquiz y, después, bajo la dirección de Pedro Carbonero. Como la mayoría de los estudios universitarios sobre el andaluz, apenas ha trascendido el ámbito académico.

la existencia de una situación de conflicto, real o supuesto, así que con frecuencia suelen venir acompañados de una fuerte carga emocional, más evidente cuando un conflicto afecta a la comunidad hablante[40]. Se hacía necesario explicitar ese estado requerido de tensión que presuntamente ponía en peligro la identidad lingüística andaluza y convertirlo en un *topos* mediático para el propósito de crear una conciencia colectiva de pertenencia a un grupo diferenciado, capaz por tanto de esgrimir reivindicaciones[41]. Los discursos articulados sobre ese lugar común de la opresión lingüística ejercida desde fuera y, consecuentemente, los de reacción defensiva (*Defensa del habla andaluza* fue el título de un libro surgido de las páginas periodísticas) fueron la tónica general durante más de un decenio. No obstante, fuera de esta época han seguido en estado latente en el discurso mediático y asoman como un guadiana cuando, por alguna razón, interesa hablar o que se hable de ello en el contexto social andaluz[42]. O, simplemente, por intereses de ciertos grupos políticos (Partido Andalucista, principalmente) con aspiraciones concretas en el ámbito público, en especial cuando se desea que sea bien acogida alguna campaña de publicidad institucional para la promoción del habla (de algunas de las cuales se hablará más adelante). De ahí que ningún partido se haya desligado totalmente de tales ideas sobre el habla andaluza, aunque sea incluyendo en sus programas afirmaciones ambiguas que se introducen para captar la adhesión de sus posibles votantes.

No debe desdeñarse tampoco la importancia que tiene el carácter de la interpretación de determinados conceptos lingüísticos cuando se emplean al margen del metalenguaje científico y son asumidos y utilizados por diletantes y profanos en la materia (aunque algunos fueran considerados «expertos» por el texto periodís-

---

40   A este respecto pueden consultarse entre otros estudios: Gallardo 1978, Hernández Alonso 1992 y A. Torrejón 1993.

41   En el contexto andaluz siempre operó la idea de que una nación es más nación si tiene lengua propia, pero, sobre todo, que ese hecho era determinante para obtener beneficios económicos y políticos del Estado Central; y aunque era un contenido que actuaba por debajo de los diferentes discursos en estado de latencia, afloraba explícitamente en algunos de ellos: «*En vista de que ya perdimos la ocasión de implantar el mozárabe como dialecto, que hoy ya sería idioma de nuestra nacionalidad*, con el que otro gallo nos hubiera cantado a la hora del reparto de la tarta, dignifiquemos el andaluz, que es bonito cuando se habla bien» (Manuel Barrios, *En tierras del Sur*, nº 37, 1978), dejando claramente al descubierto la ignorancia sobre la historia de su propia modalidad de la que hacía gala este articulista. Habrá que pasar por alto, igualmente, la referencia de ese *nosotros* y el significado que para el autor tiene la palabra *mozárabe*, difícil de saber por el uso que le da.

42   Es sintomático que casi veinte años más tarde, al necesitar el Partido Popular (PP) alianzas y pactos de gobierno con los nacionalistas catalanes y vascos, el tema de la lengua volviera a aflorar en la prensa regional por parte de algunos de los más militantes «defensores del habla». Véase el artículo de Barrios «El hecho diferencial» (*ABC*, 26-4-96, 22) en el que llama la atención sobre la urgente protección de los andalucismos: «Milagro de modismos andaluces que está reclamando a gritos la urgente protección de los organismos públicos» (su columna diaria, «El Baratillo», durante más de un año (1990) fue una auténtica relación de refranes y modismos supuestamente andaluces), además de repetir con ligeras variantes un viejo artículo que escribió como homenaje al Día de Andalucía y que fue publicado en ese mismo periódico (*ABC*, 3-12-77, 36).

tico en cuestión), pues suelen generar diversos *topoi* o esquemas argumentativos acientíficos que hay que tener en cuenta porque manipulan la realidad y producen percepciones erróneas de ella. Es lo que ocurre, por ejemplo, con el empleo del término *dialecto* al trivializase, que se asocia a creencias peyorativas y prejuicios de los hablantes que minusvaloran los usos lingüísticos dialectales y el estatus de las variedades de una lengua[43]. En ese contexto, el concepto de *dialecto* parecía estar connotado negativamente porque, al contraponerse interesadamente con el concepto de *lengua*, salía mal parado: menor prestigio, menor número de hablantes, ausencia de tradición escrituraria y de literatura, carencia de institución reguladora y, sobre todo, creencia en que un dialecto surge porque los hablantes rústicos e incultos cometen errores y tienen vicios al hablar la lengua[44]. De manera que al ser considerado el andaluz un dialecto, desde estos presupuestos, inexorablemente cargaba con esta valoración negativa, lo cual explica los lamentos por no haberse convertido en lengua[45] a causa de la desidia y los complejos de sus hablantes y por sus sentimientos de inferioridad. Los articulistas y los lectores cuando opinan se resisten a llamar *dialecto* al andaluz, independientemente de la consideración que en el terreno académico se haga de su naturaleza[46]

> Al igual que la inconmensurable cultura andaluza ha sido milenariamente elaborada por y para el pueblo en general en todos sus estamentos, *el idioma andaluz, llamado dialecto peyorativamente*, no

---

43   Valga como botón de muestra un ejemplo relativamente reciente en el que se hace patente esta creencia: «Quizás algunos no recuerdan que hay que saber distinguir entre lengua y dialecto. Las lenguas existen, los dialectos, no, y no existen porque no existen unas reglas que lo condicionen y todavía no existe la gramática del *andalú*». Previamente su autor hace explícita la idea de que los dialectos son usos incorrectos de una lengua: «Lo cierto es que el *andalú* no es algo que se quiera eliminar, entre otras cosas porque nunca ha existido. Lo que ha existido es una dejadez y un analfabetismo galopante que ha dado como resultado una forma incorrecta del castellano» (A. Guerrero Escalona, «Opinión del Lector», *El País Andalucía*, 15-1-05, 2).

44   La lingüística en absoluto tiene en cuenta estos parámetros, que son extralingüísticos y ajenos al funcionamiento real de los idiomas y sus variedades.

45   Ya se pudo comprobar cómo durante las discusiones sobre el Estatuto de Autonomía se decía expresamente: «nos gustaría que algún día pudiésemos hacer una modificación en nuestro Estatuto en el que se dijera, no ya solamente que hay que defender el habla andaluza, sino que en nuestras comunicaciones con el Poder Central, en los medios de comunicación oficiales de la propia Junta de Andalucía, *algún día tengamos capacidad para escribir incluso nuestra propia habla andaluza*». También se ha visto cómo en algún editorial se habla de «acento infamante y grosero».

46   Es cierto que en el discurso científico no hay acuerdo unánime sobre el estatuto que debe darse a la lengua hablada en Andalucía, pues depende en muchos casos de qué conjunto de hechos habría que hacer relevantes para su consideración: ¿derivación y jerarquización con respecto al castellano?, ¿poca homogeneidad de los rasgos?, ¿grado de diferenciación con respecto a otras variedades? De ahí que haya dialectólogos que prefieran considerarlo un dialecto, mientras que otros se inclinan por considerarlo un habla o un conjunto de hablas. Sin embargo, en los textos periodísticos muy pocos autores se refieren a estas hablas como «dialecto» posiblemente para esquivar con ello el espinoso problema de su percepción negativa, algo que está ausente en «habla» y también en el nombre de «modalidad lingüística andaluza» de fuerte arraigo entre las instituciones.

es sólo para el vulgo inculto, burdo, cateto o zafio, según la alta clase de caciques, sino para el más culto de los lingüistas, incluso. (J. M. M. *El Correo de Andalucía*, 21-10-77, 2).

Permítanme cierta resistencia a empezar por las definiciones. *¿Por qué llamar dialecto al andaluz* cuando la palabra es arma de dos filos? El vocablo dialecto puede resumir las peculiaridades lingüísticas, por descontado; pero *también define un idioma menor, de escasa importancia cultural y literaria surgido de una lengua.* (Manuel Barrios: *El Correo de Andalucía*, 13-10-79, 14).

Los conceptos de «idioma menor» («mayor»), o de «importancia cultural o literaria» no son parámetros que se tengan en cuenta en el discurso científico, pero son ideas muy persistentes, que se resisten a desaparecer y que condicionan la interpretación de las formas de hablar y las valoraciones subsiguientes. Ligado a esta creencia o prejuicio sobre el valor negativo del dialecto, se airea mediáticamente el *topos* del llamado *complejo de inferioridad* (que tiene más de sentimiento vago que de complejo) surgido, según se dice, como consecuencia de la valoración negativa de la pronunciación andaluza a causa de su consideración dialectal. La consciencia de ese hecho llevaría al rechazo de lo vernáculo y, consecuentemente, existiría un cierto peligro para las señas de identidad de la comunidad de habla, pues podrían llegar a desaparecer. Los textos periodísticos repiten continuamente la idea del «complejo lingüístico», cuya reiteración lo convierte en verdad incuestionable y presuntamente admitida. Esto es, lugar común, tópico, que persiste aún en los discursos mediáticos actuales: se refieren a él como algo dado y consabido socialmente:

Primero *hay que desprenderse* de esa considerable *capa de autoprotección lingüística* que actúa con frecuencia como un reflejo condicionado *en cuanto a un andaluz medianamente leído se le pone un micrófono por delante y que deja bien a las claras* **el famoso complejo de inferioridad** *que padecen muchos hablantes de nuestra tierra.* (A. Rodríguez Almodóvar *El País Andalucía*, 28-2-98).

A tenor de lo expresado por los textos, los andaluces más directamente afectados por esta caracterización que, según se decía (y aún se dice hoy), los convertía en «acomplejados lingüísticos» eran, obviamente, aquellos que por tradición cultural y elección personal ajustaban sus usos lingüísticos al contexto y a la situación. Es decir, se califica así a los que dominan en cierta medida la variación de su lengua y, además de los rasgos andaluces (o junto a ellos), emplean también como propios los usos estándares del español (o los que se tienen como tales)[47] para las prácticas lingüísticas no cotidianas de las situaciones formalizadas y de distancia comunicativa. Para muchos hablantes (independientemente de que sean andaluces o caste-

---

47   Independientemente de que las ideas sobre la codificación de una lengua puedan cambiar como ocurre en la actualidad con el español (hoy se entiende que el español es una realidad pluricéntrica y ello permite la codificación de un estándar panhispánico), los hablantes instruidos —que han accedido a la enseñanza en sus niveles medios y superiores— tienen una concepción del estándar como *norma idealizada* que se hace corresponder con lo que juzgan un «hablar bien» o un «hablar apropiado» (esto es, adecuado, conveniente y oportuno) (Eberenz 1995: 50-51).

llanos) estos discursos formales se conforman teniendo como referencia la lengua escrita[48]. Pues bien, no obstante ser esto así, se acusaba explícita o implícitamente a las élites culturales de Andalucía (pues ellos eran los referentes de los que se hablaba) de «acomplejados» por ser hablantes cultos, por disponer como tales de variadas formas de hablar y registros para ajustar sus usos lingüísticos a la situación concreta. Toda una paradoja. «Pasarse, según se decía, a una pronunciación *que no es propia*»[49] era en cierto modo una acusación de *deslealtad* lingüística achacada a un fuerte sentimiento de inferioridad que lo habría propiciado, sin que en ningún momento se hiciera explícito ni se argumentara por qué esas otras formas de hablar no debían ser (o no eran) *tan propias* de los andaluces como la misma lengua escrita o la lengua vernácula (es decir, tan consustanciales al andaluz instruido como su propia modalidad andaluza)[50]. Interesadamente no se explicaba por qué eran «propias» solo de ciertos sectores sociales (los que «se pasaban» a otra pronunciación), ni tampoco el hecho de que esas pautas lingüísticas se adquieren siempre (independientemente de la procedencia geográfica del hablante) a través de la instrucción: la enseñanza siempre ha sido determinante para la adquisición de registros idiomáticos y patrones discursivos no cotidianos (la construcción sintáctica, el vocabulario, los modos de decir no coloquiales se aprenden a través de la lectura y la escritura —esto ocurre en cualquier lengua y no solo en español—), porque son siempre los propios de la lengua escrita[51]. Obviamente, tampoco se decía que la variación de los

---

48   La llamada «lengua de la distancia» es prototípicamente «lengua escrita» (Koch-Oesterreicher 2006) y, por serlo, ha fijado unos usos que tienden a convertirse en estándares cuando se codifican y sirven de referencia a una comunidad. Eso es lo que hace casi imposible crear un estándar al margen de la lengua escrita y lo que suele hacer fracasar una normalización solo de pronunciación cuando esta tiene que compartir un espacio de variación con otras posibilidades expresivas internas y externas a la comunidad.

49   Estas dos citas de J. M. Vaz de Soto pueden ser representativas: «*No, no es bueno para un meridional, por muy bien que lo haga «pasarse» a un modo de pronunciar que no es el suyo, adaptarse a unos andares y un ritmo que no le corresponden,* que [...] coartan su capacidad comunicativa, su genio lingüístico, su acento». (*ABC*, 3-1-78, 19). «Los andaluces de cualquier clase o condición, con muy ligeros matices nos mantenemos muy a gusto dentro de ella [del habla andaluza] [...] *Y sin embargo en situaciones no coloquiales, y más aún en las solemnes oratorias, no nos sentimos demasiado cómodos hablando andaluz y tratamos de disimularlo* (*ABC*, 4-1-78, 14). Desde esta concepción se ve necesario el reconocimiento de los rasgos más sobresalientes del dialecto, haciendo hincapié en los considerados menos estigmatizados que, según se dice, podrían pasar como rasgos de pronunciación a los discursos formalizados de la distancia comunicativa.

50   Véase más adelante el apartando dedicado a la planificación lingüística.

51   Esto no invalida —como quizá pudiera creerse— el hecho de que desde un punto de vista medial la escritura se inventara como un código sustitutivo de representación de los sonidos orales del lenguaje directo y espontáneo. De manera que el llamado «mito de la ortografía», por el que se dice que se dejarían llevar los andaluces instruidos (tendencia a restituir la pronunciación de sonidos aspirados o elididos), debería ser examinado más bien con respecto al modo concepcional del discurso (su estructuración desde los parámetros de la lengua escrita), que, de forma secundaria, podría afectar también —pero no necesariamente, ni tampoco del mismo modo, y siempre con matices— a la pronunciación.

usos era propia de ciertas capas sociales porque eran las que históricamente y por estatus habían tenido acceso a la instrucción:

> Hay ministros de aquí que diríase proceden de otras regiones. Algunos acometen, al menos, su nueva dimensión con conciencia culta, pero hay otros que nos presentan en el más vergonzoso ridículo, intentando «imitar» como los monos, la más culta y política, entre comillas, pronunciación vallisoletana. (Un amante de Andalucía y la Justicia, *El Correo de Andalucía*, 21-10-77, 2).

> Me he referido en artículos anteriores al *complejo lingüístico de los andaluces*, tan insoportable a veces que lleva a algunos paisanos nuestros a la hipercompensación de una pronunciación y un acento castellanos [...] *Este complejo o estos sentimientos de inferioridad lingüísticos no lo sienten, claro está, todos los andaluces, sino sólo los previamente traumatizados o proclives, o **al menos los que tienen suficiente cultura y sensibilidad** como para advertir que,* aunque a veces se les rían sus gracias y requiebros, de ordinario *se les considera como ciudadanos lingüísticamente de segunda clase* [...] ese complejo de inferioridad o de castración lingüística nos lleva a pensar que todo lo de ellos es mejor, incluso lo que es manifiesta y reconocidamente peor. (Vaz de Soto *ABC*, 8-1-78, 20).

Hay quienes se refieren a esta situación de variación intralingüística en términos de «lealtad» y «deslealtad» lingüística. No obstante, estos conceptos se crearon para hacer referencia al mantenimiento o abandono de una lengua en situaciones de bilingüismo desequilibrado, por ejemplo las que se dan en un contexto de inmigración (López Morales 1989), de ahí que se hable en términos de *estado mental* por el que la consideración de una lengua ocupa una posición elevada en la escala de valores del individuo que le lleva a emplearla en contraposición a otras lenguas (y, por ejemplo, se asocie con contextos de nacionalismo: Weinreich 1974)[52]. En el momento en que estos términos se aplican a situaciones para las que no estaban concebidos, por ejemplo, para la variación intralingüística (diatópica, diastrática, diafásica y concepcional), al hablar de «estado mental», es necesario tener en cuenta el contexto psicosociodiscursivo de la interacción, pues por tradición genera expectativas sobre «lo preferible» en caso de dilema[53].

---

52 Así, el mantenimiento del español de los hispanos de Cuba en EE UU, habría que evaluarlo en términos de *lealtad* y en términos de *deslealtad* el abandono del español por parte de las segundas y terceras generaciones de hispanos no cubanos en EE UU.

53 Es decir, para que sean descriptivos y unívocos estos conceptos han de ser considerados dentro de las «prácticas discursivas». O sea, en términos intralocutivos (participantes en la interacción y modos locutivos de hacerlo), sociodiscursivos (roles sociales desempeñados al hablar), y en relación con las expectativas generadas por las prácticas comunicativas históricamente asentadas. *Deslealtad lingüística* se refiere a los mecanismos que gobiernan los procesos por los que un hablante, al hablar con un miembro de su comunidad, *en contra de las expectativas generadas por las normas discursivas tradicionales en el contexto histórico de esta*, se despoja de los rasgos lingüísticos distintivos vernaculares y cambia los patrones de uso lingüístico que se consideran propios de ambos (se fuerza una relación de jerarquía cuando lo esperable es una relación de solidaridad entre miembros de un mismo grupo). Se habla de *lealtad lingüística* cuando, rompiendo también las expectativas generadas, el hablante mantiene los rasgos vernaculares de su habla local en un contexto en el que las normas discursivas no los hace apropiados (p. ej., al hablar con otros de fuera de la comunidad). Desde este punto de

Para conseguir captar la adhesión de la sociedad andaluza se emplearon también aquí argumentos *ad misericordiam* que presentaban a los andaluces como víctimas: «ciudadanos lingüísticamente de segunda clase», escarnecidos por los hablantes de fuera de la comunidad, «los otros», los castellanos, los cuales, desde una posición de superioridad, presuntamente hacían presunta mofa de la forma de hablar andaluza, y así reproducían antiguas relaciones de dominación[54].

> *Los andaluces somos ciudadanos de segunda para Televisión Española.* El acontecer diario de nuestra tierra, sus problemas y sus proyectos, difícilmente tienen eco ante las cámaras de televisión, para las cuales *Andalucía no parece existir.* [...] Igualmente grave es el hecho de que Telesur —un tímido intento de televisión regional— carezca de los recursos más imprescindibles para ofrecer durante media hora diaria información de Andalucía a los andaluces. La penuria económica y técnica de nuestro Telesur contrasta claramente con los avanzados centros regionales de TVE en otras zonas. Y por si fuera poco, *cuando Andalucía llega a la pequeña pantalla lo hace en forma de tópico*: en los programas dramáticos se enfatizan irreales escenas de costumbrismo andaluz, *deformando el habla y la realidad,* y en los programas musicales abunda lo menos auténtico del flamenco. (Editorial: «TVE ignora a Andalucía», *ABC*, 20-3-80, 2).

En el contexto social andaluz siempre se ha sentido como un agravio el que las formas andaluzas fueran empleadas por personas ajenas al grupo. Primero, porque los andaluces no se reconocen en ellas, pues toda imitación tiende a la exageración y a la caricatura, y, segundo, porque esas formas lingüísticas sirven para tipificar estereotipos sociales asociados a «lo vulgar» y a las clases sociales desfavorecidas con las que implícitamente tiende a identificarse a los andaluces. No obstante, desde dentro de Andalucía, y también durante la época de reivindicación lingüística, se fomentó el estereotipo de «lo andaluz» con los tópicos que desde los medios se denunciaban[55].

---

vista, uno y otro concepto aluden a comportamientos patológicos o «no-normales» de los hablantes, pues rompen con las expectativas que se tienen como tradición dentro de esa comunidad de habla y que competen también a los usos del estándar. Cuando las normas cambian, cambian asimismo las expectativas sociales, esto es, las actitudes lingüísticas. Y, viceversa, cuando las prácticas discursivas introducen novedades en las expectativas y estas son aceptadas socialmente se produce la sustitución de una norma por otra.

54 «A mí, personalmente, me produce una visceral indignación *el sentimiento de superioridad lingüístico del español no andaluz frente al andaluz.* Ese sentimiento de superioridad [...] llega a producir síntomas de delirio cuando el buen hablante no andaluz atribuye al mal hablado andaluz expresiones apócrifas [...] ¿no se han preguntado ustedes nunca por qué Curro Jiménez, siendo andaluz, pronunciaba a la castellana? Yo se lo voy a decir: porque para Televisión Española Curro Jiménez era un héroe. Si hubiera sido un criado, un flamenco, un bandido perverso, o cualquier otra «piltrafa humana», seguro que lo hubieran sacado con su acento andaluz y diciendo *ustedes vosotros.*» (*ABC*, 29-4-79, 17).

55 Se hicieron películas como *Se acabó el petróleo* con subvenciones institucionales y se representaron obras cómicas de teatro que rozaban lo chabacano y zafio. Los medios se hicieron eco de las protestas de los lectores: «*Nada más zafio, más grosero ni más irrisorio.* Con esta embajada [la Compañía Cómica de Teatro Andaluz] *sentimos vergüenza ajena, que es la nuestra.* Después de esto, cualquier

El discurso victimista no puede tener nunca como objetivo inmediato constatar simplemente una determinada realidad. Obviamente, se destinaba a los andaluces y no como un mero hecho *informativo* con intención de hacer evidente una supuesta realidad (por lo demás, de difícil comprobación), sino con un claro propósito *performativo*, propio de la naturaleza *ad misericordiam* del argumento[56]. El efecto pretendido era, de una parte, fortalecer los lazos en el interior del grupo (Andalucía) frente al exterior (Castilla, Madrid) y, de otra, reivindicar acciones políticas justas o actitudes concretas ante la lengua. Desde un punto de vista semántico y pragmático, el discurso de la persuasión vertebrado con tales argumentos victimistas supuso la adopción de una serie de estrategias de falseamiento de los datos por parte de quienes escribían asiduamente en los periódicos como colaboradores, que han supuesto la base sobre la cual, dentro de Andalucía, se ha construido imaginariamente una imagen del andaluz llena de prejuicios infundados, algunos de los cuales persisten hoy en la conciencia de muchos andaluces. Se examinarán aquí esos mecanismos de manipulación informativa sobre la situación de la lengua en Andalucía que se propagan periodísticamente. Como se trata en muchos casos de impartir doctrina ideológica desde el poder que otorga escribir durante varios años en la prensa, no debe extrañar que los nombres de los articulistas se repitan. Eso es, precisamente, lo relevante del hecho: la impunidad que otorgan los medios para que un colaborador habitual escriba o hable de asuntos sobre los que desconoce casi todo y lo haga sentando cátedra.

El punto de partida es presentar aquello que se quiere reivindicar, el habla de los andaluces —identificada con *lo nuestro*, y lo que nos es propio— cuestionada por otros, rechazada, es decir, como problema, para, a partir de ahí, crear la idea de que esa habla es objeto de críticas o acusaciones infundadas e injustas, producto de un deseo de humillar a los andaluces desde una posición de dominio y superioridad. Lo más relevante de estos discursos es que se trata de un *topos* atribuido, sin explicitud referencial: el sujeto o agente de la acción de criticar siempre queda indefinido, impersonal, diluido en no se sabe qué colectividad (*dicen, se oye*). O, simplemente, se da como consabido que el lector conoce que existen tales sujetos. Se construye con una escasa base real la oposición *nosotros/los otros*:

---

interpretación que se dé aquí, en Madrid, en televisión o donde sea de lo andaluz será, sin duda, culta y admisible. Es *una verdadera pena*.» («Cartas al director», *ABC*, 13-6-80, 31).

56   En palabras de los autores de *El español hablado en Andalucía* (Sevilla: Fundación José Manuel Lara, 2003): «Pero no queda nada claro qué se *reivindica*, ni *de qué*, *frente a qué* o *contra qué* —o *quiénes*— ha de ser *defendido* el andaluz [...] Pensar que la «agresión» proviene de los usos del norte y centro de la península es simplificar tendenciosamente la realidad; no solo porque no son pocos los andaluces que no tienen interés en sumarse a la lucha, sino porque ello sería tanto como decir que el enemigo está agazapado en la propia casa, pues no otra cosa que *español* es lo que se habla en Andalucía» (p. 296).

Desgraciadamente, *aún son muchos los que, desde Despeñaperros para arriba, continúan machacando con el sobado tópico de que «los andaluces hablamos muy mal el castellano* [...] ¿Que los **andaluces hablamos mal el castellano**...? Yo me atrevo a proponer una afirmación que acaso resulte eficaz: **«Los castellanos hablan muy mal el andaluz».** (Manuel Barrios: *El Correo de Andalucía*, 13-1-80, 5)[57].

La construcción imaginaria de un enemigo de lo andaluz se proyecta sobre Castilla (su poder político centralizador y, por metonimia, sus pobladores, su lengua), a imagen de los discursos de autoafirmación de las lenguas llamadas «propias» con respecto al castellano:

—Evidentemente el hablante andaluz padece un importante complejo de inferioridad lingüística **¿A qué razones se debe este complejo y que papel juegan aquí los intelectuales andaluces?** [la negrita está en el original].

—[...] las causas hay que buscarlas en *el interés que desde fuera de nuestra tierra han tenido por convencernos de que hablamos mal*. Esto, por otra parte, se ha visto acentuado desde la misma escuela, *que en sus libros de texto señala las características de las hablas andaluzas como desviaciones del castellano.* («Hablar andaluz por derecho» [entrevista a Pérez Orozco y Fernández Bañuls, miembros del Seminario Permanente del Habla Andaluza, con motivo de los Cursos de Verano para profesores] en *El Correo de Andalucía* (Extra Dominical), 5-7-81, 12-13).

El carácter persuasivo de los textos de opinión que se escribieron como artículos y columnas periodísticas daba como supuesta y verdadera esta premisa de partida (subrayada por modalizadores de la aserción, *evidentemente, la realidad es que, cierto es que*), que orientó, luego, algunas acciones institucionales. No se olvide que quienes hablan en esa entrevista fueron los encargados de organizar los cursos para profesores en clave andalucista y que, por esa iniciativa, fueron materia de información periodística. Tales formas de decir invitaban de una manera subrepticia a la acción: que la comunidad de habla agraviada (Andalucía) emprenda una estrategia de *legitimación* (para defenderse a sí misma como comunidad y, especialmente, a sus modos lingüísticos)[58]. La batalla imaginaria de las lenguas o, como en este caso, del dialecto y la lengua, la construyen, a veces burdamente, quienes convirtieron los periódicos en púlpitos para sus soflamas lingüísticas[59] sin que pueda saberse a ciencia cierta (ni siquiera con la

---

57   Un año más tarde y en otro medio (*Sur/Oeste*, 18-1-81, 6) el mismo autor repetía la consigna con muy ligeras variantes. Actualmente, también se dicen enunciados semejantes en algunos libros de texto de Lengua y literatura castellana para Educación Secundaria Obligatoria (ESO).

58   Así como de *deslegitimación* (del otro), del castellano, presentándolo como «invasor», «primitivo y carente de tradiciones históricamente transmitidas», «deudor del andaluz y de sus tradiciones».

59   El enaltecimiento del discurso, la soflama, se incita con falacias (argumentos *ad ignorantiam*). Bastan la falta de conocimiento de los receptores y su implicación emocional para ganarla: «Graves peligros, digo, además del que representa la hostilidad de quienes se revuelven contra todo lo que contribuya a enaltecer la singularísima personalidad andaluza. *¿Que eso no existe? ¿Que son figuraciones mías?... Pues a demostrarlo tocan, ya que los signos exteriores muestran todo lo contrario.*» (Manuel Barrios: «Realidad del habla andaluza» VI; *Sur/Oeste*, 1-2-81, 5). Se quiso manipular a los lectores con el poder de los medios.

perspectiva que da el paso del tiempo) cuál era la intención última de los medios de comunicación, que les daban acogida sin distanciarse críticamente del contenido de lo que publicaban sus articulistas. En algunos casos, el propio periódico respalda con una nota editorial los delirios lingüísticos andalucistas de su articulista:

N. de la R.— La existencia de unas características dialectales del andaluz, la presencia de una serie de formas arcaizantes del castellano, unos peculiares modos sintácticos y un meridional reperto- rio léxico, influido a veces por formas del caló, dan pie al escritor Manuel Barrios sobradísimo de recursos y dominador como pocos del idioma, a un curioso ejercicio de creación. Este es un artículo escrito en lo que sería una ideal e hipotética «lengua literaria» construida a partir de variedades dialectales andaluzas. Todo un divertimento cultural que trascienden la pirueta *y que abre una serie de interrogantes sobre las propias señas de identidad cultural de Andalucía.*» (*ABC*, 3-12-77, 30)

El florilegio de disparates de Manuel Barrios pasa de periódico en periódico, inde- pendientemente de las tendencias políticas y de la orientación ideológica que tuvie- ran (*ABC, El Correo de Andalucía, Sur/Oeste* y, nuevamente, *ABC*), y consigue en cier- tos lectores el efecto pretendido, a tenor de la «cartas al director» que se publican. En unos casos, se refleja un sentimiento rencoroso, agraviado; en otros, la respuesta exalta los valores del dialecto y el orgullo que significa tenerlo como propio.

Lo que sí es cierto e irrevocable es que el andaluz es un idioma hermosísimo y más perfecto que el caste- llano, **sin duda** *siempre en utilización culta, y que no sólo no debe ruborizar o amedrentar, sino enorgullecer y envanecer a los que lo usan, pues significaría haber nacido en Andalucía, y ¿hay algo más maravilloso?* (J. M. M. *El Correo de Andalucía*, 21-10-77, 2).

Como si de un espejo se tratara, se pretendió reflejar una realidad que era solamen- te virtual. Estas formas de hablar sobre el andaluz, que guardan tanta semejanza con los discursos reivindicativos de la lengua hechos por los nacionalistas cata- lanes, paradójicamente se propagaban a través de periódicos muy conservadores, así que causa cierta perplejidad con el paso del tiempo esta ironía histórica, ya que explícitamente se aclara que no se trata de ningún movimiento independentista, expresando así explícitamente las reservas sobre un asunto que no se domina:

Los andaluces jamás hemos planteado, ni plantearemos, a lo largo de toda nuestra historia el menor atisbo de tipo independentista [...] y esto *nos da el más legítimo de los derechos para levantar nuestra voz de protesta contra un adjetivo [»castellano»] que, se quiera o no, significa una ofensa para el nombre integrador de «español»,* con que debería calificarse el idioma común de España (Manuel Barrios: *Sur/Oeste*, 16-1-81, 6).

Hay que señalar que los nombres de la lengua *castellano/español* fueron objeto de discusión política durante la elaboración de la Constitución Española. Catalanes y vascos especialmente se resistían a que se designara como *español* y preferían el término *castellano*. El resultado fue una redacción «conciliadora»: «El *castellano* es la lengua *española*...»; como para el articulista la batalla imaginaria no es con el espa- ñol, sino con el castellano, se explica esta reacción.

Para comunicar la *validez* de la opinión y *autentificarla* se recurre a una peculiar e interesada visión de la historia y manipulación de los datos. La legitimidad cultural de Andalucía es más antigua que la de Castilla o que la que pueden documentar otras nacionalidades. La metonimia o contigüidad entre pueblos y territorio hace que los vestigios culturales de esos pueblos sean patrimonio hereditario de los actuales andaluces, solo porque se asientan en territorios parcialmente coincidentes. La idea expresada torpemente por lectores y articulistas es difícil de desarraigar porque la linealidad temporal se reinterpreta en términos de *continuum* cultural[60]. Como se ha visto anteriormente en el texto citado de *Palabra de Sur* los andaluces son como son y se expresan así porque hunden sus raíces en ancestrales antepasados casi míticos que serían los que fueron conformando su, por lo visto, tan asombrosa y peculiar personalidad cultural y lingüística[61]. Ligado a esto está inevitablemente el valor o marchamo de antigüedad de Andalucía identificada con Al-Ándalus y con su lengua, el árabe. Se minimiza la importancia de la repoblación castellana y, cuando se alude a ella, se hace como si la historia académica hubiera hecho una interpretación sesgada o hubiera manipulado aviesamente los datos para, supuestamente, ocultar que los castellanos eran invasores en Andalucía y enemigos de los andaluces[62]. El análisis de estos textos permite observar la construcción de un *topos*

60   «Ineludiblemente, para tomar conciencia de una cultura como la andaluza, hemos de remontar el vuelo a épocas en las que, por los límites del extremo sur occidental *de lo que habrá de llamarse Europa al cabo de muchos siglos*, alienta ya una asombrosa civilización: *la andaluza anterior al hombre de Neanderthal: la **abbavillense**, inventora de una verdadera industria, por imposible que hoy pueda parecernos.* [...]Y es que, en este fabuloso rincón del Sur, «sus leyes en forma métrica, cuentan con seis mil años de antigüedad [...] Leyes en verso (o sea, Derecho y poesía) de sesenta siglos: *cuarenta y cuatro antes de que un sombrío aficionado a los toros y a los autos de fe convirtiera un bellotero -esta es la verdad- en capital de España.*» (Manuel Barrios: *El Correo de Andalucía*, 16-1-81, 6). Es decir que Europa estaba innominada, pero Andalucía siempre fue Andalucía. Un rastreo por Internet permite extraer en pocos minutos textos semejantes. La diferencia es que en la red no hay ni puede haber filtros para la información: cabe todo y de todo hay, pero lo que se comunica en los periódicos o en programas culturales de televisión viene respaldado por el propio medio, que es de por sí para los lectores o espectadores una garantía de comunicación veraz.

61   Como reacción a unas inaceptables palabras acerca del acento andaluz pronunciadas por una dirigente del PP, Montserrat Nebrera, vuelve a aparecer esta idea como medio de legitimar la validez del andaluz: «[...] y asunto distinto es que lo andaluz, en sí mismo, parta de una esencia tan sólida y concreta, tan vasta y fecundísima, que no ha necesitado vindicarse ni darse a conocer, *porque su planta tartésica en la sombra, su arquería fenicia y griega, su muralla romana y su oropel omeya* [...] es una herencia más que suficiente como para alardear de lo que se posee de veras. Otros, claro, han de alardear de lo que no poseen y por eso se agarran al acento purísimo, que guarda en su interior laísmos insufribles y dolientes al oído.» (J. Pérez-Azaustre: «El acento cordobés», *Diario de Sevilla*, 12-1-2009,6).

62   «Yo creo que existió una auténtica cultura andaluza (o andalusí) en tiempos de los árabes. Entonces sí. Y poco después. *Pero a partir de la reconquista (o la conquista, según muchos) se inicia esa represión constante y sistemática que, como ya hemos advertido, culminó no hace mucho tiempo y nosotros hemos protagonizado y sufrido*» (Opinión del Lector: *Ideal*, 1-12-77, 3). Tal mixtificación traía consigo una reinterpretación de los hechos que orientaba a percibir a los castellanos como auténticos dominadores que habían conquistado la región para subyugar a los andaluces: «Es otro pago que hemos tenido que hacer los andaluces a cambio del gran bagaje cultural de los pueblos del norte que nos

que trasciende la anécdota de lo que pudiera ser achacable a la ignorancia individual sin apenas trascendencia social. La idea de que los andaluces eran legalmente los herederos naturales de los árabes fue tan recurrente, que terminó convirtiéndose en una creencia difícil de desarraigar (según nuestra experiencia diaria, sigue manifestándose hoy entre alumnos de enseñanza media y de universidad —que reflejan lo oído en sus casas o en los medios—, y también persiste en círculos medianamente cultos). Es sintomático que solo en este punto merezcan réplicas tales discursos por personas que denunciaban la falsedad con que se construía la nueva imagen de Andalucía y subrayaban la fuerza que lo árabe tenía como tópico social:

> Entre los inevitables tópicos —y topicazos— que uno ha debido escuchar con paciencia y hastío figura en un lugar preferente la alusión al «enraizamiento de la cultura andaluza con lo árabe». (Manuel Escalante: «¡Qué tendrá que ver la cultura andaluza con lo árabe!» *ABC*, 23-2-77, 23-24).

> Allí —sin conocerlo gran cosa, más allá de una visita a la Alhambra y otra a la Mezquita de Córdoba— se ensalzó a Al-Ándalus. Se cantaron las excelencias de la morería, de sus sultanes, califas, de su esplendor de antaño... se regustó la limpieza de los moros [...] *¿Es este un planteamiento serio entre intelectuales?* (Carlos Asenjo Sedano, *Ideal*, 5-8-77,3).

No conviene olvidar que fue muy frecuente en la prensa recurrir a los arabismos haciéndolos pasar por andalucismos para señalar que era el castellano el que tenía una deuda contraída con el andaluz, lo que serviría implícitamente para probar la inferioridad de aquel[63]. No solo el léxico, sino fenómenos de pronunciación, como la aspiración de jota, se han achacado erróneamente a la herencia árabe en Andalucía:

> Este rasgo [la aspiración de jota], además nos conduce a un tema que trataremos en un próximo trabajo [...] *El empleo fonético-fonológico de la zona glotal de la garganta por el andaluz es uno de los restos lingüísticos que la dominación árabe dejó entre nosotros, lo que recientemente **se demostró fuera de toda duda**.* (J. Alberto Fernández Bañuls y José M. Pérez Orozco del Seminario Permanente del Habla Andaluza. Consejería de Cultura-Junta de Andalucía: *El Correo de Andalucía*, 7-10-79, 16).

Aunque puedan parecer casos extremos de ignorancia, lo llamativo es que quienes se dejaban llevar por el tópico de la relación del árabe y lo andaluz eran miembros del primer Seminario Permanente del Habla Andaluza, es decir, asesores en ma-

---

conquistaron. Claro que no podemos ahora reivindicar la lengua que teníamos para poder justificar la autonomía» (*El Correo de Andalucía* 5-9-79, 20).

63   «¿Pero es que aún no quiere saber ese soberbio castellano imperial, [...] que cuando dice *almacén, tarifa, tabique, zanja, alubias, fulano* o *mengano* está rindiendo homenaje al habla andaluza, transmisora principal y directa de estos arabismos...?» («El Correo en blanco y verde: El castellano y el andaluz»: *El Correo de Andalucía*, 13-1-80, 5). Como es bien sabido, el caudal de arabismos pasó a la lengua castellana en su gran mayoría antes del siglo XIII, antes de que estuviera conformado el andaluz como modalidad diferenciada. La influencia árabe se considera independiente por completo de la formación del dialecto, así que carecen de todo fundamento los textos que circularon durante esos años y que tanto se parecían al que se ha dado como ejemplo. Para todo lo relativo al la escasa influencia del árabe en el andaluz pueden consultarse Cano-González Cantos 2000 y Narbona-Cano-Morillo 2003.

teria lingüística que sentaban cátedra, de manera que esos modos de decir («se demostró fuera de toda duda») provenían de personas que tenían para los lectores un cierto estatuto de autoridad en esta materia. Hasta tal punto fue recurrente la propalación de infundios de este tipo que José M. Vaz de Soto tuvo que salir al paso y desmarcarse de estas creencias que estaban conformando opinión entre los andaluces y solo contribuían a fortalecer un tópico que falseaba la realidad histórica:

> Yo lo siento por quien no esté de acuerdo con esto —dice— *pero el habla andaluza y Andalucía solo se entienden si partimos de lo que significó la repoblación.* Los que quieren ver en la historia de Andalucía una continuidad de la Córdoba de Al-Mutamid están viendo visiones. La traducción lingüística de este espejismo es que los árabes influyeron, claro que influyeron, pero en toda España. En español existen unos cuatro mil términos procedentes del árabe. Hasta el siglo XVII no se empieza a distinguir el castellano y el andaluz como formas de pronunciación...» (Entrevista a Vaz de Soto *El Correo de Andalucía*, 17-3-81, 16).

Pero una vez ha fraguado el estereotipo en la conciencia colectiva es muy difícil de desarraigar, como puede comprobarse todavía en la actualidad.

Otro de los elementos que se emplearon para marcar distancias y potenciar esa diferenciación del andaluz con respecto al castellano fue el elemento gitano, el léxico caló. La vigencia de esos temas en el contexto de reivindicación de la época llevó a organizar conferencias en foros de cierta solera intelectual y cultural como el Ateneo de Sevilla; así, la que pronunció José Rodríguez Díaz: «Lingüística andaluza, payos y calés». A juzgar por lo que pudo leerse después en *El Correo de Andalucía* en una entrevista a doble página, hizo llegar a los lectores informaciones que no se ajustan a ninguna verdad científica o que, por desconocimiento, se dan tergiversadas.

> Contando anécdotas, chistes que ilustran a modo de ejemplo sus teorías —nada descabelladas por cierto— José Rodríguez sigue hablando.
>
> **«¿Hay alguna negación más rotunda que la que utiliza un andaluz cuando dice «ni na, ni na»? Quizás esto podría venir de la palabra en caló «nanai», que significa nada en absoluto.** *El caló y el andaluz están tan mezclados que a veces no se puede apreciar quién ha tenido influencias en quién.»* [resalte tipográfico en el original].
>
> [....] Y así vamos mezclando unos conceptos con otros, estudiándolos, viendo su evolución. De vez en cuando la conversación sigue otros derroteros y al final terminamos siempre con lo mismo.
>
> **«La palabra currelar no es caló. Lo verdaderamente caló es curelar,** *pero esto se hace imposible de pronunciar al andaluz.* **Ejemplos como este te puedo citar muchos. El caló está lleno de nuestras influencias.** *Casi hablamos nosotros más el idioma gitano que los propios calés.»*
>
> Y así me cita muchas palabras que son puramente calés y que se han introducido en nuestro dialecto *hasta identificarse como andaluzas.* Así tenemos: Peripé [sic] 'cómicamente'; privar 'beber'; diñar; dar napia 'nariz'; pinreles 'pies'; coba 'zalamería'; chepa 'joroba'; chaval 'hijo'; pesqui 'saga-

cidad'; gachí 'hembra', y un largo etc. (Entrevista de Milagros Muñoz a José Rodríguez Díaz en *El Correo de Andalucía*, 30-8-80, 16-17).

No pretendemos afirmar que textos como estos sean representativos de las formas de pensar y de concebir el andaluz por parte de todos sus hablantes, sino que la repercusión mediática continuada a lo largo de estas fechas de construcción identitaria puede dar una falsa imagen del sentir común de los andaluces. El resultado que se puede percibir es que al intentar legitimar lo «propio», se adujeron argumentos de lo que para muchos se estimaba positivo por lo diferencial con respecto al castellano (lo árabe, el caló) o por la supuesta antigüedad de su cultura atestiguada en un vocabulario propio. En esta etapa germinaron tópicos que se resisten a desaparecer y que apuntan al «orgullo de ser andaluz», a la «perfección» de la modalidad, a la «riqueza» y variedad de su vocabulario, a la «sabiduría» popular, a la gracia y al ingenio de los andaluces en la creación espontánea de nuevas maneras de decir, con especial atención a las estructuras comparativas y a la fraseología[64], a la «economía» en la pronunciación que les hace ser más eficientes y rentables desde un punto de vista comunicativo[65]:

> Reconozco que esta es otra de las cosas que ha cambiado como de la noche al día. Ahora todo el mundo presume de hablar en andaluz. Y, sin embargo, antes, tanto educadores como nuestros progenitores nos prohibían —como si se tratara de lo más vergonzoso del mundo— emplear nuestro «idioma». Entrecomillo la palabra porque pienso que no se trata de un idioma. *El andaluz —siempre lo he dicho— es exactamente igual que el castellano. Aunque mucho mejor hablado. O más cómodamente hablado, que viene a ser lo mismo. Porque no me negará usted que resulta comodísimo esto de comerse las des, las eses y todas las consonantes comestibles. Así, aunque el andaluz —que conste— no sólo consiste en comerse letras, hemos llegado a construir uno de los «idiomas» más universales.* (S. de Quinta, en «Andalucía al día», *ABC*, 29-3-80).

Dentro de ese discurso de autolegitimación, no basta con acumular supuestos datos positivos, sino que se hace necesario apoyarlos en criterios de autoridad, preferentemente externos. Las opiniones de Torrente Ballester y de Camilo José Cela

---

64   Estos tópicos, especialmente el referido a la riqueza y variedad del léxico empleado por los andaluces, llegan hasta hoy y aparecen con profusión en los libros de textos escolares y ello pese a que también se dijera que en un estudio comparativo entre hablantes cultos de Madrid y Sevilla, estos últimos empleaban en sus frases un vocabulario menos variado: «Lamíquiz ha comparado el habla de Sevilla y Madrid [...] La frase del sevillano es más barroca, larga y adornada, si bien tiene *menos términos diferentes*. Por contra, la frase madrileña es más corta, austera tiene menos adornos verbales *y más diversidad* de términos [...]» En cuanto a la riqueza «las diferencias solo se dan por unos rasgos o por otros, simplemente. En unos sitios usan unos términos y aquí otros. Pero todo es español dentro de la misma lengua» (*ABC*, 14-11-81, 30).

65   Consecuentemente, se refieren también al «encorsetamiento» y «rigidez» del castellano y a la «altivez» de quienes, siendo andaluces, se apartan de esos modos lingüísticos populares debido, según se dice, a un profundo complejo de inferioridad.

cumplieron esta formalidad discursiva inherente al tipo de argumentación reivindicativa[66]:

TORRENTE BALLESTER: «ES EN ANDALUCÍA DONDE MEJOR SE HABLA ESPAÑOL»

«Aquí es donde está la solución de nuestro idioma»

«Es en Andalucía donde mejor se habla español. Yo vengo aquí a oírles hablar, no como por allí arriba. *La solución del español está en Andalucía y esto no es un piropo*. Lo que siento es no estar aquí para aprenderlo», declaró el académico... (*ABC*, 7-12-80, 16).

TORRENTE BALLESTER INSISTE EN QUE EL PUEBLO ANDALUZ ES EL QUE MEJOR HABLA

«En este momento —ha declarado en Granada el académico y escritor Gonzalo Torrente Ballester— estamos corriendo el peligro de que países como Andalucía, que para mí es donde mejor se habla de toda España, a fuerza de radio y televisión se le destruya este tesoro, que es único. En el resto de España cada vez se habla peor y sobre todo en Madrid. Y cuando digo hablar mal me refiero sobre todo a los políticos. El pueblo andaluz (y no los políticos) es el que mejor habla, porque tiene un vocabulario más rico, su riqueza sintáctica es asombrosa y además cuenta con una capacidad de transgresión verdaderamente creadora.»

En donde verdaderamente radica el valor de la lengua andaluza —ha añadido el señor Torrente Ballester— es en su base léxica y sintáctica, y esto corre peligro de perderse con la televisión. En el momento en el que entre en su lenguaje la «alternativa», el «consenso», el «contactar» y todas esas palabras se acabó el andaluz». (*ABC*, 20-12-80, 14).

Llegará un día —decía el novelista [Camilo José Cela]— en que toda España hable andaluz. Esto de recortar las sílabas no es un signo de comodidad, sino de madurez. Lo necesario —continuaba— es que el andaluz hable siempre andaluz de verdad y no intente falsificarlo. Por ejemplo —terminaba— cuando un andaluz intenta hablar en madrileño, la pringa» (S. de Quinta: «Cela, el andaluz y su calle de Las Cabezas» *ABC*, 7-9-80, 15).

Aunque en ningún momento se señala en qué consiste ese supuesto «hablar mejor», parece que Torrente Ballester está pensando en el andaluz como ese «buen salvaje» que conserva en toda la pureza las esencias de la lengua española, gracias a que ha vivido casi en completo aislamiento, pues en el momento en que se incorpore al

---

66   Es un síntoma de la posición empresarial de *ABC* la repercusión que dio a estas declaraciones que se hicieron a principio de diciembre y que fueron mostrándose regularmente durante todo el mes, para concluir con este editorial «Orgullo andaluz»: «Ha tenido que ser un académico de la Real Española, castellano de origen, Gonzalo Torrente Ballester, quien haya tenido que venir recientemente a denunciar ante los propios andaluces este peligro, a la par que hacía la valoración que aquí muchos mentores culturales se niegan a admitir: «Estamos corriendo el riesgo —ha dicho Torrente— de que a países como Andalucía que para mí es donde mejor se habla de toda España, a fuerza de radio y televisión se le destruya este tesoro que es único. En el resto de España cada vez se habla peor. El pueblo andaluz es el que mejor hablar porque tiene un vocabulario más rico, su riqueza sintáctica es asombrosa y además cuenta con una capacidad de transgresión verdaderamente creadora.» (*ABC*, 31-12-80, 2).

tren de la modernidad y penetren en él los «demonios de la lengua», que no parecen ser otros que las formas lingüísticas que emanan de los medios de comunicación y especialmente del lenguaje de los políticos («la alternativa», «el consenso», «el contactar»), «se acabó el andaluz». El tópico que asoma aquí no parece otro que el de los peligros de la «globalización» de la sociedad, pero referido particularmente a las formas lingüísticas. La riqueza sintáctica del andaluz, recogida también en la cita periodística, tampoco se especifica en qué consiste. Sin embargo, se sabe que la sintaxis del andaluz no es muy distinta a la de otras modalidades hispánicas de dentro o fuera de España, al menos no se pueden indicar con certeza estructuras genuinamente andaluzas[67], salvo algún cambio en el orden de palabras (*más nada, más nadie* o *más nunca*), presente también en amplias zonas de Hispanoamérica, y algunas construcciones dequeístas desde el punto de vista de la norma prescriptiva como «*deseandito de que* vengas estoy» o construcciones partitivas «*una poca de* gracia», «*unos cuantos de* novios», ausentes en el español centropeninsular e igualmente normales en América.

En cuanto al testimonio de Cela, parece querer dar legitimidad a una idea recurrente germinada en el interior del grupo, la *comodidad* del andaluz a la hora de hablar: «Porque no me negará usted que resulta comodísimo esto de comerse las des, las eses y todas las consonantes comestibles» (*ABC*, 29-3-80), que dio origen a otro *topos*, el de la economía del andaluz que lo hace más rentable. «Comodidad» y «rentabilidad» son apreciaciones que llevan aparejada necesariamente la comparación con otros sistemas, porque para cualquier hablante su forma de hablar es más económica y efectiva que la de otros. Del mismo modo, se establece implícitamente una equivalencia entre conceptos que no se deben mezclar, porque no responden a ninguna comprobación científica. La mayor economía de un sistema lingüístico se hace corresponder con la evolución («ser más evolucionado»), y esta con una tendencia hacia la perfección de los sistemas de comunicación. Tal forma de pensar procede de la divulgación de conceptos nacidos en la ciencia lingüística (economía, cambio lingüístico, reducción fonológica, etc.), que se simplifican y malinterpretan al margen de lo que significan, y dan origen a deducciones y conjeturas que no se corresponden con la realidad del lenguaje e, implícitamente, llevan a los hablantes a hacer comparaciones valorativas entre lenguas o variedades de una lengua para determinar la supremacía o perfección de unas sobre otras (lenguas más ricas, más fáciles y simples, más evolucionadas, más primitivas, etc.). Por otro lado, las pala-

---

67 Como señalan Narbona, Cano y Morillo (2003: 238): «Mucho más difícil es hablar de procedimientos sintácticos específicos del andaluz cuando se aborda la organización y construcción del discurso conversacional. Las observaciones se refieren al español coloquial en general, y no van mucho más allá de señalar su presunta *simplicidad* y *economía* en el empleo de recursos, algo más que discutible, y el predominio de la *afectividad* o *expresividad*, nociones vagas e imprecisas».

bras de Cela contribuyen a asentar la creencia de que *el andaluz será el español del futuro*[68], pues debido a su carácter innovador es «la avanzadilla del castellano»[69]:

> Pues bien, así como el castellano medieval era lingüísticamente el más evolucionado o revolucionario de los dialectos peninsulares [...] el andaluz, y en general las hablas meridionales y americanas, son las avanzadas y avanzadillas de esa evolución [...] Un fenómeno como el de la aspiración de las eses finales no es un vulgar dialectalismo meridional, ni un grosero engullir de letras a troche y moche, como pretenden la caricatura y el tópico, sino la tendencia natural hacia una evolución fonética y un cambio fonológico que el francés consumó hace siglos y que a la larga resultará inevitable en español (Vaz de Soto: *ABC*, 7-1-78, 17).

9. El poder sobre el discurso en el contexto mediático

Como se ha podido comprobar, en el largo camino hacia la autonomía de los años de la transición política, los discursos sobre el habla y la cultura andaluzas generaron un «mercado» de textos para consumo interno (con los «beneficios» que han sido apuntados), que suponían un *posicionamiento ideológico*. Dentro de esta, podríamos llamar, *topología discursiva mediática*, que contribuye a explicitar la construcción social de las *señas de identidad* andaluzas en el contexto histórico al que nos referimos, es necesario hablar también del control de los discursos por parte de los medios de comunicación. O lo que es lo mismo, del *poder del* discurso mediático que, en cierta

---

68   Sobre esta idea de que el andaluz será el español del futuro, véase aquí mismo el trabajo de A. Narbona.

69   Dentro de este contexto enaltecedor de los usos lingüísticos propios de la comunidad, se sobrevalora y convierte en categoría cualquier anécdota como si fuera una constante referencial del dialecto:

> Hace muy pocos días me encontré con una amiga a la que hacía Dios sabe cuánto tiempo no le echaba la vista encima [...] Ella más andaluza que el Guadalquivir me compensó con estas palabras:
>
> —Pos tú estás de «mu güen vé».
>
> Más recientemente me tropecé con otra andaluza de las buenas y comentándome la confusión que estamos viviendo [...], me comentó:
>
> —Como que te digo una cosa, hijo. Esto está der tó.
>
> No hace tampoco muchos días, un amigo, bastante campechano él, me alababa el último espectáculo cómico que acababa de ver en el teatro y me decía:
>
> —No te puedes ni imaginar la pechá de reí que me pegué.
>
> [...] Así podría continuar citando palabras y frases exclusivamente nuestras [...] simplemente, *porque la riqueza de nuestro lenguaje andaluz es inagotable*. (S. de Quinta en *ABC*, 27-5-81, 17).

No hay, por supuesto, ningún criterio en la selección, vulgarismos de pronunciación se hacen pasar por andalucismos (*güen*, *tó*, *mu*), etc. Y rasgos andaluces propios de ciertas capas sociales se hacen pasar por generales. Es decir, se confunden todos los planos del lenguaje y se configura una imagen estereotipada del andaluz.

manera, podía restringir los discursos discrepantes, pues llama poderosamente la atención desde la perspectiva actual que las imprecisiones, errores y falsedades rastreadas en la prensa, no tuvieran el contrapeso de textos más rigurosos de intelectuales que denunciaran o desmontaran todo ese cúmulo de despropósitos que pudo leerse en los periódicos. Cabe pensar que, en efecto, no los hubiera porque los temas de la lengua no interesaban a nadie y apenas si se leían. En este caso, sorprende que fueran tan recurrentes y pasaran de un periódico a otro. Es difícil creer que no se reaccionara por falta de competencia para hacerlo y que tanto dislate como se filtraba quedara impune por esa razón[70]. Otra posibilidad es que existieran realmente esos discursos, pero fueran silenciados, de forma que los medios de comunicación, en su afán de conformar opinión y servir de tribuna didáctico-doctrinaria tomaran partido e impusieran un cierto orden discursivo en este tipo de cuestiones. Durante este período de transición apenas se han recogido unos pocos artículos que rebaten arbitrariedades históricas como las señaladas más arriba, y que constituían tópicos muy extendidos:

> Las mismas personas que llaman «invasor» a Fernando III, llaman «andalusí» a lo que hablamos en Andalucía, le conceden categoría de «lengua autónoma» y hacen votos por la «descastellanización del andaluz»... Y van diciéndolo por esos pueblos de Dios, avalados por su «licenciatura en Filosofía y Letras» y aun por su categoría de «profesores». Si no fuera por el trasfondo que los mueve y agita, habría que relegar la cuestión a las jocosas regiones quevedianas de la eutrapelia (Á. Martín Sarmiento: «En Andalucía se habla español», *Sur/Oeste*, 26-3-80).

Su autor se sorprende por el grado de ignorancia que parecen demostrar algunos de los licenciados que escriben, si bien más debiera haberle sorprendido que fueran profesores de lengua los que hicieran explícitas las ideas que se han visto y que asesoraran a la Consejería de Cultura. Hay un caso de un profesor universitario que reacciona contra los intentos de Manuel Barrios de crear artificiosamente una «lengua andaluza» (*ABC*, 14-12-77, 17), especialmente por el hecho de que fueran respaldados por el propio periódico en una nota editorial (*ABC*, 3-12-77, 30). Manuel Barrios respondió un poco desabridamente, pero poco más. El columnista siguió siendo habitual en el mismo periódico y persistiendo en sus errores cada vez que hablaba sobre el tema del habla. Pero fuera de esos casos concretos y aislados, o de alguno más que se ha ido citando para ilustrar la descripción de esta situación, poco aparece al respecto en la prensa de la época[71].

---

70   Los escasos ejemplos de especialistas en lengua española que enviaron algún tipo de rectificación fueron respondidos en extenso por artículos descalificadores escritos por los mismos autores de los artículos criticados, por lo que es posible que otros desistieran.

71   No es posible saber con exactitud cuándo los medios silencian discursos discrepantes, salvo porque se tenga acceso seguro a esa información. En algún caso un medio de comunicación ha cortado una polémica sobre la lengua en Andalucía acallando la contrarréplica. En 1998, el diario *El País* fue escenario mediático de una polémica suscitada a partir de un artículo sobre el habla andaluza, titulado «Habla andaluza: del tópico a la dignidad» (28-2-98, 14), escrito por un asiduo colaborador del periódico

Habría que plantearse si todo esto afectó de algún modo a la forma de concebir los andaluces su modalidad de habla y si se conformó realmente opinión y doctrina en el sentido en que algunos apuntaban. Presumiblemente, no, si bien es difícil saberlo, pues apenas han pasado treinta años, un lapso muy corto para el «tiempo de la lengua». Por una parte, se puede constatar que cuajaron ciertos tópicos de valoración positiva de la modalidad, quizá porque estuvieran latentes antes de ser promovidos. Son los que apuntan al orgullo de hablar en andaluz, a sus pretendidos valores superiores en riqueza de vocabulario[72], expresividad o comodidad y en la economía de sus formas lingüísticas, que serían las más evolucionadas, y también los que apuntan al citado tópico del «complejo de inferioridad»[73]. Se sigue también magnificando la influencia de lo árabe en lo andaluz, creencia esta de las más antiguas, probablemente favorecida por el importante poso de las tradiciones y leyendas o historias fronterizas alrededor del caballero árabe medieval, enriquecida por los escritos de viajeros románticos y otros, y justificada en sucesivas épocas por las pruebas de lo árabe petrificado en alhambras, mezquitas, alcázares y giraldas y por la existencia de un vocabulario de origen árabe dentro del español general, vocabulario que se adjudica también errónea-

---

dentro de un cuadernillo especial publicado con motivo del día de Andalucía, que daba cabida a tópicos, valoraciones y juicios impresionistas sobre el habla de algunos políticos andaluces. Fue replicado por dos catedráticos de la Universidad de Sevilla (sección «Opinión del lector», 4-3-98, 2 Andalucía) en sendas cartas con las que comenzó una serie textual a la que el propio medio dio unidad mediante un «cintillo» que tituló «Polémica lingüística». Lo dicho en el artículo sobre el habla andaluza no se sostiene. Pero, según su propio autor escribe luego (7-3-98,10 Andalucía), al parecer no fue entendido porque no pretendía ser riguroso: «Hombre, por favor. Que yo sólo quería hacer una reflexión desenfadada y divulgativa» (de hecho así fue calificado por dos lectoras como un artículo hecho «con humor e ingenio», y también de «ingenioso y simpático artículo», días 16 y 23). Réplicas y contrarréplicas se suceden durante los días 4, 7, 14, 16, 20, 21, 23 de marzo y 10 de abril, pero lo más significativo es que concluye con un artículo del colaborador habitual de *El País* titulado «Hablemos en serio» en el que se decide al fin, según dice, a tomar en serio la cuestión del habla: «La cuestión es mucho más seria y yo no voy a moverla un ápice del plano científico, aunque con un lenguaje adecuado a un periódico de información general» (10-1-98, 10 Andalucía). Con ese artículo el periódico dio por zanjada la polémica, y al hacerlo, controló la circulación de los discursos y tomó partido, pues el escrito de contrarréplica de uno de los catedráticos de Universidad que comenzaba «Muy probablemente si el primer escrito sobre el habla andaluza [...] hubiera tenido el tono que mostraba el publicado en *El País Andalucía* el pasado Viernes Santo, la polémica suscitada hubiera seguido otros derroteros. Ahora, por fin se ofrecen razonamientos y se arriesgan hipótesis, sobre las que se puede hablar y discutir «en serio», significativamente no se publicó.

72   Un reportaje de Tomás Monago en *Diario de Sevilla* (1-7-2007), elaborado con las entrevistas a varios profesores universitarios que contraponen sus puntos de vista sobre la homogeneidad y diversidad de la realidad dialectal de Andalucía, sigue sin resistirse al tópico de la riqueza léxica, pese a que ninguno de los profesores hace referencia a ella. Igualmente sigue insistiendo en la idea de que el andaluz «No es dialecto porque no es un idioma de segunda clase».

73   Sigue latiendo el recuerdo de algunos argumentos cuando se quiere hablar positivamente del dialecto: «[...] *la hermosa pronunciación andaluza* del castellano, *la forma más evolucionada y culta del español* según afirman numerosos filólogos», y es muy persistente el tópico de los complejos que llevan a ocultar y disimular los rasgos: «[...] aunque *a veces se acompleja* y *se esfuerza por disimular* su acento para que no se le note de dónde viene y sea aceptado en las regiones más serias [*sic*] y ricas de España» (José Aguilar 2006: 140).

mente en exclusividad al andaluz[74]. Pero parece que no mucho más cuajó de aquellos tópicos y falsedades sobre el andaluz. Sin embargo, que se hablara con tan poco rigor del andaluz en los periódicos sirvió para que, indirectamente, se tomara conciencia de la necesidad de estudiar bien la modalidad y que tales estudios se divulgaran, pero sin errores, entre los andaluces. De esta manera se pusieron en marcha proyectos patrocinados por empresas o instituciones para el fomento del estudio de la modalidad, con la intención de que pudiera transmitirse a la sociedad andaluza un conocimiento serio y riguroso sobre el andaluz y se eliminaran los tópicos. Así, la Caja de Ahorros de Córdoba (Cajasur) encargó a dos profesores universitarios un estudio sobre el andaluz en su colección de temas de divulgación[75]; las autoridades educativas distribuyeron en todos los centros docentes los *Talleres de habla andaluza* en su segunda edición, revisada y actualizada por especialistas universitarios con la intención de corregir los errores y falta de rigor de la que adolecía la anterior[76]. Al mismo tiempo, en documentos oficiales y circulares internas enviadas a los centros se daban instrucciones sobre la necesidad de respetar el *patrimonio lingüístico* de Andalucía, aunque, según nuestras noticias, sin revisar en ningún caso los medios didácticos empleados y el grado de cumplimiento de las mismas. Igualmente, empezó a haber intentos de hacer campañas mediáticas de promoción de la modalidad que abonaran el terreno para favorecer la aceptación de alguna normalización lingüística, si bien nunca ha sido recogida explícitamente por parte del Gobierno andaluz, que suele mantenerse al margen —por lo cuestionable y problemático de semejante pretensión— de fijar una norma lingüística de referencia para todos los andaluces.

10. La promoción de un modelo de andaluz para los medios audiovisuales

Una de las reivindicaciones más recurrentes de los discursos de autoafirmación identitaria es la relacionada con la presencia de la modalidad andaluza en los medios de comunicación audiovisuales. Por un lado, tiene que ver con la denuncia expresa de que, en el escaparate mediático, el habla andaluza tradicionalmente ha servido para configurar, dentro de los productos de ficción (series, películas, obras de teatro, programas humorísticos) un tipo humano, de acuerdo con el cual los personajes graciosos con profesiones poco prestigiosas, pocas luces y sin mucha cultura (chachas, soldados,

---

74   Aunque pueda parecer extraño —y más todavía en boca de profesores universitarios—, la idea de que los castellanos «nos arrebataron *nuestras* raíces» está todavía presente en la mente de algunos y puede leerse en la prensa: «En este sentido, [José C. García Fajardo] planteó la obra [*Marraquech, una huida*] como un intento por recuperar lo que «los bárbaros godos» *arrancaron a los españoles en el siglo XV*, haciéndoles «olvidar todo lo que el Islam les había dejado, como la cultura del agua, de la luz, el ladrillo, las acequias, la Alhambra o el Alcázar. *Nos quitaron nuestras raíces*». (E. P.:«Raíces»: *El País Andalucía*, 16-5-01, 9).

75   A. Narbona y R. Morillo (1987): *Las hablas andaluzas*, Córdoba: Cajasur, colección de bolsillo.

76   No obstante, apenas si pudo corregirse una décima parte de lo que hubiera sido necesario, por lo que siguieron algunas de las connotaciones idealizadoras y tópicas de la primera edición.

porteros, raterillos, etc.) se expresan en un andaluz populachero, chocante y barriobajero[77], estableciéndose con ello una equiparación entre hablar andaluz, ser un gracioso y un cateto ignorante. Con tales estereotipos, al parecer, procedentes de fuera de Andalucía, se transmitiría una imagen falseada de la sociedad andaluza, además de que insidiosamente se establecería y se impondría en el contexto social una equivalencia entre ser andaluz y hablar andaluz, y ser inculto y gracioso. Como en Andalucía la modalidad andaluza se usa (con diferentes rasgos, claro está) en cualquier estrato social, la existencia de estos personajes de ficción perjudicaría la imagen colectiva de los andaluces, que solo serían percibidos a través del estereotipo[78]. Esto es, sin matices y sin estratificación lingüística dentro de ese contexto social.

DURAS CRÍTICAS CONTRA LA VERSIÓN TELEVISIVA DE «EL GENIO ALEGRE»

«Por favor, no jueguen más con nuestras cosas», señala Ortiz Nuevo, en carta remitida al director general de RTVE.

La carta empieza de este modo: «Muy señor mío: desde esta ciudad, y pienso que desde toda Andalucía, se observa con indignación *el tratamiento que Televisión Española da a los temas andaluces. Para ustedes la forma de hablar de nuestro pueblo sigue siendo objeto de desconocimiento y burla.* Ignorantes de tantas cosas piensan, por lo visto, seguir abusando de la paciencia y buen juicio de nuestro pueblo. El último «espectáculo» provocado por la presentación de «El genio alegre» raya en lo insultante [...] *Si ustedes deciden programar la obra de autores andaluces tengan en cuenta que nuestra forma de hablar no puede ser tratada tópicamente como hace por costumbre Televisión Española*» (*El Correo de Andalucía*, 1-2-80, 7).

Por otro lado, también tiene que ver con la creencia, que se percibe bien en algunos de los que escriben en los periódicos, de que la modalidad andaluza no tiene el grado de estimación o consideración que sería deseable que tuviera, especialmente

---

77   «¿No se han preguntado ustedes nunca por qué Curro Jiménez, siendo andaluz, pronunciaba a la castellana? Yo se lo voy a decir: porque para Televisión Española Curro Jiménez era un héroe. Si hubiera sido un criado, un flamenco, un bandido perverso, o cualquier otra «piltrafa humana», seguro que lo hubieran sacado con su acento andaluz y diciendo *ustedes vosotros*.» (J. M. Vaz de Soto, *ABC*, 29-4-79, 17). Pese a lo recurrente y repetido de este *topos* no parecen haber cambiado las actitudes, pues casi treinta años después, sigue hablándose de la relación entre el estereotipo de la ficción y el andaluz. Tal y como señala José Aguilar (2006: 139), los programas de televisión manifiestan una imagen del andaluz tópica y negativa: de indolencia, espíritu festivo, «atropello del idioma», y son tipos sociales y profesionales de escaso valor y legitimidad cuyo uso del idioma corre parejo a su estatus social (no porque se expresen en andaluz, sino porque se expresan mal y lo hacen en andaluz). «Lo que ocurre con el idioma es patético»: no hay representación realista ni seria del habla andaluza.

78   Este discurso ha sido una constante a lo largo de estos años y asoma en la prensa cada cierto tiempo, por ejemplo en palabras de una catedrática de Lengua y Literatura de Educación Secundaria: «Y esto es lo que ha pasado con el andaluz. El habla andaluza se ha visto sometida a grandes presiones culturales cuando no a burlas, y eso ha hecho que entre los andaluces se cree un infundado complejo de inferioridad lingüística y una falsa creencia de que vulgarismo y andalucismo son sinónimos. Por esa y otras razones el habla andaluza ha sido tachada de «degeneración» o de «castellano mal hablado» (Francisca Iñiguez: *ABC*, 8-3-98, 76).

en lo relativo a registros de distancia y formalidad. Se señala que hay hablantes cultos que, en el ejercicio de su profesión, tienden a realizar los discursos guiados por el modelo estándar peninsular norteño. Si la alternancia vernáculo/estándar se reinterpreta equivocadamente en términos de *estimación /no-estimación* del dialecto (o de *lealtad /deslealtad* lingüística)[79], puede llegarse a la conclusión de que, para estos hablantes el andaluz no sería una modalidad «digna» ni «prestigiosa». Desde estos parámetros, no hay otro modo de elevar y dignificar el habla y de otorgarle prestigio, que conseguir que los andaluces instruidos no solo empleen el dialecto en su habla cotidiana, sino que hablen en andaluz «siempre», lema de una de las campañas que el partido andalucista alentó cuando formaba parte del Gobierno de la Junta y que debe ser puesta en relación con otra anterior en la que unos labios de mujer pintados de verde exhortaba a los andaluces: «Habla bien, habla andaluz», valorando lo andaluz y solo lo andaluz, con independencia de los rasgos socioculturales de pronunciación, como un «hablar bien», a la par que se deja implícito que no hablar andaluz es, por contraste, «hablar mal».

> Por tirar el dinero, que no quede. Más dispendios. La RTVE (vamos, Canal Sur) se va a gastar 96.000 euros en la campaña *«Habla andaluz siempre»*. María Galiana, Ana Rossetti, Rafael Cremades, Joaquín el del Betis y Julio Marvizón harán unos «cameos» publicitarios, prestando su cara y su voz para cuñas *en defensa del habla andaluza*. Sin trincar. Gratis total. (A. Burgos, *El Mundo*, 23-11-02).

Como se decía entonces, y también ahora continúa diciéndose, no habría mejor manera de incitarles a usarlo en contextos formales que a través de la función ejemplarizante de los medios. Una vieja creencia expresada reiteradamente durante los años de constitución identitaria de Andalucía (1976-1982)[80]:

> Lo que sí debe quedar claro, en todo caso, es que *la batalla de la televisión —y de la radio— no es una escaramuza más*, sino la prueba más importante de una guerra latente y ya casi perdida a esos

---

79   Ya se ha hecho referencia anteriormente (véase nota 53) a los conceptos de lealtad/deslealtad que subyacen en las críticas de que son objeto quienes emplean el estándar, según se dice, por un «complejo de inferioridad». Se ha hablado también de cómo esta creencia se sustenta en una concepción distorsionada de la variación estilística.

80   La enmienda que hizo el PSA al borrador del Estatuto de Autonomía, a la que se aludió más arriba, no hacía más que reiterar lo que en la prensa de esos años se había hecho una constante: que se hablara en andaluz en la televisión y en la radio, igual que en las comunidades bilingües se hablaba en sus lenguas propias a través de los medios: «Vengo observando con cierta pena, aunque no sea andaluz, que mientras en otra regiones va imperando, como es natural, la preferencia de los indígenas [sic] para aquellos puestos o empleos a través de los cuales se difundan y conozcan mejor en el resto de España las excelencias de la tierra, *en Andalucía, lamentablemente*, pese a la democracia y a las autonomías, *siguen hablando los de «fuera»*. En Cataluña, Vascongadas, Asturias y Galicia, tanto en televisión como en la radio son mujeres y hombres de la tierra leyendo o hablando. *En la televisión sevillana y en la misma radio, venimos soportando imágenes, voces y maneras «con otro acento»*, que si no fuera porque aparece el rótulo de «Telesur» y se nombran capitales y pueblos andaluces, diríamos que nos hallábamos en Burgos o tal vez más al norte. ¿Por qué la estampa única y el gracejo de la mujer andaluza no han de estar presentes en «Telesur»? ¡Imperdonable!» (Opinión del Lector, *El Correo de Andalucía*, 28-10-77, 2).

niveles. *Si en los diez o doce próximos años no empiezan a aparecer todos los días en la pequeña pantalla —porque lo exijamos los andaluces, que si no, no aparecerán— dos o tres personas con cara inteligente, cosas que decir, alto nivel léxico y depurada fonética meridional, puede decirse que la guerra ha terminado* y que el habla andaluza quedará reducida, el tiempo que dure, a usos caseros y de germanías (*El Correo de Andalucía*, 3-12-78, 11)[81].

—[...] ¿cómo se podría haber tratado el problema del habla andaluza en él [Estatuto de Autonomía]?

—Nosotros como miembros del seminario permanente de la Junta, cuando se elaboraba el Estatuto de Carmona, ya propusimos dos artículos que hacían referencia a *la necesidad de dignificar el habla andaluza, frente al menosprecio a que se ve sometida.* Respecto a los *medios de comunicación, estos ha de ser objeto de una importante liberalización en el sentido* [...] *de dejar hablar a cada cual según lo hace normalmente.* ([Entrevista a Pérez Orozco y Fernández Bañuls]: *El Correo de Andalucía*, 5-7-81, 13).

Dentro de este contexto andalucista (nacionalista, realmente), la promoción funcional del habla andaluza se ha acometido siempre como una reacción mimética propia de una ideología nacionalista, pero sin ningún plan consciente de trabajo. En los intentos de normalización subyace una creencia con poco fundamento (y, como todas las creencias, difícilmente demostrable), que podría ser formulada en términos de hipótesis condicional: «si los profesionales de los medios hablaran en andaluz irradiarían un modelo de andaluz, el cual, debido a la función ejemplarizante de los medios, podría llegar a convertirse en una norma de prestigio que serviría de guía o de modelo de actuación a la que podrían acogerse los andaluces en situaciones formales». Esto explica por qué la tarea de normalización de la modalidad se concentró en una reiteración de consignas emitidas en sucesivas campañas de promoción del habla a través de los medios, las cuales tenían como destinatarios primeros a sus profesionales, y secundariamente al resto de los andaluces. Pese al empeño nacionalista, no puede decirse que se haya obrado el efecto pretendido, pues, síntoma de lo prescindible que es este hecho, el habla andaluza sigue sin estar normalizada y, consecuentemente, el tema sigue presente aún en el discurso mediático:

81 Obsérvese que es sintomático el empleo de un léxico belicista referido a la lengua: *escaramuza, batalla, guerra*, no necesariamente compartido por todos los andaluces, pero que explica esa actitud defensiva de la que se ha hablado anteriormente y que dio origen a libros sobre el habla andaluza en los que se explicitaba el término «defensa» (no es una actitud desconocida: el término *batalla* aparece en el título de un libro en que se reflexiona acerca del ejercicio de la autoridad lingüística en situaciones de conflicto: Del Valle y Gabriel-Stheeman 2004). Tampoco las exigencias que se hacen ahí son efectivas ni determinantes para el objetivo táctico que se plantea: dignificar el andaluz en los medios. La realidad, nuevamente, se empecina en mostrarlo: de 1982 a 1996, España tuvo como presidente del Gobierno a un andaluz, Felipe González, cuya personalidad, incuestionable, en ningún momento se vio afectada por su habla meridional. Todo lo contrario: sus usos lingüísticos se proyectaron a diario a toda la nación y no iban ligados a ningún estereotipo, aunque hablaba en andaluz, como también lo hacían otros miembros de su gabinete. Y la percepción social era que Felipe González hablaba «muy bien» (y que tenía una oratoria envidiable), y, según parece, nunca denunció ni se hizo eco de que se le criticara por su forma de hablar.

Llevamos ya veinte años de Andalucía y es una pena que tengamos que seguir machacando en el hierro frío y pelado de *la defensa del habla andaluza. Veinte años de autonomía no han servido para quitarnos a los andaluces el complejo de inferioridad lingüística.* Claro, *si Canal Sur,* en vez de hacer tantas campañas, *pusiera a menos locutores pronunciando castellano con todas las eses, quién sabe si ya se habría quitado ese complejo.* (A. Burgos, *El Mundo,* 23-11-02).

En cierta medida el «fracaso» es explicable, pues, de un lado, se ha sobrevalorado la influencia lingüística que pueden ejercer los medios de comunicación (no hay estudios que puedan cuantificarla), y de otro se otorga una importancia excesiva a la responsabilidad de los periodistas (no siempre aceptada por ellos) ante el idioma. El principio de influencia de la comunicación mediática no es, como se cree ingenuamente, ejemplarizante siempre; pero, cuando lo es, tampoco actúa en todos los niveles al mismo tiempo. Muchos más años llevan la radio y la televisión nacional en los hogares andaluces irradiando una norma estándar peninsular que se escucha y se oye a todas horas y, sin embargo, no ha calado como norma de habla, pues la sociedad andaluza sigue siendo fiel a sus vernáculos (por supuesto con la variación sociolingüística que es inherente a la modalidad y a la «biografía de cada uno»)[82]. Quienes han estudiado la influencia lingüística de los medios saben que esta puede manifestarse como *difusión de modas* en el hablar, en muchos casos asociada a determinados personajes e individuos (por ejemplo, desde *finstro* hasta *cuñaoooo*), de usos léxicos (difusión de neologismos y extranjerismos), de construcciones concretas (*va a ser que no* o *desde ya, desde aquí te lo digo, es lo que tiene,* etc.), distinciones morfológicas para el género, los plurales, etc., pero nunca se manifiesta como «norma» fonética global, y menos aún como norma general. Entre otras cosas, porque la sociedad percibe los usos lingüísticos de los profesionales de los medios como usos «especiales» que van anejos al desempeño de la profesión y que, voluntariamente, por la especialización de ese decir deben mantenerse distintos (Méndez 2000). Esto es evidente en el discurso informativo, y explica el comportamiento que se observa en relación con diversos fenómenos de pronunciación en la elocución periodística, como, por ejemplo, la *-s* implosiva, o la *-d-* intervocálica (en los participios, fenómeno, como se sabe, no propiamente andaluz), que siguen una norma «propiamente periodística» alejada de la solución que los hablantes de la comunidad dan a esa

---

82 Menéndez Pidal, en el II Congreso de Academias de la Lengua Española de 1956, se permitió aventurar una profecía sobre la influencia de la radio en los usos de los hablantes que, como se comprobará, no se ha cumplido, lo que prueba lo arriesgado de hacer vaticinios para el futuro de una lengua: «La pronunciación de un idioma [...] se formará mañana con acento universal; el trato material inmediato [entre individuos] será lo de menos, ante las repeticiones de la radio en cada hogar, a cada hora; el influjo ejemplar de la palabra radiodifundida, con fines tanto recreativos, como educativos o didácticos, pesará más sobre el habla de cada región; *las variedades regionales se extinguirán por completo,* habida cuenta de la multitud de ejemplaridades propagadas por las ondas hertzianas» «Nuevo valor de la palabra hablada y la unidad del idioma», *Memorias del II Congreso de Academias de la Lengua Española,* Madrid: RAE, 494.

realidad dialectal[83]. A la vez, también es evidente que el hablar periodístico de los propios profesionales se acerca a los usos ordinarios cuando el tipo de programa en el que participan como periodistas favorece la coloquialización[84] y la proximidad con el oyente (tertulias, entretenimiento, etc.)[85], sin que ello tampoco signifique un «hablar como lo hace la gente corriente». El modo de ser de la lengua en los medios (en sus diferentes niveles) está determinado por la propia tradición discursiva, es decir, por los tipos genéricos y por las funciones sociales informativas (descriptivas, explicativas, narrativas y argumentativas), o de otro tipo, a que sirve dentro de cada género concreto[86]. De ahí que tenga un estatuto un tanto especial, no comparable al que tiene la lengua cotidiana, algo que siempre fue puesto de relieve por Lázaro Carreter (1990) y por otros estudiosos, académicos o no, que insistieron en la codificación de libros de estilo para los medios:

> Urge, con urgencia grave e inmediata, llegar al establecimiento de una norma (en expresión de Lázaro Carreter) del castellano en periódicos y en medios de comunicación social, empleando sólo y exclusivamente el castellano universalmente entendido y aceptado como tal. [...] Es necesario que en la radio hable español quien sepa hacerlo. Y es necesario que en la prensa escriba con corrección española quien sepa hacerlo (Á. Martín Sarmiento: «Para que no se rompa nuestra lengua española» [reportaje con motivo de una reunión de Academias de la Lengua en Salamanca], *Sur/Oeste*, 30-10-80).

83   Como se ha puesto de manifiesto en los estudios sobre la lengua de los informativos en Canarias, la -s implosiva en la elocución periodística se pronuncia como [-s] y apenas hay aspiración, pese a que la aspiración es la realidad dialectal de la comunidad de habla (Hernández Cabrera y Samper Hernández 2008). La explicación de este comportamiento por una influencia de la presión normativa del estándar peninsular no puede considerarse válida, pues se ha constatado igualmente en zonas en las que el estándar peninsular hace tiempo ha dejado de ejercer influencia en los usos lingüísticos de la comunidad, como es el caso de la República Dominicana, en la que los datos muestran el mismo fenómeno (O. Alba 2008), por lo que debe ser tenido más bien como una cuestión de estilo periodístico, es decir asociado a una tradición discursiva concreta. Los estudios sobre la radio en la ciudad de Almería confirman asimismo la hipótesis para esta zona de Andalucía (López González 2001). Por su parte, el *Libro de estilo* para el grupo de medios de RTVA parece corroborarla igualmente.

84   Desde hace ya tiempo un periodista deportivo de la Cadena Ser-Radio Sevilla, José Manuel Sánchez Araújo, viene ejerciendo su profesión con sus usos lingüísticos meridionales (que, por cierto, no responden a los patrones de ejemplaridad diseñados como preferibles, pues tiene *ceseo* y trueca la «l» por «r») sus colegas lo llaman «maestro», no parece que haya tenido restricciones en su emisora y tampoco ha propagado ejemplaridad idiomática, pese a los niveles de audiencia y la admiración que le tienen sus colegas.

85   Tiene que ver, obviamente, con el *continuum* concepcional *inmediatez-distancia* comunicativa y con sus correlatos prototípicos: conversación coloquial-discurso formal, esto es: *lengua hablada-lengua escrita* (Koch-Oesterreicher 2006).

86   Ello puede comprobarse, por ejemplo, en una serie documental emitida por Canal Sur 2, *Andalucía es su nombre*, dirigida por Antonio Ramos Espejo. La voz narradora tiene un estándar de pronunciación diferente al habla corriente (culta o no culta) de los andaluces, por mucho que asomen algunos (muy pocos) rasgos de pronunciación meridionales. Es una elocución pública prototípicamente periodística, por tanto, especial. Es decir, ligada a esa tradición discursiva.

El profesor [Manuel Seco] señaló que para lograr la eficacia de la comunicación se hace necesario «aspirar a una forma de «lengua estándar», que sea reconocida por el conjunto de los usuarios, prescindiendo de las variedades locales o sociales del individuo o grupos, y esa forma estándar debe establecerse sobre la base del nivel culto.» [...] «El periodismo hablado debe vigilar, como se hace en otros países, que la fonética de sus locutores se ajuste a la del español estándar; en cuanto a la estructura gramatical, los grandes medios de comunicación son vehículo de vacilaciones que, a causa de su gran difusión, pueden producir alteraciones injustificadas en el sistema». [...] «¿Es posible la codificación de una norma lingüística unitaria en un mundo tan amplio y diverso como el hispánico? Hay, en realidad, no una sino una serie de normas nacionales en el nivel culto; pero, encima de ellas, una supernorma, un ideal supranacional de lengua postulado por la lengua escrita» (Información de las conferencias del académico M. Seco en la Fundación J. March en Madrid *ABC*, 24-2-81, 43).

Por su parte, lo que se designa como proceso de «dignificación del habla», parejo a la eliminación de tópicos y estereotipos sobre el andaluz, poco tiene que ver con el hecho de que andaluces cultos hablen a través de los medios en andaluz para los usos de la distancia comunicativa (ni tampoco, obviamente, con la existencia de una norma explícita de referencia para los andaluces), pues, desde hace varias décadas (y también antes), lo habitual es que a políticos e intelectuales de Andalucía se les reconozca por sus rasgos andaluces, con lo que se cumplen las demandas exigidas por tantos discursos mediáticos que hemos analizado[87]. Pese a todo persisten las creencias, y se sustancian en simplificaciones esquemáticas y estereotípicas que configuran y caracterizan los personajes de ficción (lo que para algunos constituye «la visión española del habla andaluza»[88]). De ahí que el llamado por algunos el «problema» del

---

87   El habla de los representantes andaluces no se valora negativamente por ser andaluza, ni tampoco la de sus intelectuales y científicos. Es excepcional el caso —ya se ha aludido de pasada a él— protagonizado por Montserrat Nebrera (*A vivir que son dos días*, Cadena Ser 10-1-2009), que empleó valoraciones como «habla con un acento que parece un chiste», «ser un chiste» para descalificar a la ministra de Fomento Magdalena Álvarez (malagueña); o como llamarla «cosa»; o aludiendo a que ella no termina de entender a los cordobeses cuando habla por teléfono por su acento, pues hay que estar «avezados» a su modo de hablar (luego el problema es suyo). Las reacciones dentro y fuera de Andalucía fueron inmediatas, hasta el punto que el propio partido pidió públicamente que entregara su acta de parlamentaria por lo inaceptable de su valoración y le abrió un expediente. La ideología reaccionaria en lo político se manifiesta indudablemente también como ideología en lo lingüístico, pero eso no es lo general, ni tampoco de este caso concreto hay que hacer una referencia de lo que es normal o habitual en la percepción que desde fuera se tiene de los andaluces (muy trasnochada ya, dado que no se compadece con la realidad actual de Andalucía). Por otra parte, lo más grave de este caso (porque esto sí que está muy extendido en cualquier lugar y en cualquier persona) es que hay quienes, cuando enjuician las destrezas comunicativas de los hablantes, su facilidad de palabra o modos de expresión y claridad expositiva, etc., tiende a confundir los planos en que debe medirse tal hecho (el individual y el social) y, erróneamente, se adjudica a un determinado dialecto o modalidad de habla, lo que no es más que un fenómeno personal. Y, claro, ahí es cuando emerge el tópico (en «Hispanoamérica es que se habla muy bien» o «en Andalucía es que se habla muy mal», «los castellanos es que son muy bruscos y directos hablando o es que son prepotentes», «los gallegos es que no se sabe si vienen o van», etc.).

88   «El mito del andaluz gracioso ha sido un símbolo que determinados medios han contribuido a extender y a acrecentar [...] cuya habla está cargada de rusticidad y de incorrecciones lingüísticas que

habla no haya dejado de girar sobre sí mismo, retroalimentándose mediáticamente una y otra vez, topicalizándose con los mismos tipos de discursos desde los comienzos de la Transición hasta nuestros días. Así, el 28 de febrero de 1987 apareció, como publicidad, en casi todos los diarios andaluces un manifiesto: «275 periodistas por el habla andaluza», en contra de la discriminación sufrida por algunos compañeros en la radio y la televisión por hablar en andaluz (Carrascosa Pulido 2002):

> Llamamos a la responsabilidad social de los compañeros de la prensa, radio y la televisión para promover la utilización del habla andaluza en todos los medios, a fin de desterrar para siempre el complejo de «hablar mal el castellano», adjudicado a los andaluces de forma interesada y sin base científica alguna[89].

Considerar un «problema» la situación lingüística de Andalucía está en consonancia con ciertos modos asertivos que se refieren al presunto «complejo» de los andaluces mediante fórmulas lingüísticas que, como se ha dicho, presuponen la verdad de su existencia, de manera que dicho «complejo» se ofrece en el discurso como una realidad dada, conocida y, aparentemente, indiscutible. Es decir, *la reiteración de los discursos ha convertido también en un tópico la existencia en los andaluces de un «complejo de inferioridad» lingüística*. Sin embargo, no hay ni un solo estudio científico que avale la existencia de tal trauma colectivo, mientras que sí hay constancia clara de la existencia de expresiones de satisfacción y orgullo por reconocerse andaluces en los modos de hablar[90] (claro que es posible que los hablantes «orgullosos» de su modalidad y los presuntos «acomplejados» no coincidan). Bajo la apariencia de un decir constatativo (presentar el habla como un «problema» para ciertos hablantes), se esconde un discurso performativo que prepara el terreno para la acción: una normalización lingüística encubierta y hecha a espaldas de la sociedad andaluza, aunque —claro está— por su propio bien, es decir, para que desaparezca ese presunto complejo. Ello explica por qué estos discursos están interesados en presentar la mera variación diafásica de los hablantes andaluces instruidos como un síntoma

---

hacen reír [...] y no es esa la identidad lingüística andaluza [...] Existe el tópico según el cual el habla andaluza se hace presente en los personajes situados en los estratos más bajos de la escala social. Es una forma de discriminación que debería ser evitada» (P. Carbonero: *Diario de Sevilla*, 6-12-99, 18).

89   Habría que hacer algunas precisiones sobre la redacción del manifiesto. De una parte, tal y como está expresado, parece que lo «adjudicado a los andaluces de forma interesada y sin base científica alguna» es el «complejo» y no lo que realmente se quiere decir: que «la crítica» o «la acusación» de «hablar mal el castellano» es lo que se les ha atribuido interesadamente y ello habría derivado, supuestamente, en la asunción de ese complejo por parte de los andaluces.

90   Difícilmente puede hablarse en los términos en que se hace de «complejo de inferioridad» cuando Andalucía es una región donde nadie ha ocultado sus rasgos de pronunciación (paraíso de los dialectólogos) y donde el dialecto no es solo rural, sino urbano y está presente en todos los niveles sociales. Nadie que llegue a Andalucía o que oiga en los medios de comunicación a sus ciudadanos o a los emigrantes andaluces que viven en Cataluña o Madrid abonaría tal conclusión. También la contradice el sentimiento de «orgullo» de hablar andaluz con que se responde en tantas encuestas sobre actitudes lingüísticas en Andalucía.

que delataría ese presunto sentimiento de inferioridad, e incluso hay referencias a ella como un hecho de «diglosia»:

> Primero hay que desprenderse de esa considerable capa de autoprotección lingüística que actúa con frecuencia como un reflejo condicionado *en cuanto a un andaluz medianamente leído se le pone un micrófono por delante y que deja bien a las claras el famoso complejo de inferioridad que padecen muchos hablantes de nuestra tierra.* Hasta el punto de que algunos expertos describen ya ese fenómeno —*en este caso, alguien habla de una manera con los amigos o en casa, y de otra cuando lo hace en público*— como de auténtica **diglosia**, *esto es como una dualidad de registros que ha de traducirse entre sí casi instantáneamente en la mente del que se expresa*, y que según esos mismos psicolingüistas, desarrolla la inteligencia en mayor grado que la de los hablantes monolingües; más concretamente, en lo que parece ser una superior capacidad de adaptación[91]. Claro que de ahí a la esquizofrenia —pensarán otros— puede que no hay mucha distancia tampoco, sobre todo si uno no se cuida. (A. Rodríguez Almodóvar: *El País Andalucía*, 28-2-1998, 14).

De nuevo, por tanto, se trata de afirmaciones sin base científica, y por tanto fácilmente refutables. La idea de la lengua como un espacio de variación gradual acotado por dos polos: *inmediatez-distancia* comunicativas (que se hacen corresponder con los prototipos de *oralidad-escrituralidad*), es capaz de explicar la variedad de usos lingüísticos de los que disponen los hablantes de cualquier lengua (entre los que se encuentra el estándar, punto de referencia para los usos de la distancia), concomitantes al nivel sociocultural que poseen (Koch-Oesterreicher 2006). En el espacio variacional se sitúan sin excepción todos los hablantes y seleccionan sus rasgos consciente o inconscientemente en función de su competencia comunicativa (*saber idiomático y discursivo*), de su concepción del hablar y del tipo de discurso que pretenda ser realizado. Y ello puede hacerse con independencia de la variedad diatópica vernacular en que hayan aprendido a hablar, o constreñidos por ella. Efectuar elecciones estilísticas (es decir, moverse a través del espacio variacional) es uno de los más genuinos actos de libertad que puede ejercerse en el mundo normativo del lenguaje, y esta libertad es directamente proporcional al grado de instrucción del hablante: cuanto mayor es el nivel sociocultural del hablante, mayores son sus posibilidades estilísticas, por esta razón no parece tener sentido hablar de *diglosia* en los términos en que se emplea este concepto —y menos aplicado a hablantes instruidos—, pues en Andalucía no se da una situación de bilingüismo vernáculo-estándar que haga necesaria la promoción de un estándar andaluz. No obstante, la idea de una norma lingüística viene repitiéndose siempre dentro de estos contextos periodísticos, pues ni en el terreno

---

91   No deja se ser paradójica la adenda informativa que se proporciona en el texto y que nace de una mala comprensión del concepto definido: «y que según esos mismos psicolingüistas, *desarrolla la inteligencia en mayor grado que la de los hablantes monolingües*; más concretamente, en lo que parece ser una superior capacidad de adaptación», pues, en cierta medida, traiciona el propósito último del autor (denunciar a quienes cambian de registro), ya que se asegura que quienes son capaces de adaptar sus usos lingüísticos a cada situación «desarrolla[n] la inteligencia en mayor grado».

académico ni en el político se ha planteado de una manera explícita[92], dado que se requiere una labor técnica (selección de usos o de rasgos de pronunciación) que a la vez es ideológica y política. Sin olvidar un hecho que suele silenciarse: la dificultad de establecer, dentro de la realidad española, una norma culta sin equivalencia escrita, hecho señalado en la prensa por el historiador Domínguez Ortiz:

> En el último programa de «La Clave» de Antena-3 TV, dedicado a Andalucía, se dialogó de la necesidad de establecer una norma andaluza culta de tipo lingüístico. Sólo el historiador Antonio Domínguez Ortiz se manifestó contrario a tal pretensión. Es problemático establecer una norma culta sin equivalencia escrita —no la puede tener el andaluz—, y resulta paradójico que los defensores del de la espontaneidad del habla andaluza salgan ahora tratando de encorsetarla en lo rígidos cánones de una norma obligatoria de tipo oral. La norma culta andaluza será la que cada hablante culto quiera, no la que se les imponga desde las Consejerías de Cultura o de Educación de la Comunidad Autónoma (*ABC*, 18-6-90, 16).

Las reticencias de algunos intelectuales andaluces a la promoción y explicitación de una hipotética norma culta para Andalucía están asociadas al propio concepto de planificación y normalización: no es factible articular una idea de normatividad sin que planee sobre ella el fantasma de la imposición, dado que cualquiera que sea el tipo de norma, va siempre inherentemente acompañada de una relativa prescripción[93]. Sin olvidar dos hechos esenciales que estos discursos periodísticos no suelen tener en cuenta: por un lado, cuando una norma pasa a ser institucional porque se codifica un determinado uso, puede, a menudo, plantear problemas de identificación de los usuarios con ella, ya que lleva implícito siempre un carácter de «desviación» para los usos no codificados[94], de ahí que suela tener para los hablantes un carácter persuasivo con respecto a los modos de hablar; por otro, el devenir de la norma codificada depende de su coexistencia con otras normas y de la jerarquía que se dé entre ellas, pues supone la existencia de centros de irradiación normativa. Dicho de otro modo, una norma implica siempre un cierto centralismo: una perspectiva

---

92 Más adelante se volverá sobre la imposibilidad y falta de necesidad de una labor como esta. Por eso, los discursos «científicos» que desarrollan *modelos* solo describen, o bien hipotéticos modos de pronunciación que pasan a ser caracterizados con términos valorativos, impropios de tales discursos, pero dirigidos a promover aplicaciones prácticas en la enseñanza y a unos destinatarios concretos (Carbonero 2007), modelos que no pasan de ser el andaluz sevillano de la capital (véase Méndez 2008 b). O bien se habla de un modelo de convergencia hacia el estándar castellano que mantendría como más representativo, el rasgo de la aspiración de -s, o su pérdida y conservaría s/z: un modelo de *advergencia* o intermedio entre un vernáculo andaluz y el estándar peninsular; este otro modelo sería más propio de Andalucía oriental (Villena 2006 y 2008a y 2008b).

93 Como señala Julián Marías (2000: 293): «Lo decisivo es el uso, no la vieja 'norma' purista; pero cuando se ha dicho esto, que es verdad, se cae en la cuenta de que el uso es normativo» (*Ser español. Ideas y creencias en el mundo hispánico*, Barcelona: Planeta).

94 Es precisamente lo que le ha pasado al andaluz (o al extremeño o al murciano o al aragonés) en relación con el estándar, que se ha sentido un modo desviado de hablar por no ser coincidente con la variedad seleccionada en la codificación. Es decir, lo denunciado por estos discursos.

normativa de carácter nacional, regional o interregional radicalmente descentralizada encierra más de una contradicción (Torrent-Lenzent 2006: 203) que no deja de manifestarse en los propios defensores de una norma de andaluz culto:

> *En más de una ocasión he abogado, junto a otros autores mucho más autorizados que yo, por la existencia de un andaluz culto, andaluz ejemplar, o como quiera llamársele, que debiera prosperar y ser respetado, sobre todo en los medios de comunicación audiovisuales, en las instituciones, en las escuelas, en las universidades, es decir, en toda tribuna más o menos pública.* Cuál sea este andaluz es cuestión harto polémica y difícil, teniendo en cuenta que las personas cultas de Andalucía ya utilizan varios registros, principalmente de origen geográfico. Lo sabemos y no es necesario que se nos recuerde a cada instante. Es evidente que el habla de un José Calvo Poyato, el nuevo portavoz del PA en el Parlamento andaluz, representativa de lo que sería una norma culta de la sub-bética, difiere de la de un Felipe Alcaraz, aun perteneciendo ambas a una común variante oriental. Pero más difieren todavía de la que usan los parlamentarios sevillanos, gaditanos o huelvanos. *Es evidente, por tanto, que todo intento de reducir la pluralidad a una norma rígida sería, a más de artificioso, inútil, pues cada cual campa ya por sus respetos, y hace muy bien.* (A. Rodríguez Almodóvar: *El País Andalucía*, 11-7-02, 9).

Es, tal y como se desprende del texto, la inconsistencia de abogar por «una norma sin norma», que en nada difiere de la actitud antinormativa expresada explícitamente por Domínguez Ortiz: *La norma culta andaluza será la que cada hablante culto quiera, no la que se les imponga desde las Consejerías de Cultura o de Educación de la Comunidad Autónoma.*

No obstante, entre los pocos promotores mediáticos del habla andaluza parece que se sigue acariciando la idea de que los estudios sobre la modalidad puedan terminar fundamentando y demostrando un modelo de andaluz, una norma diferenciada que sea posible aplicar a los medios audiovisuales y a la enseñanza escolar en Andalucía[95], de manera que en el discurso periodístico siguen apareciendo escritos que, aparentando describir una realidad, siguen mostrándose quejosos o hablan de la escasa atención que se presta a los andalucismos por parte de una institución como la Real Academia Española, para favorecer implícitamente la creencia social de que se necesita una norma andaluza. A veces en el ardor de una polémica mediática es posible darse cuenta de estas actitudes porque emergen y se hacen explícitas:

---

95   En especial esos estudios de carácter constatativo, a los que se ha aludido ya, que tipifican modelos de andaluz en apariencia descriptivos y que se designan con nombres como «estandarizado andaluz», «estandarizado polimórfico», «estandarizado intermedio», «hipercorrecto», «estigmatizado», etc. (Carbonero 2007), y que encubren acciones performativas de aplicación hechas subrepticiamente: determinar y crear un modelo estándar para el andaluz. De ahí el nombre de uno de esos modelos —que solo es estándar para el que lo ha denominado así—, y la serie a la que, inevitablemente, lleva esa denominación para tipos no canónicos («polimórfico» o «intermedio»), nacida de la complejidad interna de las hablas (las valoraciones que acompañan a dichos modelos sirven para desaconsejar la selección de esos rasgos). Desde 1990 hasta 2003 puede consultarse una relación de diversos congresos y jornadas organizados casi siempre por unas mismas personas (APRELA) y con una constancia temática sobre la enseñanza de la lengua en Andalucía y la búsqueda del modelo idiomático de andaluz que se debería enseñar.

En segundo lugar, todo esto ocurre porque lo que podríamos llamar andaluz culto, frente al andaluz vulgar no está codificado en ningún sitio a pesar de que es el que utilizan las personas instruidas en Andalucía, con las naturales variantes de cada zona. ¿Andaluz culto? ¿Dónde está semejante cosa? Preguntarán algunos. Pues muy sencillo, en el habla cotidiana de los andaluces que han pasado por la escuela o que voluntaria e intuitivamente se alejan por igual de la excesiva economía fonética, del vulgarismo gracioso y de la imitación castellanista. [...] ¿Y de que se compondrá ese andaluz? Ahí estriba la dificultad. Pero el que sea difícil de delimitar no quiere decir que no exista. ¿Se puede, se debe codificar? Discútase (el profesor Vaz de Soto ha elaborado algunas tentativas encomiables). ¿Debe la Administración desarrollar una auténtica política lingüística en Andalucía que nos recupere de aquella imagen peyorativa? Discútase. ¿Debería alguien aconsejar con esa norma [...]? Discútase. Pero no se dé por zanjada la cuestión diciendo que esos rasgos de un andaluz digno no se pueden inventariar, valorar ni distinguir de entre otros usos, y que todo es igualmente válido. (A. Rodríguez Almodóvar, «Hablemos en serio», *El País Andalucía*, 10-4-1998, 10).

Es decir, en el contexto de muchos de los artículos subyace la idea muy del gusto de la ideología nacionalista de fijar una norma lingüística de referencia para todos los andaluces que cumpla, según parece, al menos dos condiciones: a) que se aleje de las diferentes normas locales (es decir, de las variedades vernáculas de mayor arraigo vivencial) pues, al ser propias de las hablas más populares, son de difícil proyección cultural como alternativa al estándar; y b) que se aleje también de la llamada norma estándar del español peninsular (la cual, por estar basada en la lengua escrita, se identifica con la modalidad castellana), para que pueda cumplir con su función identitaria. De ahí que suela ser designada con el nombre de «norma culta del andaluz» o «andaluz culto», nombres que tienden a encubrir la presión de una posición centralista desde la capital autonómica, por su referencia normativa al habla de los cultos de Sevilla[96], aunque para mitigarlo sus promotores se hayan referido también a ello como un «andaluz neutro» o «no marcado», que, cuando se ensaya, por ejemplo, en los medios de comunicación andaluces, se percibe como «*un acento andaluz tan artificial* y enfático, tan impostado y robótico, *tan de ninguna*

---

96   La percepción de este hecho por parte de andaluces no sevillanos no escapa a la sociedad andaluza, especialmente a la de las provincias orientales que miran con recelo este nuevo tipo de centralismo, de modo que se pueden rastrear fácilmente en Internet los posibles comienzos de un cisma identitario con base en la lengua, que a veces asoma también en la prensa: «Otra vez de vueltas con el habla andaluza. El Partido Andalucista reclama que se utilice el habla andaluza en los medios informativos hablados. Y yo me pregunto cuál es dicho [sic] habla, el que utilizan los sevillanos y sus vecinos, el que utilizan los granadinos, el que utilizan los alpujarreños, el que utilizamos los almerienses, etc. *Es evidente a cuál de ellos se refiere, no nos engañemos: el Partido Andalucista está mirando para Andalucía occidental*. Y es que lo que se conoce políticamente como Andalucía es una falsedad cultural y social [...] Bastante tenemos que soportar con ver los vestidos de sevillanas en la feria de Almería [...] *como para además tener que tragarnos informativos regionales en el habla andaluz [sic], o sea, sevillano*» (Cartas al director *El País*, 9-3-2001, 2). R. Cano, al comentar esta carta en una de sus columnas en *El País*, alude lo delicada que es la cuestión de la imposición de modelos normativos: «Y al final, claro, la cuestión del habla. Porque lo que a nuestro aspirante a ex andaluz parece molestarle especialmente es que se intente imponer el modelo lingüístico andaluz occidental; dicho en plata, el de Sevilla [...] *De esos polvos normalizadores vienen estos lodos*». (4-3-01, 7).

parte, que acaba chirriándonos a los propios andaluces» (F. Benítez Reyes, «Andaluz de andaluces», *Diario de Sevilla*, 30-11-2002). Recuérdese lo que se ha dicho anteriormente con respecto a los problemas que puede plantear una norma cuando se quiere empezar a promover y que nacen de la falta de identificación de los hablantes con ella[97]. Los dos calificativos señalados —«culto» y «neutro»— pretenden convertir ese andaluz en una norma, cuya codificación la haría referente idóneo para los medios de comunicación audiovisuales, meta a la que aspiraba ese discurso de reivindicación del andaluz que comenzó en la segunda mitad de los años setenta y parece seguir todavía.

En Andalucía, como se sabe, no se ha dado de forma expresa en ningún momento un proyecto de planificación lingüística, pues ni se han designado expertos y científicos con conocimientos específicos en la materia[98] para llevarla a cabo, ni ha habido tampoco un planteamiento político al respecto, ni objetivos esbozados de antemano. Ni siquiera ha habido lo más importante: algún tipo de dotación económica específica para ello que se haya incluido en los presupuestos de la Junta. Sí ha habido, en cambio lo más significativo, dotaciones para estudios sobre el tema (subvenciones a encuentros, congresos y publicaciones, como el *I Congreso del Habla*

---

97   Es lo que pasa en los capítulos emitidos de *Palabra de sur*. La voz de la narradora (la locución es de Mercedes Hoyo, una actriz de doblaje muy cualificada, capaz de simular todo tipo de voces y acentos, como se puede comprobar por sus trabajos) contrasta, por lo artificioso y forzado del andaluz que emplea, con la dicción de los profesores y otros andaluces que hablan (con rasgos andaluces) en los diferentes capítulos. Se caracteriza por la aspiración sistemática de *-s* final de sílaba en todos los contextos (intervocálico incluido, «loh olivoh»), por la realización aspirada en palabras como *alfahor*, *recoher* la aceituna o loh frutoh, etc. y la distinción por sistema de *ese* y *ceta*: *Andalucía/nuehtroh paisaheh del sur*. Dado que este programa está asesorado lingüísticamente por profesores que han abogado públicamente por una norma para los medios de comunicación andaluces, cabe pensar que la locución de Mercedes Hoyo representaría expresamente esa pretendida norma, la cual solo se apartaría de los usos norteños del español peninsular por esos dos rasgos. Por otra parte, es una norma que contrasta con otras: con la peninsular castellana (por la aspiración), con la canaria, que tiene seseo (por la distinción), con las diversas normas americanas, que tienen seseo (por la distinción y con aquellas que no tienen aspiración como la norma mexicana, por la presencia de este rasgo). Es una norma que queda al margen de las normas objetivas (incluso las que se dan en otras zonas de Andalucía que no aspiran *j* o que pierden la aspiración de *-s*), y todo ello sin tener en cuenta uno de los rasgos más tipificadores del dialecto, el *seseo-ceceo*, y sin saber qué hacer con el rasgo de la abertura vocálica.

98   Investigadores cualificados en dialectología andaluza, sociolingüística, lingüística aplicada y en teoría de la estandarización y de la fundamentación normativa de las lenguas y de las variedades (para aplicar todo al caso del español). A ellos correspondería evaluar, al margen de ideologías políticas y nacionalistas, y al margen también de la mimesis con los discursos de planificación para las llamadas «lenguas propias» de España, y al margen —claro está— de ideologías lingüísticas tradicionales ya superadas, la viabilidad de semejante proyecto, pero sabiendo que toda estandarización responde a una postura ideológica en cuanto que valora y elige unos usos frente a otros, guiada por una selección clasista o centralista (Milroy y Milroy 1991). Más adelante volveremos sobre esta cuestión, para dilucidar si verdaderamente es necesaria en Andalucía una actuación de esta naturaleza.

Andaluza, 1997, Ayuntamiento de Sevilla y Universidad de Sevilla y otros congresos y reuniones científicas) y premios a personalidades que se han distinguido por su dedicación investigadora al andaluz. Como señala R. Cano:

> [N]uestra Universidad [andaluza] tiene el gran mérito callado de haber funcionado como contrapunto racional a tanto dislate en cuestiones de la lengua como ha corrido desde los inicios de la transición. El que en Andalucía no se haya inventado aún nada parecido a la llingua asturiana o la fabla aragonesa se debe en buena parte, además de a la sensatez de los andaluces, a que la Universidad ni se ha apuntado al carro ni ha pretendido montarlo. (*El País Andalucía*, 7-3-01,8).

Dadas las reticencias de gran parte de los investigadores del andaluz, los políticos no han podido y no han querido (por las consecuencias derivadas que ello tendría) abordar institucionalmente una tarea de este tipo. Por otra parte, no está calculado el efecto que pudiera tener algo semejante en la sociedad andaluza (al margen de las posibles reacciones del exterior de la comunidad), ni tampoco las consecuencias inmediatas que ello podría traer consigo, evidentemente negativas para el partido político que pretendiera hacerse con ese discurso y alentarlo. Solo ha habido campañas mediáticas de promoción del andaluz y con cada una de ellas se han sucedido reacciones por parte de individuos (no necesariamente filólogos y académicos) o de grupos socialmente relevantes con discursos argumentativamente bien articulados en contra de una normalización lingüística:

> [A]parece periódicamente la ocurrencia de imponer en nuestras escuelas clases de lengua andaluza. Y, digo yo, ¿no sería de más provecho enseñarles a las criaturas el uso correcto de un par de lenguas extranjeras? [...] Canal Sur ha resucitado de nuevo *la vieja ensoñación que trata de imponer una norma del habla andaluza* con una campaña que lleva el *enigmático lema-orden de «Habla siempre andaluz»* [...] *Se parte de la idea —francamente pesimista— de que, por lo visto, hay andaluces que sienten vergüenza de hablar como hablan.* Tengo muchas dudas de que esto sea cierto, y, si lo fuera, creo que es una materia cuya solución no correspondería a la televisión pública, sino al área de salud mental del SAS. [...] *En Andalucía, cada uno habla como le sale de la memoria o del código genético, qué sé yo. Y que sea por muchos años.* (Félix Bayón, «Canon andaluz» *El País Andalucía*, 29-11-2002).

> «Canal Sur y la Consejería de Relaciones con el Parlamento *están promoviendo una campaña basada en un lema desconcertante: «Habla siempre andaluz»*. Supongo que el asunto puede interpretarse como un *reflejo involuntariamente paródico* de las campañas que llevan a cabo las comunidades bilingües para fomentar el monolingüismo. A falta de dos lenguas, en fin, cabe la opción de promover un habla diferencial a partir de una lengua por desgracia compartida. El *lema de la campaña se basa en un disparate*, que lo sería menos —sin dejar de serlo del todo— con una matización: «Habla siempre con acento andaluz», y que lo sería menos aún con la formulación siguiente: «Habla siempre con tu respectivo acento andaluz», aunque sugerirnos eso a los andaluces resulte tan innecesario como recomendarnos que respiremos por la nariz o que caminemos con los pies. [...] La lógica no goza de mucho prestigio en nuestros días, pero si aplicásemos un análisis lógico al lema de esta campaña, los resultados no lograrían esquivar el pintoresquismo [...]*Por otra parte, el habla andaluza es demasiado rica en diversidad como para someterla a un concepto único*, que incluso resultaría rebelde a las convenciones provinciales [...] *Sugerirnos a los andaluces que hablemos siem-*

pre andaluz es una falta de respeto a la realidad, porque no hacemos otra cosa desde que somos niños, con-
forme cada cual a sus circunstancias geográficas y biográficas, ya que el habla también es biografía. Otra
cosa es que hablemos con nuestro respectivo acento andaluz sin complejos y que asumamos como
una variante culta y no como un rasgo de folclorismo sainetero nuestras peculiaridades de habla.
[...] los andaluces seguimos modulando como andaluces la lengua que compartimos con millones
de hablantes de aquí y de ultramar, *y no necesitamos campañas institucionales de logopedia. Muchas*
gracias. (F. Benítez Reyes, «Andaluz de andaluces», *Diario de Sevilla*, 30-11-2002).

Así pues, por el momento las únicas actitudes que abogan por una norma andaluza se manifiestan en los discursos «pro-planificación» de individuos concretos que
circulan en diversos ámbitos académicos y/o mediáticos sin ningún tipo de trascendencia y con poca o nula credibilidad en la comunidad científica[99], a veces con-
trarrestados por discursos —también de individuos concretos— que denuncian
los intentos de un intervencionismo casticista y regulador, por parte de quienes se
han erigido a sí mismos en jueces de lo andaluz, para sancionar lo que es propio o
impropio de los andaluces cultos.

Sin embargo, el habla es asunto de importancia para los periodistas, no solo por
el efecto que una normalización puede tener para ellos, sino porque los acontecimientos en los que interviene cualquier elemento referido a los usos lingüísticos se
convierten en materia sobre la que informar y opinar, con lo cual se proporciona
una cierta continuidad temática sobre el andaluz que incide en el contexto social,
sin que se modifiquen los planteamientos que se han visto hasta aquí[100]. Por un
lado, hay denuncia, agravio comparativo, queja para provocar solidaridades en el
interior del grupo y, subrepticiamente, volver a insistir en que un modelo idiomático común resolvería la situación, y, por otro, reacciones contrarias a lo que supone
esto. Es así como debe contextualizarse la aparición mediática de las reacciones
que suscitó la vigésima segunda edición del *Diccionario de la lengua española* publicada por la Real Academia Española y la Asociación de Academias de la Lengua
Española. De ella se eliminaron voces andaluzas que habían caído en desuso por
cambios en la realidad social de Andalucía. Asimismo tampoco se registraban otras
voces que, a juicio de algunos andaluces, deberían haber aparecido (términos que
designan determinados palos del flamenco u otras realidades como plantas o tipos

---

99 No se entiende, pues, la siguiente afirmación: «En la Comunidad Autónoma de Andalucía se
ha puesto en marcha, además, un programa de planificación lingüística y de defensa del andaluz,
cuya variedad estándar (andaluz culto) es la que debe ser enseñada en las escuelas y utilizada en los
medios de comunicación y en las Instituciones [*sic*]» (Morgenthaler 2003: 197), hecha con la idea
de sugerir que el Gobierno canario debería seguir el modelo andaluz y empezar a llevar a cabo una
planificación lingüística en Canarias a imagen y semejanza de la que se lleva a cabo en Andalucía.

100 Una anécdota cualquiera, como por ejemplo la polémica a propósito de Montserrat Nebrera
y Magdalena Álvarez, basta para originar una saga de artículos informativos, de comentario y de
divulgación sobre el andaluz al rebufo de esa actualidad mediática. Y dura lo que los medios quieren
que dure.

de aceitunas) o se definían equivocadamente otras (el caso de *urta*, por ejemplo)[101]. Esa situación fue nuevamente interpretada en términos de agravio y mal trato a los andaluces por parte de quienes tenían acceso a los medios de comunicación. La situación fue aprovechada políticamente y el PSOE de Andalucía presentó en el registro del Parlamento de Andalucía una proposición no de ley para la promoción del habla andaluza (no muy diferente de lo expresado años antes por los andalucistas) y tuvo repercusión como noticia:

PROPOSICIÓN NO DE LEY SOCIALISTA EN APOYO DEL HABLA ANDALUZA

El PSOE ha presentado en el registro del Parlamento de Andalucía una proposición no de ley en apoyo del habla andaluza. Los socialistas prevén debatir próximamente su proposición. La iniciativa insta 'al Consejo y, en especial, a la Consejería de Educación a que impulse' medidas para 'profundizar en la investigación, conocimiento, difusión y dignificación pública del habla andaluza', tal y como se establece en el Estatuto de Autonomía. *La proposición busca 'dar traslado' a la Real Academia Española de la 'preocupación del Parlamento de Andalucía por las carencias que, a su juicio, quedan puestas de manifiesto', entre otros aspectos, en la 22ª edición del Diccionario de la RAE, que ha originado 'una cierta polémica acerca de la ausencia de andalucismos en el elenco oficial' del español.* La proposición recuerda la incorporación 'en gran cantidad' de americanismos en el diccionario frente a 'la ausencia de voces que dan expresión a multitud de aspectos de la vida, usos y costumbres de Andalucía'. *'El detonante de esta iniciativa es la 22º edición del Diccionario de la RAE. Pero la iniciativa va más allá porque responde al malestar de un grupo amplio de expertos ante el trato que recibe el habla andaluza',* explicó ayer el portavoz socialista, José Caballos. (*El País Andalucía*, 28-11-2001).

También fue noticia la reacción de protesta por parte de la casi totalidad de catedráticos de Lengua Española de Universidades andaluzas[102] que se mostraban en desacuerdo con la medida:

---

101   Como reacción, el Partido Andalucista estudió la posibilidad de elaborar un «Diccionario andaluz de la lengua», tal y como expresó Antonio Ortega con motivo de la presentación de la campaña de promoción lingüística «Hablo andaluz, mi habla, mi identidad» (*ABC.es*, 20-1-2002).

102   Fuera del ámbito académico hubo reacciones de los lectores a favor y en contra de la medida adoptada. Una carta al director de Antonio Martín Serrano titulada «El PSOE y el habla andaluza»: «[...] Mi sorpresa se acrecienta cuando observo que la iniciativa procede no de un partido aldeano, sino de uno con representación en el Parlamento español (PSOE) y que va más allá de lo dicho porque, según explica el portavoz socialista en el Parlamento de Andalucía, José Caballos, *'responde al malestar de* **un grupo amplio de expertos** *ante el trato que recibe el habla andaluza'.* Pues bien, *ya tenemos todos los elementos del tinglado que tan buenos resultados electorales ha dado en otras latitudes: el idioma (y como no se puede hablar de idioma, pues 'el habla') como hecho diferencial, idiosincrasia o rancia identidad y abolengo originario, y, ¡cómo no!, con unas buenas gotas de victimismo que no pueden faltar en el guiso ('el maltrato', 'las carencias').»* (*El País Andalucía*, 18-12-2001,2); y otra de réplica a lo dicho por él: «[...] *Sin embargo, en los escenarios de teatro en Andalucía no se habla andaluz, en los medios audiovisuales, en la mayoría, tampoco se habla andaluz; incluso en los anuncios para televisión que hace la Junta, no se habla andaluz y todo ello porque en el fondo seguimos imbuidos en aquellas directrices del franquismo -y del tardofranquismo- que obligaban a los profesionales de los medios a despojarnos de nuestros acentos respectivos en cuanto nos poníamos delante de un micrófono.* Todo ello, también, porque nos invade, en lo más profundo de nuestro ser, un complejo de inferioridad que nos hace abjurar de nuestras deliciosas haches aspiradas finales, etc. Las hablas andaluzas están, desgraciadamente, olvi-

REACCIÓN A LA APARICIÓN DEL DRAE EN LA QUE HABÍAN DESAPARECIDO ANDALUCIS-
MOS Y NO FIGURABAN OTROS MUCHOS

11 catedráticos de universidad rechazan la proposición no de ley socialista que promueve el habla andaluza

Once catedráticos de Lengua Española de universidades andaluzas rechazan la proposición no de ley socialista que promueve el habla andaluza. La proposición no de ley ha sido presentada en el registro del Parlamento de Andalucía. La iniciativa socialista busca, entre otros objetivos, 'dar traslado' a la Real Academia Española de la 'preocupación del Parlamento de Andalucía por las carencias que, a su juicio, quedan puestas de manifiesto' en la 22ª edición del Diccionario de la RAE, debido a la 'ausencia de andalucismos en el elenco oficial' del español. El PSOE no ha decidido aún cuándo será debatida la proposición no de ley, según confirmaron ayer fuentes socialistas. [...] «En lo referente a 'investigación y conocimiento' de las hablas andaluzas, no hace falta ninguna proposición no de ley. Las hablas andaluzas están, en la actualidad, entre las mejor conocidas en el ámbito de la lingüística hispánica», indican. Y luego añaden: «La 'difusión y digni-ficación pública' de las hablas andaluzas o de cualquier otra modalidad lingüística es cuestión de los hablantes, antes que de los poderes públicos». Los catedráticos insisten en que el «Diccionario académico ya no es sólo de la Real Academia Española, sino de las 22 Academias de la Lengua Española». «Los andaluces (7.234.873, según el censo de 1996) constituimos el 2,02% del total de hispanohablantes; las «marcas andaluzas» en el Diccionario de 2001 (palabras o acepciones de Andalucía en general o de alguna provincia) constituyen el 2,61% del total de marcas dialectales, españolas y americanas, presentes en el Diccionario', señalan.

«Argentina, con el 9,22% de hispanohablantes (33.000.000), solo tiene un 7,13% de marcas de *argen-tinismos*. Más graves son, por ejemplo, los casos de México (24,1% de hispanohablantes (86.211.000), 8,81% de marcas dialectales mexicanas) y Perú (5,59% de hispanohablantes (20.00.000), 2,87% de marcas dialectales). Si estos números dicen algo, resulta que no serían precisamente los andaluces los que tendrían que quejarse», resaltan los catedráticos. (*El País Andalucía*, 5-12-2001).

Sin embargo, para otros andaluces el estudio de la modalidad por sí solo no basta si no llega divulgado y sin tópicos a la población, por lo que sí sería necesaria una intervención institucional que respaldase ese conocimiento y ayudase a su exten-sión, principalmente, a través del modelo ejemplarizante de la enseñanza y de los medios. Tal es la opinión expresada también en la sección *Opinión del lector* por un profesor de Didáctica de la lengua y la literatura de la Universidad de Cádiz, Rafael Jiménez Fernández[103]:

Lo que procedería es entonar un *mea culpa* pues son ellos mismos, como cabezas visibles de la in-vestigación y enseñanza del español hablado en Andalucía, quienes deben dedicar más esfuerzo

---

dadas *y en el ámbito público fueron en su momento masacradas*. Todavía hoy hay quien las pisotea cada vez que se sube a una tribuna pública y eso es sencillamente lamentable.» (*El País*, 10-1-2002).

103   Es autor de un librito de divulgación sobre el andaluz (Jiménez Fernández 1999), deudor de estudios más extensos (como *El español hablado en Andalucía* (1998), hechos por otros autores (que sí firman el manifiesto) y que le sirvieron de guía y fuente de inspiración.

y tiempo en lograr que esos conocimientos e investigaciones de los que tanto hablan y publican traspasen los límites de los encorsetados ámbitos académicos en que se mueven y se proyecten a la sociedad andaluza o, mejor dicho, en la sociedad española en Andalucía. Y en segundo lugar, me parece que se equivocan al pensar que la difusión y dignificación de las hablas andaluzas es cuestión de los hablantes, antes que de los poderes públicos. *¿Acaso las autoridades políticas no pueden marcar algunas directrices que ayuden a la difusión, conocimiento y valoración de nuestra forma de hablar? Si ellos, desde sus cátedras, no han logrado en tantos años de autonomía ayudar al conocimiento y desarrollo de algunos artículos del Estatuto, ¿por qué rechazar ese ofrecimiento? Todo lo que fuera aunar esfuerzo, debería ser aplaudido. ¿Y qué decir de los medios de comunicación? ¿Y de los libros de los escolares? ¿Y de la enseñanza? ¿Acaso no ayudarían a la difusión y dignificación pública de la modalidad andaluza tanto los medios de comunicación como una adecuada educación lingüística?* (*El País Andalucía*, 5-1-2002, 2).

No es cuestión de entonar ningún *mea culpa* como se sugiere en el texto. Lo que ocurre es que la visión objetiva del habla andaluza no termina de llegar a la sociedad andaluza por muchos esfuerzos que se hacen para su divulgación, pues choca frontalmente con la barrera de los tópicos, y apenas logra disolverlos. En primer lugar, es difícil destruir y eliminar aquellos que han servido para construir una imagen negativa del dialecto, ya que estos *topoi* se reiteran, aunque con una finalidad diferente de la que los creó como tópicos: estos tópicos se necesitan y son requeridos en los discursos pro normalización del andaluz, pues esta se plantea como solución para tales traumas colectivos, esto es para deshacerse del famoso «complejo»[104]. En segundo lugar, cuando se hace una labor de divulgación rigurosa, no gusta el tratamiento que se da a la modalidad, puesto que choca también con los tópicos de valoración positiva (riqueza léxica, economía, ingenio y agudeza, expresividad[105])

---

104   Basta con repasar algunos de los trabajos presentados en algunos de los congresos sobre el habla andaluza para darse cuenta de esta realidad. Basten los siguientes ejemplos: «Para los andaluces, una forma de identificarse como pueblo, es el habla. *Y sin embargo en muchos casos viven la paradoja de no valorar, incluso a veces de despreciar su forma de hablar* [...] De aquí que la radio y la televisión pública andaluza sea el instrumento imprescindible que apueste por recuperar en unos casos y profundizar en otros, en la identidad del pueblo al que sirve [...] No podemos estar reconociendo esto y después dando cursos de dicción en los que se exige vocalizar y ello signifique hablar en castellano, tendríamos que ser más exigentes a la hora de contratar presentadores que hablando perfectamente andaluz a la hora de ponerse delante de las cámaras hablan castellano por si gustan y los llaman de otras televisiones» (Álvarez Secades 2002). «[...] el que defino como periodista esquizofrénico. Voy a dar más datos: no es sevillano y habla un andaluz correctísimo, de esos que podrían encuadrarse dentro del apartado del andaluz culto. Bien, pues esta persona se traspone cuando se coloca delante de un micrófono. Le cambia hasta la voz. *Para ser superior el andaluz le estorba*»; «*¿Por qué todavía no han establecido una comisión de seguimiento del uso del andaluz en los medios de comunicación?* [...] si [...] hubieran creado esa *comisión, o cualquier otro tipo de organismo de vigilancia y control*, posiblemente hoy yo hubiera podido traerles en estos folios de forma cuantificada, el número exacto de personas que utilizan el andaluz para hablar desde los medios de comunicación.» (Nani Carvajal 2002) [Presidenta de la Asociación de la Prensa de Sevilla].

105   Estos tópicos, como son ideológicos y no siempre controlables, asoman involuntariamente incluso en el discurso académico de profesores de lengua española, en formas de hablar o de construir la expresión que describe ciertos rasgos, por lo que es verdaderamente difícil que puedan ser

y aunque se describa la escasa aceptación social de muchos de los rasgos (por ser simples vulgarismos panhispánicos de pronunciación), los hablantes siguen creyendo que, por el simple hecho de darse también entre andaluces o reconocerlos equivocadamente como tales, son parte de sus propias señas de identidad[106] (la pérdida de la -d- intervocálica en palabras terminadas en -ido y -udo, los trueques de r y l, por ejemplo, son buenas muestras de ello). No pocas veces, la divulgación, en especial la que se lleva a cabo a través de los medios de comunicación, contribuye a seguir machacando insistentemente los tópicos. Canal Sur 2, dentro de la función cultural que tiene asignada, ha emitido *Palabras de sur*, un programa documental de 26 capítulos con la intención de acercar la modalidad andaluza a los espectadores. En total se han hecho 54 emisiones en tres fechas diferentes con horarios y días también diferentes (del 30-7-2006 al 19-1-2007, del 23-8-2007 al 26-9-2007 y del 13-4-2008 al 22-6-2008). La cuota de pantalla ha sido baja (entre el 2,1 y el 2,5) y la audiencia media entre 13.000 y 43.000 espectadores. Los contenidos no siempre están acordes con lo que se sabe del andaluz, ni desde un punto de vista histórico (anacronismos relacionados con la legitimidad histórica de los andaluces), ni desde un punto de vista lingüístico (imprecisiones, acumulación indiscriminada de datos léxicos); los tópicos de valoración positiva sobresalen en los capítulos que describen el vocabulario relacionado con los diferentes ámbitos de la vida de las gentes y da como específicos de los andaluces vocablos que lo son del español común o general. Los dos capítulos finales, dedicados a la conciencia lingüística de los andaluces, insisten en las ideas que abonan la tesis del complejo de inferioridad (incluida la idea de que para la Academia los andaluces importan poco), hablan de una norma de referencia, aunque manifiestan que debe ser plural, y reiteran la necesidad de que el andaluz sea la lengua de los medios audiovisuales andaluces. Algunos capítulos, sin embargo, aunque tienen interés desde un punto de vista antropológico y etnográfico, por estar volcados al mundo rural deben de tener difícil aceptación dentro de los sectores jóvenes de una sociedad cada vez más urbana. Algo semejante ocurre con el programa de Canal 2 Andalucía, también de elaboración muy reciente, *Andalucía. Mitos y tópicos*, dirigido por Pilar Távora (de quien es también la idea y el guión). El

desarraigados (como se verá en el siguiente apartado que analiza el andaluz en los libros escolares de Lengua Española). «Entonces, en aquellos tiempos, daba clase a personas adultas y me compré un diccionario andaluz del que no me separaba para no meter mucho la pata y *me quedé sorprendida de la riqueza de vocabulario que tenían los andaluces*» (Álvarez Secades 2002).

106   Quienes tenemos experiencia docente podemos documentar cómo se resisten a desaparecer estos tópicos de los trabajos de nuestros alumnos universitarios, pese a haber hecho constantemente hincapié en ello. La Consejería de Educación y Ciencia llevó a cabo un intento de acercar a la enseñanza Secundaria y a los docentes de cualquier nivel educativo y de cualquier materia el conocimiento de las hablas andaluzas sin prejuicios y sin tópicos. Encargó un estudio divulgativo a Rafael Cano y Mª Dolores González Cantos, con la idea de que fuese claro y de fácil acceso para los no especialistas, a la par que objetivo y riguroso. Los autores consiguieron responder a lo exigido por la Consejería, pero se ignora si se cumplió el efecto pretendido, ni tampoco se sabe la difusión real que tuvo.

capítulo 7 «Habla andaluza» (emitido a finales de octubre de 2008) no puede estar más en sintonía con el título del programa[107]:

> No pocas veces hemos escuchado decir que los andaluces hablamos mal. No pocas veces a los andaluces se nos ha obligado a castellanizar para acceder a los medios de comunicación, para hacer cine, teatro y, por supuesto, para la poesía. Todo lo que no sonara a castellano, en ciertos medios se consideraba cateto, inculto. Y esto no es algo de tiempos pasados, aún hoy en pleno siglo XXI para las campañas institucionales y políticas se utiliza el castellano, para la publicidad, para las voces en *off* de los documentales, para aquello que pretenda tener más categoría.

En suma, la cuestión del habla en Andalucía sigue manifestándose en los mismos términos en que se expresaban los discursos de reivindicación durante la Transición y se resisten a desaparecer los *topoi* con que se construyeron. De una parte, siguen presentes las llamadas a la «defensa» y a la «protección» del habla frente a las descalificaciones hechas «históricamente» por otros (los que no son andaluces), que la tildan de un «castellano mal hablado» (gracioso e incorrecto[108]), pero que son asumidas, según se dice, dentro de la región por los andaluces. De estos discursos parecería desprenderse que la modalidad andaluza no se usara públicamente porque se siente «vergüenza de hablarla»[109]. Igualmente, la negativa a normalizar sería, dentro

---

107 Los tópicos aparecen en boca de la gente (gratificación que producen los símbolos identitarios y la convicción de que deben estar presentes en los medios), y se escapan involuntariamente «así es como hablamos...*no sé si es don o fallo no sé cómo se debe interpretar, pero es nuestro*», «es bonita», «me gusta como hablo», «*dicen que no nos entienden* que hablamos ligero». También están en boca del «experto» cuando habla de «castellano *fino*», «esa forma de hablar *fina*», «castellano de Burgos *finos finísimos*». E inconsistencias, pues después de hablar e insistir en que «la normalización no es la panacea» (apoyado por Concha Távora: «ese andaluz neutro no se sabe qué es porque se pierde la identificación») y de abogar por la unidad del español: «sin dejar de hablar nuestra lengua que es el español se nos identifica como andaluces que es nuestra seña de identidad» «¿nos interesa diferenciarnos fuertemente?», se habla de que la escritura no debe ser un tabú y que el andaluz puede escribirse, e incluso, tras afirmar que «el catalán es una lengua, o el gallego ... el andaluz, ¿por qué no es una lengua? *No tiene ese rango todavía*». «Y nosotros después de esta grabación por qué no nos ponemos a trabajar para que sea una lengua. Entonces, veamos qué requisitos tiene que tener un dialecto para tener el rango de lengua» (minuto 26). No es posible saber cuánto se ha cortado la grabación y cómo se ha hecho el montaje del programa, porque es manifiestamente imposible que el «experto», un profesor universitario, pueda hablar en estos términos, pero lo que ve y oye el espectador (que no tiene por qué tener conocimientos claros sobre este tema) es lo que queda.

108 Ideologías reaccionarias que tengan ese sentir y decir, las hay, pero no son generales y, por tanto no deben presentarse como si lo fueran. Desde hace tiempo la enseñanza de la lengua dentro y fuera de las fronteras regionales se lleva a cabo desde los principios de la teoría lingüística y ello se transmite directa o indirectamente a través de la docencia a los estudiantes actuales. No obstante, hasta que se sustituyan creencias anticuadas sobre el ser de las lenguas, como las relativas a su «pureza» o «perfección» y la vinculación de tales cualidades a lugares geográficos concretos (esas eran ideas lingüísticas tradicionales), siempre será posible encontrar casos concretos de descalificaciones globales de formas de hablar y de quienes las realizan.

109 Un estudio de la Universidad de Granada, financiado por el Centro de Estudios Andaluces, señala que los alumnos universitarios son esclavos de sus prejuicios («alegres, juerguistas, abiertos, amantes de su tierra, hospitalarios y graciosos»). «El desencadenante del proyecto fue la negativa de

de estos discursos, un síntoma más de tal vergüenza. De otra parte, se sigue hablando en términos de «orgullo» porque los andaluces reconocen en su modalidad sus «señas de identidad» como andaluces. Esta razón es la que mueve a exigir por medio de estos discursos que el andaluz ocupe un lugar de honor como medio de expresión en la RTVA, foro desde el cual ha de ser dignificado institucionalmente para que pueda representar lo que podría designarse como una *norma influyente* para todos los andaluces. La siguiente noticia es una buena representación de todo ello:

> La dirección del PA propuso hoy que el futuro Estatuto de Autonomía regule la normalización y el uso del andaluz en todos los foros, incluidos los medios públicos de comunicación, para dejar claro que «los andaluces nos sentimos orgullosos de serlo y de expresarnos en andaluz». La portavoz de la Ejecutiva Nacional del PA, Isabel Donado, formuló esta propuesta después de que el consejo de la RTVA aprobase ayer, con el apoyo de IU y la abstención de PP y PA, una propuesta del PSOE que solicita a la dirección de la cadena que fomente en la televisión y radio andaluzas el uso de las distintas modalidades de habla andaluza, sin «menoscabo para todos aquellos trabajadores y trabajadoras de la *casa* que se expresen en castellano por razones de nacimiento o hábito profesional».

> En un comunicado remitido a Europa Press, Donado defendió que «*el nuevo Estatuto de Autonomía debe resolver de una vez por todas esta cuestión*» y poner de manifiesto que «los andaluces nos sentimos orgullosos de serlo y de expresarnos en andaluz, *y no nos merecemos tener dirigentes políticos ni públicos a los que les acompleje su uso y su normalización*». En este sentido, la dirigente andalucista, también representante del PA en el consejo de administración de la RTVA, garantizó que su partido «*defenderá en todos los foros donde se encuentre el uso y la normalización del andaluz para que ocupe el lugar de honor que le corresponde en todos los medios de comunicación*». En su opinión, la iniciativa aprobada por el consejo de la RTVA pone de manifiesto que el PSOE «se niega a que se hable andaluz en Canal Sur», que es la única televisión autonómica en la que no «se habla como escuchan sus oyentes, ya que el 67,5 por ciento de los presentadores se expresa en castellano, mientras que el 86 por ciento de los oyentes lo hace en andaluz»[110].

«CASTELLANO MAL HABLADO»

> Donado *lamentó que la RTVA y el PSOE «sigan conceptuando al andaluz como el castellano mal hablado y no como el habla propia y particular de nuestra cultura, de ahí que no se quieran modificar en los presentadores andaluces los hábitos de expresarse en la televisión en castellano, producto de un complejo de inferioridad ligüística*». Por todo ello, la representante andalucista propondrá la modificación del

---

una alumna brillante a exponer su trabajo porque se avergonzaba de su acento [al parecer dentro del contexto universitario andaluz formado por andaluces].» (*Diario de Sevilla*, 24-11-2008). «El acento andaluz es otro de los puntos más significativos, dado que se entiende como «una barrera discriminatoria en el ascenso social» (*Gaceta Universitaria* 12-1-2009, 13).

110   Los datos están extraídos del estudio de José Luis Carrascosa (1997) sobre el habla en Canal Sur Satélite Radio y Televisión: si sus datos son fiables, resultaría que del total de presentadores y redactores que aparecen en los programas de esta cadena, un 32% se expresan en andaluz y un 68% lo hacen en castellano, proporción que contrasta con lo que hacen las personas ajenas a Canal Sur que aparecen en sus programas, un 77% se expresa en andaluz y un 23% lo hacía en castellano.

libro de estilo de la RTVA, en el que «el andaluz no aparece tratado como tal, con su fonética y su gramática, mientras que sí se incluyen muchas normas para el correcto uso de otras lenguas como el catalán y el vasco». (*Europa Press* 21-7-2005).

La representante andalucista concluye con una propuesta: «la modificación del libro de estilo de RTVA», porque «el andaluz no aparece tratado como tal, con su fonética y su gramática». Lo curioso de esto es que la coordinación del libro estuvo a cargo de Luis Carlos Díaz Salgado (junto a José María Allas Llorente), quien ha manifestado en varios foros que es partidario de una normalización lingüística:

> Así pues, si se estableciera una norma andaluza, basada en criterios lingüísticos y sociolingüísticos, se podría establecer al mismo tiempo una norma escolar y una norma mediática que sirvieran para que los maestros andaluces de español y los profesionales andaluces de los medios de comunicación tuvieran una guía en cualquier momento de duda. *Ahora es bien sabido que, ante la duda, siempre se echa mano de la modalidad lingüística castellana, sobre todo en materia de pronunciación. Otro ejemplo más de que se considera a la norma castellana como norma ejemplar del español.* (Díaz Salgado 2000).

Y termina recurriendo a la ya comentada propuesta formulada en 1978 en las páginas de *ABC*: «En este sentido José María Vaz de Soto ha apostado por hacer un primer acercamiento al problema y proponer unas pautas para locutores andaluces»[111]. Sin embargo, la realidad andaluza es la que es y no hay criterios objetivos para que parte de los andaluces modifique sus hábitos, así que el libro de estilo de RTVA no podía ser —en lo relativo a la pronunciación de las letras «c», «z» y «s», «ch», «ll», «y», «j», etc.— (así es como se refiere a las cuestiones de fonética en los epígrafes del capítulo 12 «Pronunciación», 217-229) otra cosa que lo que realmente ha terminado siendo, por mucho que disguste a los políticos normalizadores: una descripción muy simplificada de formas de pronunciar que coexisten dentro de un espacio de variación y, a lo sumo, consejos para evitar ciertos vulgarismos, sean generales del español o específicos del andaluz:

> «No resulta recomendable mezclar la pronunciación seseante con la distinguidora: 'cielo azul' *[ziélo asúl]; este uso denota inseguridad lingüística y es conveniente evitarlo» [...] «En exceso, esta relajación articulatoria [la de «ch»] suele resultar vulgar y no se considera parte del español estándar. Conviene evitarla». [...] «Aunque es un uso muy pujante en todas las modalidades del español coloquial, andaluz incluido, debemos evitar la supresión de del sonido [d] en las palabras acabadas en -*ado*, ya sean sustantivos: 'sold*ado*' *[soldáo], o participios: 'cort*ado*' *[kortáo] [...] De bastante más consideración social goza en Andalucía la supresión de la *d* final de palabra: 'usted' [usté], 'realidad' [realidá]. Aun así, lo más conveniente es que pronunciemos un sonido muy suave, sin llegar a la total supresión: [usté^d], [realida^d]. Esta es la pronunciación estándar» (222).

---

111 Estas pautas eran: admitir seseo, yeísmo, jota suave o faríngea, pronunciación aspirada de la -*s* final de palabra y de la -*s* que precede a consonante; pero rechazar aspiración de la *h* en palabras como *hambre, hierro*, el trueque de *r* y *l* finales de sílaba en *farda, arcarde*, pérdida casi general de la -*d*- intervocálica, realización fricativa de la *ch*, rehilamiento de la *y-ll* en zonas yeístas.

La letra *j* tiene dos pronunciaciones consideradas propias del español estándar: fuerte y aspirada. La realización fuerte es típica del español centronorteño, de varios países hispanoamericanos y del andaluz oriental: 'Jaén' [jaén], 'jueza' [juéza]; la realización aspirada es propia del andaluz occidental y de otros varios países hispanoamericanos: [haén], [huéza]. No debemos relajar la pronunciación aspirada, de tal manera que parezca que no pronunciamos sonido alguno: *[ʰuéza], [ʰaén] (223).

«A pesar de que muchos andaluces utilizan el ceceo en su vida cotidiana, son también muchos los que abandonan esta práctica en registros más formales. Esto provoca que el ceceo no se considere propio del español estándar» [...] «La aspiración de las *s* iniciales de sílaba o palabra se considera vulgar. Debemos evitar esta pronunciación conocida como *heheo*: 'siete' [hiéte], pasar [pahár], 'siesta' [hiésta] (225).

«Antes de pausa o sonido consonántico, la letra *s* puede pronunciarse de dos maneras: aspirada [h] o plena [s]. Cualquiera de estas dos pronunciaciones cumple con los requisitos de formalidad y estandarización propios del lenguaje informativo oral: 'acusados' [akusádoh]-[akusádos'], 'tristes' [tíhteh]-[trístes]. Sin embargo cuando precede a una sílaba que comienza por vocal, en estilos formales es preferible la pronunciación plena: 'los ojos' [losójoh], mejor que [lohójoh]-[loójoh]... (225).

«Es correcto utilizar la abertura vocálica para marcar la *s* final de palabra. Esta práctica, muy extendida en todos los registros de Andalucía oriental, no se da sin embargo en otros lugares del mundo hispano. Por esta razón no es aconsejable utilizar la abertura vocálica muy amplia a menos que queramos conferir a nuestra pronunciación un marcado carácter local.» (226).

Como se ve, no está nada claro qué hechos deberían entrar en esa pretendida norma mediática, pero tampoco la necesidad misma de esta. Por ello, las recomendaciones que se hacen en ese libro de estilo sobre el empleo de las hablas andaluzas van encaminadas a que, por su propia naturaleza mediática, el hablar en la radio o en la televisión andaluza no se confunda con «lo popular y lo coloquial, y mucho menos con lo vulgar»:

Aquellos rasgos del andaluz que utilicen en sus locuciones deben ser los que se consideren de más alto nivel, aquellos que representen al mayor ámbito de la comunidad lingüística andaluza y, por supuesto, aquellos que carezcan de cualquier matiz que impida la comprensión (218).

Por lo que puede desprenderse de una lectura del libro de estilo, se trata, pues, de ser *panhispánicos* y no localistas. Simplemente se trata de que se «amplíe y perfeccione el concepto de español estándar» y ello, se quiera o no, no puede hacerse al margen del español estándar, porque las variaciones en el uso distante y formal de la lengua son siempre variaciones dentro del estándar y comprendidas por este.

11. La proyección social del andaluz en la enseñanza

Los usos lingüísticos vernaculares, los propios de la lengua materna, preceden en cada hablante a cualquier otra realización de la lengua. Son los que desde un primer momento conectan a los hablantes con su entorno social y los identifican dentro de un grupo como parte de una determinada comunidad de habla. La ejemplaridad estándar, históricamente conformada, como es sabido, por los procesos de escritura, es siempre una variedad de lengua enseñada y aprendida en las diferentes etapas de incorporación a la cultura e intelectualización por las que atraviesa el individuo que accede a la alfabetización: es la lengua vehicular de todo su período de enseñanza; es, asimismo, la lengua en la que se escriben los cuentos y las otras tradiciones discursivas con las que, progresivamente, se va familiarizando y es la lengua que emana de los medios de comunicación. En los hablantes monolingües (y los andaluces lo son), se aprende mediante la instrucción que proporciona la enseñanza (la de la lengua no es más que una parte, aunque esencial, de esas enseñanzas), es decir, se da un movimiento de interiorización (no siempre reflexivo en el alumno) de modelos idiomáticos desde su variedad de lengua materna hacia la ejemplaridad estándar (el modelo básico para la enseñanza, aunque no excluya algún tipo de variación), la cual debe ser realizada cuando las funciones comunicativas así lo requieran (esa es, precisamente, la labor institucional de la enseñanza de la lengua). El acceso a los estándares no está dado «naturalmente» en ningún hablante[112], aunque *a posteriori* pueda convertirse para muchos en su modelo o ideal lingüístico de referencia primaria (en lo que podría llamarse su abstracción de lengua «por defecto»: Simone 1997). Así sucede en los sociolectos altos o medio-altos de muchas zonas, razón por la cual suele decirse que el estándar, pese a ser en origen una variedad dialectal (casi siempre tiene un anclaje geográfico), «por su situación es un sociolecto».

Ocurre que, pasado el período de adquisición de un estándar, determinados hablantes realizan en sus comportamientos diafásicos un movimiento que va desde el vernáculo al estándar[113] (pues su lengua primaria o su abstracción de lengua «por defecto» es el vernáculo), mientras que otros siguen —siempre que así lo requiera la situación— un sentido inverso: sus prácticas comunicativas se desarrollan habitualmente en la variedad estándar (porque han terminado haciendo de ella su lengua «por defecto») y cuando la ocasión lo exige, cambian y adoptan usos próximos a lo que fue su primer modelo de lengua. Este diferente comportamiento va ligado

---

112 No está dado naturalmente, porque solo se accede a él a partir de la enseñanza de la escritura y de la lectura y en ese proceso se deben igualar los hablantes de español (o de cualquier lengua), aunque históricamente ello no ha sido así y sigue sin ser así en países de habla española. La biografía individual puede facilitar el acceso a los estándares (en sociolectos altos, y medio-altos el individuo tiene más facilidad para adquirirlo).

113 «En otras palabras, las realizaciones fonéticas del andaluz culto se configuran como una serie de mecanismos articulatorios que buscan representar fonéticamente la mayor cantidad posible de información morfológica que se contiene en la imagen de la palabra que el hablante guarda en su cerebro, y que se corresponde con su imagen gráfica, esa que viene a constituir el objeto idealizado del análisis lingüístico y desde la que, además, el hablante andaluz puede establecer correspondencias con formas no estrictamente andaluzas de representarlas fónicamente (con las castellanas, por ejemplo).» (Morillo 2002: 155).

no solo a la biografía de cada hablante (estratificación social de los hablantes), sino también a la naturaleza y al tipo de divergencias que separan los diferentes vernáculos del estándar, a la flexibilidad o rigidez de este a la hora de admitir innovaciones procedentes de las variedades diatópicas de la lengua[114], al grado de con(s)ciencia que tienen los hablantes acerca de las formas coexistentes y a la naturaleza de los juicios sobre la corrección idiomática que se opera en el seno de una comunidad lingüística. Se estigmatizan o se promueven usos que pasan de hábitos colectivos neológicos y disidentes a modelos idiomáticos codificados. Los juicios de corrección no solo cambian con el tiempo (unas normas de corrección son sustituidas por otras), sino que, además, también inciden en ellos las ideologías nacidas de la proyección social de las ideas lingüísticas, ideas que han sido elaboradas en el seno de una corriente lingüística determinada, tradicional o innovadora: primero pasa a los enseñantes y, luego, se van decantando paulatinamente en la sociedad y cambiando esos juicios e, incluso, la concepción misma de corrección lingüística[115].

Las nuevas condiciones sociales y políticas han hecho de España un país vertebrado por varias comunidades autónomas, variadas también en lo que respecta a su realidad lingüística. El monolingüismo, impuesto en épocas precedentes para los usos institucionales de la lengua (incluida la enseñanza), ha dado paso a un fomento del bilingüismo en algunas de ellas (Galicia, Cataluña, Valencia, Baleares y País Vasco, cuyas lenguas cooficiales son el español —o castellano— y la considerada «propia» de la comunidad). Andalucía, que no participa de una realidad lingüística comparable a la de estas comunidades, en cierta medida se ha visto también afectada por esta nueva realidad política, social y lingüística. No es, obviamente, una comunidad bilingüe porque la lengua materna de sus hablantes es el español, que se realiza en dicha comunidad de acuerdo con unas tradiciones idiomáticas (andaluzas), por las que sus hablantes se distinguen de los que poseen otras, y son identificados o reconocidos por ellas. Las hablas andaluzas son reconocidas políticamente como «objeto de especial respeto y protección» (*Constitución española*, artículo 3.3.), al igual que las de otras comunidades también monolingües. El cambio político e ideológico que se operó en España referido a las otras lenguas ha afectado en cierta medida a la concepción de la lengua española en Andalucía. También ha sido decisiva la proyección social de las nuevas ideas lingüísticas que, al quedar reflejadas en la enseñanza, han cambiado la forma de entender la lengua (cualquier lengua) y, consecuentemente, el concepto de *norma* (tradiciones idiomáticas) y el

---

114   El modelo estándar del español, por ejemplo, no es rígido y admite rasgos geográficos (voseo, distintos usos de *ustedes/vosotros*, seseo, etc.) que deben quedar recogidos en su codificación (concepción panhispánica de la codificación, propia de una lengua pluricéntrica).

115   Esto es lo que ha pasado desde la divulgación de la lingüística estructuralista, más concretamente de las teorías de Coseriu (1973) y también, claro está, después del acercamiento y la aplicación de los aportes de la sociolingüística.

de *corrección* (ahora aplicable dentro de una tradición idiomática concreta y solo con respecto a ella[116]). Todo ello, alentado ideológicamente con las ideas, ajenas a la ciencia lingüística, expresadas a través de los discursos periodísticos ya analizados, ha modificado el perfil de los hablantes andaluces, en relación con los patrones de referencia por el que muchos guían ahora sus actuaciones lingüísticas[117]. Igualmente, ha modificado la descripción y definición de fenómenos lingüísticos propios del español de Andalucía como, por ejemplo, la del *ceceo*, que reza así en la edición de un libro de texto de 1984 (repetía lo dicho en ediciones anteriores):

> Es fenómeno inverso al *seseo*. Consiste en pronunciar la *s* como *c*, *z*. De esta manera, los ceceosos dicen *meza* por mesa, *zeñor* [sic] por señor. Se trata de un fenómeno andaluz extremadamente plebeyo y absolutamente evitable. (*Lengua y literatura castellana* 1º de BUP; Anaya)

Cambiado ya en la versión de 1991 por el más aséptico *Se trata de un fenómeno meridional, que las gentes instruidas procuran evitar.*

La política educativa de la Junta de Andalucía también ha ido intentando conciliar de una parte, la necesidad de un modelo de referencia del español aplicado a la realidad lingüística andaluza y, de otra, la necesidad normativo-prescriptiva exigida históricamente a una actividad institucional como la Educación y a la que no puede, ni debe, renunciar la enseñanza de la lengua en Andalucía, dado que la posesión de las destrezas lingüísticas es condición previa y necesaria para el desarrollo funcional y social del individuo[118]. Las transferencias en materia de educación a la Junta de Andalucía

---

116   Dentro de una comunidad lingüística (una lengua) coexisten varias normas idiomáticas que generan, o pueden generar, para sus hablantes modelos de referencias o ejemplaridades, por lo que ejemplaridad y tradición idiomática se condicionan mutuamente en lo que respecta a los criterios de corrección que se tienen dentro de la comunidad de habla. No se debe juzgar correcto o incorrecto un uso fuera de su ejemplaridad (Coseriu 1990).

117   Así, al lado del modelo prescriptivo nacional, se ha supuesto la conformación en épocas recientes, de dos normas lingüísticas o modelos idiomáticos de prestigio diferentes que, al superponerse al vernáculo andaluz, «lo escinden», al parecer, en dos comunidades de habla que aplican a los usos lingüísticos patrimoniales de Andalucía juicios de corrección divergentes (Villena 2006, 2008a y 2008b). Dichas comunidades vienen a corresponderse *grosso modo* con la antigua delimitación de las dos áreas dialectales tradicionales, occidental y oriental, pese a que el rasgo de la abertura, al menos en lo que se puede colegir de las descripciones que se han hecho recientemente, haya dejado ahora de ser influyente (o no se ha analizado) como identificador de la comunidad oriental. De acuerdo con la hipótesis de Villena, uno de los modelos se localizaría en Sevilla y su área de influencia (Jerez, Cádiz y Huelva) y tendería a acentuar los rasgos de pronunciación que caracterizan como «prototipo» al dialecto y a marcar la escisión con respecto al modelo normativo del estándar peninsular, y a presentar variantes con poca estratificación social. El otro converge hacia el modelo prescriptivo del estándar norteño y tiene como área de influencia el centro y oriente andaluz (Jaén, Córdoba, Málaga, Granada y Almería), si bien traspasa las fronteras de la región, atrayendo hacia el modelo a los hablantes de Extremadura, Castilla La Mancha y Murcia. Se trataría, pues, según Villena, de la formación en ciernes de una hipotética koiné interdialectal.

118   Para las relaciones entre modelos idiomáticos y prescriptivismo en la enseñanza en relación con la labor de codificación y con la exigencia de criterios normativo-prescriptivos que, desde los

permitieron introducir una revisión en los libros de textos sobre el tratamiento del andaluz. Por ejemplo, para esta misma etapa de la enseñanza (1º de BUP), se publicó una edición especial de la Editorial Anaya para Andalucía (1987) con un apéndice final (pp. 325-331) sobre el habla andaluza, obra del profesor de Secundaria J. Mª Vaz de Soto.

La articulación del sistema educativo regulado por la LOGSE recoge y desarrolla, dentro de las materias de «Lengua Castellana y Literatura», los contenidos del artículo 12.3.2º. del *Estatuto de Autonomía* en el que se promueve «la investigación, difusión y conocimiento de los valores históricos, culturales y lingüísticos del pueblo andaluz en toda su riqueza y variedad»[119]. En este sentido, los diseños curriculares para la reforma educativa de la Enseñanza Secundaria (de 12 a 16 años, ESO, y de 16 a 18 años, Bachillerato) explicitan formalmente que en Andalucía, la enseñanza de la lengua materna debe plantearse desde la norma lingüística propia[120]:

> [P]ara ello el propio discurso del alumno ha de ser el punto de partida y la referencia constante para la tarea didáctica, que debe llevar a los estudiantes a un conocimiento reflexivo del idioma, a la valoración y uso de la modalidad andaluza, a un dominio adecuado del vocabulario y a una utilización creativa de la lengua» (Junta de Andalucía, Consejería de Educación y Ciencia (Dirección General de Renovación Pedagógica y Reforma): *Diseño curricular de Lengua Española. Enseñanza Secundaria Obligatoria 12-16*, Sevilla, 1984: 9).

Es decir, dándole un «enfoque ambiental» (semejante al de los contenidos curriculares de cualquier disciplina), ligado al entorno social y natural del alumno. Se entiende así que la realidad lingüística de Andalucía es el entorno socioambiental natural de los alumnos andaluces y que estos están especialmente motivados para sentirse atraídos por todo lo ligado a la modalidad. En 1995 la Junta hizo público un documento sobre *Materiales curriculares para la Educación Secundaria Obligatoria*[121], con la idea de hacer explícitas algunas directrices que permitieran a los docentes de Lengua y Literatura no tener dudas acerca de cómo integrar esta realidad socioambiental en su labor docente, sobre todo en lo concerniente a los parámetros que deben guiar sus criterios normativos:

---

parámetros actuales de las ciencias del lenguaje, son exigibles a las tareas de instrucción escolar y que forman parte de la lingüística aplicada (véase Méndez en prensa).

119   Varios de los libros de texto (en distintas etapas de la enseñanza) cuando hablan de la variedad lingüística peninsular y, particularmente, del andaluz, aluden directamente en un recuadro complementario a la legislación constitucional y autonómica (Méndez 2003).

120   Esta idea debe estar presente también en los procesos de evaluación, de manera que en la expresión hablada se atenderá a que el alumno hable con una «articulación nítida, prestando especial atención a los grupos consonánticos (respetándosele su subsistema andaluz)» (1989: 39).

121   *Cultura andaluza*; Junta de Andalucía: Consejería de Educación y Ciencia. Dirección General de Promoción y Evaluación Educativa. Sevilla: Novograf, S.A. 1995 (I.S.B.N: 84-8051-163-X84-8051-157-5).

Por todo ello, conviene analizar a otra luz [sic] cuestiones como la incorrección o la insuficiencia lingüística, antes —o hasta ahora— abordado [sic] desde la óptica, evidentemente parcial, de la lingüística del sistema, usada para una intervención didáctica de tendencia correctiva o prescriptiva. Para nosotros, profesores y profesoras que actuamos en una región dialectal, es esta una cuestión de suma urgencia, como pasaremos a ver a continuación. [...] El hecho de pertenecer el alumnado andaluz a una región dialectal dentro del ámbito del español no debería representar, en teoría, ninguna situación especial, puesto que todos los hablantes del español, andaluces, toledanos, leoneses, tinerfeños, cubanos, chilenos..., son hablantes dialectales, según se ha dicho. *No obstante, sí que surgen problemas de hecho, y la publicación de un documento como éste sobre Las hablas andaluzas entre los materiales curriculares es una prueba de ello.* (38)[122].

Según se dice, la necesidad obedece, por un lado, a la falta de uniformidad de las hablas andaluzas, y, por otro, a una tradición normativa, ya obsoleta, que proponía un criterio de corrección basado en una norma del norte peninsular, pues «estos dos hechos contribuyen a desorientar a muchos equipos docentes andaluces»(39). Se hace hincapié en que la dificultad está «en la inexistencia de *una* norma andaluza (fruto del devenir espontáneo del uso o producto de una institución parecida a la Academia)» (*id*.), lo que podría dar por válido cualquier uso, por el mero hecho de que es andaluz. Sin olvidar que «en algún momento de la planificación curricular es necesario optar por una determinada variedad del español [...] sobre todo para la expresión oral» (*id*.). Como la idea que sustenta este documento es la de *modalidad fuertemente diferenciada*, la norma de referencia no puede ser en ningún caso la de la RAE, pero tampoco una inexistente norma regional:

No se puede hablar, pues, de la existencia de una norma regional andaluza en la utilización de la lengua. Sólo se puede hablar de normas locales. La diversidad dialectal del español y, dentro de él, de las hablas meridionales, hace que se tambaleen los argumentos de quienes, temerariamente, se han lanzado a la aventura de definir un paradigma de andaluz culto y, por referencia a él, del andaluz coloquial y vulgar. En el caso de Vaz de Soto (1981) y su decálogo G. Salvador (1988) advierte que «la tal norma por él propuesta no era andaluza, sino como mucho de Sevilla capital y que no hay ningún rasgo del andaluz que sea común a toda Andalucía». En efecto, se puede uno imaginar con qué extrañeza acogería un alumno andaluz de Almería, donde predominan realizaciones del tipo «sucesivo», la obligación de pronunciar «susesivo», que es lo culto según Vaz; o el ridículo del profesor de Jaén, esforzándose por suavizar su jota. Andalucía es un maremágnum fonético, esta es la verdad, y la mayor parte del profesorado hemos tenido ocasión de constatarlo en nuestros distintos destinos (43).

---

122 En cierta medida, parece presumirse en el documento que en los docentes rigen todavía ideas ya superadas en la ciencia lingüística con respecto a la concepción de la lengua. Eso es lo que motivaría no solo las directrices, sino también una explicación teórica muy somera de los rasgos del andaluz, en la que, por cierto, no se tiene en cuenta el *ceceo*. (cf. 38 y 43-46).

Si bien se sigue insistiendo en que «al profesorado le gustaría tener una norma, unas directrices didácticas o sociolingüísticas a las que atenerse» (46)[123]. El problema observado en el análisis de este documento parece radicar, en el deseo de intentar conciliar esas dos posturas, sin tener en cuenta la codificación académica[124] pues «[l]a escuela no puede romper, cuestionar o valorar [las] señas de identidad» porque no son solo «marcas de índole lingüística, son también de orden cultural» (47), pero las «fuerzas del mercado lingüístico» obligan a que la enseñanza dote a los alumnos de formas lingüísticas no siempre coincidentes con las identitarias. El enfoque comunicativo y pragmático, más acorde con las tendencias científicas del Análisis del Discurso, es el que se aconseja tener en cuenta («Contexto de situación y ámbitos de encuentro» [48]), para la adecuación:

> Por consiguiente, la escuela debe partir de la norma que la comunidad de habla establece como aceptable y, donde coexisten varias comunidades, ser respetuosos con las diferentes normas y establecer cauces y momentos de reflexión, y discutir sobre los particularismos dialectales, así como crear en el aula y por medio de los textos, situaciones de simulación que conduzcan a niñas y niños a plantearse qué repertorio de los que usan es el adecuado a esa situación de encuentro y al conocimiento de diferentes registros para cada ámbito comunicativo. La pobreza lingüística no obedece al uso de la norma que se utiliza, sino a la falta de repertorios verbales para adecuarse a las diferentes situaciones con las que las personas nos encontramos (55).

No obstante, sigue apareciendo la idea de que, pese a que no existe ni es imprescindible que exista un estándar fonético del andaluz (y quizá tampoco sea aconsejable), se echa en falta:

> Sin embargo se echa en falta en la escuela. Se desearía una dinámica de normalización o estandarización que calmara sus desasosiegos. *Muchos profesores y profesoras y también bastantes críticos y observadores de la lengua, cuyas celosas admoniciones y consejos para la educación idiomática del pueblo leemos u oímos en los medios de comunicación, así lo manifiestan* (53),

lo cual serviría, según el documento, para evitar ciertos «tics de familia» propios del «instinto de conservación» que llevarían al profesorado a buscar y aplicar modelos de comportamiento lingüístico, aceptados entre los estratos sociales de mayor

---

123   De hecho, un apartado se titula «El problema de la corrección y la necesidad de una norma» (50 y ss.): «Es relativamente fácil, además de cómodo, establecer una norma —el intento de V. Lamíquiz (1982) y de Vaz de Soto (1981), por citar ejemplos publicados— a la que atenerse y recurrir en caso de duda, si no fuera porque didácticamente no es rentable, no soluciona nada, ni lingüísticamente justificable» (50).

124   La idea de *fuerte diferenciación* le lleva a introducir para describir la realidad lingüística de Andalucía el concepto de *diglosia* (49), de manera que la ejemplaridad idiomática tradicional aparece sojuzgada: «A todos los niveles descritos una élite cultural y políticamente dirigente ha consagrado una variedad sobre las demás y le ha dado el rango de correcta. Pero las profesoras y los profesores sabemos que los juicios de valor respecto a los usos no son lingüísticos, sino sociolingüísticos: se refieren al prestigio social de los hablantes».

prestigio[125]. Es decir, que estas directrices de la Junta no solo se han hecho insertando, y mutilando a veces, materiales y discursos metalingüísticos de diversa procedencia, sin reconocer de antemano sus presupuestos teóricos, a veces, contrarios, sino que, a la vez, se ha intentado conciliar posturas ideológicas opuestas con respecto a la enseñanza de un modelo de lengua en Andalucía. El resultado son las inconsistencias o incongruencias que se observan y que como se verá afectan también a la elaboración de contenidos sobre el andaluz en los libros de texto.

Que la enseñanza de la lengua es una preocupación constante en los docentes andaluces lo muestra el hecho de que anualmente se celebren reuniones y congresos de la *Asociación Andaluza de Profesores de Español «Elio Antonio de Nebrija»*[126]. Asimismo, existe una *Asociación Pedagógica para la Renovación de la Enseñanza de la lengua en Andalucía* (APRELA)[127] en cuyos planteamientos pedagógicos subyace la hipótesis

---

125   Se presume que estos tics llevarían a tener como referente solo el estándar peninsular. Se apunta que la escuela «es una de las instituciones responsables de la guarda y transmisión de la cultura oficial del sistema establecido de normas y valores, del cual forma parte la lengua estándar», dándole a este concepto el sentido de Fishman «codificación y aceptación, dentro de una comunidad lingüística, de un conjunto de hábitos o normas que definen el uso «correcto» (52 y 53).

126   Federada a FASPE (Federación de Asociaciones de Profesores de Español, que cuenta con una asociación regional en cada autonomía y una vocalía provincial). A partir del *I Simposio Regional de Actualización Científica y Didáctica sobre Literatura culta y popular en Andalucía (1995)*, organiza congresos anuales en el que se invita a los mejores especialistas en los temas elegidos y a los lingüistas e hispanistas más prestigiosos de España, incluidos los especialistas en temas sobre el andaluz. Recibe de la administración educativa encargos sobre temas de formación del profesorado a través de sus congresos y jornadas que reciben la subvención correspondiente. Los temas abordados están en relación con la enseñanza de la lengua en Andalucía, lengua y cultura en Andalucía o, en general, temas relacionados con la aplicación práctica de la profesión (didáctica de grupos, nuevas tecnologías, el comentario de textos en la enseñanza de la lengua, etc.).

127   Desde 1990 hasta 2003 puede consultarse una relación de diversos congresos y jornadas organizados por APRELA y con una constancia temática sobre la enseñanza de la lengua en Andalucía: *I Jornadas sobre la Enseñanza de la Lengua en Andalucía (1990)*. Huelva: Diputación Provincial; *I Jornadas sobre la modalidad lingüística en el aula (1995)*. Sevilla: Alfar; *II Jornadas sobre Enseñanza de la Lengua en Andalucía (1992)*. Huelva: Diputación Provincial; *III Congreso sobre Enseñanza de la Lengua en Andalucía (1993)*. Huelva: Universidad de Huelva-Diputación Provincial; *IX Congreso sobre el Habla Andaluza en el Aula y en los Medios de Comunicación Social (2002 y 2001). Universidad de Huelva*. Huelva: J. Carrasco, 2002. El último congreso celebrado en noviembre de 2007 no ha elaborado aún sus actas. (cf. información en la dirección: http//:www.uhu.es/aprela/paginasweb/publicaciones.htm). Entre los promotores de APRELA está Jerónimo de las Heras, abanderado y exponente de ideas sobre una planificación idiomática en Andalucía con escaso eco y aún menos relevancia científica en el mundo de la lingüística, quien parte de la idea de *diglosia*: «[L]a situación lingüística de la Comunidad Autónoma Andaluza requiere un Proyecto Lingüístico (PL) propio, al tratarse de una comunidad de habla —conjunto de personas que usan un/a dialecto/variedad/modalidad lingüística como medio de expresión y/o comunicación— fuertemente diferenciada de otras (castellana, murciana…), que también emplean para comunicarse la lengua española. Algo, por cierto, asimismo, históricamente constatable: «ya tornáis a vuestro Librixa. ¿No os tengo dicho que, como aquel hombre no era castellano, sino andaluz, hablava y escrivía como en el Andaluzía y no como en Castilla?» (Valdés h. 1535: 114). Cfr. *La Modalidad Lingüística Andaluza en Educación Primaria. Guía didáctica para profesores*, Huelva: J. Carrasco, 2001, 36.

de que Andalucía es una comunidad marcada por una fuerte diglosia social vernáculo/estándar que requeriría acciones concretas en la enseñanza: la explicitación de una norma ejemplar (consecuentemente, preceptiva) más cercana a los usos de pronunciación andaluces que la norma ejemplar castellana (no siempre fáciles de tipificar dentro de esta norma, aunque se hagan corresponder con el ambiguo, por inespecífico, concepto de «andaluz culto»). La siguiente cita, extraída de las últimas Actas publicadas, evidencia esta idea en el seno de la Asociación:

> *Pero el caso es que yo no comparto la opinión de que en Andalucía haya una situación de diglosia, y puesto que quien me invitó y, probablemente, muchos de los aquí presentes, piensen que sí la hay, conviene que exponga mis razones, aunque sea brevemente.* Creemos algunos que se ha abusado del término 'diglosia', y se ha abusado porque se ha aplicado a tantas situaciones tan dispares que ha quedado prácticamente privado de cualquier contenido razonablemente claro. Tras tanto abuso y la consiguiente desterritorialización semántica del término, resulta que hay diglosia en todas partes. [...] en Andalucía no hay diglosia. Ferguson diferencia clarísimamente entre las situaciones de diglosia y aquellas otras que él llama situaciones de 'lengua estándar con dialectos' [...]. La diferencia principal entre ambas es que en estas últimas hay un *continuum* lingüístico, frente a la división nítida entre las variedades coloquiales y la variedad alta, superpuesta a aquellas, que se encuentra en las situaciones de diglosia. Por consiguiente, mientras que en las situaciones con diglosia nunca se usará la variedad alta para la conversación cotidiana y los demás usos informales (como sucede con el árabe), en la situación de lengua estándar con dialectos no está excluida la posibilidad de que algunos hablantes usen la lengua estándar en los usos informales. (M. Fernández 2002: 101-102).

Tener como punto de arranque estas tesis (*fuerte diferenciación* acompañada de *diglosia*) —no compartidas por la mayor parte de lingüistas, sociolingüistas y docentes, pero continuamente reiteradas en el ámbito de la «renovación pedagógica»—, podría llevar a una planificación equivocada de la enseñanza de la lengua en Andalucía, en el caso de que tales ideas se intentaran realizar en la práctica, institucional y política, con el consiguiente perjuicio para el alumnado, al que se le privaría del acceso a un estándar general (pronunciado, claro está, con rasgos andaluces)[128] que le permitiera acceder a otros espacios comunicativos fuera de Andalucía. Es eviden-

---

128 Cuando en los discursos «pro empleo de una norma andaluza» en los medios de comunicación se contrasta el habla de los periodistas (que hablan «a la castellana») con la de intelectuales, políticos, profesores, juristas, etc. (que hablan de una manera culta con rasgos andaluces), se olvida señalar que la instrucción escolar que recibieron en casi nada difería de las de otras partes de España e, incluso, que muchos salieron de Andalucía para realizar estudios universitarios. Esto es una realidad que puede ser explicada dentro de la lingüística con un nuevo modelo teórico, el del *espacio variacional* (inmediatez-distancia) (Koch-Oesterreicher 2006), al que habría que añadir el concepto de *cadena variacional* (Coseriu 1981). Ambos son suficientes para explicar la situación pluricéntrica del español (estándares diversos que tienden a ser reflejados en una codificación panhispánica en proceso de elaboración por la Real Academia Española y las Academias de la Lengua hispanoamericanas) y situar fenómenos de variación como los que se manifiestan en Andalucía dentro de un estándar panhispánico (Méndez 2008a).

te que dentro de un planteamiento científico y teórico, es decir, puramente *lingüístico*, ninguna de las variedades de una lengua es superior a otra, ni más correcta, ni más culta, ni más elegante. Pero desde una perspectiva social no son iguales, y no pueden serlo por el poder simbólico de algunas de ellas cuando se asocian a determinados intercambios lingüísticos que trascienden los de la comunicación cotidiana, y pasan a ser lengua formal de la distancia comunicativa. Esto explica que los estándares sean sociolectos cuya carencia marca a los individuos, precisamente, por no poseerlos:

> [P]or eso precisamente hay que enseñarla, ya que parece bastante más factible dotar a los niños con el dominio de esa variedad que esperar beatíficamente a que la sociedad cambie sus actitudes y deje de estigmatizar el resto de las variedades (Fernández 2002: 117).

Ahora bien, que los docentes tengan en cuenta esto no implica que por enseñar el estándar se rechacen los usos vernáculos. La teoría lingüística adquirida por los docentes como saber teórico y los continuos simposios en que ponen en común sus experiencias les impiden actuar así (es decir, a la manera en que antiguamente se llevaba a cabo la enseñanza en la escuela). Las hablas andaluzas deben ser contenidas como materia de conocimiento: qué rasgos tiene el andaluz y cómo se manifiestan. Y, obviamente, deben ser aplicados como actuación práctica, un conocimiento ligado a las diferentes situaciones orales de comunicación. Enseñar un estándar no implica una pretensión de homogeneización y uniformidad lingüística, sino una posibilidad de elección (da libertad para utilizarlo o no). El hecho de que, históricamente (con las ideas de la gramática tradicional y prescriptiva), no hayan desaparecido los rasgos andaluces, ni siquiera en los estratos superiores de una sociedad, que ha accedido al modelo estándar por la enseñanza, significa, sin duda, que no pueden desaparecer porque para los hablantes también gozan de prestigio. Las modalidades andaluzas son también símbolos, símbolos de afiliación o de identificación con un determinado grupo y tienen también, por consiguiente, «un valor de mercado tanto más fuerte cuanto más densas y trabadas son las redes de comunicación en las que se inserta el individuo» (Fernández 2002: 118):

> El profesor no puede contribuir a agravar la estigmatización de esos usos lingüísticos, haciéndole sentir al niño que no sirven, o que habla mal, pues si lo hace puede producir importantes daños psicológicos, además de deteriorar la inserción del niño en las redes de interlocución de su entorno. *Pero, al mismo tiempo, tiene ineludiblemente que enseñar una variedad estándar, ya que si no lo hace estará contribuyendo a la perpetuación de la marginación.* Y debe, sobre todo, ampliar el repertorio de usos lingüísticos de los niños; *para interactuar eficazmente con su grupo de origen ningún niño necesita ir a la escuela; si lo necesitan es, precisamente, para adquirir lo que el entorno no les da, para adquirir destrezas que les permitan un uso de la lengua menos dependiente del contexto inmediato de la interlocución, aumentando el rango de su variación diatípica, suministrando nuevos registros* (Fernández 2002: 119).

Por ello, al abordar la enseñanza de la lengua hay que hacerlo teniendo en cuenta que formamos parte de una cultura escrita con una larga tradición histórica, cuyos modelos para hablar y escribir se han enriquecido mutuamente (González Cantos 2001)[129]. La enseñanza de la lengua concede hoy atención a las prácticas orales (tradicionalmente desatendidas como material curricular), por la importancia que tienen en la formación de los alumnos, pero, al hacerlo, no puede marginar la enseñanza de la lengua escrita y el estándar es siempre indisociable de la lengua escrita y afecta a los patrones de organización y construcción de la lengua hablada en situaciones comunicativas no cotidianas[130]:

> La trascendencia de la escritura en el dominio de una lengua tiene mayor calado. Los diversos textos escritos […] van construyendo a lo largo del aprendizaje idiomático de cada hablante una especie de *archivo general* de modelos de uso para hablar y escribir que constituye una referencia interiorizada, constantemente enriquecida, común a los otros hablantes, cualesquiera que sean las variedades de habla, andaluzas, e hispánicas (González Cantos 2001: 243-244).

Si se adopta un enfoque comunicativo, la enseñanza de la lengua en Andalucía no es tan diferente de la que pueda llevarse a cabo en cualquier parte de Hispanoamérica o de Canarias (por señalar comunidades con diferentes usos de pronunciación con respecto a la peninsular septentrional), puesto que se enseña lengua española y se enseña en español (es decir, en una de sus modalidades o variedades), relacionando su enseñanza, además, con su valor instrumental, cultural y social. Y esto en Andalucía (frente a lo que ocurrió en épocas pasadas) solo se hace, o se puede hacer, hoy contando con las hablas andaluzas y con los usos de cada zona. Además de contenidos gramaticales y lingüísticos, se debe enseñar a hablar y escribir bien, con propiedad expresiva, adecuación al contexto y corrección idiomática, independientemente del «acento» con que esto se haga (*id.*).

La articulación del sistema educativo regulado por la LOGSE plantea, pues, la enseñanza de la lengua en Andalucía «desde la perspectiva de la modalidad lingüística andaluza», con el objetivo de que los escolares andaluces se enfrenten a sus propios modos lingüísticos de una manera objetiva y racional, sin emotividades, sin com-

---

129   Como señala esta autora: «Los alumnos se expresan mejor de lo acostumbrado e imitan inconscientemente muchos recursos cuando hablan y explican a partir de textos escritos, porque entonces toman conciencia sobre el hablar, algo que, fuera del aula, en la conversación cotidiana, no es tan fácil que se pueda llevar a cabo» (2001: 243).

130   En los hablantes alfabetizados, la imagen gráfica de la palabra actúa como referencia constante, esto explica por qué en las personas analfabetas se producen más vacilaciones en la pronunciación y por qué en ellas las diferencias son más acusadas también por razones geográficas. Existe más divergencia entre las hablas de las gentes iletradas que entre las hablas de las gentes cultivadas, independientemente de las realizaciones geográficas de la lengua. Sin embargo, en los documentos publicados por la Consejería de Educación de la Junta de Andalucía, no hay referencia a este hecho, salvo para reivindicar la excepcionalidad en la escritura de ciertas voces vinculadas con tradiciones orales andaluzas: coplas y flamenco, que deben tener una ortografía ligada a la pronunciación (*cantaor, bailaor, tocaor, soleá, seguiriya*), puesto que escribirlas según los presupuestos de la lengua escrita, sería romper la riqueza expresiva que poseen (p. 40).

plejos, sin tópicos. Y no hay otra forma de hacerlo que integrando los contenidos acerca del andaluz dentro de un apartado general de conocimientos sobre la variación lingüística y la historicidad de la lengua española; relacionándolo, además, con el concepto de norma y normatividad. De este modo, el alumno podrá comprender la pertenencia a una comunidad lingüística históricamente consolidada en la que conviven otros modos de ser el español, unificados, sin embargo, por la escritura. La descripción de sus rasgos más sobresalientes debe hacerse dentro de este contexto, pues permitirá hacer ver al alumno que no son solo exclusivos de Andalucía, sino compartidos con otras variedades dentro del *continuum* geográfico del español. Solo así, la mirada objetiva de la exposición didáctica permitirá hacer un planteamiento sobre estos contenidos, al margen de los tópicos y prejuicios contextuales (como los que se han venido señalando a lo largo de estas páginas) que mediatizan el acceso de los escolares a su modalidad[131] y podrá hacerles partícipes (a sus modos) de esa realidad diversa, compleja y extensa que es el español. Se trata nada más y nada menos de que el docente sea el punto de intersección entre el conocimiento objetivo de la ciencia y la realidad social en que debe ser aplicado ese saber, y que requiere de ellos criterios de normatividad. Algo que debe, obviamente, hacerse de una manera dosificada y progresiva, en consonancia con la madurez del alumnado[132].

12. Los libros de texto de Lengua y literatura castellana y el tratamiento del andaluz

En un análisis sobre el tratamiento de la modalidad lingüística andaluza en más de 70 libros de texto de Lengua y Literatura Castellana (ESO y Bachillerato), vigentes

131   Rafael Cano Aguilar y Mª Dolores González Cantos (2000) hacen un compendio de todos estos tópicos que pueden estar presentes en los alumnos y señalan cómo deben ser contraargumentados para desmontarlos.

132   Y, sin embargo, un análisis de los libros de texto de Lengua y Literatura castellana muestra que ello no es así de forma general. El estudio del andaluz se aborda más extensamente y de forma más compleja en la ESO que en Bachillerato. Son sobre todo los dos últimos cursos de la ESO los que aportan más información y presentan un análisis más detallado de los rasgos caracterizadores (basta mencionar los cuadernillos de SM, Oxford Educación, Guadiel-Grupo Edebé, Mc Graw Hill para 2º de ESO). Parece que el interés de las editoriales por marcar la diferencia de los textos para Andalucía pesa más en la ESO, quizá porque en este estadio hay más libertad para programar contenidos y los textos deben estar menos constreñidos a unos temas fijos y claramente marcados de antemano. Los libros para Bachillerato simplifican bastante la descripción y caracterizan la modalidad con unos pocos rasgos, que muchos de los textos apenas explican o ejemplifican (seseo/ceceo, yeísmo, aspiración de implosivas, sobre todo -s, aspiración de la velar [h], y algunos dan la abertura vocálica como hecho de diferenciación interna; otros además mencionan rasgos más secundarios, trueque de -r y -l, o no específicos, pérdida de -d- intervocálica, inexistencia de leísmo y laísmo. Casi en ningún caso se localiza geográficamente la extensión de estos fenómenos. Es sintomático, en cambio, que en algún texto se afirme que existen muchas iniciativas por parte de la Junta de Andalucía y otros organismos que promueven el cultivo del andaluz, tratando de encontrar una normativa que unifique las distintas hablas andaluzas (Espasa 1999, p. 27). (Méndez 2003).

para el curso escolar 2000-2001, he podido constatar que la mayoría de ellos hace un tratamiento del andaluz falto de objetividad, de exactitud y de rigor. A menudo, la exposición se tiñe de elementos subjetivos y emotivos que deberían estar ausentes de los libros escolares, si es que se quiere transmitir en estas etapas un conocimiento sin tópicos ni prejuicios. En algunos libros aflora una posición ideológicamente marcada que predispone no solo a que los alumnos accedan al estudio de su modalidad en términos de tópicos y estereotipos, sino que orientan argumentativamente a los alumnos, haciéndolos participar de una visión sesgada e interesada (esta es la tendencia habitual en el libro de la editorial La Ñ) (Méndez 2003)[133]:

> ¿Cómo hablamos los andaluces: bien, mal, regular? ¿Qué es lo que hablamos: un dialecto, varios dialectos, una deformación del castellano, una evolución, un retroceso...? ¿Por qué muchos andaluces cuando hablan en público se corrigen y tratan de hablar «fino»? ¿Es lo mismo andaluz que habla vulgar?... ¿por qué los andaluces padecemos un cierto complejo de inferioridad lingüístico? (1º de ESO, La Ñ)[134].

> Ahora vamos a la radio y la televisión. Cuestión peliaguda, pero a la que no hay más remedio que hincarle el diente. ¿Creéis que por las emisoras de radio o TV andaluzas se habla un buen andaluz, o más bien un castellano forzado?... (2º de ESO, La Ñ).

> Y nos importa mucho, porque hay que tener las ideas claras sobre este asunto, para poder defendernos de esa mala fama que, injustamente, tenemos los andaluces, debido a nuestra forma de hablar (3º ESO, La Ñ)[135].

---

133   Las ideas que subyacen a ciertos textos son las siguientes: 1) la estandarización del español funciona monolíticamente sin tener en cuenta la diversidad interna y por eso es injusta con los andaluces, a quienes se les impone un uso que no es el suyo (hay que reaccionar y rebelarse construyendo una norma propia); 2) las diferentes normas del español son excluyentes y opuestas (cada uno con la suya); 3) los andaluces se avergüenzan de su forma de hablar, porque lo identifican con «hablar mal el castellano»; 4) pese a la diversidad interna de las hablas, la unidad frente a lo ajeno hace la fuerza y lleva a reafirmar a los andaluces en su modalidad (necesidad de una norma); 5) quienes subrayan la variedad interna de las hablas o son, siendo andaluces, castellanistas, o padecen un complejo de inferioridad.

134   Obsérvese que con esta batería de preguntas ya se predispone a un alumno de 12-13 años, que nunca antes ha reflexionado sobre su modalidad, a alimentarse de tópicos. Por ejemplo, que el hablar bien o mal está ligado a una zona; introduce un concepto, «deformación de castellano», absolutamente inadecuado; lo mismo que la idea de que hablar en público lleva a «corregirse» o «hablar fino», con lo que introduce un concepto subjetivo y acientífico. Son preguntas encaminadas a desarrollar una postura victimista y reivindicativa que lleva a la valoración positiva de lo propio, por serlo, y al fortalecimiento de creencias con las que se pretende que se identifiquen los hablantes.

135   El desenlace argumentativo puede encontrarlo el alumno en la actividad nº 4 de la p. 26: *Defensa del habla andaluza (con un poco de teatro)*, que se resuelve repartiendo roles o papeles claramente estereotipados para provocar el victimismo ante la presión de «los de fuera» y reaccionar reivindicativamente defendiendo «lo nuestro»: un profesor de lengua, la madre de un alumno que no es de por aquí, el padre de un alumno que es miembro de la Real Academia, un vendedor de pescado, una joven pasota, un alumno o alumna de otra región española, etc.

Obsérvese el contraste con otras maneras de presentar la cuestión y de hacer que los alumnos reflexionen sobre la variación lingüística e introduzcan el andaluz dentro de ella:

> ¿Has observado diferencias entre el castellano que se habla en Andalucía y el que se habla en el resto de España? ¿Crees que el castellano que se habla en Andalucía es una lengua o un dialecto? (1º de ESO, Everest) [preguntas encaminadas a hacer aflorar la percepción del hecho diferencial y su consideración lingüística].

> ¿Se debería pronunciar el castellano de la misma manera en todas las regiones españolas? [...] ¿Opinas que se articulan mejor los sonidos castellanos en algunas zonas y peor en otras? (3º de ESO, Everest).

Es relativamente frecuente que se hable de la modalidad en términos que apelan a los sentimientos de orgullo y satisfacción por lo propio, haciendo participar de ese sentimiento al alumno. Ciertamente, estos contenidos curriculares deben estar más desarrollados en el sistema de enseñanza para Andalucía por ser específicos de su identidad lingüística, pero deberían estarlo de un modo objetivo del que pudiera participar cualquier escolar de fuera de la comunidad. Algunos de los autores de estos libros de texto no son conscientes de que con esa forma expositiva no se erradican los tópicos y prejuicios sobre el andaluz, sino que se contribuye a perpetuarlos. No se consigue, pues, que el efecto pretendido (desaparición de la visión deformada y tópica del andaluz) y el efecto real sean coincidentes, ya que el propio discurso expositivo contiene esos tópicos como dados socialmente. Por tanto, al descuidar la información objetiva suministrada por la investigación científica, muchos de estos libros de texto contribuyen a quebrantar el puente que la enseñanza secundaria debería tender entre el conocimiento universitario sobre el andaluz y la sociedad. Posturas como esas no son difíciles de encontrar:

> *Debemos estar orgullosos de nuestra lengua, la española, y, al mismo tiempo, sentirnos también orgullosos del habla de nuestra tierra, de hablar andaluz. Se debe inculcar respeto y aprecio a las demás lenguas de España y a sus diferentes modalidades lingüísticas. Evidentemente, tenemos derecho a exigir el mismo respeto para la nuestra [...] La búsqueda de una norma andaluza no debe ser a costa de eliminar la riqueza y variedad que aportan las hablas locales... la imposición de un vocabulario común* (estándar) *supondría perder los elementos léxicos locales... La mejor solución sería, a mi entender, el poder contar con una norma lingüística andaluza culta, que recogiera los rasgos comunes aceptados por todos y que, al mismo tiempo, respetara y protegiera la riqueza lingüística de las hablas locales* (Santillana Grazalema, 1995, pp. 6-7).

> *Debemos rechazar las referencias continuas al andaluz como un habla con «defectos» y «vicios», ya que en realidad los rasgos que caracterizan al andaluz definen esta modalidad lingüística frente al castellano y frente a otras modalidades del español. Debemos desterrar para siempre el complejo de inferioridad que a veces nos produce el utilizar nuestra norma lingüística. Los andaluces no hablamos mal. El andaluz no es un castellano mal hablado, es una variedad lingüística del español* (SM 1999, 4º de ESO).

No existe unanimidad a la hora de caracterizar lo que hablan los andaluces. En algunos libros se prefiere el término «dialecto andaluz» frente a «variedad andaluza», «modalidad andaluza», «habla andaluza» o «hablas andaluzas»; es frecuente, no obstante, que tal variedad terminológica carezca de repercusiones teóricas pues 'dialecto' y 'habla' aparecen como sinónimos. Persiste el estudio de la variación desde una perspectiva externa al funcionamiento de las lenguas, de modo que se proyecta una visión de las hablas meridionales en la que, al parecer, la diacronía de los hechos lingüísticos solo tiene que ver con una mera superposición de etapas que hacen cambiar la lengua. En consecuencia se presenta la realidad lingüística andaluza, canaria, extremeña, murciana o americana, como la única exponente del cambio y la evolución, mientras que el castellano norteño sería algo estable, no evolucionado, por lo que se toma como la forma lingüística que sirve de base y modelo de referencia. Y sin embargo sabemos que el fenómeno andaluz del *seseo/ceceo* (el rasgo que, en todos los libros de texto, se da como el más caracterizador de la modalidad) nació prácticamente al mismo tiempo que la diferenciación de las sibilantes sordas alveolar e interdental tal y como se realizan hoy en las modalidades septentrionales del español, dentro de un mismo proceso histórico que abarcaba ambas soluciones. En este sentido, es sintomática, al hablar del *ceceo/seseo*, la persistencia del término *confusión* (marcado discursivamente), pues no podemos olvidar que para los hablantes en general, y para los alumnos en particular, va asociado con «*equivocación, error, perturbación, desorden*»[136]. Esto tiene repercusiones didácticas, pues se da a los alumnos una visión falsa de la realidad, ya que se les hace partir de una situación previa de distinción *s/z* que parecería suponer una simplificación posterior del andaluz. O, lo que es peor, se les podría hacer creer, aun inconscientemente, que lo que no es más que una variedad secundaria de la lengua, la lengua escrita, es la lengua por antonomasia.

Esto mismo ocurre con otro rasgo que, en los textos analizados, se da como caracterizador de todo el andaluz (aunque hay zonas de Andalucía que no lo tienen): la llamada «relajación» o «aspiración» de jota. En la descripción del fenómeno suele decirse que lo que se suaviza y aspira es la jota castellana, cuando se sabe que en las zonas en las que se pronuncia [*hamón, dehar, lehos*] («jamón», «dejar», «lejos») no hubo nunca velar fricativa sorda castellana. En cambio, se califican de arcaísmos (es decir, se marcan también connotativamente) aquellas soluciones en las que fue el castellano septentrional el que evolucionó (como, por ejemplo, la pérdida de la aspiración etimológicamente procedente de *F-* inicial latina)[137]. Se siguen atribu-

---

136   Los libros de Vicens Vives, Bruño, Santillana, p. ej., utilizan ese término. No lo usan Oxford Educación y SM de 3º de ESO. Este último expresamente hace constar que en *ningún caso debe entenderse como una confusión de dos consonantes del español común*.

137   Tal presentación de los rasgos se da más en los textos de ESO que en los de Bachillerato, pues la mayoría de estos últimos, o no definen los rasgos, sino que los enumeran y ejemplifican, o presen-

yendo al andaluz rasgos no propios o exclusivos de la modalidad, como si realmente fueran solo suyos: el *yeísmo*, del que es más que discutible su origen andaluz[138]; o la pérdida de *-d-* en la terminación *-ado* o en implosiva final de palabra, incluso se llega a decir que la extensión de muchos de estos rasgos se debe a que son muy «pegadizos» y al «gracejo» de los andaluces[139]. Se dan como generales rasgos con una extensión geográfica limitada: el aflojamiento de *ch* en *sh* o la aspiración de [*higo, hacha, harto*]; o con una adscripción estratificada (trueque de *-l* y *-r*). E, incluso, flagrantes vulgarismos se ofrecen como otros rasgos secundarios de pronunciación (equivalencias acústicas de *b* y *g*: *güeno, agüelo*), o reducciones del tipo *mu* 'muy', *na* 'nada', *to* 'todo', *pa* 'para', *po* 'pues'). En cambio, ni siquiera se alude a otros fenómenos que, si bien son minoritarios y están estratificados socialmente, sí son andaluces y están ligados a rasgos caracterizadores de la modalidad (*heheo* y *ceseo* o *seceo*). Se ocultan rasgos que son verdaderamente extensos y diferenciales con respecto a otras hablas fronterizas, como el tipo de *s*[140].

Por otra parte, la extremada simplificación con la que se atienden los vínculos del andaluz con otras áreas fronterizas lleva a generalizar para estas rasgos que no les pertenecen (seseo, abertura vocálica y aspiración de *hacha, higo, hacer*)[141]. Asimismo, la variedad interna geográfica apenas va más allá de la división entre Andalucía oriental y occidental basada en la abertura de las vocales[142]; y muy pocos localizan geográficamente la extensión de fenómenos como el *seseo/ceceo*, el aflojamiento de *ch* o la aspiración de los sonidos no implosivos [*higo, harto, caha, hamón*]. En suma, aunque se reconozca explícitamente la variedad interna del andaluz, la imagen que se da es de uniformidad, salvo en lo concerniente a la abertura vocálica o al *ceceo/seseo* y a su consideración sociolectal. En cuanto a la morfología, aparte de los fenómenos derivados de hechos de pronunciación (oposición singular/plural y

---

tan la realidad andaluza de forma más acorde con los avances de los estudios. Es ejemplar, en este sentido, Anaya Andalucía 2000, pues además de nombrar autores que han estudiado la modalidad dice que en ellos se basará (cf. pp. 223-225). Sorprende también porque es, junto con Algaida 2000, el libro que en Bachillerato aporta más información sobre el andaluz.

138   Figura en todos los libros, salvo en Santillana de 1º de Bachillerato, en el que se dice explícitamente que no lo es. Anaya de 4º de ESO lo da como rasgo andaluz y meridional, pero señala que también se da en Castilla, León, La Mancha y América.

139   Anaya 1º de Bachillerato.

140   En ESO, solo los cuadernillos de Oxford Educación y de SM —y ambos aportan dibujos articulatorios—, en Bachillerato, Anaya Andalucía 2000, Algaida 2000 y Mc Graw Hill 1997, aluden al fenómeno. Pero ni SM en 4º de Eso y 1º de Bachillerato, ni Oxford Educación, también de Bachillerato, lo mencionan.

141   Es bien sabido, por el contrario, que el seseo es excepcional en Extremadura y en Murcia, la abertura no se da en extremeño y la aspiración de *h-* no existe en Murcia.

142   Solo los cuadernillos de 3º de ESO de SM y Oxford Educación ofrecen más precisión geográfica a la hora de ubicar los fenómenos: abertura, aspiración, ceceo, seseo distinción, oposición ustedes/vosotros, y Octaedro Lengua viva de 4º, que recoge fragmentos dialectales de distintas zonas.

distinción de 2ª y 3ª personas verbales), se ofrecen otros muchos rasgos cuyo andalucismo es más que discutible: cambios de género en ciertas palabras (*el sartén, la reúma*), analogías verbales (*andé, conducí, escribió, cubrió*), vulgarismos ampliamente extendidos (*haiga, riyó, vide, recibré*); o se dan como generales de la modalidad usos restringidos a estratos sociales bien definidos (*habemos, si yo fuera venío*), o circunscritos a áreas geográficas bien determinadas (*ustedes/vosotros; ustedes* + segunda persona; y empleo del pronombre *se: se vais o se quedáis*).

Por su parte la sintaxis solo suele venir tratada en los textos que analizan detalladamente la modalidad (bien en cuadernillos, bien en unidades temáticas completas), o en aquellos que la tienen como materia transversal. Es quizá el nivel de descripción más lleno de inexactitudes y errores, pues la necesidad de resaltar lo peculiar y propio lleva, por ejemplo, a considerar andalucismos de construcción lo que no son más que técnicas generales de la sintaxis de la lengua oral[143]. Se dan también como propios problemas de variación sintáctica que afectan al español general (reduplicación del objeto indirecto, rupturas de concordancia, el *dequeísmo*), así como vulgarismos extendidísimos (*delante tuya, detrás mío*), o que, sin ser vulgares, son propios del uso oral (adjunción de valores al subordinante *que*). En cambio, solo un libro habla del orden marcado de las combinaciones *más nadie, más nada* o *más nunca* (generales en andaluz y extendidas también en muchas hablas americanas) y muy pocos aluden a la preferencia por la construcción *de ellos, de ustedes* frente al uso del pronombre posesivo. Es general hablar de la inclinación de los hablantes por las construcciones comparativas (pero los ejemplos son del español general: *tiene más cara que espalda, es más bruto que un arado, está más liado que la pata de un romano, es más feo que Picio*).

En cuanto al léxico, además de recordar los orígenes históricos, se suele hablar de usos diferenciados para el andaluz occidental y el oriental (los ejemplos son coincidentes: *mazorca/panocha; candela/lumbre; afrecho/salvado; jilguero/colorín*, etc.). En la mayoría de los casos aducidos se trata de términos con escasa o nula motivación para los escolares, porque han caído ya en desuso o las cosas a que se refieren ya han desaparecido. En cambio, se olvida una amplia gama de palabras del español, muchas de ellas presentes en el *DRAE*, que son de curso general en amplias zonas del andaluz en construcciones muy concretas, pese a que han dejado de ser corrientes en el estándar peninsular (andalucismos si no de origen sí de frecuencia en el empleo) y que los alumnos sí pueden reconocer como propios. Como por ejemplo pudieran ser: *embarcarse la pelota o el balón en un árbol/tejado* (con esta acepción no viene en el *DRAE*); *soltársele el bajo* de la falda o de los pantalones 'tener descosido'; *tener bulla* 'tener prisa', *meter bulla* 'meter prisa'/'hacer ruido', *qué le gusta una bulla* 'el gentío', *meterse o salirse de la bulla*; darle a uno *coraje* algo o *encorajinarse* 'estar

---

143   Casals 1º de ESO, Guadiel, Mc Graw Hill de 2º, Oxford Educación 2º de ESO.

rabioso por algo'; *hablar ligero* 'rápidamente'; preferencia por el adjetivo *chico* en contextos en los que el español general prefiere *pequeño* (p. e., «se me ha quedado *chico* este pantalón», «mi hermano *chico*»); o de *canijo* frente a *delgado*; *apartar* 'servirse la comida'; *llenarse la ropa* 'mancharse' («ten cuidado que te vas a *llenar*»); *estar parando en* 'estar viviendo provisionalmente en algún sitio'; *ta(s)mear* 'calcular la comida, la tela'; *encajarse en algún sitio* 'ir a, llegar hasta' (con esta acepción no viene en el *DRAE*); *frangollón*, 'chapucero o tramposo'; *esaborío* (<*desabrido* en el *DRAE*); *chuchurrío* (<*chuchurrido* en el *DRAE*); *mascá* 'puñetazo'; *ser buena o mala gente* 'persona' (no se recoge esta construcción tan general en Andalucía en el *DRAE*); el empleo de *fatiga* (occidental) o *angustia* (oriental) para el malestar y mareo con ganas de *devolver* (recogido en el *DRAE* como coloquial) y también en la construcción *ser un fatiga(s)*, ya con otro valor; preferencia por el empleo de *partir* en el sentido de 'quebrar' en contextos en los que el español peninsular suele emplear *romper*: *se ha partido un vaso, un cristal, la cadera* 'se ha roto un vaso...'; *palillos* 'castañuelas'; *costalero* 'porteador de un paso o trono de procesión' (dados con la marca *And.* en el *DRAE*). También podría recurrirse a localismos seguros y claramente reconocibles por los alumnos de la zona en cuestión: *farota* 'cara dura, fresca, desvergonzada' (Málaga), *mosqueta* 'echar sangre por la nariz' (Cádiz); *sardinel, escalón, rebate, tranco; casapuerta, zaguán*. En todos los casos habría que advertir de lo difícil que es documentar su plena exclusividad andaluza, por lo general no comprobada. Probablemente muchas de estas palabras, o muchos de los usos que los hablantes andaluces dan a estas palabras, suelen pasar inadvertidos, pues son tan comunes para ellos que no tienen conciencia de su peculiaridad (especialmente cuando no van ligadas a tradiciones propias: juegos, gastronomía, cantes, etc.) y no los comparan con los usos generales o más comunes del idioma (es el de fuera de Andalucía quien se extraña ante ellos). Quizá fuera ahí donde tendría más sentido para los alumnos el tratamiento del léxico dialectal, en los usos cotidianos y no en reliquias léxicas que no pueden siquiera memorizar. Por otra parte, los tópicos, las imprecisiones y los errores suelen venir al hablar de las frases hechas y de sus preferencias por ellas: *la mar de bien*, *ser de armas tomar*, *a palo seco*, *que si quieres arroz Catalina* y otros ejemplos que son del español general[144].

Un hecho puramente formal, pero no menos importante, es que la mayoría de los libros explica los fenómenos en abstracto, sin mapas de apoyo para localizar algunos rasgos (solo el mapa del *seseo/ceceo* acompaña a unos pocos libros[145]). Otras veces hay mapas, pero de carácter general, que sirven para insertar la realidad andaluza en conexión con las áreas lingüísticas peninsulares, bien como realidad actual, bien como proceso histórico y evolutivo. En relación con esto último, es sintomático

---

144   Quedan fuera de estas consideraciones Casals 1º de ESO que sí proporciona expresiones cercanas a los alumnos y frases hechas propias o generales en ciertas zonas de la región.

145   También aquí son excepción Vicens Vives, SM y Oxford Educación.

descubrir la presencia de un error que se repite como tópico en muchos manuales: el mapa de la situación lingüística del XIII al XIV sitúa a los mozárabes en el Reino de Granada. Este error suele llevar a los alumnos a identificar o confundir a los «mozárabes» con los «árabes»[146]. Como conclusión, el tratamiento dado al andaluz en los libros de texto, salvo muy contadas excepciones, transmite una visión de la realidad lingüística de Andalucía distorsionada y falseada.

13. ¿Es necesaria y viable una normalización lingüística en Andalucía?

Hasta ahora las descripciones de los modelos idiomáticos para Andalucía han permanecido ajenas a cualquier intento real de codificación y de selección de determinados usos, es decir, ajenas a cualquier proyecto de planificación lingüística, pues tal extremo no está exento de problemas teóricos y aplicados, al margen de los juicios ideológicos que puedan hacerse sobre su propia conveniencia o necesidad. Como se sabe, toda planificación es un proceso consciente e intencionado que llevan a cabo individuos concretos e instituciones entre cuyos fines está influir[147] en el comportamiento lingüístico de un grupo social. Conseguir que se cambien actitudes con respecto a los espacios comunicativos en que puede funcionar una lengua o una variedad diatópica de una lengua, así como con respecto al modelo ideal que debería ser apto para ese desarrollo funcional (esto es, con respecto al mejor candidato para ser el estándar lingüístico). Los dos objetivos fundamentales de una planificación lingüística atañen, pues, a los procesos de *elaboración intensiva* (*selección* y *codificación* de variantes) y de *elaboración extensiva* (desarrollo *funcional* e *intelectual* de esas variantes) con los que la variedad de lengua que se desea promocionar pueda ser operativa en determinadas aplicaciones prácticas o instrumentales: así, la adquisición de una lengua en situaciones de multilingüismo; que una variedad funcione como idioma internacional, nacional, regional, o como lengua para la expresión científica, o jurídica, o que sea la lengua de los medios de comunicación de una nación o una región, o de la enseñanza, etc.

Si nos trasladamos a la situación andaluza, habría que considerar una planificación en términos de *influencia sobre el desarrollo lingüístico de un modelo ideal de pronunciación*, de promoción de un estándar fonético, sea este seleccionado a partir de una variedad koinética de convergencia (Villena 2006, 2008a y 2008b) o a partir de un modelo local (en este sentido, solo se ha especulado para bien o para mal con el

---

146   Vicens Vives, Bruño.

147   Tras pasar revista a 12 de las definiciones más sobresalientes aportadas por los especialistas en planificación lingüística, R. L. Cooper (1997) propone la siguiente definición: «La planificación lingüística comprende los esfuerzos deliberados por influir en el comportamiento de otras personas respecto de la adquisición, la estructura o la asignación funcional de sus códigos lingüísticos» (60).

habla de Sevilla). Se trataría de una *planificación del estatus* destinada a otorgar prestigio y valor simbólico a una pronunciación, y determinar la posición de un modelo ejemplar (el estándar regional) con respecto a otro modelo ejemplar (el estándar nacional): conseguir que sea *aceptada* y *cultivada* y, por consiguiente, que sustituya a un modelo históricamente preexistente. Sin embargo, el escollo de una planificación del estatus está en que hay que medirla en términos de *marketing publicitario* (Cooper 1997) y evaluar las probabilidades de consolidación o triunfo que puede alcanzar. Y esto por el momento no ha sido posible en Andalucía, ni es esperable que pueda serlo (Cano 1997: 9), porque para ello hay que diseñar claramente:

a) Unas estrategias discursivas de persuasión para cambiar actitudes y vencer las resistencias sociales a adoptar el modelo que se quiere promover. Debe, por tanto, definirse bien el grupo objeto de captación: en este caso élites cultas de diversa procedencia en Andalucía. Pero si quieren cambiarse sus comportamientos es necesario saber sobre qué creencias se sustentan, cómo de arraigadas están y qué relación de causalidad guardan con los hechos de la realidad, para intentar luego ajustar el tipo de discurso al objetivo propuesto. Nada de esto se ha hecho, ni siquiera intentado.

b) La acción perlocutiva que se pretende: convencer de los beneficios individuales que se ganan con el cambio (Fishman 1983). Para ello hay que asociarlo a elementos emotivos o a argumentos racionales: los primeros apelan a los sentimientos y sirven para captar adhesiones mediante invocaciones al orgullo, identidad, lealtad, complejo lingüístico, sentimiento grupal, derechos lingüísticos, reacción a una imposición injusta, etc., es decir, lo que se ha ido viendo en los discursos periodísticos, y los segundos, al análisis y a la reflexión. Este es uno de los principales problemas, pues las élites cultas necesitan ser convencidas sobre todo por argumentos racionales («corrección», «economía lingüística», «norma flexible», «modelo de convergencia» o por discursos de constatación), ya que, al estar más motivadas, evalúan mejor la calidad del razonamiento y son reacias a sucumbir ante argumentos emotivos de baja calidad. En Andalucía hay que contar, además, con el contrapeso de los efectos directos del marketing oficial que se lleva a cabo con el español (del Valle 2007b y 2007c) y con los indirectos que proceden de los medios de comunicación (independientemente de que sean regionales o nacionales). En estos dos casos, el reconocimiento social de la fuente del discurso y su autoridad o «ethos» (la Academia o los medios) neutralizan la promoción de la variedad regional. Así que con el paso del tiempo los discursos sobre la necesidad de una norma andaluza que provenían de exigencias individuales de tipo mediático han ido perdiendo fuerza y caracterizando a un mismo grupo recurrente (lo mismo cabe para los contradiscursos de réplica).

c) No hacer explícito el beneficiario último de la planificación. En el mensaje publicitario está muy claro que el anunciante tiende a ocultar el aspecto económico en provecho de otros valores positivos para el comprador, los cuales se le ofrecen desinteresadamente. Pese a todo, el consumidor siempre sabe que hay un beneficiario que no es él. Esto no está siempre claro en una planificación lingüística, porque entre otras cosas no se es consciente de cuáles son los términos en que se puede salir beneficiado, ya que las acciones de promoción no siempre responden a intereses generales y comunicativos, sino particulares y extralingüísticos (legitimación de élites, acceso al gobierno, dominio sobre otros (Cooper 1997: 47). Como se ha visto, los primeros discursos de reivindicación lingüística en Andalucía estuvieron ligados a los discursos nacionalistas que tenían que configurarse políticamente (como el PSA: Partido Socialista Andaluz) en oposición a otros grupos políticos de carácter nacional (PSOE, UCD, AP, PCE, etc.) y además respondían a la necesidad de consolidar una autonomía del mismo peso político para el Estado que las llamadas «comunidades históricas». Es decir, tales discursos estaban ligados a una estrategia de conquista de poder político, en suma a conseguir beneficios para un grupo de poco peso específico[148]. Pero al diluirse los diferentes grupos políticos nacionalistas a lo largo de la historia de la autonomía andaluza y no haber por tanto un grupo de poder con claros intereses efectivos detrás de esas reivindicaciones, las diferentes propuestas no han pasado de ser un empeño voluntarista de eruditos e individuos concretos sin trascendencia en una planificación. Tampoco en estos últimos está claro cuál puede ser el beneficio último, aparte, quizá, de querer consolidar un determinado prestigio local y liderar un nuevo movimiento nacionalista arraigado en el «hecho diferencial» andaluz.

Por otra parte, no parecen haber trascendido a la sociedad los pretendidos motivos «reales» que harían necesaria la promoción de una ejemplaridad lingüística concreta para Andalucía y la sustitución del modelo preexistente, sea porque no están bien definidos y responden a causas emotivas y sentimentales, o porque se intenten ocultar las verdaderas razones o porque lo que pudieron ser razones para el cambio han perdido fuerza y han dejado de interesar a la sociedad. Por lo general, cuando se plantea un nuevo modelo ejemplar en lengua, hay que partir de un estado inicial de insatisfacción que aconseje ser solucionado (peligro de fragmentación, pérdida de hablantes, desdialectalización de la sociedad, etc.). Para Andalucía se

---

148   Sin embargo, el incremento de la importancia de Andalucía en el conjunto de España transcurrió por vías diferentes a las imaginadas desde el incipiente nacionalismo lingüístico andaluz. Con la llegada de Felipe González al poder en las elecciones de 1982, esa importancia se hizo evidente y visible. Y eso ocurrió sin estar asociada a las señas de identidad lingüísticas de la comunidad y sin que el carisma personal de González se hubiera resentido un ápice por sus modos lingüísticos. La realidad política y social se convirtió en un argumento de hecho que anuló el discurso victimista en que se sustentaron las reivindicaciones mediáticas.

han esgrimido, fundamentalmente, motivos relacionados con el llamado «complejo de inferioridad», o sentimiento de vergüenza colectivo, sustentado en prejuicios y estereotipos por el que los hablantes esconden sus modos de hablar en funciones solemnes de la lengua. Algo que es contradicho, ya se ha señalado, por las observaciones sobre la vitalidad y altura social de los rasgos dialectales y la constatación de una realidad en la que los modos de hablar andaluces son, por lo general, aceptados fuera de la región, al margen de representaciones folclóricas y estereotipos sociales. El problema es, pues, un falso problema.

También podría aducirse por los defensores de la planificación otro motivo, aunque en este punto ninguno de ellos ha entrado con claridad: favorecer la unidad y homogeneidad del dialecto, contrarrestando la variabilidad, la dispersión y el polimorfismo. En este caso, los modelos propuestos hasta ahora para Andalucía o bien tendrían que imponerse coercitivamente[149] o no sirven, ya que en la mayoría de los casos no se ha tenido en cuenta el hecho diferencial de una de las zonas: la abertura vocálica por efecto de la aspiración y pérdida de las consonantes implosivas. Además, para sustituir un modelo prescriptivo por otro que también lo sea, los hablantes deben ver clara la ganancia (Fishman 1983: 112). Ello, sin contar con el hecho de que hay andaluces cuya norma consuetudinaria tiene rasgos septentrionales y difícilmente se someterían a la coerción. El problema está en que para aplicar políticas de imposición no basta con empeñarse individualmente, hay que tener poder administrativo y político. Y, además, autoridad lingüística (o *saber de experto*) conferida social e institucionalmente. Mucho esfuerzo todo esto para acabar erigiendo como norma un modelo local, el «sevillano culto», que solo sería bien acogido en su área de influencia y no necesariamente por buena parte de sus élites. En cuanto al llamado por Villena «modelo de convergencia»[150], es tan poca la diferenciación con la norma prescriptiva existente que no parece lo más conveniente gastar tantos esfuerzos políticos, económicos y humanos en planificarlo políticamente.

149   Al no surgir de un proceso lingüístico natural (una koineización), solo puede ser impuesto «de forma coercitiva, sobre todo a través de la educación; y es claro que solo aquellas instancias que poseen poder político, económico o prestigio social y cultural pueden ejercer esa coerción. Sin embargo, esas instancias casi nunca eligen como base del estándar aquella variedad que consideran lingüísticamente más apta para esta tarea, sino que parten de su propia variedad lingüística, que será impuesta a través de su estandarización, de forma que su forma natural de hablar sea la considerada normativa y tengan así que hacer mucho menos esfuerzo para llegar a dominar ese estándar prestigioso» (Moreno Cabrera en prensa).

150   Habría que tener además mucho más datos sociolingüísticos sobre él, pues podría ocurrir, como denuncia Moreno Cabrera que se presente un proceso de koineización y en realidad sea una estandarización encubierta (Moreno Cabrera 2008, y también «Puntualizaciones críticas sobre los procesos de koineización, criollización y estandarización» en prensa).

Otras razones pueden ser relativas a la defensa de las garantías y derechos que la sociedad andaluza debe tener a comunicarse pública e institucionalmente en su variedad o a proteger los derechos de los andaluces a hacer un uso correcto y prestigioso de la lengua. En este caso, los derechos y garantías están recogidos, además de en la Constitución española, en el texto del Estatuto Andaluz de 1981 (Artículo 12.3.2°). En la reforma de 2008, en el Artículo 10.3 se determina que «la Comunidad Autónoma, en defensa del interés general, ejercerá sus poderes con los siguientes objetivos básicos», entre los cuales figuran en los puntos 3° y 4°: «El afianzamiento de la conciencia de identidad y de la cultura andaluza a través de su conocimiento, investigación y difusión del patrimonio histórico, antropológico y lingüístico» y «La defensa, promoción, estudio y prestigio de la modalidad lingüística andaluza en todas sus variedades». No hacen falta, desde un punto de vista político y legislativo, tareas de promoción de una ejemplaridad concreta, ya que conscientemente, desde las instancias políticas superiores, se manifiesta la promoción de la diversidad.

En cuanto al objetivo de determinar la variedad de lengua que debe enseñarse y debe ser empleada en la enseñanza, recordemos que la LOGSE recoge y desarrolla, dentro de las materias de *Lengua Castellana y Literatura*, los contenidos del Estatuto de Autonomía referidos más arriba. Los diseños curriculares para la reforma educativa de la Enseñanza Secundaria (de 12 a 16 años, ESO, y de 16 a 18 años, Bachillerato), explicitan formalmente[151] que en Andalucía, la enseñanza de la lengua materna debe, como se ha dicho ya, plantearse desde la norma lingüística propia, para ello «el propio discurso del alumno ha de ser el punto de partida y la referencia constante para la tarea didáctica, que debe llevar a los estudiantes a un conocimiento reflexivo del idioma, a la valoración y uso de la modalidad andaluza, a un dominio adecuado del vocabulario y a una utilización creativa de la lengua». En la planificación institucional de la enseñanza de la lengua en Andalucía no han calado, pues, los esfuerzos individuales, de docentes o estudiosos, por cambiar las actitudes colectivas hacia las normas lingüísticas. Solo se ha dado, aunque ello sea ya relevante, un cambio hacia una mayor flexibilidad en la interpretación y aplicación de los modelos ejemplares de lengua, ya no homogéneos ni unívocos, tal como se presentaban en épocas pasadas.

Por último, los medios de comunicación son destinatarios directos para quienes se plantean los diversos modelos de ejemplaridad. Su función social de intermediación entre la realidad y la comunidad es clave para conseguir cambiar actitudes y

---

151 Junta de Andalucía, Consejería de Educación y Ciencia (Dirección General de Renovación Pedagógica y Reforma): Diseño curricular de Lengua Española. Enseñanza Secundaria Obligatoria 12-16, Sevilla, 1989, pp. 13 y 9 (respectivamente). Esta idea debe estar presente también en los procesos de evaluación, *de manera que en la expresión hablada se atenderá a que el alumno hable con una articulación nítida, prestando especial atención a los grupos consonánticos* (respetándosele su subsistema andaluz), p. 39.

comportamientos. Como se ha ido viendo a lo largo de estas páginas, los discursos reivindicativos se gestaron en los comienzos de la «transición política» como *hechos provocados* por determinada prensa regional andaluza, cuyo objetivo principal se asentaba en la necesidad de no perder una posición mediática de superioridad frente a otros periódicos, de crearse su propio espacio social y no perder lectores. Sin embargo está por determinar el grado de influencia efectiva que pudieron tener. Falta por hacer un estudio en profundidad de la lengua que oyen los andaluces a través de los medios y analizar hasta qué punto estos pueden ser focos de irradiación de norma y de qué tipo es esa «norma». Un trabajo en el que habría que tener en cuenta no solo los diferentes modelos de pronunciación, sino de qué manera esos modelos se correlacionan[152]:

a) con la tipología de los medios: emisoras locales, provinciales y regionales de radio y televisión y/o con las desconexiones de emisoras nacionales (Cadena SER, Radio Nacional, COPE, etc.)

b) con el tipo de programación que se emite en cada uno de ellos y que determina, como es obvio, el tipo de destinatario configurado ya desde el propio medio (edad, género, clase social, tipo de ocupación) y, consecuentemente, la imagen social que se tiene de él y que se proyecta a través del medio, ayudando a acentuar creencias o a cambiar actitudes.

c) con horarios de emisión y los índices de audiencia.

d) con la naturaleza del filtrado y estilización de la oralidad andaluza en los programas de ficción y en la publicidad y su correlación con estereotipos humanos.

e) con el tipo de público no profesional de los medios que aparece en ellos y el patrón de conducta lingüística que proyecta, etc.

Sin un estudio de estas características, cualquier proposición de «modelo» andaluz sería dar palos de ciego, pues es imposible saber cómo actúan los parámetros estilísticos en relación con los modos concepcionales del discurso y las tradiciones discursivas (Méndez 2008a, 2008b y en prensa), por mucho que se recoja en el artículo 213 del actual Estatuto de Andalucía que «Los medios audiovisuales públicos promoverán el reconocimiento y uso de la modalidad lingüística andaluza, en

---

152   Hasta ahora solo se ha llevado a cabo un trabajo de investigación, presentado como tesis doctoral en la Universidad de Almería (López González 2001): *El lenguaje radiofónico de la ciudad de Almería. Estudio sociolingüístico*, en el que se llega a la conclusión de que la radio local pierde el carácter impersonal de las emisoras centralizadas y refleja algunas de las características de la sociedad a la que destina sus productos. No obstante existe un freno como condicionante estilístico del medio: la tensión comunicativa y la presión de la corriente estandarizadora actúa en los locutores y minimiza la aparición del andaluz almeriense. Esto afecta principalmente al comportamiento de -*d*- intervocálica y a la -*s* implosiva que se aparta de los empleos cotidianos. Es decir, está en la línea de lo visto por Samper y Hernández (2008) para el habla de Canarias y por Alba (2008) para el habla de la República Dominicana (cf. nota 81).

sus diferentes hablas.» Aun así, no hay que olvidar que una posible normalización lingüística tiene más probabilidades de éxito en lo que se refiere a actitudes, pero es más difícil que se refleje luego en comportamientos (Cooper 1997: 157 y ss.), especialmente cuando estos afectan a las tensiones entre lengua escrita y lengua hablada.

En suma, hasta ahora ninguno de los tímidos intentos por elaborar una «norma lingüística andaluza» y desarrollar un trabajo de planificación en ese sentido ha tenido en cuenta los problemas que tal labor lleva anejos, ni ha realizado ninguna de las tareas de análisis y documentación necesarias previamente para poder conseguir un resultado aceptable por la mayoría de la sociedad. Tampoco se ha tenido en cuenta si los costes, no solo económicos, que esa planificación acarrearía serían asumibles por la sociedad en cualquier circunstancia. Pero el problema es, en realidad, de mayor calado: no parece, en absoluto, que un trabajo de ese tipo sea ni necesario ni exigido por la sociedad andaluza, que es en lo lingüístico tan dual como en su adscripción nacional (Del Pino Artacho y Bericat Alastuey 1998): se siente tan andaluza como española, y no piensa renunciar a ninguno de esos dos elementos integrantes de su identidad social.

Bibliografía

AGUILAR, JOSÉ (2002): «Los ayuntamientos democráticos», en VVAA, *(1973-1983) Crónica de un sueño. Memoria de la transición democrática en Andalucía*, UNICA-JA-*El País*.

— (2006): «Andalucía en los medios de comunicación», en A. Egea Fernández-Montesinos (coord.), *Dos siglos de imagen de Andalucía*, Sevilla: Centro de Estudios Andaluces.

ALBA, ORLANDO (2000): *Nuevos aspectos del español en Santo Domingo*, Santo Domingo: Librería La Trinitaria.

ALCALÁ VENCESLADA, ANTONIO (1998): *Vocabulario andaluz* (estudio preliminar y edición de I. Ahumada), Universidad de Jaén.

ALVAR, MANUEL (1990): «Sevilla, macrocosmos lingüístico. Fonética y fonología según el *Atlas Lingüístico y Etnográfico de Andalucía*», *Norma lingüística sevillana y español de América*, Madrid, 19-44.

— (1992): «Planificaciones y manipulaciones lingüísticas», en M. Vaquero y A. Morales (eds.), *Homenaje a Humberto López Morales*, Madrid: Arco Libros, 41-65.

ALVAR, MANUEL; LLORENTE, ANTONIO y SALVADOR, GREGORIO (1992): *Atlas lingüístico y etnográfico de Andalucía* (*ALEA*) (edición facsímil), Sevilla: Consejería de Educación y Ciencia de la Junta de Andalucía.

— (1995): *Textos andaluces en transcripción fonética* (edición de M. Alvar y P. García Mouton), Madrid: Gredos.

ALVAR EZQUERRA, MANUEL (2000): *Tesoro léxico de las hablas andaluzas*, Madrid: Arco/Libros.

ÁLVAREZ SECADES, CRISTINA (2002): «Andalucía en Canal 2 Andalucía», en J. de las Heras Borrero, P. Carbonero Cano, A. Costa Olid, M. Martín Cid y V. Torrejón Moreno (eds.), *Modalidad lingüística andaluza, medios de comunicación y aula,* Huelva: J. Carrasco, 11-16.

AMORÓS NEGRE, CARLA (2008): *Norma y estandarización*, Salamanca: Luso-Española Ediciones SL.

ÁVILA, RAÚL (2003): «La pronunciación del español. Medios de difusión masiva y norma culta», *Nueva Revista de Filología Hispánica*, LI, 1, 57-79.

BÁEZ DE AGUILAR, FRANCISCO (2000): «Los andaluces en busca de su identidad», en F. Báez de Aguilar y G. Bossong (eds.), *Identidades lingüísticas en la España autonómica*, Frankfurt a.M.: Vervuert.

BARTSCH, RENATE (2003): «Estandarización e cultivo das linguas. Posibilidades, límites e justificación», *Grial*, 41-160, 30-41.

BENVENISTE, ÉMILE (1977 [1970]): «El aparato formal de la enunciación», en *Problemas de lingüística general II*, Madrid: Siglo XXI, 82-91.

BOIX-FUSTER, EMILI (2008): «25 años de la Constitución española. Las ideologías lingüísticas en la configuración del Estado español», en *Lengua, nación e identidad. La regulación del plurilingüismo en España y América Latina*, Frankfurt a.M./Madrid: Vervuert/Iberoamericana, 271-301.

BLOOMFIELD, LEONARD (1974): «Habla culta e inculta», en Paul L. Garvin y Yolanda Lastra (eds.), *Antología de estudios de etnolingüística y sociolingüística*, México: UNAM, 266-277.

BORREGO NIETO, JULIO (1992): «Actitudes y prejuicios lingüísticos: La norma interna del hablante», en *Estudios filológicos en homenaje a Eugenio de Bustos Tovar* (J. A. Bartol, J. F. García Santos, J. de Santiago (eds.)), I, Universidad de Salamanca, 121-136.

BUSTOS TOVAR, JOSÉ JESÚS (1997): «La valoración del habla andaluza. Una visión histórica», *Demófilo*, 22, 69-88.

— (1998): «Variedades lingüísticas diatópicas: a propósito del andaluz y del español de América», *La Torre. Revista de la Universidad de Puerto Rico*, Tercera Época, año III, núm. 7-8, 273-296.

— (2002): «Sobre la diversidad del andaluz», en *Las hablas andaluzas ante el siglo XXI*, Instituto de Estudios Almerienses (Diputación de Almería), 141-157.

— (2006): «El espacio comunicativo andaluz: policentrismo frente a unitarismo», en A. Narbona (ed.), *Diversidad y homogeneidad del andaluz. III Jornadas sobre el habla andaluza. Estepa 2005*, Ayuntamiento de Estepa (Sevilla).

— (2009): «A modo de introducción: identidad social e identidad lingüística», en J. J. de Bustos Tovar y S. Iglesias Recuero, *Identidades sociales e identidades lingüísticas*, Madrid: Instituto Universitario M. Pidal/Universidad Complutense.

CANO AGUILAR, RAFAEL (1997): «Presentación a *Las hablas andaluzas*», *Demófilo*, 22, 7-10.

— (2001): «La historia del Andaluz», en A. Narbona (ed.): *Actas de las jornadas sobre «El habla andaluza. Historia, normas, usos».* Ayuntamiento de Estepa (Sevilla), 33-57.

— (2003): «La conciencia del andaluz y de lo andaluz: análisis histórico», en A. Narbona (ed.): *El español hablado en Andalucía. II Jornadas sobre el habla andaluza. Estepa 2002,* Ayuntamiento de Estepa (Sevilla), 45-72.

— (2004): «Habla andaluza», en *Enciclopedia General de Andalucía*, vol. 9, Málaga: C&T Editores, 4255-4260.

— (2006): «Regionalismo, nacionalismo, lengua: el caso del andaluz», en A. Narbona (ed.): *Diversidad y homogeneidad del andaluz. III Jornadas sobre el habla andaluza. Estepa 2005,* Ayuntamiento de Estepa (Sevilla), 153-177.

CANO AGUILAR, RAFAEL y GONZÁLEZ CANTOS, Mª DOLORES (2000): *Las hablas andaluzas*, Sevilla, Consejería de Educación y Ciencia de la Junta de Andalucía.

CASTRO, AMÉRICO (1924): «El habla andaluza», *Lengua, enseñanza y literatura*, Madrid.

CANDIA, LUIS (1983): «Sentido de una gramática normativa en una planificación lingüística», *Revista de Lingüística Aplicada*, 21, 117-128.

CARBONERO CANO, PEDRO (2001): «Habla andaluza, identidad cultural y medios de comunicación», en A. Castillo y J. M. García Platero (eds.): *Las hablas andaluzas. Problemas y perspectivas*, Sevilla: Signatura ediciones, 13-23.

— (2003): «Norma estándar y actitud sociolingüística», *Estudios de sociolingüística andaluza*, Universidad de Sevilla, 21-29.

— (2003): «Problemas de la nivelación lingüística del español actual», *ibid.*, 31-38.

— (2003): «La norma lingüística en Andalucía: su incidencia en la enseñanza de la lengua», *ibid.*, 47-51.

— (2003): «Procesos de normalización lingüística en ámbitos regionales. Un caso especial: la Comunidad Andaluza», *ibid.*, 59-69.

— (2003): «El concepto de norma andaluza: su adecuación al contexto didáctico», *ibid.*, 71-77.

— (2003): «Norma culta y actitudes lingüísticas de los andaluces», *ibid.*, 109-107.

— (2003): «Habla andaluza, identidad cultural y medios de comunicación», *ibid.*, 121-131.

— (2007): «Formas de pronunciación en Andalucía: modelos de referencia y evaluación sociolingüística», *Sociolingüística andaluza* 15, 121-132.

CARRASCOSA PULIDO, JOSÉ LUIS (2002): «El habla en los informativos andaluces de radio y televisión y en el cine», en J. de las Heras Borrero, P. Carbonero Cano, A. Costa Olid, M. Martín Cid y V. Torrejón Moreno (eds.), *Modalidad lingüística andaluza, medios de comunicación y aula*, Huelva: J. Carrasco, 38-45.

CARVAJAL, NANI (2002): «El habla andaluza en los medios de comunicación», en J. de las Heras Borrero, P. Carbonero Cano, A. Costa Olid, M. Martín Cid y V. Torrejón Moreno (eds.), *Modalidad lingüística andaluza, medios de comunicación y aula*, Huelva: J. Carrasco, 47-60.

CHARAUDEAU, PATRICK (1988): «Une théorie des sujets du langage», *Modèles Linguistiques*, X, 2, Lille, 67-78.

— (2003): *El discurso de la información. La construcción del espejo social*, Barcelona: Gedisa.

— (2009): «Identidad lingüística, identidad cultural. Una relación paradójica», en J. J. de Bustos Tovar y S. Iglesias Recuero, *Identidades sociales e identidades lingüísticas*, Madrid: Instituto Universitario M. Pidal (Universidad Complutense).

CHECA GODOY, ANTONIO y CARLOS GUERRERO SERÓN (1998): «La prensa sevillana de 1980 a 1998», en Mª J. Ruiz Acosta y R. Reig (coords.), *Sevilla y su prensa. Aproximación a la historia del periodismo andaluz contemporáneo*, Universidad de Sevilla, 169-206.

CLYNE, MICHAEL (1992): «Pluricentric Languages: Introduction»/«Epilogue», en M. Clyne (ed.) *Pluricentric Languages*. Berlin/New York: Mouton de Gruyter, 1-11 y 455-465.

CONDE SILVESTRE, JUAN CAMILO (2007): *Sociolingüística histórica*, Madrid: Gredos.

COOPER, ROBERT L. (1997): *La planificación lingüística y el cambio social*, Cambridge University Press.

COSERIU, EUGENIO (1973): «Sistema, norma y habla», en *Teoría del lenguaje y lingüística general*, 3ª ed., Madrid: Gredos, 1973.

— (1977): «Tomo y me voy». En *Estudios de lingüística románica*, Madrid: Gredos, 79-151.

— (1981): «Los conceptos de 'dialecto', 'nivel' y 'estilo de lengua' y el sentido propio de la dialectología», *Lingüística Española Actual*, 3, 1-32.

— (1990): «El español de América y la unidad del idioma», *I Simposio de Filología Iberoamericana*, Zaragoza: Libros Pórtico, 43-75.

— (1992): *Competencia lingüística. Elementos de la teoría del hablar*, Madrid: Gredos.

DEL PINO ARTACHO, JUAN y EDUARDO BERICAT ALASTUEY (1998): *Valores sociales en la cultura andaluza. Encuesta mundial de valores. Andalucía 1996*, Madrid: CSIC y Siglo XXI Editores.

DÍAZ SALGADO, LUIS CARLOS (2000): «El problema de las normas. El caso andaluz» (http://www.analitica.com/Bitblio/lcdiaz/default.asp).

— (2002): «Creencias y actitudes sobre usos fónicos *innovadores* del andaluz en los periodistas sevillanos de Canal Sur Televisión», *TonosDigital* (*Revista Electrónica de Estudios Filológicos*), 3.

EBERENZ, ROLF (1992): «Spanisch: Sprache und Gesetzgebung. Lengua y legislación», en Günter Holtus *et al.* (eds.), *Lexikon der Romanistischen Linguistik*, Tübingen: Max Niemeyer, VI, 1, 368-378.

— (1995): «Norm und regionale Standards des Spanischen in Europa und Amerika», en Oskar Müller *et al.* (eds.), *Sprachnormen und Sprachnormenwandel in gegenwärtigen europäischen Sprachen. Beiträge zur gleichnamigen Fachkonferenz November 1994 am Fachbereich Sprach- und Literaturwissenschaften der Universität Rostock*, Rostock: Universität, 47-58.

FALK, JOHAN (1979): «Visión de *norma general* versus visión de *norma individual*», *Studia Neophilologica*, 51, 275-294.

FERNÁNDEZ, MAURO (2002): «La enseñanza de la lengua en ambientes diglósicos», en J. de las Heras Borrero, P. Carbonero Cano, A. Costa Olid, M. Martín Cid y V. Torrejón Moreno (eds.), *Modalidad lingüística andaluza, medios de comunicación y aula*, Huelva: J. Carrasco, 101-119.

FISHMAN, JOSHUA (1983): «Modelling rationales in corpus planning; modernity and tradition in images of the good corpus», en J. Cobarrubias y J. Fishman (eds.), *Progress in Language Planning: international perspectives*, Berlin: Mouton, 107-118.

GALLARDO, ANDRÉS (1978): «Hacia una teoría del idioma estándar», *Revista de Lingüística Teórica y Aplicada*, 16, 85-119.

GARVIN, PAUL L. (1993): «A conceptual framework for the study of language standardization», *International Journal of Sociology of Language*, 100/101, 37-54.

GONZÁLEZ CANTOS, Mª DOLORES (2001): «Enseñar lengua en Andalucía», en A. Narbona (ed.), *El habla andaluza, historia, normas, usos,* Ayuntamiento de Estepa (Sevilla), 230-253.

GRIJELMO, ÁLEX (2004): *El genio del idioma*, Madrid: Taurus.

GUITARTE, GUILLERMO L. (1991): «Del español de España al español de veinte naciones: La integración de América al concepto de lengua española», en *El español de América: Actas del III Congreso Internacional del Español de América*, 1, 65-86.

HAUGEN, EINAR (1974): «Lingüística y planificación idiomática», en P. L. Garvin y Y. Lastra (eds.), *Antología de estudios de etnolingüística y sociolingüística*, México: UNAM, 278-302.

HERNÁNDEZ ALONSO, CÉSAR (1993): «El concepto de norma lingüística en Nebrija: pervivencia y superación», *Anuario de Letras*, XXXI, 183-204.

HERNÁNDEZ CABRERA, CLARA y SAMPER HERNÁNDEZ, MARTA (2008): «Rasgos fónicos regionales en los noticiarios de la televisión autonómica Canaria», *Actas del XV Congreso Internacional de ALFAL*, Montevideo.

HERNANDO DE LARRAMENDI, MIGUEL (1995): «Geopolítica del idioma castellano para el siglo XXI», en Mª T. Echenique *et al.* (eds.), *Historia de la lengua española en América y España*, Universitat de València, 543-559.

HUDSON, RICHARD A. (1982): *La sociolingüística*, Barcelona: Anagrama.

JIMÉNEZ FERNÁNDEZ, RAFAEL (1999): *El andaluz*, Madrid: Arco/Libros.

— (2002): «El andaluz en los medios de comunicación: la caricatura lingüística del sur», en J. de las Heras Borrero, P. Carbonero Cano, A. Costa Olid, M. Martín Cid y V. Torrejón Moreno (eds.), *Modalidad lingüística andaluza, medios de comunicación y aula,* Huelva: J. Carrasco, 191-198.

KABATEK, JOHANNES (2006): «Requisitos para ser lengua: el caso del asturiano y de otras modalidades lingüísticas de España», en M. Castillo y J. Kabatek (eds.), *Las lenguas de España. Política lingüística, sociología del lenguaje e ideología desde la transición hasta la actualidad,* Madrid/Frankfurt a.M.: Iberoamericana/Vervuert. 141-158.

— (2007): «Dos Españas, dos normalidades: visiones bipolares sobre la situación lingüística en la España actual», en *Estudios reunidos en homenaje a Manfred Tietz*, Madrid/Frankfurt a.M.: Iberoamericana/Vervuert, 803-816.

KOCH, PETER y OESTERREICHER, WULF (2006): *Lengua hablada en la Romania: español, francés, italiano*, Madrid: Gredos [Trad. por A. López Serena de *Gesprochene Sprache in der Romania: Französich, Italienisch, Spanisch*, Tübingen: Niemeyer, 1990].

KOCH, PETER (1988): «Norm und Sprache», *Energeia und Ergon. Sprachliche Variation-Sprachgeschichte-Sprachtypologie. Studia in honorem Eugenio Coseriu* (J. Albrecht, J. Lüdtke und H. Thun eds.), II, Tübingen: Günter Narr, 327-353.

LACORTE, MANEL (2007) *Lingüística aplicada al español*, Madrid: Arco/Libros.

LAPESA, RAFAEL (1996), *El español moderno y contemporáneo. Estudios lingüísticos*, Barcelona: Crítica (Grijalbo Mondadori).

LARA, LUIS FERNANDO (1979): *El concepto de norma en lingüística*, México: Colegio de México.

— (1999): «Normas lingüísticas: pluralidad y jerarquía», *Lingüística Española Actual*, 71, 13-20.

— (2007): «Por una reconstrucción de la idea de la lengua española», en J. del Valle (ed.), *La lengua, ¿patria común?*, Frankfurt a.M/Madrid: Vervuert/Iberoamericana, 163-181.

LÁZARO CARRETER, FERNANDO (1990): «El idioma del periodismo, ¿lengua especial?», en *El idioma español de las agencias de prensa*, Madrid: Fundación Sánchez Ruipérez, 25-44.

LEBSANFT, FRANZ (1991): «La 'crisis' del español de España: ¿problema real o imaginario?», *Actas del I Encuentro Franco-Alemán de Hispanistas*, Frankfurt: Vervuert, 339-347.

— (2005): «Plurizentrische Sprachkultur in der spanischsprachigen Welt», *Festschrift für Christian Schmitt zum 60. Geburtstag*, Frankfurt: Peter Lang, 205-220.

— (2008): «¿Europeización de los conflictos lingüísticos españoles? Las Españas central y periférica ante la Carta Europea de las lenguas regionales o minoritarias», en *Lengua, nación e identidad. La regulación del plurilingüismo en España y América Latina*, Frankfurt a.M./Madrid: Vervuert/Iberoamericana.

LOPE BLANCH, JUAN MIGUEL (1972): «El concepto de *prestigio* y la norma lingüística del español», *Anuario de Letras*, X, 29-46 [recogido en *Estudios de lingüística española*, México: UNAM, 1986, 17-31].

— (1991): «El español de América y la norma lingüística hispánica», en *El español de América: Actas del III Congreso Internacional del Español de América*, Junta de Castilla y León, 1179-1184.

— (1992): «La norma lingüística en Hispanoamérica», *Boletín de la Academia Argentina de Letras*, 57, 231-260.

— (1993): «El ideal de lengua y los países hispanohablantes», en R. Penny (ed.), *Actas del Primer Congreso Anglo-Hispano. T. I. Lingüística*, Madrid: Castalia, 257-274.

LÓPEZ GARCÍA, ÁNGEL (2009): «Ideologías (implícitas y explícitas) para la venta de las lenguas», en J. J. Bustos Tovar y S. Iglesias Recuero, *Identidades sociales e identidades lingüísticas*, Madrid: Instituto Universitario M. Pidal (Universidad Complutense).

LÓPEZ GONZÁLEZ, ANTONIO M. (2001): *El lenguaje radiofónico de la ciudad de Almería. Estudio sociolingüístico*, Tesis doctoral de la Universidad de Almería.

LÓPEZ MORALES, HUMBERTO (1989): *Sociolingüística*, Madrid: Gredos.

MARÍAS, JULIÁN (2000): *Ser español. Ideas y creencias en el mundo hispánico*, Barcelona: Planeta

MARTÍN ZORRAQUINO, Mª ANTONIA (1988): «*Norma, gramaticalidad, aceptabilidad...* reflexiones sobre la delimitación del objeto lingüístico a propósito de conceptos acuñados por Eugenio Coseriu», en J. Albrecht, J. Lüdtke und H. Thun (eds.), *Energeia und Ergon. Sprachliche Variation-Sprachgeschichte-Sprachtypologie. Studia in honorem Eugenio Coseriu* (J. Albrecht, J. Lüdtke und H. Thun eds.), II, Tübingen: Günter Narr, 431-439.

MÉNDEZ GARCÍA DE PAREDES, ELENA (1997): «Reivindicación de las hablas andaluzas en la prensa regional durante la transición», en R. Cano Aguilar (coord.), *Las hablas andaluzas. Número monográfico de Demófilo. Revista de Cultura Tradicional de Andalucía* (Sevilla: Fundación Machado), 22, 155-181.

— (1999): «La norma idiomática del español: visión histórica», *Philologia Hispalensis*, XIII, 109-132.

— (2000): «Lengua y medios de comunicación», en M. C. Calderón España y E. Pérez González (dirs.), *Educación y medios de comunicación social. Historia y perspectivas*, Universidad de Sevilla.

— (2002): «El tratamiento del andaluz en los textos escolares», en *Las hablas andaluzas ante el siglo XXI*, Instituto de Estudios Almerienses (Diputación de Almería), 347-358. [Una versión más ampliada puede consultarse en: «El habla andaluza en los libros de texto escolares», *Cauce. Revista de Filología y su Didáctica*, 27, 2003, 207-230].

— (2003): «El andaluz en la prensa. (Actitudes lingüísticas: 1980-1981)», en A. Narbona (ed.), *El español hablado en Andalucía. II Jornadas sobre el habla andaluza. Estepa 2002*, Ayuntamiento de Estepa (Sevilla), 139-174.

— (2008a): «Modelos idiomáticos y prescriptivismo. El caso del andaluz», en *Actas del VIII Congreso Internacional de Lingüística. El valor de la diversidad metalingüística. Madrid 25-28 de junio de 2008* [publicación electrónica en la página del congreso].

— (2008b): «Norma pluricéntrica, normalización y planificación de variedades regionales. El caso del andaluz», *Actas del XV Congreso Internacional de ALFAL*, Montevideo.

— (en prensa a): «Modelos idiomáticos, codificación de usos y prescriptivismo», en Y. Congosto y E. Méndez (eds.): *Variación lingüística y contacto de lengua en el mundo hispánico. (Homenaje a M. Alvar)*, Frankfurt a.M./Madrid: Vervuert/Iberoamericana.

— (en prensa b): «Pluricentrismo y panhispanismo. A propósito del *Diccionario panhispánico de dudas*», Amberes.

MILROY, JAMES y MILROY, LESLEY (1985): *Authority in Language: Investigating Language Prescription and Standardisation*, London: Routledge.

MONDÉJAR, JOSÉ (1995): «La norma lingüística del español y la pretendida norma de las hablas andaluzas», *Analecta Malacitana*, XVIII, 1, 29-40.

MONTES, JOSÉ JOAQUÍN (1980): «Lengua, dialecto y norma», *Thesaurus*, XXXV, 2, 37-257.

— (1993): «Idioma, Nación, Norma, Academia», *Boletín de la Academia Colombiana*, 43, 55-69.

MORENO CABRERA, JUAN CARLOS (2000): *La dignidad e igualdad de las lenguas. Crítica de la discriminación lingüística*, Madrid: Alianza Editorial.

— (2008): *El nacionalismo lingüístico. Una ideología destructiva*, Barcelona: Península.

— (en prensa): «Puntualizaciones críticas sobre los procesos de koineización, criollización y estandarización», en Y. Congosto y E. Méndez (eds.), *Variación lingüística y contacto de lengua en el mundo hispánico. (Homenaje a M. Alvar)*, Frankfurt a.M./Madrid: Vervuert/Iberoamericana.

MORENO FERNÁNDEZ, FRANCISCO (1992): «Norma y prestigio en el español de América. Apuntes para una planificación de la lengua española», *Revista de Filología Española*, LXXII, 45-360.

— (1993-94): «Planificación de la lengua española», *Revista Canadiense de Estudios Hispánicos*, 18, 3, 515-528.

— (1998): *Principios de sociolingüística y sociología del lenguaje*, Barcelona: Ariel.

MORGENTHALER GARCÍA, LAURA (2003): *Identidad y pluricentrismo lingüístico: hablantes canarios frente a la estandarización*, Frankfurt a.M./Madrid: Vervuert/Iberoamericana.

MORILLO-VELARDE, RAMÓN (2002): «Sociolingüística en el *ALEA*: variable generacional y cambio lingüístico», *Estudios de Lingüística de la Universidad de Alicante*, 15, 13-49.

— (2002): «Andaluz culto y discurso alfabetizado», en *Las hablas andaluzas ante el siglo XXI,* Instituto de Estudios Almerienses (Diputación de Almería), 141-157.

— (2003): «Norma oral y modelos idiomáticos andaluces», en J. C. Herrera (ed.), *Norme linguistique et société*, Presses Universitaires de Valenciennes, 103-125.

— (2006): «Contacto vernáculo-estándar en el español meridional y la cuestión del prestigio lingüístico», en C. Ferrero y N. Lasso-Von Lang (eds.), *Variedades lingüísticas y lenguas en contacto en el mundo de habla hispana*, Bloomington, Indiana: AuthorHouse, 127-137.

NARBONA, ANTONIO (1997): «Conocimiento y valoración de las hablas andaluzas desde la sintaxis», en R. Cano Aguilar (coord.), *Las hablas andaluzas. Número monográfico de Demófilo. Revista de Cultura Tradicional de Andalucía* (Sevilla: Fundación Machado), 22, 111-140.

— (1999): «Diversidad y dinamismo del habla andaluza. ¿Normalizar el Andaluz?», en Roberto Castiñeira González (ed.), *Foro Andalucía en el nuevo siglo: reflexiones y propuestas,* Sevilla: Consejería de la Presidencia (Comisión Andalucía una realidad multicultural), 139-165 (versión impresa a partir del CD-ROM que acompaña a la obra).

— (ed.) (2001): *Actas de las Jornadas sobre «El habla andaluza. Historia, normas, usos»,* Ayuntamiento de Estepa (Sevilla).

— (ed.) (2003): *El español hablado en Andalucía. II Jornadas sobre el habla andaluza. Estepa 2002,* Ayuntamiento de Estepa (Sevilla).

— (ed.) (2006): *Diversidad y homogeneidad del andaluz. III Jornadas sobre el habla andaluza. Estepa 2005,* Ayuntamiento de Estepa (Sevilla).

NARBONA, ANTONIO y MORILLO-VELARDE, RAMÓN (1987): *Las hablas andaluzas*, Córdoba: Caja Sur.

NARBONA, ANTONIO y ROPERO, MIGUEL (eds.) (1997): *Actas del Congreso del habla Andaluza. Sevilla 4-7 de marzo de 1997,* Sevilla.

NARBONA, ANTONIO; CANO, RAFAEL y MORILLO, RAMÓN (2003): *El español hablado en Andalucía*, Sevilla: Fundación José Manuel Lara.

OESTERREICHER, WULF (1996): «Lo hablado en lo escrito. Reflexiones metodológicas y aproximación a una metodología», en Th. Kotschi, W. Oesterreicher y K. Zimmermann (eds.), *El español hablado y la cultura oral en España e Hispanoamérica*, Frankfurt a.M.: Vervuert/Madrid: Iberoamericana, 317-340.

— (2002): «El español, lengua pluricéntrica: perspectivas y límites de una autoafirmación lingüística nacional en Hispanoamérica. El caso mexicano», *Lexis*, XXVI, nº 2, 275-304.

— (2006a): «La historicidad del lenguaje. Variación, diversidad y cambio lingüístico», en José Jesús de Bustos Tovar y José Luis Girón Alconchel (eds.), *Actas del VI Congreso Internacional de Historia de la Lengua Española,* Madrid: Arco Libros, vol. I, 137-158.

— (2006b): «El pluricentrismo del español», en José Jesús de Bustos Tovar y José Luis Girón Alconchel (eds.), *Actas del VI Congreso Internacional de Historia de la Lengua Española,* Madrid: Arco Libros, vol. III, 3079-3087.

ROMAINE, SUZANNE (1996): *El lenguaje en la sociedad. Una introducción a la sociolingüística*, Barcelona: Ariel.

RONA, JOSÉ PEDRO (1973): «Normas locales, regionales, nacionales y universales en la América Española», *Nueva Revista de Filología Hispánica*, XXII, 2, 310-321.

ROSENBLAT, ÁNGEL (1967): «El criterio de corrección en lingüística: unidad o pluralidad de normas en el español de España y América», *El Simposio de Bloomington. Agosto de 1964. Actas, informes y comunicaciones*, Bogotá: Instituto Caro y Cuervo, 113-153 [recogido en: *Estudios sobre el español de América,* III, Caracas: Monte Ávila Editores, 1984, 311-337].

RIVAROLA, JOSÉ LUIS (2006): «El español en el siglo XXI: los desafíos del pluricentrismo», *Boletín Hispánico Helvético*, 8, 97-109.

RTVA (2004): *Libro de estilo. Canal Sur Televisión y Canal 2 Andalucía* [Coordinación de J. M. Allas Llorente y L. C. Díaz Delgado].

RUIZ MORALES, FERNANDO C. (2007): *La imagen de Andalucía en los informativos de televisión en España*, Sevilla: Centro de Estudios Andaluces.

RUIZ ROMERO, MANUEL (1998): «La prensa sevillana y la transición. El caso de *ABC* edición hispalense», en Mª J. Ruiz Acosta y R. Reig, (coords.), *Sevilla y su prensa. Aproximación a la historia del periodismo andaluz contemporáneo*, Universidad de Sevilla, 129-168.

— (2000) *Repertorio bibliográfico de la transición política andaluza*, Jaén: Cámara Oficial de Comercio e Industria de Jaén.

SALA, MARIUS (1981): «Sobre las normas del español de América», *Logos Semantikos. Studia Linguistica in honorem Eugenio Coseriu*, V, Madrid/Berlin/New York: Gredos/Walter de Gruyter, 465-469.

SALVADOR, GREGORIO (1968): «La fonética andaluza y su propagación social y geográfica», *Presente y futuro de la lengua española,* Madrid: OFINES, vol. II, 183-188.

SAMPER PADILLA, JOSÉ A. y HERNÁNDEZ CABRERA, CLARA (2007): «La variación de -/S/ en los programas informativos de televisión en las Islas Canarias», en *Estudios lingüísticos, literarios e históricos. Homenaje a Juan Martínez Marín*, Granada, 349-361.

— (en prensa): «La elisión de -d- intervocálica en los informativos de la televisión canaria. Comparación con los datos de PRESEEA».

SIMONE, RAFFAELE (1997): «¿Cuál es la lengua de *default* en un ambiente de variación?», en A. Narbona y M. Ropero (eds.), *Actas del Congreso del Habla Andaluza, Sevilla 4-7 de marzo de 1997,* Sevilla, 29-41.

— (2006): «Idiomas locales y nacionales: dinámica y fenómenos nuevos», en A. Narbona (ed.), *Diversidad y homogeneidad del andaluz. III Jornadas sobre el habla andaluza. Estepa 2000,* Ayuntamiento de Estepa (Sevilla), 33-51.

TORREJÓN, ALFREDO (1993): *Andrés Bello y la lengua culta. La estandarización del castellano en América en el siglo XIX*, Boulder, CO: Society of Spanish and Spanish-American Studies.

TORRENT-LENZENT, AINA (2006): *Unidad y pluricentrismo en la comunidad hispanohablante. Cultivo y mantenimiento de una norma hispánica unificada*, Axel Lenzen Verlag Titz.

VACHEK, JOSEPH (1981): «Substandard varieties and development of the standard language», *Logos Semantikos. Studia linguistica in honorem E. Coseriu*, V, Madrid/Berlin/New York: Gredos/Walter de Gruyter, 109-115.

VALLE, JOSÉ DEL (2007a): «Glotopolítica, ideología y discurso: categorías para el estudio del estatus simbólico del español», en J. del Valle (ed.): *La lengua, ¿patria común? Ideas e ideología del español*, Frankfurt a.M./Madrid: Vervuert/Iberoamericana, 13-29.

— (2007b): «La lengua, patria común: la hispanofonía y el nacionalismo panhispánico» en J. del Valle (ed.): *La lengua, ¿patria común? Ideas e ideología del español*, Frankfurt a.M./Madrid: Vervuert/Iberoamericana, 31-56.

— (2007c): «La RAE y el español total. ¿Esfera pública o comunidad discursiva?», en J. del Valle (ed.): *La lengua, ¿patria común? Ideas e ideología del español*, Frankfurt a.M./Madrid: Vervuert/Iberoamericana, 81-96.

VALLE, JOSÉ DEL (ed.) (2007): *La lengua, ¿patria común?*, Frankfurt a.M./Madrid: Vervuert/Iberoamericana.

VALLE, JOSÉ DEL y GABRIEL-STHEEMAN, LUIS (eds.) (2004): *La batalla del idioma. La intelectualidad hispánica ante la lengua,* Frankfurt a.M./Madrid: Vervuert/Iberoamericana.

VILLENA PONSODA, JUAN ANDRÉS (2000): «Identidad y variación lingüística: sistema y síntoma en el español andaluz», en G. Bossong y F. Báez de Aguilar (eds.), *Identidades lingüísticas en la España autonómica*, Frankfurt a.M./Madrid: Vervuert/Iberoamericana, 107-150.

— (2001): *La continuidad del cambio lingüístico*. Granada: Universidad de Granada.

— (2006): «Andaluz oriental y andaluz occidental: estandarización y planificación en ¿una o dos comunidades de habla?», *Estudios sociolingüísticos del español de España y América*, Madrid: Arco/Libros, 233-254.

— (2008a): «La formación del español común en Andalucía. Un caso de escisión prestigiosa», en E. Herrera y P. Martín Butragueño (eds.), *Fonología instrumental. Patrones fónicos y variación*, Colegio de México, 211-253.

— (2008b): «Divergencia dialectal en el español de Andalucía: el estándar regional y la nueva koiné meridional», en *Lenguas en diálogo. El iberorromance y su diversidad lingüística y literaria. Ensayos en homenaje a Georg Bossong* (H.-J. Döhla, R. Montero Muñoz, F. Báez de Aguilar González, eds.), Frankfurt a.M./Madrid: Vervuert/Iberoamericana, 369-392.

WEINREICH, URIEL (1974): *Lenguas en contacto*, Caracas: Universidad Central de Venezuela.

WOOLARD, KATHRYN A. (2007): «La autoridad lingüística del español y las ideologías de la autenticidad», en J. del Valle (ed.), *La lengua, ¿patria común? Ideas e ideología del español*, Frankfurt a.M./Madrid: Vervuert/Iberoamericana, 129-141.

ZAMORA SALAMANCA, FRANCISCO JOSÉ (1985): «Sobre el concepto de norma lingüística», *Anuario de Lingüística Hispánica*, 1, 227-249.

ZIMMERMANN, KLAUS (1991a): «Lingüística e identidad nacional: algunas reflexiones», *Estudios de Lingüística Aplicada*, 13, 39-50.

— (1991b): «Lengua, habla e identidad cultural», *Estudios de Lingüística Aplicada*, 14, 7-18.

— (2008): «Política lingüística e identidad: una visión constructivista», en *Lengua, nación e identidad. La regulación del plurilingüismo en España y América Latina*, Frankfurt a.M./Madrid: Vervuert/Iberoamericana, 21-42.

A modo de epílogo
El problema de las identidades lingüísticas

A modo de epílogo

El problema de las identidades lingüísticas

José Jesús de Bustos Tovar

1. El concepto de identidad lingüística y cultural

Seguramente han existido pocas épocas en la historia en las que el problema de las identidades colectivas se haya planteado con mayor intensidad y, en muchas ocasiones, con un tono dialéctico e, incluso, agresivo como en nuestra época. Ni siquiera en la época de formaciones de las naciones europeas en el siglo XIX ha habido un fervor identitario de tal naturaleza. Parece como si se hubiera dado un giro a la historia y desde una tendencia a la aglutinación de colectividades afines (Italia, Alemania, Austria...) se hubiera iniciado un camino hacia la dispersión en microunidades sociopolíticas que se sienten diferentes (fragmentación de la antigua Yugoslavia, aparición de nacionalismos nuevos y acrecentamiento de otros tradicionales en la Península Ibérica, en Gran Bretaña, en Bélgica, etc.). Este movimiento dispersor se ha fundamentado en criterios sociales, políticos y antropológicos de distinta naturaleza, a los que se ha intentado otorgar una base histórica, real o inventada.

En la actualidad ciertos grupos ideológicos, políticos o religiosos se creen legitimados para inventar la historia que ellos quisieran que hubiera sido, no la que ha sido en realidad, y la sustituyen al servicio de intereses espurios. Es verdad que la memoria histórica de las colectividades sociales es el producto no sólo de la realidad histórica, sino también de las sucesivas manipulaciones a que es sometida. El nacimiento y triunfo del nazismo y del fascismo se basó y caló en el tejido social gracias precisamente a una gigantesca manipulación. En España, el nacionalismo franquista, usurpando el concepto de *patria*, de noble raíz democrática, convirtió la legalidad establecida en sublevación, y con este criterio fueron juzgados, condenados y ejecutados muchos inocentes en los largos años de represión. Recuérdese que se inventó el término *anti-España* para arrojar de la colectividad identitaria a una buena parte de la población española. Otro tanto podría decirse de ciertos nacionalismos que emplean la violencia, física, psicológica o económica, para separar a «los de fuera» de los que se creen depositarios de la pureza racial, lingüística y religiosa, a la que se suele atribuir una antigüedad de cientos o de miles de años. A veces se llega a la suplantación territorial: este territorio es mío porque lo habité hace miles de años, se dice con absoluto desparpajo, como si de la historia sólo se tuviera en cuenta aquello que interesa en el tiempo presente para fines particularistas. En todos los casos esta tendencia adquiere el carácter de «nacionalismo» porque se intentan generar, sobre estas identidades, verdaderas o falsas, organizaciones políticas de nuevo cuño.

Hay, de otro lado, movimientos identitarios de más baja intensidad que afectan a comunidades más limitadas (regiones, comarcas, ciudades, pueblos, aldeas…) que vienen determinados por afinidades de convivencia, sentidas unas veces como medio de acercamiento cooperativo humano y social, y otras como fuente de enfrentamiento. Casi siempre, se trata de sentimientos colectivos generados por las causas más diversas (aislamiento, rivalidad económica, política o administrativa, manipulación más o menos caciquil de las emociones, influjo de la ciudad sobre el entorno rural, etc.). Algunas de ellas llegan a alcanzar cierta importancia y se proyectan sobre realidades culturales y lingüísticas[1]. Los sociolingüistas y dialectólogos han testimoniado muchos de estos fenómenos. Así, por ejemplo, en las encuestas con las que se obtienen los datos para elaborar los atlas lingüísticos siempre se pregunta sobre la denominación que el sujeto informante aplica a su lengua. Mientras unos se refieren al «español» o «castellano», otros prefieren denominar su idioma con términos locales: «granadino», «almeriense», «alpujarreño», etc. Ello indica el valor que se otorga a la lengua o a la propia variedad lingüística como factor de identificación colectiva. Es frecuente que los informantes de una misma localidad empleen denominaciones distintas para la misma variedad del hablar que se utiliza en su ámbito social y territorial. Esto refleja, no una conciencia lingüística diferente, sino una impresión circunstancial que depende en gran medida de quién sea el que formule la pregunta, generalmente un dialectólogo que indaga en los rasgos lingüísticos peculiares del lugar.

Sería erróneo pensar que el concepto de identidad lingüística es independiente del conjunto de factores que intervienen en el proceso psicológico y social de identificarse como colectividad. Todo lo contrario; es una manifestación más de ese complejo fenómeno. Por eso, antes de tratar de las «identificaciones» lingüísticas, conviene

---

1   En su versión más grosera intelectualmente se halla lo que podríamos llamar la *identidad de paisanaje*. Ahora bien, no hay que despreciar la proyección social que puede tener este tipo de fuerza identitaria, no ya por lo que puede significar de «solidaridad» interpersonal, sino porque a veces justifica posiciones particularistas (nacionalistas en el plano político) que determinan ciertas decisiones con cierto calado cultural. Así, por ejemplo, la exaltación, excluyente o no, de los valores locales o regionales sobre los comunes y universales. Más adelante volveré sobre este asunto.

reflexionar, aunque sea brevemente, sobre el concepto mismo de *identidad*, desde los diversos ángulos con que debe ser contemplado, que son, al menos, los siguientes: antropológico, cultural, social, psicológico, político, económico y lingüístico.

El profesor Gustavo Bueno ha dedicado un ensayo a dilucidar las referencias sobre las que incide el término *identidad*[2] para caracterizar una región (Asturias) desde una perspectiva filosófico-antropológica. Lo primero que advierte es la necesidad de definir la «categoría» de *identidad* tal como suele utilizarse por movimientos reivindicativos de la identidad política y cultural que actúan en España y en el mundo. Encuentra que existen seis modelos principales para definir esta categoría: el modelo clásico, el modelo absoluto o sustancialista, el modelo de regionalismo europeo, el modelo americanista, el modelo cosmopolita y el modelo pluralista. No entraré aquí a sintetizar lo que significa cada uno de ellos. Me interesa únicamente señalar algo que es previo a cualquier otra consideración. A mi juicio, el concepto de identidad puede ser considerado una «categoría» en tanto en cuanto corresponde a una necesidad del individuo por agruparse o asociarse en conjuntos sociales más o menos amplios. Se trata de un modo de *filiación* que se adquiere mediante el reconocimiento de la existencia de ciertas *afinidades*, reales o imaginarias. Es decir, en su dimensión ontológica la identidad se impone al propio individuo que, aisladamente, sería incapaz de situarse en el mundo. Ahora bien, el modo de sentir la identidad (esto es, la afinidad con otros, con los que comparte ciertos valores, sentimientos o ideas) es dinámico, es decir, cambia en el tiempo y es la historia la determinante de los modos y manifestaciones de la identidad colectiva. Por eso, lo que es una necesidad innata y pertenece a la naturaleza humana se transmuta inmediatamente, siguiendo el curso de la historia, en un fenómeno cultural y, por ende, social, político, económico, artístico, etc.

Lo relevante es que se trata de un fenómeno dinámico, cambiante y, por eso mismo, manipulable por ciertos intereses de muy distinta naturaleza. En ese proceso de creación de identidades, la lengua desempeña un papel esencial por dos razones principales: 1) porque en la propia evolución lingüística se manifiesta el modo en que los hablantes van concibiendo ciertos aspectos de la realidad[3]; 2) porque la

---

2   Véase Gustavo Bueno (1998): *Asturias: seis modelos para pensar su identidad*, Fundación San Benito de Alcántara.

3   Advierto de que esta afirmación no debe ser considerada como una manifestación del idealismo lingüístico de raíz humboldtiana, sino, mucho más limitadamente, como la consecuencia de que al nombrar la realidad la lengua delimita conceptual, sensorial y emocionalmente los objetos nombrados, sea en el ámbito fónico (entonación), gramatical (categorías y relaciones) o léxico-semántico (relación con el referente y contexto semántico y discursivo). Por eso, ha habido movimientos que pretenden cambiar la realidad mediante un uso determinado del lenguaje (la publicidad, el feminismo y la llamada «lengua no sexista», movimientos políticos como el comunista, que ponen el lenguaje al servicio de una pretendida transformación de la sociedad, etc.). Muy al contrario, empleo estas referencias en el sentido en que, para la sintaxis, lo hace Rafael Lapesa en su artículo «Problemas y métodos de una sintaxis histórica» (1964).

capacidad de intercomprensión social mediante el empleo de una lengua propia o exclusiva de una comunidad constituye un elemento capital de delimitación y diferenciación frente a otros grupos sociales, regionales o nacionales. Así, por ejemplo, el término *lengua propia*, utilizado en los Estatutos de Autonomía para distinguir entre comunidades que la poseen y las que no, es absolutamente equívoco y conceptualmente inexacto[4], como se dirá más adelante.

La cuestión es mucho más compleja y no puede reducirse a estos dos parámetros. Por eso, antes de entrar en el análisis de las condiciones en que se producen las manifestaciones «identitarias» en el plano lingüístico, conviene reflexionar sobre la red de asociaciones conceptuales y culturales que conforman cualquier tipo de identificación colectiva.

Es preciso hacer una primera distinción. La conciencia de identidad depende tanto de procesos históricos internos, es decir producidos en la interioridad de los grupos sociales (regiones, naciones…), como de procesos externos, surgidos en otros que advierten diferencias. Dicho de otro modo: la identificación colectiva puede ser endógena, es decir nacida y desarrollada en el seno social, o exógena, nacida del modo en que otros grupos sociales sienten la diferencia. Claro está que estos procesos pueden coincidir en la misma percepción emocional o intelectual acerca de la naturaleza identitaria del grupo, grande o pequeño, o diferir en los rasgos que se atribuyen a su identidad. Actualmente se habla con insistencia de la identidad europea, pero cabe preguntarse si todos los europeos estamos hablando de lo mismo. Es muy probable que no haya coincidencia, porque continúan siendo muy fuertes los rasgos particulares de cada país con que la historia, al menos desde el siglo XVI, ha conformado los estados-nación y las culturas particulares. A lo que estamos asistiendo es a un esfuerzo, todavía muy débil y vulnerable, por anteponer los rasgos comunes a los diferenciales. El problema está en determinar cuáles de ellos dominan en la conciencia colectiva. Si la sociedad se orienta en el sentido de dar mayor relevancia a lo común que a lo diferencial, se irá forjando una identidad europea que no será el resultado de una voluntad impuesta —y mucho menos si esta se halla fundamentada exclusiva o predominantemente en intereses socioeconómicos y políticos— sino el resultado de una dinámica colectiva que lleva a los grupos sociales a sentirse más protegidos en su instalación histórica en el marco de las afinidades.

De la otra cara de la cuestión —y aquí la situación es muy diferente— está el hecho de que, desde fuera, la sociedad europea se vea como un conjunto, más o menos homo-

---

4   Todas las comunidades poseen «lengua propia». Además, los territorios no son sujetos lingüísticos; sí lo son las gentes que pueblan un territorio. Por tanto, son éstas, en el caso de existir más de una lengua, las que tienen el derecho inalienable de decidir cuál de ellas consideran lengua propia o si consideran propias por igual a ambas. Es una cuestión de «actitudes lingüísticas»; estas no pueden ni deben ser manipuladas por ningún tipo de poder.

géneo, de países que tienen una forma muy semejante de reaccionar ante los grandes problemas con que se enfrenta la humanidad. Así, los estadounidenses pueden considerar que existe una identidad europea indudable, pero esta consideración procede de su conciencia diferencial propia. Lo «identitario» nace en un marco extrínseco a la propia sociedad que se identifica. Lo de menos es que esa identificación coincida o no con la visión intrínseca, pues en todo caso funciona dialécticamente en la historia. Es cierto que con frecuencia este proceso culmina en la creación de estereotipos que pueden ser rechazados por las identidades sociales caracterizadas desde fuera. Esto mismo ocurre con la percepción que se tiene «desde fuera» de las modalidades lingüísticas dentro de un mismo idioma; la tendencia a crear estereotipos es tan fuerte que con frecuencia llega a penetrar en la propia comunidad que es objeto de ella[5].

Si del ámbito supranacional pasamos al de las naciones, la situación se repite casi exactamente igual[6]. Antes habría que preguntarse qué es una nación, lo que nos llevaría más lejos de lo que estas páginas se proponen[7], pero no hay duda de que la conciencia colectiva distingue, en el plano pragmático, de qué se trata cuando se emplea este término en el ámbito de las relaciones internacionales. Es preciso subrayar, en cambio, que también las identidades territoriales, configuradas administrativa y políticamente, se configuran tanto desde su interioridad como desde la perspectiva externa. Para decirlo más claramente: una cosa es que los individuos se identifiquen como grupo (social, profesional, local, regional, nacional, supranacional...) y otra muy distinta es que *otros* los identifiquen en virtud de ciertas características que les adjudican desde su propia posición de sentirse diferentes. Muchas veces una y otra *identidades* no coinciden en sus rasgos definitorios. Esto ha tenido consecuencias históricas nada desdeñables. Por ejemplo, el nacimiento y desarrollo de actitudes hostiles entre pueblos que se ven a sí mismos como diferentes en virtud de estereotipos creados por unos y por otros.

---

5   Todas las modalidades del español sufren estos estereotipos y de modo especial las modalidades andaluzas del español han recibido ciertas calificaciones absolutamente gratuitas. Para una visión puramente filológica véanse, a título de ejemplos, los trabajos de Gómez Asencio, José J. (2001): «El andaluz visto desde fuera», en A. Narbona (dir.): *Actas de las I Jornadas sobre el habla andaluza. Historia, norma, usos*, Ayuntamiento de Estepa, 121-148; y Morillo-Velarde Pérez, Ramón (2003): «Imagen estereotípica, imagen geográfica e imagen estadística del Andaluz», en A. Narbona (dir.): *Actas de las II Jornadas sobre el habla andaluza. El español hablado en Andalucía*, Ayuntamiento de Estepa, 107-137.

6   Véase Simone, Raffaele (2006): «Idiomas locales y nacionales: dinámicas y fenómenos nuevos», en A. Narbona (dir.): *Actas de las III Jornadas sobre el habla andaluza: Diversidad y homogeneidad del andaluz*, Ayuntamiento de Estepa, 33-51.

7   Remito al excelente trabajo de Elena Hernández Sandoica «Lengua, historia, nación», en Bustos Tovar, José Jesús e Iglesias Recuero, Silvia (eds.) (2009): *Identidades sociales e identidades lingüísticas*, Madrid: Instituto Universitario Menéndez Pidal/Editorial Complutense, 69-98. En todo caso, desde el punto de vista lingüístico, hay que tener en cuenta que el valor de las diversas acepciones con que figura esta voz en el Diccionario de la Real Academia depende del contexto en que se utiliza. Esto puede provocar una ambigüedad semántica fácilmente manipulable, como ha ocurrido en el texto de algunos Estatutos de Autonomía.

Por el contrario, ocurre a veces que los rasgos definitorios de una *identidad* pueden ser compartidos por otras *identidades*. Uno de ellos, el de *raza*, o el más restringido de *etnia*, que es evidentemente un signo de identificación colectiva, y suele ser compartido por diversas naciones o, en cambio, servir de motivo de enfrentamiento dentro de una misma colectividad[8]. El caso de los gravísimos sucesos de África, en los que se ha asesinado a cientos de miles de personas en función de la diferencia étnica es suficientemente expresivo de este fenómeno. Probablemente el caso más patente de identificación entre etnia y agrupación nacional se haya producido en la formación del Estado de Israel. Ser *judío* es una condición étnica de raíz maternal, porque esta línea garantiza la transmisión sanguínea imprescindible para poseer tal condición. Es esta condición, independientemente de cualquier otra (ser creyente o no, proceder de un lugar u otro de la tierra, ser blanco o no, etc.), la que determina el derecho a incorporarse como «ciudadano nacional» al Estado de Israel. Es cierto que esto ha sido posible por las especialísimas circunstancias históricas que ha vivido esta etnia o pueblo a lo largo de dos mil años (de la diáspora al holocausto) y que ha sido favorecido por la conservación de una fuerte tradición cultural y religiosa, que fundamenta la reclamación territorial de la tierra perdida. A ello se ha añadido la formación de una nueva lengua (el hebreo moderno, construido sobre la base de su lengua clásica y sagrada). Lo original de este proceso se halla en que primero se ha constituido el Estado-nación sobre base étnica y después se ha fomentado la recuperación de las antiguas señas de identidad, religión, lengua y cultura[9].

Algo semejante, aunque con características muy diferenciadas, ocurre con el valor identificador de la religión. En este caso, confluyen realidades internas (la «filioginia» que significa sentirse destinados a un fin trascendente propio y, casi siempre, exclusivo; hallarse en posesión de la verdad; la solidaridad o «fraternidad» derivadas de reconocerse hijos de una misma idea de dios; la aceptación de una autoridad común depositaria de todo el saber de la fe, etc.) con otras de naturaleza externa o histórica: el modo en que el acontecer histórico se ha configurado en torno a una

8   Existen, claro está, minorías étnicas, constitutivas o no de nación, que se sienten afines por ese solo rasgo, independientemente de otros, estimados adventicios o circunstanciales, asociados a ellos. En ciertas condiciones históricas han conseguido organizarse como nación (Albania sería un caso paradigmático); en otras la convivencia con otras *identidades* se mantiene en constante tensión. Un ejemplo próximo podría ser el del pueblo beréber, poblador del Atlas, que se siente muy distinto, por raza y por lengua, de los otros pueblos magrebíes. En el polo opuesto de esta situación se halla la apelación, por ejemplo, a una supuesta *nación árabe*, apoyada en sus pretensiones políticas o culturales, según los casos, en la religión y en una lengua escrita común, que, además, está sacralizada por el *Corán*, libro sagrado de todos los creyentes.
En el caso de España, del que trataré pormenorizadamente más adelante, el polo opuesto lo puede representar el País Vasco, concebido por la opción nacionalista radical como una unidad étnica, cultural y lingüística que justifica su «derecho» a constituirse como nación política.
9   Evito formular juicios de valor sobre la legitimidad de este proceso y, mucho menos, acerca de los hechos políticos, sociales y bélicos a que ha dado lugar, por no corresponder aquí hacerlo.

ideología religiosa, la identificación entre poder político y creencia religiosa, la tradición cultural de diferente raíz (v. gr.: cristiana, judía, islámica, etc.)[10]. En este sentido[11], aunque con caracteres específicos, podría hablarse de la religión como rasgo de identidad. Es cierto que la participación en las mismas creencias genera una cierta afinidad, a veces incluso con muy fuertes vínculos, entre los que profesan una misma religión. Pero ello entraña una contradicción en sus propios términos. Toda religión, como representación del mundo de carácter total, único e incontrovertible, es de naturaleza universal. Es decir, si la religión, cualquiera que ella sea, se profesa de acuerdo con sus postulados auténticos, no sería nunca discriminatoria de grupos, sino abarcadora de todos ellos. Otra cosa es que esa proyección universalizadora se realice por el convencimiento o por la violencia. Es la historia real la que ha hecho de la religión un signo de inscripción colectiva.

En algunas situaciones especiales, la religión, asociada a otro elemento de identificación (como la lengua), se constituye en un elemento de cohesión fundamental para justificar la existencia de un Estado-nación. El caso paradigmático es el de Polonia. Sus fronteras territoriales son borrosas geográficamente (ningún accidente las separa de las extensas llanuras rusas, y por el oeste ciertos territorios fronterizos han sido objeto de disputa, guerras incluidas). En cambio, existe una fuerte cohesión interna determinada históricamente por la religión católica y por la lengua polaca, que sí son elementos delimitadores de las demás naciones que la rodean.

En suma, la raza y la religión son, evidentemente, factores de identificación colectiva, quizás los de más amplia extensión, pero no se corresponden con entidades sociales configuradas histórica, política, cultural y jurídicamente[12]. El ser de las naciones se configura en torno a procesos históricos complejos que particularizan dentro del marco general (en el que se insertan raza y religión) ciertos rasgos que muestran la voluntad de vivir en común. Esta voluntad no depende de la intención que se manifieste en un instante de la historia ni en el deseo de los ciudadanos en un momento determinado, sino que, siendo una fuerza colectiva configurada históricamente,

---

10   En el caso de España tampoco estamos exentos de esta tendencia perversa a hacer coincidir etnia y nación. Que la raza o el grupo étnico actúan como aglutinantes de una cierta afinidad social es indudable, pero también lo es que, en ningún caso, se vinculan con el concepto de nación o identidad política, ni siquiera con el de cultura.

11   Para lo que sigue transcribo parcialmente, rectificándolo y ampliándolo en algunos casos, mi trabajo «A modo de introducción: identidad cultural e identidad lingüística», en Bustos Tovar, José Jesús e Iglesias Recuero, Silvia (2009): *Identidades culturales e identidades lingüísticas*, Madrid: Instituto Universitario Menéndez Pidal/Editorial Complutense.

12   Por eso no tiene sentido, desde el punto de vista científico e intelectual, hacer un llamamiento hacia la «reconstrucción» de la «nación árabe» centrado en la restauración del califato, que abarcaría desde Filipinas hasta Al-Andalus (históricamente, la España musulmana, desaparecida plenamente hace más de quinientos años). Otra cosa es que tal lema pueda ser efectivo en el plano político entre los fundamentalistas islámicos y en idearios de tipo imperialista.

trasciende a los individuos de cada momento para insertarse en el devenir del tiempo. Es en el transcurso temporal en el que se manifiesta la voluntad de la comunidad social para agruparse de una determinada manera. Cuando el proceso histórico que ha dado lugar a la formación de esa voluntad es artificial por haber sido impuesta o presenta franjas de ruptura internas, surgen los conflictos políticos y culturales.

Otros criterios de naturaleza antropológica, que constituyen manifestaciones del «imaginario colectivo» de cada comunidad (costumbres, fiestas, juegos, gastronomía, etc.), en cuanto que son productos de la historia común, sí son elementos de identificación que pueden corresponder con entidades nacionales o con grupos de entidades nacionales. Importante papel juegan en la creación del imaginario colectivo otros elementos pertenecientes a la psicología colectiva (el humor, de modo muy relevante).

El problema de la identidad colectiva es, pues, una cuestión compleja en la que intervienen factores de naturaleza muy diversa. Entre ellos se encuentra la lengua. Importa determinar aspectos tales como cuáles son las causas por las que la lengua constituye un factor de identificación colectiva, cuál es la función identificadora de la lengua, cómo se manifiesta esa función en la historia de los pueblos y, específicamente, en España, etc.

El primer punto alude al hecho de que toda lengua es un producto histórico. Es cierto que la capacidad de hablar es un fenómeno biológico propio de los seres humanos y por eso hablamos de «lenguas naturales», pero la configuración del sistema de signos, con sus variantes coexistentes, que sirve para la comunicación, es el resultado de un proceso que mantiene a las lenguas en constante evolución. Ciertos fenómenos de cambio se deben a reajustes en el propio sistema, debidos a su asimetría, pero muchos otros dependen de factores sociales y culturales en los que se advierte una cierta interdependencia. Si bien es exagerado, y por ello erróneo, establecer una correspondencia entre lengua, cultura y nación, como hacen ciertas corrientes idealistas y neoidealistas desde Humboldt acá, no puede ignorarse que en ocasiones sí se puede establecer una relación entre formas lingüísticas configuradas históricamente con determinados aspectos de concebir la realidad[13]. Hay que advertir, sin embargo, del riesgo que entraña establecer, sin un análisis riguroso previo, tales relaciones. Por eso encontramos fáciles afirmaciones no comprobadas como la que atribuye ciertas estructuras gramaticales, y sobre todo discursivas, de la lengua francesa a la supuesta mentalidad cartesiana que caracteriza al pueblo francés. En el extremo de esta asociación estarían seguramente ciertas valoraciones de superioridad de unas lenguas so-

---

13   También existe un falso neoidealismo que ha manipulado estas correspondencias terminológicas y conceptuales, poniéndolas al servicio de intereses ideológicos y políticos. En este aspecto, el caso de los nacionalismos vasco, catalán y gallego es paradigmático, aunque se manifiesten en la realidad sociopolítica de manera diferente y con desigual intensidad.

bre otras[14], que se han basado en criterios diversos. El más frecuente es el del número de hablantes de una lengua, debido a las consecuencias de todo tipo que esto conlleva (facilidad de relaciones internacionales, culturales, políticas y comerciales), al que hay que añadir el tesoro cultural (científico, filosófico, literario) creado o difundido por medio de esa lengua. A alguno de estos aspectos me referiré más adelante.

Puesto que la lengua es el modo que tienen las sociedades humanas para pensar la realidad y, a su vez, el modo de pensarla es un producto cultural e histórico, se puede afirmar que toda lengua es un poderoso instrumento de identificación colectiva. Cosa bien distinta es determinar cuál sea la naturaleza de esa identidad y sobre qué conjuntos sociales se proyecta. Es obvio que existen lenguas que son comunes a muchas naciones, como ocurre con el español, el inglés, el francés, etc. Por tanto, los términos *lengua* y *nación* no pueden identificarse. Muy al contrario, la lengua puede ser el instrumento de defensa identitaria de un conjunto de naciones, como ocurre en el caso del español y de otras lenguas (inglés, francés, flamenco, alemán, portugués, etc.). En sentido inverso, hay naciones en las que coexisten varias lenguas (como en el caso de Suiza, Bélgica, Estados Unidos, etc.). Entre ambas situaciones existen otras intermedias: naciones que utilizan una lengua como instrumento de comunicación elevada y otra para la vida cotidiana como ocurre en varios países de África, donde el inglés, el francés o el portugués coexisten, con mayor o menor grado de dependencia, con lenguas autóctonas. Por último, en algunos países, como en España, existe una lengua común en cooficialidad con lenguas regionales. Se trata, en suma, de una realidad muy compleja a la que corresponden también situaciones muy diferentes. Hace ya muchos años que Amado Alonso (1938), en un precioso librito titulado significativamente *Castellano, español, lengua nacional. Historia espiritual de tres nombres*[15], pretendió aclarar esta cuestión. El debate postconstitucional ha dado lugar a nuevas precisiones. Lo que parece claro es que hay que

14 Que una lengua sea más rica que otra es un hecho cultural no intrínsecamente lingüístico. Depende del uso que hayan hecho de ella sus hablantes a lo largo de la historia. En la medida en que ha sido cauce de comunicación científica, artística, técnica, etc. han llegado a ser más ricas; en la medida en que sólo han servido de medio instrumental de comunicación, lo son menos. En un marco antropológico sí tiene importancia la «sacralización» de la lengua que se produce en ciertas culturas, entre las que las de origen judeo-cristiano tienen un lugar principal. Piénsese en el lugar que ocupa la liturgia, cuyo constituyente verbal es esencial, en el modo de profesar la creencia.

15 Publicado por primera vez en 1938 y reeditado en varias ocasiones, no ha conseguido, pese a su nitidez argumental y explicativa, acabar con el cuestionamiento de la denominación de la lengua hablada en España y en veinte países de América. Esto explica la intervención de muchos filólogos en la discusión sobre este tema, que no es tanto una cuestión filológica como una elección política. Especialmente luminoso es el breve trabajo de J. M. Lope Blanch «¿Lengua española o castellana? Un problema de política lingüística» (1983). A pesar de las argumentadas razones de los filólogos y de la recomendación de la Academia Española, los constitucionalistas desecharon el término *español*, incurriendo en contradicciones al aplicarse la denominación constitucional a diversas combinaciones sintagmáticas (v. gr., la denominación *Lengua castellana y su literatura* como materia en la enseñanza).

distinguir, sin que ello implique valoración apriorística, entre *lengua española* y *lenguas de España*, como se dice en el título de un libro de Gregorio Salvador[16]. Aunque seguramente con menos agresividad dialéctica, esta situación también se produce en otras naciones europeas y de manera particularmente intensa en Italia, donde antiguos dialectos, barridos por el italiano como lengua común y de cultura, no han desaparecido y han adquirido actualmente una cierta recuperación, en unos casos limitada al estudio de los eruditos mientras que en otros gozan del apoyo del uso hablado, como sucede en ciertas zonas del sur de Italia. En realidad, una cierta dialéctica entre lenguas se halla subyacente en numerosos países de Europa y, en casos extremos, se proyecta sobre diferentes modos de escritura, como ocurre en el caso del serbocroata.

2. La coexistencia de lenguas

El término *lengua propia*, que aparece en el texto de algunos Estatutos de Autonomía, merece una serie de reflexiones aparte. La primera es de naturaleza conceptual. ¿Se habla de *lengua propia* referida a conjuntos sociales, a territorios o a individuos? Si sólo fuera de esto último, las cosas estarían claras: la lengua propia es la lengua materna, es decir, la aprendida en el seno de la familia. Por tanto, toda persona debería tener derecho a ser instruido en esa lengua. Pero el concepto tiene una dimensión social, no sólo individual, por tanto convendría indicar cuáles son los factores que inciden en la consideración de una lengua como propia, además del hecho de coincidir con la lengua materna. Habría que señalar, al menos, los siguientes:

1º Factores de naturaleza demolingüística, que determinarían el carácter de lengua, mayoritaria o minoritaria (incluso residual) en relación no sólo con el número de hablantes que utilizan una u otra, sino también en función del registro lingüístico en que se prefiere a una de las dos y del nivel social de que se trate (hablas urbanas frente a las restantes, niveles cultos o no, etc.).

2º Factores de carácter histórico, que se manifiestan de manera muy diversa según las circunstancias que han influido en la constitución de cada comunidad social y del valor identificador que a lo largo del tiempo se haya otorgado a esa lengua. A ello hay que añadir el modo en que se ha producido el contacto de lenguas en el seno de la comunidad social (influencias culturales, sociopolíticas y económicas, administrativas, etc.). La función identificadora que se otorgue a la llamada lengua propia dependerá en gran medida de la interpretación de la historia que se realice en cada momento.

---

16 Véanse Salvador, Gregorio (1992): *Lengua española y lenguas de España*, Barcelona: Ariel, 1987; *Política lingüística y sentido común*, Madrid: Istmo; *Noticias del reino de Cervantes. Usos y abusos del español actual*, Madrid: Espasa-Calpe, 2007.

3º   El modo en que se ha forjado la conciencia lingüística de cada comunidad. La expresión *conciencia lingüística* se ha empleado con sentidos diversos: unos la han aplicado en una perspectiva sincrónica y sociológica, mientras otros consideran que se trata de un concepto básicamente histórico, que se manifiesta en el modo en que la lengua ha cambiado a lo largo del tiempo. Otra cosa es que, en determinadas circunstancias, entre las que ocupan un importante papel los intereses políticos y económicos, se hiciera explícita la conciencia de diferenciación lingüística. J. Ramón Lodares[17] lo interpreta así al afirmar que «cuando el cronista Ramón Muntaner —coetáneo de Alfonso X— compara a Castilla con Cataluña, sí saca a relucir el tema de las lenguas. Da a entender que Cataluña es superior porque, de toda España, es el reino más uniforme lingüísticamente, o sea, mantiene un tipo racial más puro que Castilla en el sentido bíblico... En términos babélicos, Castilla era menos «nación» que Cataluña. Mejor: Cataluña era nación y Castilla no». Al margen de la intención última que puedan tener estas afirmaciones, a las cuales me referiré más adelante, parece claro que el testimonio de Muntaner está condicionado por su oficio de cronista, esto es, de servidor de los intereses políticos no ya del reino de Aragón, sino de los particulares de Cataluña. Pero no sólo a eso se deben atribuir tales palabras. En el siglo XIII ya se planteaba el papel identitario que poseía la diversidad lingüística. El período que sigue hasta el siglo XV no hizo más que consolidarlo. Rolf Eberenz[18] ha analizado la evolución de la conciencia lingüística diferenciadora en esta época y ha señalado cuáles son los factores que intervienen en ello, especialmente en su relación con un incipiente nacionalismo que quedaría cortado en el Renacimiento gracias al esplendor de la cultura y de la literatura en romance castellano.

4º   Criterios de índole cultural, entre los que se encuentra el papel que esa lengua haya desempeñado en la generación y transmisión de una cultura. En el caso más acusado, existen lenguas que sólo se han usado en la oralidad o que han nacido a la escritura en fecha muy tardía, como es el caso del vascuence. Sin embargo, su valor identificador puede otorgar la consideración de lengua prestigiosa a una de ellas en detrimento de la otra. El concepto de prestigio lingüístico se basa en razones de naturaleza diversa: unas proceden de la historia, otras se refieren a parámetros sociales, otras, en fin, tienen que ver con su capacidad de intercomunicación tanto dentro de la comunidad específica como con otras comunidades (carácter local, regional, nacional o internacional de

---

17   J. Ramón Lodares ha tratado reiteradamente del tema de la pluralidad lingüística de España. Véanse sus libros *El paraíso políglota*, Madrid: Taurus, 2000, y *Lengua y Patria*, Madrid: Taurus, 2001.

18   «Conciencia lingüística y prenacionalismo en los reinos de la España medieval», en C. Strosetzki und M. Tietz (hrsgb.), *Einheit und Vielfalt der Iberoromania. Geschichte und Gegenwart*, Hamburg: Helmut Buske Verlag, 1987, 201-210.

las lenguas). Tampoco hay que desdeñar la posible sacralización de la lengua, como propia de los textos sagrados en que se basan las creencias religiosas y, en ciertos casos de menor relevancia, como representación verbal de tradiciones arraigadas.

5º La voluntad política imperante en cada período histórico, que puede tratar de imponer como lengua propia aquella que mejor responde a los intereses ideológicos de los grupos dominantes. En estos casos, más que de lengua propia habría que hablar de lengua impuesta. Tal cosa ocurre cuando no se apoya en ninguno de los criterios precedentes o se los toma como mero pretexto para un cierto proyecto político.

Todo ello nos indica que el uso del término *lengua propia* en los textos legales está sujeto a una ambigüedad conceptual que permite una fácil manipulación a la hora de establecer políticas de *normalización lingüística*. La cuestión se hace todavía más equívoca cuando en lugar de lengua propia, la política lingüística se refiere a privilegiar ciertas *modalidades lingüísticas*, no porque éstas carezcan de función identificadora, sino porque son esencialmente inestables. No sólo las modalidades sino también las microvariaciones lingüísticas poseen función identificadora (con diferente extensión territorial y distinta difusión social), pero hacer de ello, como se dice en el Estatuto de Autonomía de Andalucía, objeto de especial protección no tiene demasiado sentido, al menos desde los puntos de vista cultural y filológico.

En el caso de España, se ha otorgado la existencia de lengua propia a Comunidades Autónomas cuya situación lingüística es muy diferente. No es este el lugar para tratar las condiciones que corresponden a unas y otras. Me fijaré, a título de ejemplo, en el caso del País Vasco, que es el más peculiar tanto por su historia, como por su lengua (de raíz genética muy diferente a las restantes habladas en España) y por las consecuencias sociopolíticas que ha generado.

La historia del vascuence en los territorios que todavía lo hablan es bien diferente de los demás casos. La gran reducción territorial de esta lengua se produjo como consecuencia de la latinización de la Península Ibérica, que también afectó intensamente a gran parte del antiguo dominio lingüístico vasco[19]. Dos terceras partes de Navarra fueron romanizadas tempranamente, así como una buena parte de la actual provincia de Álava. La toponimia nos muestra abundantes ejemplos de términos derivados del latín[20]. Además, si bien en época más tardía, el latín también

19 Mª Teresa Echenique ha estudiado con amplitud la existencia de un dialecto vascorrománico primitivo. Véanse Echenique Elizondo, Mª Teresa (1987 [1984]): *Historia lingüística vasco-románica*, Madrid: Paraninfo; y «La lengua vasca en la historia lingüística hispánica», en Rafael Cano (coordinador) (2004): *Historia de la lengua española*, Barcelona: Ariel, 59-80.

20 Sirva de ejemplo el nombre vasco de Vitoria, Gasteiz, derivado del latín CASTELLUM.

penetró en el resto del dominio vasco a un lado y a otro de la frontera francesa, aunque en este caso la romanización no fue completa, pero sí lo bastante fuerte como para generar más tarde un romance vasco-románico que no prosperó. En ese territorio más reducido que el originario, el vascuence se mantuvo con gran vitalidad en la lengua hablada y, salvo algún testimonio aislado[21], no aparecerá escrito hasta principios del siglo XVI. La carencia de afinidad tipológica entre vascuence y castellano no ha impedido un intenso intercambio lingüístico ente ambas lenguas a lo largo de la historia. En edad temprana, porque eran lenguas contiguas, y, más tarde, porque el español va penetrando en el tejido social vasco por una sucesión de circunstancias de carácter político, cultural y económico. Esto significa que era una lengua reducida al uso social ordinario propio de la vida rural y marítima que dominaba en aquella sociedad medieval. El nacimiento y desarrollo de las lenguas romances peninsulares y las circunstancias políticas de los territorios en que se hablaba vascuence produjeron una nueva reducción del dominio vasco y la penetración de otras lenguas, especialmente del castellano que, mucho más tarde (siglo XIX), acabaría imponiéndose en las zonas urbanas y dominando como lengua de cultura al resto[22]. Este proceso se intensificó a partir de la industrialización, debido al intenso movimiento migratorio de gentes de otra procedencia que se instalan en el País Vasco.

Otra cuestión es la del plano sociológico, apenas apuntado en las líneas precedentes. Este aspecto afecta al número de hablantes de una u otra lengua, y que conocen parcialmente la otra (la entienden pero no la hablan, la hablan pero no la escriben, los que emplean una y no desean aprender la otra, etc.), al de los bilingües que dominan por igual ambas, a los diferentes registros y situaciones en que se emplea la una o la otra, al modo en que opera la diglosia, etc Según la Constitución española, al declarar cooficiales dos lenguas en un territorio, se consagra una especie de *bilingüismo territorial*, que constituye por naturaleza una situación de diglosia social. Por tanto, condena a la comunidad a una dialéctica lingüística que, en manos de políticos manipuladores, supone un arma de largo alcance. Otra cosa es interpretar la cooficialidad como la posibilidad de elegir una de las dos lenguas para todo tipo de comunicación, incluida la educación, como derecho individual de los ciudadanos que viven en cada Comunidad Autónoma donde existen dos lenguas, sin perjuicio del derecho y obligación a conocer ambas. Pero esto no es propiamente un asunto

---

21   El más antiguo testimonio escrito del vascuence es el de las dos frases escritas en las Glosas de San Millán, que no han pervivido en el vascuence actual.

22   Debe recordarse que el primer rey castellano, Fernando I, era un rey vasco como hijo que era del rey de Navarra. Castilla es, como reino independiente, creación vasca y con gentes de procedencia vasca se repoblaron las tierras del norte de Castilla. Por otra parte, las actuales provincias vascas, formaron pronto parte del reino de Castilla. Vizcaya y Guipúzcoa fueron pronto señoríos de Castilla. Bilbao es fundación del noble riojano don Diego López de Haro y la Rioja perteneció a Castilla desde 1076, con Alfonso VI, aunque su integración definitiva no se realizara hasta el siglo XII.

referido al valor identitario de las lenguas, sino al valor que éstas adquieren como argumento dialéctico en una situación de conflicto[23].

Parece conveniente advertir que el valor identitario de una lengua, cuando esta coexiste con otra, tiene dos planos completamente diferentes aunque a menudo se confundan. Uno, el que interesa al filólogo, afecta al modo en que cada comunidad lingüística ha sentido esa convivencia de lenguas. Otro, de interés para sociólogos y politólogos, es el modo en que esa realidad coexistencial ha sido manipulada para ponerla al servicio de una ideología o de un proyecto político, generalmente de raíz nacionalista. El valor identitario que los hablantes de una lengua materna le atribuyen se halla en íntima relación con su conciencia lingüística. Ahora bien, la conciencia lingüística de una comunidad social se manifiesta preferentemente en el plano histórico y se revela en el modo en el que esa comunidad ha adoptado y cambiado a lo largo del tiempo su propia realidad lingüística en relación muy íntima con el marco cultural, político y económico que la historia ha ido configurando. Esa conciencia lingüística, en el caso de los territorios con dos lenguas, se proyecta sobre la consideración que la comunidad ha dado a una u otra lengua en sucesivas etapas o períodos. En general, la coexistencia de lenguas se ha resuelto en cada territorio con el respeto de la comunidad hacia ambas, con preferencia espontánea por una u otra. La identidad se ha resuelto en general como aceptación de ambas lenguas, atribuyéndole a cada una el marco de uso que la propia circunstancia personal o colectiva haya querido adjudicarle en función de su utilidad comunicativa. Esta ha sido un elemento clave de la conciencia lingüística que la historia de cada comunidad ha ido forjando. La otra interpretación, con una escala de intensidad variable, pertenece al campo de la dialéctica política. De ahí procede el hecho de que, siendo, como se ha intentado explicar más arriba, muy distintos los procesos que han dado lugar al «bilingüismo territorial», se les ha aplicado la misma política lingüística, con diferencias de agresividad[24], según las Comunidades Autónomas afectadas o según el partido político al que pertenecen los gobernantes de turno en cada una de ellas. Lo realmente identificador, en el plano lingüístico, es que la sociedad ha admitido mayoritariamente la coexistencia de dos lenguas y la posibilidad de elegir entre ellas, con una u otra preferencia en virtud de criterios sociales o meramente subjetivos.

---

23   Véanse los trabajos de Ángel López García (1985): El *rumor de los desarraigados. Conflicto de lenguas en la Península Ibérica*, Barcelona: Ed. Anagrama; (2004): *Babel airada. Las lenguas en el trasfondo de la supuesta ruptura de España*, Madrid: Biblioteca Nueva.

24   La agresividad a la que aludo no se refiere a la intensidad del debate sino a las medidas políticas que afectan a la educación, a la administración, al reclutamiento del funcionariado, a la adquisición de derechos, etc. Pero este es un asunto de naturaleza extralingüística que merece, eso sí, una reflexión profunda por parte de los ciudadanos.

3. El valor identitario de las variedades lingüísticas

La identidad lingüística no se manifiesta únicamente en los rasgos de una lengua frente a las demás o en la coexistencia de dos lenguas, sino que se produce también en la interioridad de una lengua en cuanto que esta está constituida por un conjunto de variedades, algunas de las cuales configuran conjuntos propios de una comunidad o de los habitantes de un territorio, tenga este carácter nacional, regional o local[25].

Suele sostenerse que a lo largo de la historia de la lengua española se ha producido una tendencia a configurar un ideal de lengua de sentido «unitarista», que ha otorgado, al menos desde los Siglos de Oro, mayor peso como modelo a una determinada variedad del español (el castellano central y norteño) frente a las restantes variedades. La variación es un principio inherente a la vida histórica de las lenguas; esa variación tiene diverso origen y distintas características, en la medida en que opera sobre parámetros diferentes. No puede confundirse el análisis variacional cuando se efectúa sobre distintos parámetros, aunque algunos de ellos interaccionen, como ocurre, por ejemplo, en el caso de las variaciones dialectales y sociales con la diversidad territorial configurada políticamente. Me parece, además, que la perspectiva diacrónica es indispensable para tratar de establecer criterios de relación entre las diversas variedades de una lengua. Todas las variedades son igualmente legítimas en el plano intralingüístico, pero no todas ellas han merecido a lo largo de la historia la misma valoración social. Esta última no es algo marginal a la vida de la lengua, sino que forma parte de su naturaleza interna. La lengua sólo existe en el uso; por tanto, está sujeta a la valoración que los hablantes hacen de ella, y de cada una de sus variantes, a lo largo de su vida histórica[26].

El afán particularista se ha trasladado a otro campo: el de la capacidad identitaria de ciertas variedades lingüísticas dentro del propio castellano. Veamos cómo se ha planteado este asunto en los últimos años.

Entre los conceptos que han adquirido relevancia a este respecto se halla el de *conciencia* lingüística. En un sentido amplio, el término se refiere a la percepción que tienen los hablantes de su propia variedad lingüística. En un sentido más restringi-

---

25   He tratado de este asunto en un artículo titulado «Sobre la supuesta identidad unitarista de la lengua», en *Lengua, variación y contexto. Estudios dedicados a Humberto López Morales*, Madrid: Arco Libros, 939-955, que sigo aquí parcialmente.

26   Esto explica que incluso una modalidad lingüística puede servir de base a un cierto nacionalismo cultural y político. Véase Cano Aguilar, Rafael (2006): «Regionalismo, nacionalismo, lengua: el caso de Andalucía», en A. Narbona (dir.): *Actas de las III Jornadas sobre el habla andaluza: Diversidad y homogenidad del andaluz,*, Ayuntamiento de Estepa, 153-177.

do, que ha dado lugar, como veremos, a interpretaciones abusivas[27], se relaciona esa conciencia de la variedad lingüística propia con rasgos propios de la personalidad colectiva. Ahora bien, el concepto de «identidad colectiva» ligado a ciertos rasgos antropológicos, en los que entran la diversidad idiomática o la peculiaridad dialectal, ha surgido en la psicología social y es de acuñación relativamente reciente. Por tanto, no es aplicable en rigor, con tal significado, a épocas de la historia lingüística anteriores al siglo XIX. Por último, existe un tercer valor conceptual de ese término, de naturaleza metalingüística, que interpreta su significado en el sentido de relacionar los cambios lingüísticos que se van produciendo a lo largo de la historia con el proceso de aceptación que tales cambios tienen en la comunidad social que los adopta, sin que ello implique para nada función identitaria alguna. Se trata de interpretar los cambios no como elementos aislados, sino asociados a una voluntad colectiva de asimilarlos y generalizarlos. En este sentido, son ajenos a manipulaciones interesadas, y seguramente arbitrarias, relacionadas con otros sentimientos, como los de nación, origen diferente, etc. Por no distinguir estas tres acepciones, se han producido confusiones y juicios lamentables, que no han hecho sino perjudicar gravemente una percepción clara del fenómeno variacionista[28]. El rápido proceso de generalización de las variantes fonéticas que se producen en las hablas andaluzas fue percibido antes por los de fuera que por los propios andaluces. Esto se produjo por medio de una valoración social en la que confluyeron tanto una perspectiva interna, la de los sujetos que generalizaban sus propias innovaciones, como desde una perspectiva externa, la de aquellos que percibían los rasgos diferenciales. Pero no tiene nada que ver con fenómenos de identidad y de diferenciación social o cultural; todo lo contrario, las peculiaridades andaluzas siempre se sintieron como rasgos integrantes de la lengua común. El fenómeno es todavía más claro si lo trasladamos a América durante los primeros siglos de la conquista. A nadie se le ocurrió reclamar una identidad diferenciada respecto de Castilla porque allí se consolidaran variantes procedentes del andaluz, junto a otras de diverso origen. La conciencia diferenciadora no apareció, cuando lo hizo, hasta que fue impulsada por los movimientos independentistas de origen exclusivamente criollo[29].

Juan Carlos Moreno Cabrera ha abordado desde una perspectiva científica el asunto que estoy tratando aquí, aunque insertándolo en el marco de la «dignidad

27   A veces el abuso lleva a interpretaciones que sólo se explican desde actitudes emocionales extremas. Buen ejemplo de ello es Gutier, Tomás (2001): *Sin ánimo de ofender. Defensa de la lengua de Andalucía*, Chiclana (Cádiz): Fundación Viprén. Publicada su tercera edición revisada y ampliada con el nuevo título *En defensa de la lengua andaluza*, Almuzara, 2006.

28   Véase mi trabajo «El concepto de conciencia lingüística y las hablas andaluzas», en el volumen *Las lenguas de España*, Sevilla: Fundación El Monte, 1995, 267-279. También Cano Aguilar, Rafael (2003): «La conciencia del andaluz y de lo andaluz: análisis histórico», en A. Narbona (dir.): *Actas de las II Jornadas sobre el habla andaluza: El español hablado en Andalucía*, 45-71.

29   No puede citarse aquí la extensísima bibliografía sobre el español en América.

e igualdad de las lenguas», incluyendo con la misma categoría a las lenguas y a las variedades de una lengua. Postula que todas las variedades de una lengua son igualmente legítimas, ya que todas ellas pueden llegar a configurar su propio están-dar y convertirse, de esta manera, en lenguas autónomas. De aquí se derivaría que «privilegiar» una determinada variedad sobre otras no se fundamenta en ninguna razón lingüística; por el contrario, obedece siempre a factores de opresión de natu-raleza ideológica, política, religiosa, etc. Consecuente con ello, afirma que «defen-der la unidad de una lengua dominante equivale, de hecho, en muchas ocasiones, (no necesariamente en todas) a *defender la imposición de una variedad lingüística sobre las demás*» (la cursiva es mía).

Es obvio que toda variedad lingüística es perfectamente legítima por razones in-trínsecas a la propia lengua y también por razones históricas y sociales. Sin em-bargo, las lenguas no existen por sí mismas sino en tanto que instrumentos de comunicación entre sus usuarios. Toda actividad social está sujeta a valoración; este proceso se produce históricamente y configura paulatinamente el sentido de aceptación o de rechazo de ciertas variantes lingüísticas. Por eso, el concepto de *prestigio* juega un papel importante en la historia de las lenguas. El resultado de un proceso evolutivo es consecuencia de la lucha entre variantes alternantes; aquellas que se prestigian socialmente son las que se generalizan, haciendo desaparecer a las otras formas contendientes o reduciéndolas a un ámbito de uso limitado geo-gráfica o socialmente. Este principio se comprueba una y otra vez en la historia de la lengua. Nadie puede negar la legitimidad «natural» de las diversas modalidades originadas, pero nadie puede desconocer que esas modalidades están sometidas por razones históricas a una valoración colectiva que generan espontáneamente los hablantes por sí mismos. El *prestigio* nacido de este proceso es algo intrínseco a las propias lenguas. Claro está que, además, intervienen factores de índole política, económica, cultural, ideológica, etc., pero esto es algo inherente a la vida histórica de las lenguas. Postular que las distintas variedades de una misma lengua convi-van con neutralidad es pura entelequia. Esto no va contra la *dignidad e igualdad* de cada una de ellas, precisamente porque su *legitimidad* tiene más un fundamento histórico que natural. Por eso, no puedo admitir la afirmación de que «el basar una norma culta en un dialecto es un hecho puramente convencional desde el punto de vista gramatical y se explica por *cuestiones de supremacía social, económica, militar, demográfica o política o de acuerdo dentro de una comunidad lingüística*» (la cursiva es mía)[30]. No puede aceptarse una concepción ya superada de *norma* como convención adoptada por una autoridad con fines prescriptivos. El concepto de *norma* que ma-nejan los historiadores de la lengua se refiere al proceso por el cual una comunidad

---

30   Véanse sus estudios *La dignidad e igualdad de las lenguas. Crítica de la discriminación lingüística*, Madrid: Alianza Editorial, 2000, y *El nacionalismo lingüístico. Una ideología destructiva*, Barcelona: Península, 2007.

lingüística va desechando unas variantes en beneficio de otras. Es obra colectiva, generada en un proceso histórico, y trasciende, por tanto, a la voluntad de un hablante o de un grupo de hablantes, por mucho que algunos de estos representen el poder social, político o económico.

En otro plano, deducir de ahí que «la oposición entre *lengua* y *dialecto* no es puramente lingüística, sino de carácter político»[31] es llevar la terminología lingüística al terreno de las acepciones vulgares. Es verdad que está muy extendida la idea de que el dialecto está subordinado a la lengua y, por tanto, es de menor jerarquía. Sin embargo, nada de esto se dice en la lingüística científica. Toda lengua es un conjunto de dialectos en sentido horizontal (geográfico o espacial) y en sentido vertical (sociolectos). Es más, hay quien prefiere hablar de lenguas distintas dentro de un mismo idioma. Es el concepto de *norma social*, producto de un asentimiento colectivo, alcanzado a lo largo de generaciones sucesivas de hablantes, respecto del prestigio alcanzado por una u otra variante, el que ha actuado a lo largo de la historia.

Las ideas a las que acabo de hacer referencia se proyectan sobre la consideración que merecen unas y otras modalidades lingüísticas dentro de una misma lengua[32].

La diversificación de las variantes en cada una de esas modalidades es muy notable. ¿Participa menos de la modalidad andaluza el que cecea o el que distingue que el seseante? ¿Por qué oponer modalidades íntegras, ignorando sus variantes internas (que también son modalidades) a una variedad central? ¿No están latiendo en estos juicios de valor prejuicios anticientíficos? ¿Desde cuándo los hablantes mejicanos, colombianos o argentinos se sienten, todos, «oprimidos» por una norma centralista? ¿Por qué va a tener ese sentimiento lingüístico un hablante andaluz culto? Parece que se están confundiendo los términos. En tercer lugar, la norma histórica, es decir, la que ha nacido y se ha desarrollado en un proceso histórico en el seno de la sociedad que habla un mismo idioma, ha ido estableciendo de modo natural, y no de manera impositiva, qué modalidades y qué variantes de cada modalidad gozan de prestigio[33]. El criterio académico es uno más, y no el más relevante, de los que

31   Moreno Cabrera 2000: 53.

32   Lope Blanch, Juan M. (1983): «¿Lengua española o castellana? Un problema de política lingüística», en *Serta Philologica Fernando Lázaro Carreter*, I, Madrid: Gredos, 309-314; íd. (1986): «El concepto de prestigio y la norma lingüística del español», en *Estudios de lingüística española*, México: UNAM; Moreno de Alba, José G. (1987): «Sobre el prestigio lingüístico», en *Minucias del lenguaje*, México; Rivarola, José Luis (1998): «El discurso de la variación en el Diálogo de la lengua de Juan de Valdés», en W. Oesterreicher et al. (eds.): *Competencia escrita, tradiciones discursivas y variedades lingüísticas. Aspectos del español europeo y americano en los siglos XVI y XVII*, Tübingen: Gunter Narr, 83-108.

33   Véanse Cano Aguilar, Rafael (2001): «La historia del andaluz», en A. Narbona (dir.): *Actas de las I Jornadas sobre el habla andaluza: Historia, normas, usos*, 33-37; y Girón Alconchel, José Luis (2006): «Las hablas andaluzas desde la historia del español», en A. Narbona (dir.): *Actas de las III Jornadas sobre el habla andaluza: Diversidad y homogeneidad del andaluz*, 67-85.

intervienen en ese proceso histórico de configuración de la norma lingüística. Por eso, no va a ser la norma académica la que impida la evolución de la lengua[34].

En la argumentación no falta, además, el asunto de la destrucción de la identidad de los diferentes grupos sociales, como si esta identidad fuera una realidad autónoma, separada de «otras identidades» más amplias de las que se sienten solidarias. Es tanto como decir que un hablante andaluz, por el hecho de poseer una o varias modalidades lingüísticas propias, no se siente solidario de una identidad común que trasciende la de su propia realidad cultural en el ámbito de una región. Creo que mantener esta posición va contra cualquier evidencia empírica.

Lo que sí se puede afirmar es que el conjunto de variedades que constituye una modalidad lingüística puede desempeñar una función identitaria. Otra cosa bien distinta es que esa identidad lo sea también de naturaleza cultural y, mucho menos, que revele un modo de concebir la realidad, es decir, que responda a un imaginario colectivo más o menos unitario en correspondencia con un proceso histórico privativo de una comunidad social a la que, además, se le hace coincidir con un territorio, condición indispensable para que adquiera un tono nacionalista. Referido a Andalucía, la prueba es bien fácil de obtener: de ninguna manera *todos* los andaluces se sienten solidarios de una sola modalidad del hablar y, menos aún, de un modo de ser o de comportarse. Por eso, el Estatuto de Autonomía, recientemente aprobado, postula la protección de la modalidad andaluza «en sus diversas variedades». Esto representa el reconocimiento de una fragmentación interna, cuyo destino se determinará históricamente, con independencia de lo que piensen o decidan gobernantes de una u otra ideología. Y se convierte en disparate en aquellos que postulan una unificación ortográfica para una modalidad que tiene notables variaciones fonéticas; además, no parece haber ventaja ninguna en ello, aun en el supuesto caso de que fuera viable. Aunque sea contradictorio, ello no obsta para que algunos gobiernos autónomos adviertan en la existencia de modalidades lingüísticas una prueba del carácter «nacional» del territorio que gobiernan. Independientemente de las motivaciones miméticas (a veces muy importantes, como ha ocurrido en el caso de Andalucía respecto de Cataluña) que pudieran existir, no hay ninguna prueba histórica ni filológica de que exista tal relación[35].

---

34 Borrego Nieto, Julio (1990): «Actitudes y prejuicios lingüísticos: la norma interna del hablante», en J.A. Bartol Hernández, J. F. García Santos y J. de Santiago Guervós (eds.) (1992): *Estudios filológicos en homenaje a Eugenio de Bustos Tovar*, vol. I, Universidad de Salamanca, 121-136.

35 En este lugar, no parece inoportuna una referencia a la relación entre lengua y literatura. Es obvio que todos los escritores en español usan una lengua única, con las peculiaridades estilísticas que le son propias. Por eso carece de sentido que en ciertos planes de estudio se privilegie la obra de un autor por haber nacido en Andalucía, en Aragón o en Castilla. Esa actitud pertenece más a una *identidad de paisanaje*, término al que aludí más arriba, que a una realidad cultural. Muy distinto es que se pueda establecer una relación entre el sentido de la obra y el entorno vital del autor.

También las microvariaciones lingüísticas pueden alcanzar valor identitario y no sólo para microcosmos lingüísticos, sino para agrupaciones sociales relativamente amplias. Si ocurre en Andalucía y en otros lugares muy alejados entre sí con la conservación de la consonante palatal lateral, bien como consecuencia de constituir islotes residuales (caso de Andalucía, como ha estudiado Antonio Narbona), bien como arcaísmo sólidamente arraigado en comarcas más amplias (oeste de Salamanca), lo mismo puede darse con ciertas microvariaciones de la consonante alveolar fricativa /s/, que pueden servir para localizar la procedencia del hablante[36]. Por otra parte, no se puede desdeñar el valor «identitario» que posee la variación relacionada con la estratificación social[37].

4. Conclusión

He tratado de mostrar que la función «identitaria» de la lengua y de sus modalidades (incluidas las microvariaciones lingüísticas) es una cuestión compleja en la que intervienen factores de naturaleza muy diversa. Las consecuencias políticas que se extraigan de esa función identificadora en cada comunidad no atañen a la lingüística ni a la filología. En el mejor de los casos, es decir, cuando se objetivan los hechos al margen de motivaciones emocionales, será un asunto de sociología del lenguaje y de antropología cultural. Su utilización política pertenece a otro marco de referencias, que no debe ser abordado aquí.

Cuando la función identificadora o «identitaria» se proyecta en el marco de la convivencia de lenguas (también podría aplicarse a la coexistencia de modalidades de una lengua) dentro de unos límites territoriales de carácter político-administrativo (así ocurre en el caso de las Comunidades Autónomas), quizás sería oportuno recurrir al concepto de *espacio comunicativo*[38], en el que interaccionan lenguas distintas. En este

36   La bibliografía sobre el andaluz y su historia es extensísima y no hay espacio para citarla aquí. Como orientación véase el trabajo de Narbona Jiménez, Antonio, «Diversidad y homogeneidad del andaluz», que sirve de introducción al volumen del mismo título ya citado (A. Narbona (dir.) 2006). Además, el propio Narbona, junto con Cano Aguilar y Morillo-Velarde han publicado en los últimos años numerosos trabajos sobre las hablas andaluzas.

37   No entraré aquí en cuestiones sociolingüísticas. Véanse los numerosos estudios que, para el andaluz, ha publicado Villena Ponsoda. A título de orientación, véanse: «Sociolingüística andaluza y sociolingüística del andaluz: problemas y métodos», en Narbona, Antonio y Ropero, Miguel (eds.): *El habla andaluza. Actas del Congreso sobre el habla andaluza*, Sevilla, 1997, 277-347; «Lengua y sociedad en Andalucía», en A. Narbona (dir.): *Actas de las I Jornadas sobre el habla andaluza: Historia, normas, usos*, Ayuntamiento de Estepa, 2001, 89-120; «Igualdad y desigualdad social como factores condicionantes del uso lingüístico. Valoración estratificacional, reticular e individual en el español de Andalucía», en A. Narbona (dir.): *Actas II Jornadas sobre el habla andaluza: El español hablado en Andalucía*, Ayuntamiento de Estepa, 2003, 73-105.

38   He aplicado este concepto al andaluz en mi trabajo «El espacio comunicativo andaluz: policentrismo frente a unitarismo», en A. Narbona (dir.): *Actas de las III Jornadas sobre el habla andaluza: Diversidad y homogeneidad del andaluz*, 2006, 101-120.

supuesto, el concepto de *lengua propia* no puede ser otro que el de *lengua materna*, es decir la aprendida «naturalmente» en el seno de la familia y de su entorno social. Pretender explicar que las políticas lingüísticas se muevan en este o en otro sentido desborda los límites de campo de conocimiento del filólogo, quien, en cambio, sí debe denunciar la posible manipulación de ese saber.

Apéndice I

CARTOGRAFÍA LINGÜÍSTICA DE EXTREMADURA

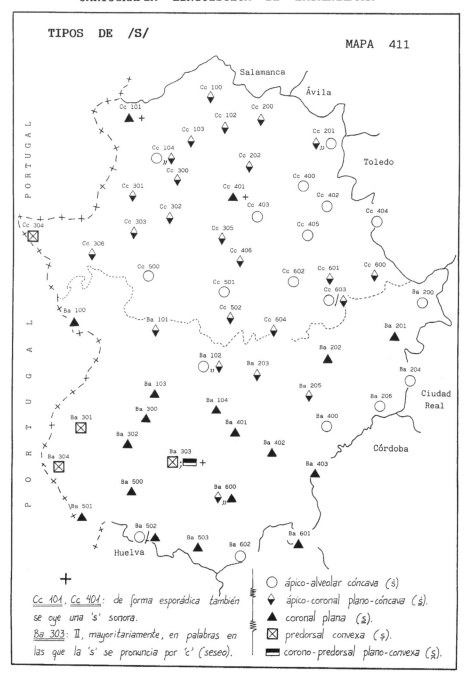

TIPOS DE /S/

MAPA 411

Cc 101, *Cc 401*: de forma esporádica también se oye una 's' sonora.

Ba 303: II, mayoritariamente, en palabras en las que la 's' se pronuncia por 'c' (seseo).

○ ápico-alveolar cóncava (ṡ)

◈ ápico-coronal plano-cóncava (ṩ)

▲ coronal plana (s̱)

⊠ predorsal convexa (ṣ)

▬ corono-predorsal plano-convexa (ṣ̯)

Apéndice II

Seseo, ceceo, distinción y tipos de s y tipo sociolingüístico de los municipios andaluces

Tabla nº 1
Provincia de Almería

Id	municipio	habitantes	rasgo fonológico	tipo	modelo
1	Abla	1.529	distinción	1	coronal
2	Abrucena	1.460	distinción	1	coronal
3	Adra	20.898	ceceo	5	predorsal
4	Albanchez	626	distinción	1	coronal
5	Alboloduy	817	distinción	1	coronal
6	Albox	9.456	distinción	2	apical
7	Alcolea	858	ceceo	1	predorsal
8	Alcóntar	621	distinción	1	coronal
9	Alcudia de Monteagud	183	distinción	1	coronal
10	Alhabia	694	distinción	1	coronal
11	Alhama de Almería	3.104	distinción	1	coronal
12	Alicún	249	distinción	1	coronal
13	Almería	170.503	seseo	5	coronal
14	Almócita	193	distinción	1	coronal
15	Alsodux	113	distinción	1	coronal
16	Antas	2.659	distinción	1	coronal
17	Arboleas	1.550	distinción	1	apical
18	Armuña de Almanzora	339	distinción	1	coronal
19	Bacares	287	distinción	1	coronal
20	Bayárcal	357	distinción	1	coronal
21	Bayarque	235	distinción	1	coronal

Id	municipio	habitantes	rasgo fonológico	tipo	modelo
22	Bédar	552	distinción	1	coronal
23	Beires	133	distinción	1	coronal
24	Benahadux	2.702	distinción	1	coronal
25	Benitagla	111	distinción	1	coronal
26	Benizalón	328	distinción	1	coronal
27	Bentarique	331	distinción	1	coronal
28	Berja	13.043	ceceo	3	predorsal
29	Canjáyar	1.783	distinción	1	coronal
30	Cantoria	3.357	distinción	1	apical
31	Carboneras	6.215	seseo	2	coronal
32	Castro de Filabres	207	distinción	1	coronal
33	Chercos	289	distinción	1	coronal
34	Chirivel	1.860	distinción	1	apical
35	Cóbdar	274	distinción	1	coronal
36	Cuevas del Almanzora	9.625	distinción	2	coronal
37	Dalías	3.590	ceceo	1	predorsal
38	Ejido (El)	47.610	ceceo	5	predorsal
39	Enix	223	distinción	1	coronal
40	Felix	562	distinción	1	coronal
41	Fines	1.746	distinción	1	coronal
42	Fiñana	2.644	distinción	1	coronal
43	Fondón	934	distinción	1	coronal
44	Gádor	2.596	distinción	1	coronal
45	Gallardos (Los)	1.761	distinción	1	coronal
46	Garrucha	4.867	distinción	1	coronal

Id	municipio	habitantes	rasgo fonológico	tipo	modelo
47	Gérgal	1.089	distinción	1	coronal
48	Huécija	537	distinción	1	coronal
49	Huércal-Overa	13.756	distinción	3	apical
50	Huércal de Almería	5.366	distinción	2	coronal
51	Illar	489	distinción	1	coronal
52	Instinción	547	distinción	1	coronal
53	Laroya	108	distinción	1	coronal
54	Laujar de Andarax	1.815	ceceo	1	predorsal
55	Líjar	516	distinción	1	coronal
56	Lubrín	1.823	distinción	1	coronal
57	Lucainena de las Torres	588	distinción	1	coronal
58	Lúcar	799	distinción	1	coronal
59	Macael	5.956	distinción	2	coronal
60	María	1.658	distinción	1	apical
61	Mojácar	4.394	ceceo	1	predorsal
62	Mojonera (La)	6.460	ceceo	2	predorsal
63	Nacimiento	541	distinción	1	coronal
64	Níjar	15.017	distinción	4	coronal
65	Ohanes	817	distinción	1	coronal
66	Olula de Castro	197	distinción	1	coronal
67	Olula del Río	6.165	distinción	2	coronal
68	Oria	2.240	distinción	1	coronal
69	Padules	488	distinción	1	coronal
70	Partaloa	394	distinción	1	apical
71	Paterna del Río	335	distinción	1	coronal

Id	municipio	habitantes	rasgo fonológico	tipo	modelo
72	Pechina	2.564	distinción	1	coronal
73	Pulpí	5.202	distinción	2	coronal
74	Purchena	1.696	distinción	1	coronal
75	Rágol	395	distinción	1	coronal
76	Rioja	1.180	distinción	1	coronal
77	Roquetas de Mar	37.237	ceceo	5	predorsal
78	Santa Cruz de Marchena	215	distinción	1	coronal
79	Santa Fe de Mondújar	411	distinción	1	coronal
80	Senés	359	distinción	1	coronal
81	Serón	2.742	distinción	1	coronal
82	Sierro	510	distinción	1	coronal
83	Somontín	508	distinción	1	coronal
84	Sorbas	2.834	distinción	1	coronal
85	Suflí	233	distinción	1	coronal
86	Tabernas	3.457	ceceo	1	predorsal
87	Taberno	1.023	distinción	1	coronal
88	Tahal	415	distinción	1	coronal
89	Terque	444	distinción	1	coronal
90	Tíjola	3.845	distinción	1	coronal
91	Tres Villas (Las)	686	distinción	1	coronal
92	Turre	2.157	distinción	1	coronal
93	Turrillas	289	ceceo	1	predorsal
94	Uleila del Campo	1.007	distinción	1	coronal
95	Urrácal	345	distinción	1	coronal
96	Velefique	348	distinción	1	coronal

Id	municipio	habitantes	rasgo fonológico	tipo	modelo
97	Vélez-Blanco	2.317	distinción	1	apical
98	Vélez-Rubio	6.528	distinción	2	apical
99	Vera	6.453	distinción	2	coronal
100	Viator	3.186	distinción	1	coronal
101	Vícar	14.807	ceceo	3	predorsal
102	Zurgena	2.123	distinción	1	coronal

Tabla nº 2
Provincia de Cádiz

Id	municipio	habitantes	rasgo fonológico	tipo	modelo
1	Alcalá de los Gazules	5.689	ceceo	2	predorsal
2	Alcalá del Valle	5.208	ceceo	2	predorsal
3	Algar	1.906	ceceo	1	predorsal
4	Algeciras	101.907	ceceo	5	predorsal
5	Algodonales	5.691	ceceo	2	predorsal
6	Arcos de la Frontera	28.110	ceceo	5	predorsal
7	Barbate de Franco	21.888	ceceo	5	predorsal
8	Barrios (Los)	15.507	ceceo	4	predorsal
9	Benalup	5.971	ceceo	2	predorsal
10	Benaocaz	597	ceceo	1	predorsal
11	Bornos	8.054	ceceo	2	predorsal
12	Bosque (El)	1.802	ceceo	1	predorsal
13	Cádiz	145.595	ceceo	5	predorsal

Id	municipio	habitantes	rasgo fonológico	tipo	modelo
14	Castellar de la Frontera	2.388	ceceo	1	predorsal
15	Chiclana de la Frontera	53.001	ceceo	5	predorsal
16	Chipiona	15.518	ceceo	4	predorsal
17	Conil de la Frontera	16.687	ceceo	4	predorsal
18	Espera	3.969	ceceo	1	predorsal
19	Gastor (El)	2.010	ceceo	1	predorsal
20	Grazalema	2.298	ceceo	1	predorsal
21	Jerez de la Frontera	182.269	ceceo	5	predorsal
22	Jimena de la Frontera	8.999	ceceo	2	predorsal
23	Línea de la Concepción)	59.293	ceceo	5	predorsal
24	Medina-Sidonia	10.750	ceceo	3	predorsal
25	Olvera	8.991	ceceo	2	predorsal
26	Paterna de Rivera	5.093	ceceo	2	predorsal
27	Prado del Rey	5.726	ceceo	2	predorsal
28	Puerto de Santa María	72.460	ceceo	5	predorsal
29	Puerto Real	33.069	ceceo	5	predorsal
30	Puerto Serrano	6.673	ceceo	2	predorsal
31	Rota	24.197	ceceo	5	predorsal
32	San Fernando	85.882	ceceo	5	predorsal
33	San José del Valle	4.299	ceceo	1	predorsal
34	San Roque	22.168	ceceo	5	predorsal
35	Sanlúcar de Barrameda	61.088	ceceo	5	predorsal
36	Setenil de las Bodegas	3.138	ceceo	1	predorsal
37	Tarifa	14.993	ceceo	3	predorsal
38	Torre-Alháquime	1.376	ceceo	1	predorsal

Id	municipio	habitantes	rasgo fonológico	tipo	modelo
39	Trebujena	6.915	ceceo	2	predorsal
40	Ubrique	18.102	ceceo	4	predorsal
41	Vejer de la Frontera	12.823	ceceo	3	predorsal
42	Villaluenga del Rosario	511	ceceo	1	predorsal
43	Villamartín	11.967	ceceo	3	predorsal
44	Zahara	1.542	ceceo	1	predorsal

Tabla nº 3
Provincia de Córdoba

Id	municipio	habitantes	rasgo fonológico	tipo	modelo
1	Adamuz	4.466	seseo	1	coronal
2	Aguilar de la Frontera	13.334	seseo	3	coronal
3	Alcaracejos	1.478	distinción	1	apical
4	Almedinilla	2.572	seseo	1	coronal
5	Almodóvar del Río	7.237	seseo	2	coronal
6	Añora	1.650	distinción	1	apical
7	Baena	18.736	seseo	4	coronal
8	Belalcázar	3.943	distinción	1	apical
9	Belmez	4.115	distinción	1	apical
10	Benamejí	4.682	seseo	1	coronal
11	Blázquez (Los)	716	distinción	1	apical
12	Bujalance	8.163	seseo	2	coronal
13	Cabra	20.707	seseo	5	coronal

Id	municipio	habitantes	rasgo fonológico	tipo	modelo
14	Cañete de las Torres	3.420	seseo	1	coronal
15	Carcabuey	2.887	seseo	1	coronal
16	Cardeña	2.009	distinción	1	apical
17	Carlota (La)	10.023	seseo	3	coronal
18	Carpio (El)	4.497	seseo	1	coronal
19	Castro del Río	8.036	seseo	2	coronal
20	Conquista	530	distinción	1	apical
21	Córdoba	306.248	seseo	5	coronal
22	Doña Mencía	5.007	seseo	2	coronal
23	Dos Torres	2.564	distinción	1	apical
24	Encinas Reales	2.333	seseo	1	coronal
25	Espejo	4.065	seseo	1	coronal
26	Espiel	2.500	distinción	1	apical
27	Fernán Núñez	9.442	seseo	2	coronal
28	Fuente-Tójar	859	distinción	1	coronal
29	Fuente la Lancha	444	distinción	1	apical
30	Fuente Obejuna	6.243	distinción	2	apical
31	Fuente Palmera	9.711	seseo	2	coronal
32	Granjuela (La)	519	distinción	1	apical
33	Guadalcázar	1.161	seseo	1	coronal
34	Guijo (El)	416	distinción	1	apical
35	Hinojosa del Duque	8.042	distinción	2	apical
36	Hornachuelos	5.006	seseo	2	coronal
37	Iznájar	5.271	seseo	2	coronal
38	Lucena	34.786	seseo	5	predorsal

Id	municipio	habitantes	rasgo fonológico	tipo	modelo
39	Luque	3.422	seseo	1	coronal
40	Montalbán de Córdoba	4.639	ceceo	1	predorsal
41	Montemayor	3.801	ceceo	1	predorsal
42	Montilla	22.949	seseo	5	coronal
43	Montoro	9.394	seseo	2	coronal
44	Monturque	1.937	seseo	1	coronal
45	Moriles	3.765	seseo	1	coronal
46	Nueva Carteya	5.797	seseo	2	coronal
47	Obejo	1.494	seseo	1	coronal
48	Palenciana	1.563	seseo	1	coronal
49	Palma del Río	19.011	seseo	4	coronal
50	Pedro Abad	2.889	seseo	1	coronal
51	Pedroche	1.862	distinción	1	apical
52	Peñarroya-Pueblonuevo	13.844	distinción	3	apical
53	Posadas	7.107	seseo	2	coronal
54	Pozoblanco	16.042	distinción	4	apical
55	Priego de Córdoba	21.732	seseo	5	coronal
56	Puente Genil	27.472	seseo	5	coronal
57	Rambla (La)	7.199	seseo	2	coronal
58	Rute	10.047	seseo	3	coronal
59	San Sebastián de los Ballesteros	837	seseo	1	coronal
60	Santa Eufemia	1.204	distinción	1	apical
61	Santaella	5.854	seseo	2	coronal
62	Torrecampo	1.436	distinción	1	apical

Id	municipio	habitantes	rasgo fonológico	tipo	modelo
63	Valenzuela	1.484	distinción	1	coronal
64	Valsequillo	488	distinción	1	apical
65	Victoria (La)	1.781	seseo	1	coronal
66	Villa del Río	7.163	seseo	2	coronal
67	Villafranca de Córdoba	3.777	seseo	1	coronal
68	Villaharta	629	distinción	1	apical
69	Villanueva de Córdoba	10.164	distinción	3	apical
70	Villanueva del Duque	1.895	distinción	1	apical
71	Villanueva del Rey	1.259	distinción	1	apical
72	Villaralto	1.597	distinción	1	apical
73	Villaviciosa de Córdoba	3.911	distinción	1	apical
74	Viso (El)	3.208	distinción	1	apical
75	Zuheros	930	seseo	1	coronal

Tabla nº 4
Provincia de Granada

Id	municipio	habitantes	rasgo fonológico	tipo	modelo
1	Agrón	440	ceceo	1	predorsal
2	Alamedilla	1.007	distinción	1	coronal
3	Albolote	12.455	ceceo	3	predorsal
4	Albondón	1.192	ceceo	1	predorsal
5	Albuñán	509	distinción	1	coronal
6	Albuñol	5.566	ceceo	2	predorsal
7	Albuñuelas	1.329	ceceo	1	predorsal

Id	municipio	habitantes	rasgo fonológico	tipo	modelo
8	Aldeire	788	distinción	1	coronal
9	Alfacar	4.211	ceceo	1	predorsal
10	Algarinejo	5.323	seseo	2	coronal
11	Alhama de Granada	5.983	ceceo	2	predorsal
12	Alhendín	4.107	ceceo	1	predorsal
13	Alicún de Ortega	783	distinción	1	coronal
14	Almegíjar	430	distinción	1	coronal
15	Almuñécar	21.472	ceceo	5	predorsal
16	Alpujarra de la Sierra	1.219	ceceo	1	predorsal
17	Alquife	1.018	distinción	1	coronal
18	Arenas del Rey	2.065	ceceo	1	predorsal
19	Armilla	12.859	ceceo	3	predorsal
20	Atarfe	10.516	ceceo	3	predorsal
21	Baza	20.685	ceceo	5	predorsal
22	Beas de Granada	1.007	ceceo	1	predorsal
23	Beas de Guadix	397	distinción	1	coronal
24	Benalúa de Guadix	3.357	distinción	1	coronal
25	Benalúa de las Villas	1.394	ceceo	1	predorsal
26	Benamaurel	2.507	distinción	1	coronal
27	Bérchules	871	ceceo	1	predorsal
28	Bubión	393	ceceo	1	predorsal
29	Busquístar	378	distinción	1	coronal
30	Cacín	835	ceceo	1	predorsal
31	Cádiar	1.754	ceceo	1	predorsal
32	Cájar	2.768	ceceo	1	predorsal

Id	municipio	habitantes	rasgo fonológico	tipo	modelo
33	Calahorra (La)	957	ceceo	1	predorsal
34	Calicasas	624	ceceo	1	predorsal
35	Campotéjar	1.440	ceceo	1	predorsal
36	Caniles	5.303	distinción	2	coronal
37	Cáñar	314	ceceo	1	predorsal
38	Capileira	572	distinción	1	coronal
39	Carataunas	203	ceceo	1	predorsal
40	Cástaras	328	ceceo	1	predorsal
41	Castilléjar	2.120	distinción	1	apical
42	Castril	3.067	distinción	1	apical
43	Cenes de la Vega	4.006	ceceo	1	predorsal
44	Chauchina	3.969	ceceo	1	predorsal
45	Chimeneas	1.549	ceceo	1	predorsal
46	Churriana de la Vega	6.458	ceceo	2	predorsal
47	Cijuela	1.495	ceceo	1	predorsal
48	Cogollos de Guadix	798	distinción	1	coronal
49	Cogollos Vega	2.035	ceceo	1	predorsal
50	Colomera	1.708	ceceo	1	predorsal
51	Cortes de Baza	3.059	distinción	1	apical
52	Cortes y Graena	1.026	distinción	1	coronal
53	Cuevas del Campo	2.314	distinción	1	coronal
54	Cúllar	5.229	distinción	2	coronal
55	Cúllar Vega	2.656	ceceo	1	predorsal
56	Darro	1.628	distinción	1	coronal
57	Dehesas de Guadix	713	distinción	1	coronal

Id	municipio	habitantes	rasgo fonológico	tipo	modelo
58	Deifontes	2.539	ceceo	1	predorsal
59	Diezma	981	distinción	1	coronal
60	Dílar	1.555	ceceo	1	predorsal
61	Dólar	645	distinción	1	coronal
62	Dúdar	289	ceceo	1	predorsal
63	Escúzar	886	ceceo	1	predorsal
64	Ferreira	398	distinción	1	coronal
65	Fonelas	1.306	distinción	1	coronal
66	Freila	1.133	distinción	1	coronal
67	Fuente Vaqueros	3.974	ceceo	1	predorsal
68	Gabias (Las)	7.576	ceceo	2	predorsal
69	Galera	1.426	distinción	1	apical
70	Gobernador	396	distinción	1	coronal
71	Gójar	3.160	ceceo	1	predorsal
72	Gor	1.251	distinción	1	coronal
73	Gorafe	583	distinción	1	coronal
74	Granada	245.640	seseo	5	coronal
75	Guadahortuna	2.334	ceceo	1	predorsal
76	Guadix	20.310	ceceo	4	predorsal
77	Guajares (Los)	1.382	ceceo	1	predorsal
78	Gualchos	2.990	ceceo	1	predorsal
79	Güéjar Sierra	2.713	ceceo	1	predorsal
80	Güevéjar	1.502	ceceo	1	predorsal
81	Huélago	683	distinción	1	coronal
82	Huéneja	1.329	distinción	1	coronal

Id	municipio	habitantes	rasgo fonológico	tipo	modelo
83	Huéscar	8.369	distinción	2	apical
84	Huétor Santillán	1.687	ceceo	1	predorsal
85	Huétor Tájar	8.171	ceceo	2	predorsal
86	Huétor Vega	7.984	ceceo	2	predorsal
87	Illora	10.797	ceceo	3	predorsal
88	Itrabo	1.052	ceceo	1	predorsal
89	Iznalloz	6.705	ceceo	2	predorsal
90	Jayena	1.479	ceceo	1	predorsal
91	Jerez del Marquesado	1.214	distinción	1	coronal
92	Jete	754	ceceo	1	predorsal
93	Jun	1.553	ceceo	1	predorsal
94	Juviles	187	distinción	1	coronal
95	Láchar	2.335	ceceo	1	predorsal
96	Lanjarón	3.971	ceceo	1	predorsal
97	Lanteira	683	distinción	1	coronal
98	Lecrín	2.424	ceceo	1	predorsal
99	Lentegí	356	ceceo	1	predorsal
100	Lobras	190	ceceo	1	predorsal
101	Loja	20.032	ceceo	5	predorsal
102	Lugros	426	distinción	1	coronal
103	Lújar	572	ceceo	1	predorsal
104	Malahá (La)	1.702	ceceo	1	predorsal
105	Maracena	14.095	seseo	3	coronal
106	Marchal	452	distinción	1	coronal
107	Moclín	4.742	ceceo	1	predorsal

Id	municipio	habitantes	rasgo fonológico	tipo	modelo
108	Molvízar	2.640	ceceo	1	predorsal
109	Monachil	5.074	ceceo	2	predorsal
110	Montefrío	7.426	seseo	2	coronal
111	Montejícar	3.006	ceceo	1	predorsal
112	Montillana	1.420	ceceo	1	predorsal
113	Moraleda de Zafayona	2.724	ceceo	1	predorsal
114	Morelábor	953	distinción	1	coronal
115	Motril	50.316	ceceo	5	predorsal
116	Murtas	906	ceceo	1	predorsal
117	Nevada	1.418	distinción	1	coronal
118	Nigüelas	1.139	ceceo	1	predorsal
119	Nívar	646	ceceo	1	predorsal
120	Ogíjares	7.607	ceceo	2	predorsal
121	Orce	1.478	distinción	1	apical
122	Orgiva	5.147	ceceo	2	predorsal
123	Otívar	1.108	ceceo	1	predorsal
124	Otura	3.499	ceceo	1	predorsal
125	Padul	6.673	ceceo	2	predorsal
126	Pampaneira	335	distinción	1	coronal
127	Pedro Martínez	1.523	distinción	1	coronal
128	Peligros	6.983	seseo	2	coronal
129	Peza (La)	1.467	distinción	1	coronal
130	Pinar (El)	1.286	ceceo	1	predorsal
131	Pinos Genil	1.176	ceceo	1	predorsal
132	Pinos Puente	13.275	ceceo	3	predorsal

Id	municipio	habitantes	rasgo fonológico	tipo	modelo
133	Píñar	1.422	ceceo	1	predorsal
134	Polícar	260	distinción	1	coronal
135	Polopos	1.252	ceceo	1	predorsal
136	Pórtugos	440	distinción	1	coronal
137	Puebla de Don Fadrique	2.643	distinción	1	apical
138	Pulianas	3.335	seseo	1	coronal
139	Purullena	2.196	distinción	1	coronal
140	Quéntar	1.134	ceceo	1	predorsal
141	Rubite	421	ceceo	1	predorsal
142	Salar	2.753	ceceo	1	predorsal
143	Salobreña	10.104	ceceo	3	predorsal
144	Santa Cruz del Comercio	560	ceceo	1	predorsal
145	Santa Fe	12.349	ceceo	3	predorsal
146	Soportújar	288	distinción	1	coronal
147	Sorvilán	694	distinción	1	coronal
148	Taha (La)	787	distinción	1	coronal
149	Torre-Cardela	1.240	distinción	1	coronal
150	Torvizcón	1.022	ceceo	1	predorsal
151	Trevélez	800	distinción	1	coronal
152	Turón	387	distinción	1	coronal
153	Ugíjar	2.625	ceceo	1	predorsal
154	Valle (El)	1.431	ceceo	1	predorsal
155	Valle del Zalabí	2.431	distinción	1	coronal
156	Válor	1.024	ceceo	1	predorsal
157	Vegas del Genil	2.753	ceceo	1	predorsal

Id	municipio	habitantes	rasgo fonológico	tipo	modelo
158	Vélez de Benaudalla	2.688	ceceo	1	predorsal
159	Ventas de Huelma	702	ceceo	1	predorsal
160	Villamena	1.013	ceceo	1	predorsal
161	Villanueva de las Torres	1.012	distinción	1	coronal
162	Villanueva Mesía	1.922	ceceo	1	predorsal
163	Víznar	742	ceceo	1	predorsal
164	Zafarraya	2.227	ceceo	1	predorsal
165	Zagra	1.187	seseo	1	coronal
166	Zubia (La)	11.887	seseo	3	coronal
167	Zújar	2.933	ceceo	1	predorsal

Tabla nº 5
Provincia de Huelva

Id	municipio	habitantes	rasgo fonológico	Tipo	modelo
1	Alájar	804	distinción	1	coronal
2	Aljaraque	9.587	ceceo	2	predorsal
3	Almendro (El)	862	seseo	1	coronal
4	Almonaster la Real	2.057	distinción	1	coronal
5	Almonte	16.264	ceceo	4	predorsal
6	Alosno	5.054	seseo	2	coronal
7	Aracena	6.708	distinción	2	coronal
8	Aroche	3.581	distinción	1	coronal
9	Arroyomolinos de León	1.168	distinción	1	apical (?)

Id	municipio	habitantes	rasgo fonológico	Tipo	modelo
10	Ayamonte	17.566	ceceo	4	predorsal
11	Beas	4.232	ceceo	1	predorsal
12	Berrocal	428	seseo	1	coronal
13	Bollullos Par del Condado	12.741	ceceo	3	predorsal
14	Bonares	5.056	ceceo	2	predorsal
15	Cabezas Rubias	1.009	distinción	1	coronal
16	Cala	1.493	distinción	1	apical
17	Calañas	4.974	distinción	1	coronal
18	Campillo (El)	2.452	distinción	1	coronal
19	Campofrío	871	distinción	1	coronal
20	Cañaveral de León	539	distinción	1	apical
21	Cartaya	11.435	ceceo	3	predorsal
22	Castaño del Robledo	201	distinción	1	coronal
23	Cerro de Andévalo (El)	2.785	distinción	1	coronal
24	Chucena	1.930	ceceo	1	predorsal
25	Corteconcepción	689	distinción	1	apical
26	Cortegana	5.206	distinción	2	coronal
27	Cortelazor	338	distinción	1	apical
28	Cumbres de En medio	60	distinción	1	apical
29	Cumbres de San Bartolomé	597	distinción	1	apical
30	Cumbres Mayores	2.184	distinción	1	apical
31	Encinasola	1.945	distinción	1	apical
32	Escacena del Campo	2.226	ceceo	1	predorsal
33	Fuenteheridos	676	distinción	1	coronal

Id	municipio	habitantes	rasgo fonológico	Tipo	modelo
34	Galaroza	1.594	distinción	1	coronal
35	Gibraleón	11.166	ceceo	3	predorsal
36	Granada de Río Tinto (La)	234	distinción	1	coronal
37	Granado (El)	680	seseo	1	coronal
38	Higuera de la Sierra	1.291	distinción	1	coronal
39	Hinojales	441	distinción	1	apical
40	Hinojos	3.482	ceceo	1	predorsal
41	Huelva	140.675	ceceo	5	predorsal
42	Isla Cristina	17.310	ceceo	4	predorsal
43	Jabugo	2.595	distinción	1	coronal
44	Lepe	18.325	ceceo	4	predorsal
45	Linares de la Sierra	301	distinción	1	coronal
46	Lucena del Puerto	2.180	ceceo	1	predorsal
47	Manzanilla	2.523	ceceo	1	predorsal
48	Marines (Los)	329	distinción	1	coronal
49	Minas de Riotinto	5.212	distinción	2	coronal
50	Moguer	13.371	ceceo	3	predorsal
51	Nava (La)	328	distinción	1	coronal
52	Nerva	6.594	distinción	2	coronal
53	Niebla	3.846	ceceo	1	predorsal
54	Palma del Condado (La)	9.749	ceceo	2	predorsal
55	Palos de la Frontera	6.884	ceceo	2	predorsal
56	Paterna del Campo	3.883	ceceo	1	predorsal
57	Paymogo	1.294	seseo	1	coronal

Id	municipio	habitantes	rasgo fonológico	Tipo	modelo
58	Puebla de Guzmán	3.275	seseo	1	coronal
59	Puerto Moral	242	distinción	1	coronal
60	Punta Umbría	10.998	ceceo	3	predorsal
61	Rociana del Condado	6.348	ceceo	2	predorsal
62	Rosal de la Frontera	1.915	distinción	1	coronal
63	San Bartolomé de la Torre	2.940	seseo	1	coronal
64	San Juan del Puerto	5.990	ceceo	2	predorsal
65	San Silvestre de Guzmán	660	ceceo	1	predorsal
66	Sanlúcar de Guadiana	392	ceceo	1	predorsal
67	Santa Ana la Real	495	distinción	1	coronal
68	Santa Bárbara de Casa	1.401	seseo	1	coronal
69	Santa Olalla del Cala	2.285	distinción	1	apical
70	Trigueros	7.280	ceceo	2	predorsal
71	Valdelarco	283	distinción	1	apical
72	Valverde del Camino	12.609	ceceo	3	predorsal
73	Villablanca	2.072	ceceo	1	predorsal
74	Villalba del Alcor	3.618	ceceo	1	predorsal
75	Villanueva de las Cruces	460	seseo	1	coronal
76	Villanueva de los Castillejos	2.684	seseo	1	coronal
77	Villarrasa	2.092	ceceo	1	predorsal
78	Zalamea la Real	3.545	distinción	1	coronal
79	Zufre	1.146	distinción	1	coronal

Tabla nº 6
Provincia de Jaén

Id	municipio	habitantes	rasgo fonológico	tipo	modelo
1	Albanchez de Ubeda	1.540	distinción	1	coronal
2	Alcalá la Real	21.558	ceceo	5	predorsal
3	Alcaudete	11.367	distinción	3	coronal
4	Aldeaquemada	622	distinción	1	apical
5	Andújar	37.705	seseo	5	coronal
6	Arjona	5.660	seseo	2	coronal
7	Arjonilla	4.072	distinción	1	coronal
8	Arquillos	1.900	distinción	1	coronal
9	Baeza	16.012	seseo	4	coronal
10	Bailén	17.408	seseo	4	coronal
11	Baños de la Encina	2.756	distinción	1	coronal
12	Beas de Segura	8.261	distinción	2	apical
13	Bedmar y Garcíez	3.234	distinción	1	coronal
14	Begíjar	3.111	distinción	1	coronal
15	Bélmez de la Moraleda	2.011	distinción	1	coronal
16	Benatae	585	distinción	1	apical
17	Cabra del Santo Cristo	2.280	distinción	1	coronal
18	Cambil	3.297	distinción	1	coronal
19	Campillo de Arenas	2.291	distinción	1	coronal
20	Canena	2.137	distinción	1	coronal
21	Carboneros	700	distinción	1	apical
22	Cárcheles	1.564	distinción	1	coronal
23	1.564	15.048	distinción	4	apical

Id	municipio	habitantes	rasgo fonológico	tipo	modelo
24	Castellar	3.695	distinción	1	apical
25	Castillo de Locubín	5.667	ceceo	2	predorsal
26	Cazalilla	867	seseo	1	coronal
27	Cazorla	9.690	distinción	2	coronal
28	Chiclana de Segura	1.679	distinción	1	apical
29	Chilluévar	1.811	distinción	1	coronal
30	Escañuela	1.005	distinción	1	coronal
31	Espelúy	814	distinción	1	coronal
32	Frailes	1.891	distinción	1	coronal
33	Fuensanta de Martos	3.391	distinción	1	coronal
34	Fuerte del Rey	1.183	distinción	1	coronal
35	Génave	720	distinción	1	apical
36	Guardia de Jaén (La)	2.051	distinción	1	coronal
37	Guarromán	2.874	distinción	1	coronal
38	Higuera de Calatrava	707	distinción	1	coronal
39	Hinojares	524	distinción	1	coronal
40	Hornos	761	distinción	1	apical
41	Huelma	6.021	distinción	2	coronal
42	Huesa	2.764	distinción	1	coronal
43	Ibros	3.158	distinción	1	coronal
44	Iruela (La)	2.106	distinción	1	coronal
45	Iznatoraf	1.218	distinción	1	coronal
46	Jabalquinto	2.631	seseo	1	coronal
47	Jaén	104.776	distinción	5	coronal
48	Jamilena	3.306	distinción	1	coronal

Id	municipio	habitantes	rasgo fonológico	tipo	modelo
49	Jimena	1.604	distinción	1	coronal
50	Jódar	12.060	distinción	3	coronal
51	Lahiguera	1.919	distinción	1	coronal
52	Larva	546	distinción	1	coronal
53	Linares	60.222	distinción	5	coronal
54	Lopera	4.004	distinción	1	coronal
55	Lupión	1.107	distinción	1	coronal
56	Mancha Real	8.913	distinción	2	coronal
57	Marmolejo	7.707	seseo	2	coronal
58	Martos	22.307	distinción	5	coronal
59	Mengíbar	8.563	ceceo	2	predorsal
60	Montizón	2.015	distinción	1	apical
61	Navas de San Juan	5.363	distinción	2	apical
62	Noalejo	2.408	distinción	1	coronal
63	Orcera	2.389	distinción	1	apical
64	Peal de Becerro	5.147	distinción	2	coronal
65	Pegalajar	3.136	ceceo	1	predorsal
66	Porcuna	7.008	distinción	2	coronal
67	Pozo Alcón	6.385	distinción	2	coronal
68	Puente de Génave	2.073	distinción	1	apical
69	Puerta de Segura (La)	2.818	distinción	1	apical
70	Quesada	6.256	distinción	2	coronal
71	Rus	3.773	distinción	1	coronal
72	Sabiote	4.325	distinción	1	coronal
73	Santa Elena	1.077	distinción	1	apical

Id	municipio	habitantes	rasgo fonológico	tipo	modelo
74	Santiago-Pontones	5.021	distinción	2	apical
75	Santiago de Calatrava	942	seseo	1	coronal
76	Santisteban del Puerto	5.058	distinción	2	apical
77	Santo Tomé	2.503	distinción	1	coronal
78	Segura de la Sierra	2.196	distinción	1	apical
79	Siles	2.871	distinción	1	apical
80	Sorihuela del Guadalimar	1.283	distinción	1	apical
81	Torreblascopedro	3.033	distinción	1	coronal
82	Torredelcampo	12.301	seseo	3	coronal
83	Torredonjimeno	13.688	distinción	3	coronal
84	Torreperogil	7.490	distinción	2	coronal
85	Torres	1.882	distinción	1	coronal
86	Torres de Albanchez	1.075	distinción	1	apical
87	Ubeda	32.086	distinción	5	coronal
88	Valdepeñas de Jaén	4.560	distinción	1	coronal
89	Vilches	5.162	distinción	2	apical
90	Villacarrillo	11.107	distinción	3	coronal
91	Villanueva de la Reina	3.301	seseo	1	coronal
92	Villanueva del Arzobispo	8.495	distinción	2	coronal
93	Villardompardo	1.279	distinción	1	coronal
94	Villares (Los)	4.968	distinción	1	coronal
95	Villarrodrigo	617	distinción	1	apical
96	Villatorres	4.079	distinción	1	coronal

Tabla nº 7
Provincia de Málaga

Id	municipio	habitantes	rasgo fonológico	tipo	modelo
1	Alameda	4.960	seseo	1	predorsal
2	Alcaucín	1.484	ceceo	1	predorsal
3	Alfarnate	1.447	ceceo	1	predorsal
4	Alfarnatejo	422	ceceo	1	predorsal
5	Algarrobo	4.735	ceceo	1	predorsal
6	Algatocín	1.014	ceceo	1	predorsal
7	Alhaurín de la Torre	16.914	ceceo	4	predorsal
8	Alhaurín el Grande	16.859	ceceo	4	predorsal
9	Almáchar	1.967	ceceo	1	predorsal
10	Almargen	2.146	seseo	1	predorsal
11	Almogía	4.263	ceceo	1	predorsal
12	Alora	12.862	ceceo	3	predorsal
13	Alozaina	2.274	ceceo	1	predorsal
14	Alpandeire	303	ceceo	1	predorsal
15	Antequera	40.181	seseo	5	predorsal
16	Archez	341	ceceo	1	predorsal
17	Archidona	8.246	seseo	2	predorsal
18	Ardales	3.030	ceceo	1	predorsal
19	Arenas	1.218	ceceo	1	predorsal
20	Arriate	3.430	ceceo	1	predorsal
21	Atajate	177	ceceo	1	predorsal
22	Benadalid	264	ceceo	1	predorsal
23	Benahavís	1.721	ceceo	1	predorsal

Id	municipio	habitantes	rasgo fonológico	tipo	modelo
24	Benalauría	521	ceceo	1	predorsal
25	Benalmádena	27.147	ceceo	5	predorsal
26	Benamargosa	1.590	ceceo	1	predorsal
27	Benamocarra	2.779	ceceo	1	predorsal
28	Benaoján	1.704	ceceo	1	predorsal
29	Benarrabá	647	ceceo	1	predorsal
30	Borge (El)	1.046	ceceo	1	predorsal
31	Burgo (El)	2.070	ceceo	1	predorsal
32	Campillos	7.737	seseo	2	predorsal
33	Canillas de Aceituno	2.327	ceceo	1	predorsal
34	Canillas de Albaida	659	ceceo	1	predorsal
35	Cañete la Real	2.247	ceceo	1	predorsal
36	Carratraca	870	ceceo	1	predorsal
37	Cartajima	257	ceceo	1	predorsal
38	Cártama	12.713	ceceo	3	predorsal
39	Casabermeja	3.034	ceceo	1	predorsal
40	Casarabonela	2.600	ceceo	1	predorsal
41	Casares	3.206	ceceo	1	predorsal
42	Coín	17.572	ceceo	4	predorsal
43	Colmenar	3.138	ceceo	1	predorsal
44	Comares	1.405	ceceo	1	predorsal
45	Cómpeta	2.684	ceceo	1	predorsal
46	Cortes de la Frontera	3.643	ceceo	1	predorsal
47	Cuevas Bajas	1.516	seseo	1	predorsal
48	Cuevas de San Marcos	4.079	seseo	1	predorsal

Id	municipio	habitantes	rasgo fonológico	tipo	modelo
49	Cuevas del Becerro	2.038	ceceo	1	predorsal
50	Cútar	615	ceceo	1	predorsal
51	Estepona	37.557	ceceo	5	predorsal
52	Faraján	310	ceceo	1	predorsal
53	Frigiliana	2.149	ceceo	1	predorsal
54	Fuengirola	41.713	ceceo	5	predorsal
55	Fuente de Piedra	2.059	seseo	1	predorsal
56	Gaucín	1.660	ceceo	1	predorsal
57	Genalguacil	624	ceceo	1	predorsal
58	Guaro	2.011	ceceo	1	predorsal
59	Humilladero	2.514	seseo	1	predorsal
60	Igualeja	969	ceceo	1	predorsal
61	Istán	1.320	ceceo	1	predorsal
62	Iznate	754	ceceo	1	predorsal
63	Jimera de Líbar	428	ceceo	1	predorsal
64	Jubrique	866	ceceo	1	predorsal
65	Júzcar	219	ceceo	1	predorsal
66	Macharaviaya	324	ceceo	1	predorsal
67	Málaga	549.135	ceceo	5	predorsal
68	Manilva	5.131	ceceo	2	predorsal
69	Marbella	98.823	ceceo	5	predorsal
70	Mijas	35.423	ceceo	5	predorsal
71	Moclinejo	1.021	ceceo	1	predorsal
72	Mollina	3.276	seseo	1	predorsal
73	Monda	1.620	ceceo	1	predorsal

Id	municipio	habitantes	rasgo fonológico	tipo	modelo
74	Montejaque	1.069	ceceo	1	predorsal
75	Nerja	14.965	ceceo	3	predorsal
76	Ojén	2.004	ceceo	1	predorsal
77	Parauta	252	ceceo	1	predorsal
78	Periana	3.466	ceceo	1	predorsal
79	Pizarra	6.586	ceceo	2	predorsal
80	Pujerra	347	ceceo	1	predorsal
81	Rincón de la Victoria	19.247	ceceo	4	predorsal
82	Riogordo	2.662	ceceo	1	predorsal
83	Ronda	34.385	ceceo	5	predorsal
84	Salares	237	ceceo	1	predorsal
85	Sayalonga	1.138	ceceo	1	predorsal
86	Sedella	526	ceceo	1	predorsal
87	Sierra de Yeguas	3.203	seseo	1	predorsal
88	Teba	4.386	seseo	1	predorsal
89	Tolox	2.571	ceceo	1	predorsal
90	Torremolinos	35.408	ceceo	5	predorsal
91	Torrox	11.869	ceceo	3	predorsal
92	Totalán	609	ceceo	1	predorsal
93	Valle de Abdalajís	3.081	ceceo	1	predorsal
94	Vélez-Málaga	53.071	ceceo	5	predorsal
95	Villanueva de Algaidas	4.175	seseo	1	predorsal
96	Villanueva de Tapia	1.642	seseo	1	predorsal
97	Villanueva del Rosario	3.270	seseo	1	predorsal
98	Villanueva del Trabuco	4.674	seseo	1	predorsal

Id	municipio	habitantes	rasgo fonológico	tipo	modelo
99	Viñuela	1.165	ceceo	1	predorsal
100	Yunquera	3.274	ceceo	1	predorsal

Tabla nº 8
Provincia de Sevilla

Id	municipio	habitantes	rasgo fonológico	tipo	modelo
1	Aguadulce	1.956	ceceo	1	predorsal
2	Alanís	2.108	seseo	1	coronal
3	Albaida del Aljarafe	1.841	ceceo	1	predorsal
4	Alcalá de Guadaira	56.313	ceceo	4	predorsal
5	Alcalá del Río	9.368	ceceo	2	predorsal
6	Alcolea del Río	3.398	ceceo	1	predorsal
7	Algaba (La)	12.792	ceceo	3	predorsal
8	Algámitas	1.412	ceceo	1	predorsal
9	Almadén de la Plata	1.696	distinción	1	coronal
10	Almensilla	2.232	ceceo	1	predorsal
11	Arahal	18.110	ceceo	4	predorsal
12	Aznalcázar	3.387	ceceo	1	predorsal
13	Aznalcóllar	5.812	ceceo	2	predorsal
14	Badolatosa	3.173	ceceo	1	predorsal
15	Benacazón	4.936	ceceo	1	predorsal
16	Bollullos de la Mitación	4.950	ceceo	1	predorsal

Id	municipio	habitantes	rasgo fonológico	tipo	modelo
17	Bormujos	6.839	ceceo	2	predorsal
18	Brenes	10.623	ceceo	3	predorsal
19	Burguillos	3.451	ceceo	1	predorsal
20	Cabezas de San Juan (Las)	15.509	ceceo	4	predorsal
21	Camas	25.679	ceceo	5	predorsal
22	Campana (La)	5.260	ceceo	2	predorsal
23	Cantillana	8.930	ceceo	2	predorsal
24	Cañada Rosal	2.904	ceceo	1	predorsal
25	Carmona	25.266	ceceo	5	predorsal
26	Carrión de los Céspedes	2.257	ceceo	1	predorsal
27	Casariche	5.132	seseo	2	coronal
28	Castilblanco de los Arroyos	4.457	ceceo	1	predorsal
29	Castilleja de Guzmán	692	ceceo	1	predorsal
30	Castilleja de la Cuesta	15.726	ceceo	4	predorsal
31	Castilleja del Campo	653	ceceo	1	predorsal
32	Castillo de las Guardas (El)	1.600	distinción	1	coronal
33	Cazalla de la Sierra	5.229	seseo	2	coronal
34	Constantina	7.390	seseo	2	coronal
35	Coria del Río	23.362	ceceo	5	predorsal
36	Coripe	1.620	ceceo	1	predorsal
37	Coronil (El)	5.134	ceceo	2	predorsal
38	Corrales (Los)	4.150	seseo	1	coronal
39	Cuervo de Sevilla (El)	7.588	ceceo	2	predorsal

Id	municipio	habitantes	rasgo fonológico	tipo	modelo
40	Dos Hermanas	91.138	ceceo	5	predorsal
41	Ecija	37.292	ceceo	5	predorsal
42	Espartinas	4.160	ceceo	1	predorsal
43	Estepa	11.560	seseo	3	coronal
44	Fuentes de Andalucía	7.470	ceceo	2	predorsal
45	Garrobo (El)	761	ceceo	1	predorsal
46	Gelves	5.084	ceceo	2	predorsal
47	Gerena	5.405	ceceo	2	predorsal
48	Gilena	3.840	seseo	1	coronal
49	Gines	8.634	ceceo	2	predorsal
50	Guadalcanal	3.095	seseo	1	coronal
51	Guillena	8.281	ceceo	2	predorsal
52	Herrera	5.925	seseo	2	coronal
53	Huévar	2.308	ceceo	1	predorsal
54	Lantejuela (La)	3.356	ceceo	1	predorsal
55	Lebrija	23.833	ceceo	5	predorsal
56	Lora de Estepa	741	seseo	1	coronal
57	Lora del Río	18.895	ceceo	4	predorsal
58	Luisiana (La)	4.331	ceceo	1	predorsal
59	Madroño (El)	402	distinción	1	coronal
60	Mairena del Alcor	16.071	ceceo	4	predorsal
61	Mairena del Aljarafe	30.659	ceceo	5	predorsal
62	Marchena	17.921	ceceo	4	predorsal
63	Marinaleda	2.622	ceceo	1	predorsal
64	Martín de la Jara	2.819	seseo	1	coronal

Id	municipio	habitantes	rasgo fonológico	tipo	modelo
65	Molares (Los)	2.659	ceceo	1	predorsal
66	Montellano	7.064	ceceo	2	predorsal
67	Morón de la Frontera	28.303	ceceo	5	predorsal
68	Navas de la Concepción (Las)	1.926	seseo	1	coronal
69	Olivares	7.604	ceceo	2	predorsal
70	Osuna	17.212	ceceo	4	predorsal
71	Palacios y Villafranca (Los)	31.718	ceceo	5	predorsal
72	Palomares del Río	3.448	ceceo	1	predorsal
73	Paradas	7.014	ceceo	2	predorsal
74	Pedrera	5.025	seseo	2	coronal
75	Pedroso (El)	2.403	seseo	1	coronal
76	Peñaflor	3.930	seseo	1	coronal
77	Pilas	11.122	ceceo	3	predorsal
78	Pruna	3.475	ceceo	1	predorsal
79	Puebla de Cazalla (La)	10.825	ceceo	3	predorsal
80	Puebla de los Infantes (La)	3.591	seseo	1	coronal
81	Puebla del Río (La)	10.650	ceceo	3	predorsal
82	Real de la Jara (El)	1.761	distinción	1	apical
83	Rinconada (La)	26.059	ceceo	5	predorsal
84	Roda de Andalucía (La)	4.175	seseo	1	coronal
85	Ronquillo (El)	1.419	seseo	1	coronal
86	Rubio (El)	3.702	ceceo	1	predorsal
87	Salteras	2.875	ceceo	1	predorsal

Id	municipio	habitantes	rasgo fonológico	tipo	modelo
88	San Juan de Aznalfarache	21.484	seseo	5	predorsal
89	San Nicolás del Puerto	726	seseo	1	coronal
90	Sanlúcar la Mayor	10.412	ceceo	3	predorsal
91	Santiponce	6.770	ceceo	2	predorsal
92	Saucejo (El)	4.163	seseo	1	coronal
93	Sevilla	697.487	seseo	5	predorsal
94	Tocina	8.660	ceceo	2	predorsal
95	Tomares	16.980	seseo	4	predorsal
96	Umbrete	4.709	ceceo	1	predorsal
97	Utrera	46.173	ceceo	5	predorsal
98	Valencina de la Concepción	5.922	ceceo	2	predorsal
99	Villafranco del Guadalquivir	6.022	ceceo	2	predorsal
100	Villamanrique de la Condesa	3.764	ceceo	1	predorsal
101	Villanueva de San Juan	1.610	ceceo	1	predorsal
102	Villanueva del Ariscal	4.432	ceceo	1	predorsal
103	Villanueva del Río y Minas	5.953	ceceo	2	predorsal
104	Villaverde del Río	6.669	ceceo	2	predorsal
105	Viso del Alcor (El)	15.886	ceceo	4	predorsal

Apéndice III

Municipios de Andalucía de más de 10.000 habitantes

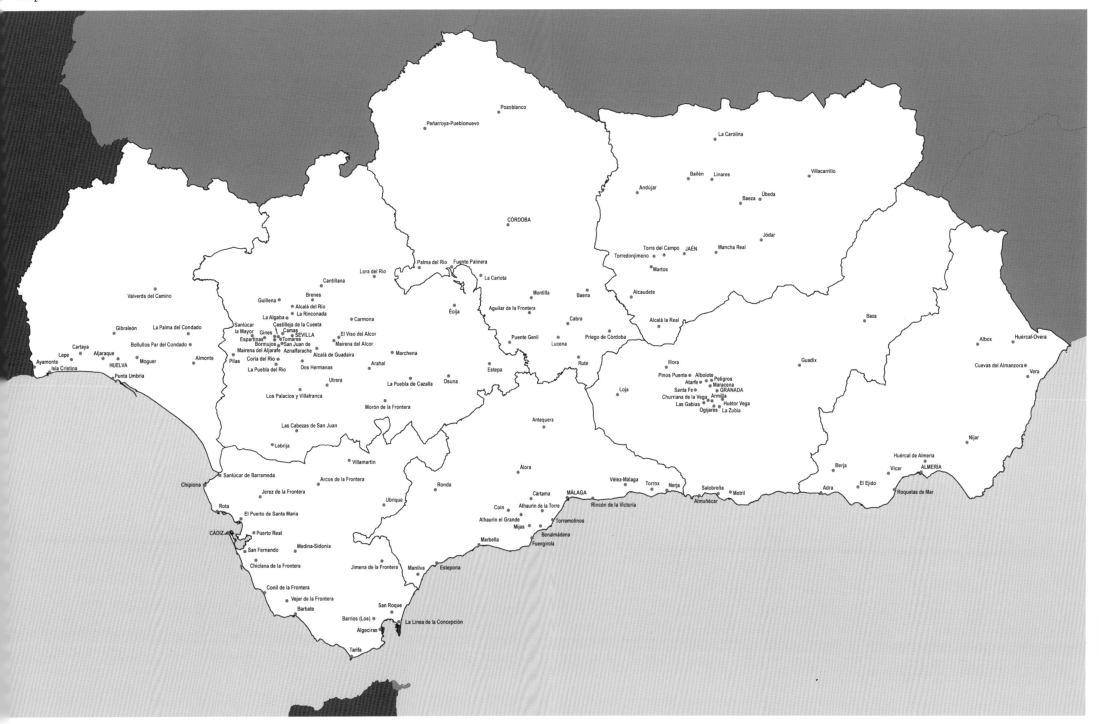

Instituto de Cartografía de Andalucía. Consejería de Vivienda y Ordenación del Territorio. Junta de Andalucía